教育部哲学社会科学研究重大专项（2023JZDZ035）成果

国家社会科学基金重大项目（22&ZD064）成果

浙江省习近平新时代中国特色社会主义思想研究中心课题成果

浙江省哲学社会科学规划重大招标课题成果

中国特色社会主义
共同富裕理论与浙江实践

主 编◎盛世豪 卢新波

副主编◎郑 毅 文雁兵

ZHEJIANG UNIVERSITY PRESS
浙江大学出版社
·杭州·

图书在版编目(CIP)数据

中国特色社会主义共同富裕理论与浙江实践/盛世豪,卢新波主编. —杭州:浙江大学出版社,2023.11
ISBN 978-7-308-24317-9

Ⅰ.①中… Ⅱ.①盛… ②卢… Ⅲ.①中国特色社会主义－共同富裕－研究 Ⅳ.①F124.7

中国国家版本馆 CIP 数据核字(2023)第 200821 号

中国特色社会主义共同富裕理论与浙江实践
ZHONGGUO TESE SHEHUI ZHUYI GONGTONG FUYU LILUN YU ZHEJIANG SHIJIAN

盛世豪　卢新波　主　编
郑　毅　文雁兵　副主编

策划编辑	吴伟伟
责任编辑	吴伟伟　陈逸行
责任校对	马一萍
封面设计	雷建军
出版发行	浙江大学出版社
	(杭州市天目山路 148 号　邮政编码 310007)
	(网址:http://www.zjupress.com)
排　版	浙江大千时代文化传媒有限公司
印　刷	杭州钱江彩色印务有限公司
开　本	710mm×1000mm　1/16
印　张	25.25
插　页	1
字　数	316 千
版 印 次	2023 年 11 月第 1 版　2023 年 11 月第 1 次印刷
书　号	ISBN 978-7-308-24317-9
定　价	98.00 元

序　言

　　共同富裕对于人类社会发展具有重大的理论价值和实践意义。纵观人类文明发展历史,无论人类社会发生什么样的重大变化、进步和创新,人类对于理想归宿的追求始终未变,那就是实现全体人民共同富裕。它是马克思主义的基本目标、社会主义的本质要求,彰显了中国共产党的初心使命,是全体人民的共同愿望,更是中国式现代化的重要特征、中国特色社会主义制度优势的充分体现。

　　1921 年以来,共同富裕始终是中国共产党团结带领人民接续奋斗的目标。经过全党全国各族人民的艰辛探索和努力,我们实现了第一个百年奋斗目标,在中华大地上全面建成了小康社会,历史性地解决了绝对贫困问题,迎来了实现全体人民共同富裕的光明前景。

　　2020 年 10 月,党的十九届五中全会首次把"全体人民共同富裕取得更为明显的实质性进展"作为远景目标,我国在即将全面建成小康社会的基础上踏上迈向共同富裕的新征程。

　　2022 年 10 月,党的二十大提出"从现在起,中国共产党的中心任务就是团结带领全国各族人民全面建成社会主义现代化强国、实现第二个百年奋斗目标,以中国式现代化全面推进中华民族伟大复兴"。党的二十大吹响了以中国式现代化全面推进中华民族伟大复兴的奋进号角,中国式现代化是中国共产党领导的社会主义现代化,是全体人民共同富裕的现代化,是以满足人民对美好生活的向往作为价值取向的现代化,既有各国现代化的共同特征,更有基于自己国情的中国特色,丰富了人类现代化的内涵。

从西方看东方,从全球看中国,中国今时今日提出扎实推进共同富裕,着眼开拓中国式现代化新道路和致力开创人类文明新形态,既继承了人类社会具有普遍意义的价值观和发展观,同时还具有鲜明的时代特征和中国特色,更是具有世界意义的原创性实践。

第一,从思想逻辑看。中国春秋时期,《论语》提出"丘也闻有国有家者,不患寡而患不均",西汉戴圣编著的《礼记》描绘了"大同社会",近代太平天国的《天朝田亩制度》、章太炎的《五无论》、康有为的《大同书》、孙中山的《建国方略》,无不体现了原始和朴素的共同富裕思想。西方中世纪柏拉图的《理想国》、奥古斯丁注释的《创世记》,文艺复兴时期康帕内拉的《太阳城》、莫尔的《乌托邦》,早期空想社会主义者圣西门、傅立叶、欧文提出的"法郎吉""新和谐公社",均有财产公有、共同富裕的思想表达。然而,在生产资料私有制的基础上不可能开辟实现共同富裕的道路,共同富裕只能是一种空想。

第二,从理论逻辑看。马克思主义历史唯物主义理论揭示了人类从贫穷走向共同富裕的基本前提、发展规律、历史必然。100年来,中国共产党把马克思主义基本原理同中国具体实际相结合、同中华优秀传统文化相结合,相继产生了毛泽东思想、邓小平理论、"三个代表"重要思想、科学发展观、习近平新时代中国特色社会主义思想,为党和人民事业发展提供了既一脉相承又与时俱进的科学理论指导。习近平总书记关于共同富裕的一系列重要论述,丰富和发展了马克思主义理论,是对中国共产党人带领全体人民实现共同富裕奋斗目标的当代探索与实践。

第三，从历史逻辑看。中国共产党自成立之日起，就把为中国人民谋幸福、为中华民族谋复兴作为自己的初心和使命。党的百年光辉历史，就是推翻私有制、建立社会主义制度、消除贫困、走向共同富裕的历史。是否满足人民群众的需求、实现人民群众的期盼，是检验一个政党、一个政权性质的试金石。只有从维护人民的共同利益出发，扎实推进全体人民共同富裕，才能兑现党的庄严承诺、夯实党的执政基础和巩固党的执政地位。

第四，从发展逻辑看。我国已经成为世界第二大经济体，但总体上仍属于世界上最大的发展中国家，人均国内生产总值、收入水平、消费水平、福利水平与发达国家相比还有差距。虽然一部分人和地区率先进入富裕行列，但地区差距、城乡差距、收入差距、公共服务差距等仍然较大。面对人民日益增长的美好生活需要和不平衡不充分的发展之间的矛盾，必须把促进全体人民共同富裕作为为人民谋幸福和推动经济社会创新发展的着力点。

第五，从现实逻辑看。共同富裕是一项复杂的系统工程，具有全体性、全面性、长期性、发展性、阶段性特征，不可能一帆风顺，也不可能毕其功于一役。必须充分认识到，共同富裕是一个渐进式的过程，也是一个漫长的发展过程，必须分阶段分步骤逐步推进。我们要坚定不移地以习近平新时代中国特色社会主义思想为指导，坚持和完善社会主义基本经济制度，推动高质量发展，在中国式现代化中走出中国特色社会主义共同富裕道路。

中国共产党是马克思主义先进政党，共同富裕是中国共产党人的历史使命，建设共同富裕美好社会是中国共产党领导全国人民全面建成小康社会后的必然抉择。

在理论上，共同富裕的理论不是自发形成、凭空发展、孤立存在的，其产生、发展、成熟蕴含着科学、合理、严谨的内在逻辑，我们必须研究其规律、发现其规律、掌握其规律,按其规律推进,克服盲目性、片面性,明确计划性、目的性,实现科学性、必然性。理论研究者必须努力揭示共同富裕的逻辑、趋势、规律。

实践上,共同富裕的实践经过新民主主义革命时期、社会主义革命和建设时期、改革开放和社会主义现代化建设新时期的百年探索和发展准备,进入中国特色社会主义新时代的扎实推进阶段。共同富裕的中国道路有马克思主义真理指南、中国共产党百年探索与创新实践、习近平新时代中国特色社会主义思想的科学指引,还有中国共产党领导、社会主义制度、社会生产力发展的坚强保障,决定了我们推进共同富裕的历史的必然性、方向的确定性、成功的肯定性。

浙江,是中国革命红船起航地、改革开放先行地、习近平新时代中国特色社会主义思想重要萌发地。2021年5月,党中央赋予浙江高质量发展建设共同富裕示范区的光荣使命,这是习近平总书记亲自谋划、亲自定题、亲自部署、亲自推动的重大战略决策,是浙江忠实践行"八八战略"、奋力打造"重要窗口"的核心任务。共同富裕的先行探索和示范建设是一项重大政治责任,也是一次重大发展机遇,是一项开创性事业,更是一场系统性变革重塑。

本书具有以下两个突出特点:一是理论联系实际。既包括共同富裕的思想溯源、时代背景、科学内涵、重点难点、综合评价,还包括共同富裕与中国式现代化、高质量发展的逻辑关系。二是当前结合未来。既包括对古今中外学者共同富裕研究与几代马克思主义者重要论述的梳理,又包括对共同富裕浙江探索的系统总结和共同富裕中国道路的未来展望。本书全景式、系统化、动态地展现了国内共同富裕研究的最新成果和共同富裕建设的最新进展,是一扇认识、了解和看懂什么是共同富裕、为什么要扎实推进共同富裕,以及当前怎样推进共同富裕的"重要窗口"。

　　本书由浙江省习近平新时代中国特色社会主义思想研究中心和嘉兴学院中国共同富裕研究院的专家学者合作编写完成。盛世豪研究员、卢新波教授担任主编,负责部分章节的编写和全书统稿工作;郑毅研究员、文雁兵教授担任副主编,负责部分章节的编写和全书校对工作;嘉兴学院中国共同富裕研究院彭冰冰教授、顾骅珊教授、欧阳仁根教授、李玉双教授、程秋萍副教授、李庆喜副教授承担部分章节的编写工作。分工如下:盛世豪研究员负责第一章、第八章的编写和全书统稿工作;卢新波教授负责第二章、第十章的编写和全书统稿工作;郑毅研究员负责第四章的编写和全书校对工作;文雁兵教授负责第三章的编写和全书校对工作;彭冰冰教授负责第一章的编写工作;李庆喜副教授负责第二章的编写工作;程秋萍副教授负责第五章的编写工作;李玉双教授负责第六章的编写工作;顾骅珊教授负责第七章的编写工作;欧阳仁根教授负责第八章、第九章的编写工作。

　　本书力求向社会大众阐释共同富裕思想、理论、政策与实践的最新成果,阐述共同富裕的过去、现在与未来,阐明共同富裕是什么、为什么与怎么干。在编写过程中,参考和使用了大量公开发表的文件、文献、资料和数据,均在脚注中加以注明并在参考文献中分别列出,如有疏漏,敬请海涵!

　　新时代新征程扎实推进共同富裕,既萃取了中华民族5000年优秀历史文化,彰显了中国人民对理想社会的无限渴望;又承接着社会主义对于人类平等、解放和美好生活永不停歇的追求,着眼开拓中国式现代化新道路;更倾注了对全球治理和人类未来发展的深切观照,致力于开创人类文明新形态,是具有世界意义的原创性实践。当前共同富裕的浙江探索和未来共同富裕的中国道路有着无比光明的前景,必将在马克思主义发展史、中华民族复兴史、世界社会主义发展史、人类文明进步史上具有重大而深远的意义!

目　录

第一章　共同富裕的思想源流

共同富裕是千百年来人类孜孜以求的社会理想。不论是东方还是西方,历史上有许多关于共同富裕的探讨和思想。中华优秀传统文化中的大同理想自问世以来,便成为历代华夏儿女的始终追求,成为贯穿整个中华文明史的重要价值追求和政治目标。马克思、恩格斯揭示了人类社会发展的一般规律,为全人类的解放指明了道路,也为我们实现共同富裕提供了科学的原则和实现途径。百年来,中国共产党人继承了马克思、恩格斯的共同富裕思想,融会贯通中华优秀传统文化中的大同理想,知行合一,不懈探索。本章主要阐述中国大同理想的产生和发展,马克思、恩格斯的共同富裕思想,以及一代代中国共产党人对共同富裕思想的不断丰富和发展。

第一节　中华优秀传统文化中的大同理想

在5000多年文明发展中孕育的中华优秀传统文化,积淀着中华民族最深沉的精神追求,代表着中华民族独特的精神标识,是中华民族生生不息、发展壮大的丰厚滋养,是中国特色社会主义植根的文化沃土。习近平总书记指出："中华民族的先人们早就向往人们的物质生活充实无忧、道德境界充分升华的大同世界。"①为了实现大同理想，一代又一代中国知识分子孜孜以求、不懈探索，深刻塑造了中华文化的价值追求，深刻影响了中华文明的发展进程。

一、大同理想的起源与内涵

"大同"一词始见于《礼记·礼运》，该书约成于战国末年或秦汉之际，是儒家学者托名孔子答问的著作。书中假托孔子之口描述了"大同"社会："大道之行也，天下为公。选贤与能，讲信修睦，故人不独亲其亲，不独子其子，使老有所终，壮有所用，幼有所长，矜寡孤独废疾者，皆有所养。男有分，女有归。货，恶其弃于地也，不必藏于己；力，恶其不出于身也，不必为己。是故，谋闭而不兴，盗窃乱贼而不作，故外户而不闭，是谓大同。"②这段话的意思是：在大道施行的时候，天下是大家所共有的，要把有贤德、有才能的人推举出来为大家办事，人人都讲求诚信、崇尚和睦；每一个人都不会只奉养自己的父母、只抚育自己的子女，而是让所有的老年人都能颐养天年，所有的中年人都能为社会效力，所有的儿童都能顺利地成长，让老而无妻的人、老而无夫的人、幼年丧父的孩子、老而无子的人、残疾人都能得到供养；男子都有自己的职业，女子都能及时婚配；人们憎恶把财货弃置于地的浪费行为，但目的不是据为己有；人们都愿意为公共事务竭尽全力，却不会为自己谋私利；没有人搞阴谋，没有盗窃财物和兴兵作乱的事情发生，家家户户都不用关上大门。这就是理想社会。

由此可见，大同社会的内涵有以下三个方面：一是在社会政治方

①　中共中央文献研究室.习近平关于社会主义文化建设论述摘编[M].北京:中央文献出版社.2017:5.
②　礼记[M].崔高维,校点.沈阳:辽宁教育出版社,2000:75.

面,大同社会是"天下为公"的社会,天下为天下人所共有。实行选贤与能的管理体制,社会的管理者是被人们公正选举出来的贤能之才。二是在社会经济方面,财产公有,共同劳动,人人平等。实行良好的社会保障制度,人人皆有"所终""所用""所长""所养",既为社会发展贡献能力,又拥有享受社会保障的权利。任何人都能得到社会的关怀,任何人都主动关心社会。三是在社会秩序方面,人与人之间重诚信、讲仁爱,求友善、修和睦,路不拾遗、夜不闭户。可见,儒家不仅把物质的充裕作为大同社会的基本要求,也把人的精神生活纳入社会理想之中,希望社会能够维系在道德人伦稳定有序的基础上,实现人与人之间真正的互爱和关怀。这也表明,共同富裕本质上不是一个单纯的经济议题,而是一个社会议题。理想的大同社会实际上是以道德为最高指引和规范的,这既是儒家一以贯之的思想要求,也是其自始至终都必须遵循的行为原则。总之,只有贤能之人管理社会,社会才能和谐有序地运行。

总体而言,尽管《礼记》中大同思想以儒家面目出现,却是先秦诸子百家社会理想和观点的总结与升华。在儒家经典《论语》中,孔子多次论述大同理想,例如,"不患寡而患不均,不患贫而患不安""盖均无贫,和无寡,安无倾"(《论语·季氏》),"老者安之,朋友信之,少者怀之"(《论语·公冶长》),"己欲立而立人,己欲达而达人"(《论语·雍也》),等等。孟子所说的"老吾老,以及人之老;幼吾幼,以及人之幼"(《孟子·梁惠王上》),"五亩之宅,树之以桑,五十者可以衣帛矣。鸡豚狗彘之畜,无失其时,七十者可以食肉矣。百亩之田,勿夺其时,数口之家可以无饥矣。谨庠序之教,申之以孝悌之义,颁白者不负戴于道路矣。七十者衣帛食肉,黎民不饥不寒,然而不王者,未之有也"(《孟子·梁惠王上》),也可以看作是对大同社会本质特征的描述。在孟子描绘的这幅图景中,家家户户都拥有五亩之大的宅院、百亩之大的田地,人们在自家宅院里种桑养蚕、养鸡狗猪,50 岁以上的老人可以穿上丝帛制作的轻暖衣服,70 岁以上的老人可以吃上富有营养的肉食,人们在自家田地里不受干扰地按照农时做活,收成也好,一家人温饱无忧。还要设立学校,开展教育,使人们懂得孝敬父母、尊重兄长的道理,中年以上的人都能受到后辈的关照,也就无须过分操心劳累、四处辛苦奔波了。

道家代表人物老子心中的理想社会是小国寡民。他说:"小国寡民,使有什佰之器而不用,使民重死而不远徙。虽有舟舆,无所乘之;虽有甲兵,无所陈之。使人复结绳而用之。甘其食,美其服,安其居,乐其俗,邻国相望,鸡犬之声相闻,民至老死不相往来。"(《老子·小国寡民》,《道德经》第八十章)从表面上看,老子似乎在否定社会生产力进步的重要意义,认为社会交往是对理想社会的破坏,主张自得其乐、无欲无求,在自己的天地里自甘其食、自美其服、自安其居、自乐其俗。其实,这并不是老子的本意。老子所处的时代正是春秋五霸争雄的时代,战争每每是大国发动的,其提出小国寡民的目的是反对战争。当国家小到"邻国相望,鸡犬之声相闻"时,实际上就不成其为国和不会发动战争。不打仗就不会阻塞人民的谋生之路,人民的财货就会多起来,就会出现"使有什佰之器而不用"的局面。人民的财货有余,就没有必要到远处谋生。不要远徙,又不打仗,因而"虽有舟舆,无所乘之;虽有甲兵,无所陈之"。人民十分富有,生活安定、充实而又快乐,文化生活丰富多彩。人们的交往也不用拘泥于那种烦琐而又浅薄的礼节,代之以厚实的"道"和"德",只讲奉献,不讲索取。

墨家学说创始人墨子的"兼爱""非攻""尚贤""尚同""贵义""节用"等思想,也可以看作是大同社会的详细蓝图。其中,"兼爱"的根本出发点是为了阻止"强必执弱,富必侮贫,贵必傲贱,诈必欺愚"(《墨子·兼爱中》)的霸道行为,使弱小的诸侯国能摆脱灭亡的命运。在墨子看来,正是由于社会有"别",不兼相爱,由此产生了"强劫弱,众暴寡,诈谋愚,贵傲贱"(《墨子·天志中》)等各种不公平、不合理的社会现象;由于不能兼相爱,因而出现了"国之与国之相攻,家之与家之相篡,人之与人之相贼,君臣不惠忠,父子不慈孝,兄弟不和调"(《墨子·兼爱中》)的局面。而要消除这些不合理的现象,墨子认为,只有"兼以易别"(《墨子·兼爱下》),用兼代替别。墨子所追求的是一个充满爱的社会,是一个体现了公平和正义的社会,他所提倡的"兼爱"是没有亲疏远近、超越阶级阶层的,是一种人与人之间平等的大爱。墨子主张"尚贤使能",他把"尚贤"看作"为政之本",让有德、有才的人从事国家的各级行政管理工作,体现了他力求使国家安定统一和社会秩序良好的愿望。

总之,大同理想既包含了儒家的仁爱思想,也蕴含着道家追寻人间大道的精神、墨家的民众关怀,是集先秦各家理想主义于一体而形成的一种社会理想,它包含了政治、经济、文化等多方面内容。尽管《礼记·礼运》所描绘的大同理想是在当时生产力还很不发达的自然经济背景下产生的,但从思想内容来看,它超越了具体的社会形态,带有对人类的终极关怀性质,具有极强的历史穿透力,这使得它可以在此后的历史发展中始终保持旺盛的生命力,历久而弥新。

二、大同理想的丰富与发展

大同理想在儒家思想中占有重要地位,它是儒家关于治国理政所应追求的价值目标,是历代政治家、思想家所向往的社会目标。在古代社会中,许多有为的政治家、思想家、文学家都对理想的大同社会进行了新的阐发。

东汉公羊学家何休提出"衰乱世、升平世、太平世"的历史进化观,认为人类社会是沿着衰乱世、升平世、太平世顺次进化的。其中,升平世类似于《礼记·礼运》中的"小康"社会,太平世则与"大同"社会相仿。太平之世是一个没有种族区分、没有内外之别的天下一统之世,在这一时期,"夷狄进至于爵,天下远近小大若一"(《春秋公羊传解诂·隐公元年》)。何休所处的东汉末年社会,正是一个衰乱之世,但何休并没有对历史的发展失去信心,他对人类历史发展和进步的必然性充满信心,相信太平盛世最终会实现。

东晋诗人陶渊明在《桃花源记》中描绘了这样一个理想的"世外桃源":夹岸数百步,中无杂树,芳草鲜美,落英缤纷。土地平旷,屋舍俨然,有良田、美池、桑竹之属。阡陌交通,鸡犬相闻。其中往来种作,男女衣着,悉如外人。黄发垂髫,并怡然自乐。这是一个没有剥削、没有压迫、不存在国家制度、无贫富贵贱之分、人人劳动、丰衣足食、生活安逸的理想社会,同当时现实世界的困苦形成鲜明对照。北宋初年的杰出诗人、文学家王禹偁在散文《录海人书》中塑造了一个"熙熙然殆非人世"的海上桃花源,讲述了一个没有剥削与压迫、没有刑罚与战争、没有徭役与赋税的自由劳作的理想社会。南宋学者康与之在其笔记体著述《昨梦录》中描绘了"西京隐乡",明确提出了"计口授地,以耕以蚕","不可取衣食于他人",生活必需品"皆不私藏,与众均之"等一系列理想社会的基本原则。清朝文学家李汝珍在《镜花缘》中描绘了"惟善为宝""好让不争"的"君子国"理想社会。

"天下为公"思想是中华传统文化中的精华。《吕氏春秋》中指出,过去的圣王在治理天下时都坚持"天下为公"的原则,这样才能保障天下太平。"天下非一人之天下,天下之天下也。"(《吕氏春秋·贵公》)北宋哲学家邵雍提出"公天下",使大家明白天下是天下人的天下,要靠天下人来保卫和维护。明清之际的启蒙思想家黄宗羲在《明夷待访录》中提出"天下之治乱,不在一姓之兴亡,而在万民之忧乐"(《明夷待访录·原臣》),并以三代之治为范式,试图建立"公天下"的制度体系,把"以君为主,天下为客"的"家天下"变更为"以天下为主,君为客"的"公天下"。他认为,执政者应当以公正无私的心态去治理国家,对于民众生存需求要有各种措施予以保证。明末清初著名思想家王船山则从土地民有、财产民享和职位开放等观念,描绘了"民自有其恒畴,不待王者之授之""以天下之财供天下之用"以及"以天下之禄位,公天下之贤者"的"公天下"社会理想。

在秦汉之后漫长的封建社会里,除了士大夫阶层对理想社会的探索,广大农民也在不断努力探寻自己的理想社会。历次农民起义都表达了对平等理想社会的渴望,要求法律地位平等、经济权利均等。封建统治者也自觉或不自觉地受大同理想的感召,按其所设想的方式施政,从而或多或少地改善了民众的生存环境。汉武帝、唐太宗、唐玄宗等封建帝王创下的文治武功,无疑都是朝着理想社会努力的结果。但事实证明,任何脱离了经济基础和阶级基础的社会理想,永远都只会是空想。

三、大同理想的转折与变迁

在中国近代史上,大同理想更成为激励许多志士仁人反抗外来侵略、谋求民族解放的精神动力之一。围绕着如何实现大同理想,许多政治家和思想家结合社会的发展进行了新的探讨。

太平天国的农民领袖洪秀全,从农民阶级角度,将其对天国未来的美好憧憬融进纲领性文件《天朝田亩制度》中,纲领在"凡天下田天下人同耕"的均分土地基础上,设计了一个"有田同耕,有饭同食,有衣同穿,有钱同使,无处不均匀,无人不饱暖"的理想社会。企图废除一切私有财产,用绝对平均主义的办法实现人人平等,这事实上是不可能的,它超出了反封建的任务。在马克思看来,意图在不改变经济基础的传统生产生活方式的基础上去实现一个没有商品交换的、绝对平均的社会,这只能是不切实际的浪漫空想。马克思指出:"在桌子开始跳舞以前不久,在中国,在这块活的化石上,就开始闹革命了。这种现象本身并不是什么特殊的东西,因为在东方各国,我们经常看到社会基础不动而夺取到政治上层建筑的人物和种族不断更迭的情形。"①虽然洪秀全明确支持洪仁玕在《资政新篇》中主张的发展资本主义的政治纲领,但他并未将此纲领付诸实践,只是一纸空文。尽管太平天国农民运动具有反帝反封建的正义性,但由于历史和阶级的局限,其所主张的小农社会理想最终归于失败。②

康有为借用公羊学派的"三世"说,认为中国处于"据乱世",欧美一些国家也只到达"升平世",只有到达"太平世"也即大同社会,人类才能获得真正的幸福。为了超越中西、古今、新旧以及由此导致的中西之间的不平等,康有为寄希望于天下大同,他在《大同书》一书中,猛烈抨击了封建旧制度,生动地描述了在封建社会中人们所经历的各种苦难,包括人生之苦、天灾之苦、人道之苦、人治之苦、人情之苦和人所尊尚之苦等,进而详尽描绘了他想象中的美妙社会图景。康有为所设计出来的大同社会,是一个以生产资料公有制、计划经济、按劳分配和按需分配相结合为基本特征,生产力和物质文明高度发达的社会;是一个消灭阶级、废除家庭、没有任何天然或人为束缚的社会,在这个社会里,每一个人都享有充分的自由、平等、独立等人权。在他设想的大同社会中,全球的政治、经济、宗教和文化皆一体化。依照他的设想和逻辑,世界大同了,便没有了中西之间的各种差异和区分,也就彻底消灭了包括国家、种族之间的侵略和歧视,所以有人认为,"世界大同者,实现人类博爱平等生活之理想制度也,博爱为大同之基础,平等为大

---

① 中共中央马克思恩格斯列宁斯大林著作编译局.马克思恩格斯全集:第十五卷[M].北京:人民出版社,1963:545.

② 彭冰冰.红船精神:深刻内涵、精神实质与新时代意义[M].北京:人民出版社,2020:26-27.

同之作用,博爱为大同之动机,平等为大同之效果"①。他的大同社会
集合了中国、印度和西方各种美好愿景,"孔子之太平世,佛之莲花世
界,列子之甔瓶山,达尔文之乌托邦"②皆在其中。但是,正如毛泽东同
志指出的:"康有为写了《大同书》,他没有也不可能找到一条到达大同
的路。"③康有为的大同理想虽然存在着严重的空想性,但是对于近代
社会主义思潮在中国的广泛传播起到了极大的促进作用。

　　谭嗣同与康有为一样对大同社会魂牵梦萦。借助《周易》《春秋》
和《春秋公羊传》等经典,谭嗣同以《周易》乾卦的六爻为线索,杂糅公
羊学派的"三世说"勾勒人类历史的演变,将社会历史演变的轨迹概括
为先"逆三世"后"顺三世"的"两三世"。"逆三世"是指人类社会由太
平世到升平世再到据乱世的演变,而"顺三世"则指人类社会由据乱世
到升平世再到太平世的演变。这个演化模式表明,太平世既是人类社
会的最初形态,也是演变的最高阶段,太平世就是大同世。他所处的
中国社会正处于据乱世,依据历史演变的法则依次进入升平世和太平
世;据乱世为君统,升平世为天统,故而"称天而治",人人平等,这体现
了谭嗣同对君主专制的否定:只要有君主、有国家,人就要受君主的压
制和政府的管辖;只有取消国家、废除君主,彻底实现平等,才能人人
享有自由、平等之权。而这种无国无君、全球一体的状态就是平等的
彻底实现,也就是大同社会。

　　中国民主革命的先行者孙中山先生深受大同理想的影响,手书
"天下为公"。他主张"将使世界渐趋于大同"④,亦即实现"世界大同"。
他说:"民生主义就是社会主义,又名共产主义,即是大同主义。"⑤"共

---

① 萧公权.中国政治思想史[M].北京:新星出版社,2010:458.
② 康有为.大同书[M].陈得媛,李传印,评注.北京:华夏出版社,2002:93.
③ 毛泽东选集:第四卷[M].北京:人民出版社,1991:1471.
④ 孙中山.孙中山选集:上卷[M].北京:人民出版社,2011:96.
⑤ 孙中山.孙中山选集:下卷[M].北京:人民出版社,2011:832.

产主义是民生的理想,民生主义是共产的实行。"①

尽管大同理想是历代中国人内心深处挥之不去的情结,但由于历史和阶级的局限性,无论是 2000 多年传统社会中风起云涌的农民运动实践,还是近代以来建立资产阶级共和国的种种尝试,都没有也不可能找到实现大同理想的现实路径。十月革命一声炮响,给我们送来了马克思列宁主义,中国人才真正找到了实现民族解放、通往大同理想的现实道路。

第二节　空想社会主义者对共同富裕的设想

在马克思提出科学社会主义之前,空想社会主义者怀着悲天悯人的情感,对理想社会有很多美好的设想,但由于没有揭示人类社会发展的客观规律,因而也就没有找到实现理想的有效途径。

一、资本原始积累时期空想社会主义者对共同富裕的设想

16 世纪初欧洲文艺复兴时期,托马斯·莫尔、托马斯·康帕内拉等空想家,为世人构建了一个没有阶级、没有压迫、没有剥削的"世外桃源"。

莫尔生活的时代,是资本主义刚刚兴起的时代,英国封建制度开始瓦解。由于资本原始积累的需要,英国发生了大规模的"圈地运动",导致了农民的彻底破产。农民被迫背井离乡,到处流浪,变成乞讨者而流入城市,成为一无所有的雇佣工人,造成了"羊吃人"的悲惨情景,从而彻底改变了原有的社会关系和国家制度。莫尔对当时正在

---

① 孙中山.孙中山选集:下卷[M].北京:人民出版社,2011:861.

进行资本积累的英国社会进行了考察和探讨,目睹了英国的新资产阶级和新贵族疯狂剥夺农民土地的残酷行径,身心感受到人民的巨大苦痛和灾难。1516 年,莫尔所著的《乌托邦》出版,成为近代空想社会主义的起点。莫尔揭示了资本主义造成一切剥削压迫的总根源在于财产私有制。由此,他坚决主张彻底地废除包括资本主义在内的所有的私有制。他认为,只有完全废除私有制,才能消除贫富不均、两极对立,消除贪婪、掠夺、战争以及一切社会罪恶的根源,使人人平等地享有一切、获得幸福。

在《乌托邦》中,莫尔描绘了"最完美的国家制度"的种种特征,涉及经济制度、政治制度、文化教育制度等多个方面。在经济制度方面,实行生产资料和全部产品公有制度。乌托邦宪法规定,所有从事体力劳动的公民,还要尽可能地有充裕的时间用于精神上的自由及开拓,使他们在劳动之后充分享受精神生活的愉快。在政治制度方面,乌托邦的国家机关设有议事会(议事机构)和元老院,掌管全国大事,实行民主选举、民主管理、民主监督等民主政治制度。在文化教育制度方面,乌托邦建立了公共的、平等的、普遍的教育。所有男女儿童一律进入学校,求取知识,修养品德。成年男女必须在劳动之余接受公共的文化科学知识教育和道德教育。《乌托邦》所描写的理想的新世界,激起了人们巨大的热情和真诚的向往。莫尔关于建立公有制社会的思想对后世社会主义理论产生了十分深刻的影响。

莫尔之后出现的共产主义者是意大利的康帕内拉。康帕内拉生活的时代,正是意大利遭受西班牙侵略者残暴统治、封建统治者恣意鱼肉人民的黑暗时期,他目睹了社会的黑暗和不平等,并且在对现存社会的批判中,逐步发现了私有制是一切社会丑恶现象的根源。他主张废除私有制,建立崭新的、以公有制为基础的理想社会。在康帕内拉所设想的太阳城里,一切财产都是公有的,人们不关心私有财产,也不向往和追求私有财产。太阳城的人们既是富人,又是穷人。他们之所以是富人,是因为大家共同占有一切财富;他们之所以是穷人,是因为每个人都没有任何私有财产。大家共同使用一切社会财富,但又不为自己的财富所奴役。太阳城里,人们的社会地位是平等的。人们共同劳动,把全部生产品都送进公共仓库,然后由公职人员对产品和财富进行公平合理的直接分配。康帕内拉把劳动看作社会生活所必需的,把社会成员普遍参加劳动看成是理想社会制度的重要特征。在太阳城里,人人都是劳动者。每个公民都具有高尚的道德。社会秩序井然,人民生活幸福而安宁。

二、18 世纪法国空想共产主义对共同富裕的设想

到 18 世纪,资产阶级运动的中心和阶级矛盾的焦点转移到法国。法国成为空想共产主义运动和理论的集中地,摩莱里、马布利和巴贝夫是其中的代表。

摩莱里是法国大百科全书派的先驱者之一。摩莱里的空想共产主义学说集中表述在 1753 年出版的长篇叙事诗《巴齐里阿达》和 1755 年出版的《自然法典》这两部著作中。他认为,万恶的私有制是非理性的社会制度,为了使人类获得幸福生活,必须代之以理性的公有制为基础的社会制度。摩莱里认为,人类社会开始时,是以公有制为基础的理性制度,后来由于人类理性的错误,理性制度遭到破坏,出现了非理性的私有制度。摩莱里要求彻底消灭私有制,建立一个没有压迫、没有剥削、人们在财产和社会地位方面一律平等的社会。

马布利一生写了大量历史、政治、法律方面和空想共产主义思想的著作,主要有 1768 年出版的《哲学家经济学家对政治社会的自然的和必然的秩序的疑问》、1776 年出版的《论法制或法律的原则》、1789 年出版的《论公民的权利和义务》等。他以道德标准来分析人类社会

和研究人类社会的历史。在马布利看来,人类最幸福的时期,就是人类处于自然状态的时期,也就是人类以财产公有为基础的原始社会的时期。他认为,"私有制是财产和地位不平等的起因,从而也是我们的一切罪恶的基本原因"①。因此,马布利反复强调应当废除私有制,恢复平等制度,实行绝对平均主义。然而他片面夸大了道德的作用,把道德说成是改造和建立社会的主要手段。

巴贝夫是18世纪法国"平等派"密谋运动的组织者和领导者,他理想中的共产主义制度是"完全平等"的制度,是共同生产、共同消费的共产主义社会。他提出,在共和国内应建立一种巨大的"全民公社"。在公社里,一切人都有劳动的义务,公社保证社员有舒适和设备完善的住宅,供给社员工作时和休息时的衣着,充足的食物、燃料和药品。在公社中实行严格的消费共产主义,即绝对平均主义的分配原则。在这样的社会里,不应再有吃人的人,不应有暴君,不应有剥削者和被剥削者。在那里,每个人都享受丰衣足食的乐趣。

三、19世纪上半叶空想社会主义者对共同富裕的设想

19世纪初期,英国的工业革命极大地推动了生产力的发展,圣西门、傅立叶和欧文在继承前人思想的基础上,提出了空想社会主义新的主张,并将空想社会主义推向新的发展高潮。

圣西门从政治、经济、文化、道德等方面无情地批判和揭露了资本主义制度的弊端,对未来社会的社会生产、产品分配、体制建设作出了许多天才的猜测,提出了许多有科学价值的主张。圣西门把未来社会制度称为"实业制度",主要设想如下:一是在"实业制度"下,必须坚决消灭游手好闲的寄生现象,实行"一切人都要劳动"的原则。劳动是国

---

① 马布利选集[M].何清新,译.北京:商务印书馆,1960:50.

家繁荣的真正源泉,最有益于文化、科学的进步和改变人类的命运。因此,他主张一切才能天赋都应当用于发展实业。二是在"实业制度"下,必须反对各种特权,实行尽可能完全平等的原则。那种由于门第出身不同而得到的一切特权都要废除,应根据择优录用的原则,让在实证科学、美术和实业方面最有才能的人,受托去管理国家大事。人们的社会地位和收入应该取决于劳动。三是在"实业制度"下,必须坚决克服资本主义社会生产的无政府状态,实行有计划地组织整个社会生产的原则,必须制订明确和合理的工作计划,以保证整个社会的生产、科学、艺术和有利于居民的一切公共事务,按照协作的共同目的进行。四是在"实业制度"下,必须坚决消灭一部分人统治和压迫另一部分人的现象,实行一切人都应获得最大限度自由的原则。

傅立叶把人类社会发展的历史分为蒙昧时期、宗法时期、野蛮时期和文明时期四个时期,而每一个社会历史时期又分为童年阶段、成长阶段、衰落阶段和凋谢阶段四个阶段。人类社会就是在各时期各阶段的更替中向前发展的。傅立叶指出,资本主义制度正处在衰落阶段,它必将被新的和谐制度所取代。"和谐社会"正是傅立叶心目中的理想社会,其基层组织是法郎吉,它是一种城乡结合、工农业生产结合、脑力劳动与体力劳动结合、教育与生产劳动结合、生产与消费结合的集体经营的合作组织。每个法郎吉占地 1 平方千米,固定人数为1620 人,其成员居住在叫作"法郎斯特尔"的大厦里,这种大厦功能齐全,设备完善,除了可供居住,厨房、餐厅、工厂、学校、旅社、教堂、交易所等都将被安置在大厦里。法郎吉的劳动是自愿的,又是有纪律的。法郎吉成员不论贫富,都必须参加劳动。每个人既从事农业劳动,又从事工业劳动;既从事体力劳动,又从事脑力劳动。法郎吉在劳动过程中进行科学教育,推动人们积极学习科学文化知识,使之成为全面发展的新人。法郎吉保障每个成员最低限度的生活资料需要,但在分配上实行按劳分配,消费按集体原则来组织,婚姻建立在两性相爱的基础上,结合和离异完全自由,妇女从旧式家庭束缚下解放出来,与男子的地位完全平等。法郎吉的领导体制充分体现民主,许多法郎吉构成和谐制度的总和。

与圣西门、傅立叶相比,欧文的共产主义思想具有鲜明的实践性质。欧文设想的理想社会是建立在生产资料公有制基础上的劳动公社的联合体。劳动公社是理想社会的基层单位。劳动公社的基本原则是"联合劳动、联合消费、联合保有财产和特权均等"。劳动公社实行生产资料公有制。公社的劳动是在统一的计划下有组织地进行的。每个公社成员都必须参加生产劳动。劳动公社的分配原则是各尽所能,按需分配。但欧文认为,从现存社会转向理想社会还有一个过渡时期,而在过渡时期则要实行按劳分配的原则。劳动公社内部已不存在商品交换关系。劳动公社的管理体制,体现了管理人员是公仆和人民当家作主的原则。劳动公社的教育是要造就体、智、德、行全面发展的新人。劳动公社消灭了脑力劳动和体力劳动之间的对立关系,使每个成员的脑力与体力广泛地结合起来。公社成员享有平等的权利和义务,承担与自己的年龄和特长相适应的工作,并可自由调换工种,既从事生产劳动,又从事科学研究和艺术活动。

从上可见,空想社会主义者有一个共同的基本点,就是批判旧社会,同情人民的疾苦,设计未来社会的蓝图。他们看到了私有制是造成一切不平等的根源,发现了劳动在人的发展中的意义,并且提出了按劳分配等原则,这些观点为后来科学社会主义的发展提供了方向。但从根本上说,空想社会主义是建立在历史唯心主义基础上的,具有虚幻的性质,其苦思冥想的理想社会永远无法实现。但是,空想社会主义者对人类理想社会不懈追求的精神和行为得到了马克思、恩格斯的高度评价。恩格斯说:"他们终究是属于一切时代最伟大的智士之列的,他们天才地预示了我们现在已经科学地证明了其正确性的无数真理。"①

第三节 马克思主义经典作家的共同富裕思想

马克思创建了唯物史观和剩余价值学说,揭示了人类社会发展的一般规律,揭示了资本主义运行的特殊规律,为人类指明了从必然王国向自由王国飞跃的途径,为人民指明了实现自由和解放的道路。②

一、马克思、恩格斯的共同富裕思想

马克思、恩格斯的共同富裕思想是贯穿于马克思主义理论体系的重要内容,在历史唯物主义的理论基础上阐明了共同富裕的基本特征,强调生产力的高度发展是实现共同富裕的客观前提,实行生产资料公有制是实现共同富裕的经济制度基础,共同富裕是全体社会成员的共同富裕,是物质生活与精神生活都富裕。

(一)生产力高度发展是实现共同富裕的客观前提

与空想社会主义仅仅从理性原则和抽象的道德原则等出发谈论贫富问题不同,唯物史观首先强调从物质生活状况出发考察社会。任何社会历史条件下,人们都必须首先通过物质生产活动满足衣食住行等基本生活需要,在此基础上才能从事文化、政治、教育等活动。人类社会作为一个活的有机体,其发展是由各种因素的相互作用推动的。

---

① 中共中央马克思恩格斯列宁斯大林著作编译局.马克思恩格斯选集:第三卷[M].北京:人民出版社,2012:37.

② 习近平.在纪念马克思诞辰200周年大会上的讲话[M].北京:人民出版社,2018:8.

在各种因素的相互作用中,生产力是社会发展的最终决定力量。一个社会处于什么样的历史时代,它的经济形态、政治形态、观念形态以及整个社会形态具有何种性质,最终是由生产力的状况决定的。生产力归根到底决定和支配着生产关系,而社会生产关系的变迁必须与生产力的状况相适应。生产力水平与生产关系状况制约着共同富裕的实现情况。马克思指出:"至今的全部历史都是在阶级对立和阶级斗争中发展的;统治阶级和被统治阶级,剥削阶级和被剥削阶级是一直存在的;大多数人总是注定要从事艰苦的劳动而很少能得到享受。为什么会这样呢? 这只是因为在人类发展的以前一切阶段上,生产还很不发达,以致历史的发展只能在这种对立形式中进行,历史的进步整个说来只是成了极少数特权者的事,广大群众则注定要终生从事劳动,为自己生产微薄的必要生活资料,同时还要为特权者生产日益丰富的生活资料。"①千百年来,受生产力发展水平制约,人类社会始终无法真正实现共同富裕。当生产力还没有达到一定水平时,是不可能实现共同富裕的。

无论是表现为知识形态的科学技术,还是表现为直接生产力的科学技术,都是作为推动生产力发展的一个要素而存在,都直接或间接地渗透于生产力的基本要素之中。首先,就劳动者来说,科技的应用不仅在一定程度上武装了劳动者的头脑,提升了劳动者的社会文化智力水平与科学素养,也提高了劳动者本身的技艺水平,必然对社会生产力的发展更具推动作用。其次,就劳动对象而言,科技的应用进一步增强了人类认识自然、改造自然的能力,丰富了生产劳动对象的种类。最后,就劳动工具而言,劳动工具的变革是科学技术作为第一生产力的直接体现。社会生产力发展到一定程度后,社会财富的生产将

---

① 中共中央马克思恩格斯列宁斯大林著作编译局.马克思恩格斯选集:第三卷[M].北京:人民出版社,2012:724.

较多地依赖于科学技术在生产中的运用,科学技术集中代表着先进生产力的水平。现代科学技术将更为广泛地渗透到生产的各个环节中,从而使生产不仅表现为量上也即生产规模的扩大和生产速度的提升,而且将更为鲜明地促进生产发生质的飞跃。

总之,生产力的发展是实现共同富裕绝对且必需的前提。物质生产力的发展状况归根结底决定着社会共同富裕的实现状况。没有发展就没有共同富裕的基础和可能,最终只能沦为低水平的平均主义分配,只会严重挫伤劳动者生产积极性,进而阻碍生产力发展,这也正是空想社会主义的根本缺陷所在。

(二)生产资料公有制是实现共同富裕的经济制度基础

生产力发展的基础作用是与生产资料所有制的保障作用紧密联系在一起的。生产力本身没有阶级之分,没有正义与否之分。生产关系是指人们在物质资料生产过程中所结成的社会关系,是社会生产方式的社会形式。生产资料的所有制关系是生产关系中最具有决定意义的方面。生产资料所有制本质上规定着生产资料归谁所有和社会财富归谁占有的权利。在《共产党宣言》中,马克思、恩格斯精辟地指出:"现代的资产阶级私有制是建立在阶级对立上面、建立在一些人对另一些人的剥削上面的产品生产和占有的最后而又最完备的表现。"[①]

马克思、恩格斯在《共产党宣言》中旗帜鲜明地提出了共产党人的理论包括"消灭私有制"。"消灭私有制",并不是要消灭一般的所有制,而是要消灭资产阶级的所有制,也即消灭资产阶级的私有制。"消灭私有制",也并不是要消灭生活资料私有制,而是要消灭生产资料私有制。消灭私有制"并不剥夺任何人占有社会产品的权力,它只剥夺

---

① 中共中央马克思恩格斯列宁斯大林著作编译局.马克思恩格斯选集:第一卷[M].北京:人民出版社,2012:414.

利用这种占有去奴役他人劳动的权力"①。而建立生产资料公有制，"不仅可能保证一切社会成员有富足的和一天比一天充裕的物质生活，而且还可能保证他们的体力和智力获得充分的自由的发展和运用"②。

马克思、恩格斯指出，应"通过有计划地经营全部生产，使社会生产力及其成果不断增长，足以保证每个人的一切合理的需要在越来越大的程度上得到满足"③。到那个时候，社会不会再存在两极分化的现象，全体社会成员将实现在生产资料所有制的基础上共享社会总产品的平等状态。

（三）共同富裕是全体社会成员的共同富裕

马克思主义追求的从来不是少数人的富裕，而是共同富裕，是全体社会成员的共同富裕。这是由马克思主义的群众史观与根本立场决定的。全人类的解放在经济层面突出地表现在所有人的共同富裕上。

人是物质属性和精神属性的有机统一整体，追求精神富裕是人的全面发展的核心要求。因此，共同富裕是物质富裕与精神富裕的有机统一。一方面，经济决定政治、文化，这是唯物史观的基石。生产力是一切社会发展的最终决定力量，物质资料的生产是整个社会生活的基础，精神富裕的实现最终要靠物质富裕为其提供基础。"仓廪实而知礼节，衣食足而知荣辱。"马克思指出："在极端贫困的情况下，必须重

---

① 中共中央马克思恩格斯列宁斯大林著作编译局. 马克思恩格斯选集：第一卷[M]. 北京：人民出版社，2012：416.

② 中共中央马克思恩格斯列宁斯大林著作编译局. 马克思恩格斯选集：第三卷[M]. 北京：人民出版社，2012：670.

③ 中共中央马克思恩格斯列宁斯大林著作编译局. 马克思恩格斯选集：第三卷[M]. 北京：人民出版社，2012：724.

新开始争取必需品的斗争,全部陈腐污浊的东西又要死灰复燃。"①但并不是物质富裕了、生产力发展了,社会自然而然就达到了共同富裕。只有将经济基础与上层建筑、物质生产与精神生产的"制约"关系看成是辩证统一的、互补的有机体,才能正确把握历史唯物主义的深刻意义。在此意义上,我们可以把"物质富裕"作为工具理性的体现,把"精神富裕"作为价值理性的体现,两者统一于社会主义实践之中。

另一方面,经济、政治与文化是相互作用、相互影响和相互决定的。政治、文化等上层建筑在一定条件下对经济发展起着重要作用。随着人类文明和社会的发展,科学技术、思想文化的作用是不断递增的。社会文明程度越高,人民的精神生活越丰富,综合素质越高,改造社会的历史主动性越强。人既是历史的剧中人,又是历史的剧作者。与自然进化史不同,人类历史的发展是历史主体在历史发展趋势所提供的历史机遇中,发挥主观能动性、争取历史主动的进程。如果人们过于追求甚至沉迷于物质生活,社会就会在物欲横流中缺失发展动力、迷失前进方向。在共产主义社会中,摆脱了生产力发展不充分和生产关系狭隘的制约,每个人都可以平等地享受高度发达的物质成果。同时,在此基础上,社会全体人员可以自由地发展多方面的才能,享受更加自由和丰富的精神生活。马克思、恩格斯在《德意志意识形态》中有一段生动的阐述:"社会调节着整个生产,因而使我有可能随自己的兴趣今天干这事,明天干那事,上午打猎,下午捕鱼,傍晚从事畜牧,晚饭后从事批判,这样就不会使我老是一个猎人、渔夫、牧人或批判者。"②

---

① 中共中央马克思恩格斯列宁斯大林著作编译局.马克思恩格斯选集:第一卷[M].北京:人民出版社,2012:166.

② 中共中央马克思恩格斯列宁斯大林著作编译局.马克思恩格斯选集:第一卷[M].北京:人民出版社,2012:165.

二、列宁关于共同富裕的思想及实践

1917年,十月革命之后,随着苏俄社会主义制度的建立,面对经济文化落后的现实,列宁在继承和坚持马克思、恩格斯的共同富裕思想的基础上,开始探索落后国家走上社会主义道路后,在生产力基础比较薄弱的条件下,如何实现共同富裕的问题。

列宁明确指出,"只有社会主义才可能广泛推行和真正支配根据科学原则进行的产品的社会生产和分配,以便使所有劳动者过最美好的、最幸福的生活"[①]。因此,消灭贫穷,把人民的生活水平提高到过富裕生活的水平,保证最大限度地满足人民的物质文化需要,就是社会主义生产的目的。列宁坚持把生产力发展看作社会进步的最高标准,认为"劳动生产率,归根到底是使新社会制度取得胜利的最重要最主要的东西"[②]。列宁还强调:"在社会主义制度下,全体工人,全体中农,人人都能在决不掠夺他人劳动的情况下完全达到和保证达到富足的程度。"[③]这就是说,与资本主义靠掠夺他人的剩余价值而使少数人致富不同,社会主义是通过生产和分配原则使全体人民共同富裕的。

十月革命前,列宁认为,社会主义革命就是要以公有制取代资本主义私有制。他说:"工人阶级要获得真正的解放,必须进行资本主义全部发展所准备起来的社会革命,即消灭生产资料私有制,把它们变为公有财产,组织由整个社会承担的社会主义的产品生产代替资本主

---

① 中共中央马克思恩格斯列宁斯大林著作编译局.列宁选集:第三卷[M].北京:人民出版社,2012:546.

② 中共中央马克思恩格斯列宁斯大林著作编译局.列宁选集:第四卷[M].北京:人民出版社,2012:16.

③ 列宁.列宁全集:第三十五卷[M].中共中央马克思恩格斯列宁斯大林著作编译局,编译.北京:人民出版社,2017:470.

义商品生产。"①在如何对待小生产者和小私有制经济的问题上,列宁主张消灭个体经济和小私有制,他认为,小生产是产生资本主义的土壤和温床。"小生产是经常地、每日每时地、自发地和大批地产生着资本主义和资产阶级的。"②十月革命后,根据列宁的设想和当时客观的政治环境,苏俄建立了以高度集中的国有化和计划经济管理为特征的"战时共产主义"体制,力图完全消灭私有制,建立"纯而又纯"的公有制。由于当时建立的公有制模式超越了苏俄社会生产力发展的实际水平,因而引起了广大群众的普遍不满,苏维埃政权陷入了严重的政治危机之中。

1921年初,以"新经济政策"的实施为标志,列宁对社会主义的认识开始发生重大转折。他指出:"可以在不同程度上允许资本和私营商业存在,不必害怕资本主义的某些滋长,只要能够迅速加强流转,使农业和工业得到复苏就行。"③

第四节　中国共产党的共同富裕思想

中国共产党自成立以来,就把为中国人民谋幸福、为中华民族谋复兴作为自己的初心使命。从完成新民主主义革命,建立新中国,到完成社会主义革命,确立社会主义基本制度,推进社会主义建设,再到改革开放新的伟大革命,开辟中国特色社会主义道路,经济社会发展

---

① 列宁.列宁全集:第六卷[M].中共中央马克思恩格斯列宁斯大林著作编译局,编译.北京:人民出版社,2013:193.

② 中共中央马克思恩格斯列宁斯大林著作编译局.列宁选集:第四卷[M].北京:人民出版社,2012:135.

③ 中共中央马克思恩格斯列宁斯大林著作编译局.列宁选集:第四卷[M].北京:人民出版社,2012:528.

进步为我们大踏步迈向共同富裕创造了有利条件。百年来,中国共产党人不断探索,形成了丰富的共同富裕思想。

一、毛泽东同志的共同富裕思想

作为中国社会主义建设事业的奠基人,毛泽东同志始终把实现国家的繁荣昌盛、人民的共同富裕作为他毕生追求的重要内容。1953年12月16日,中共中央发布的由毛泽东同志主持制定的《关于发展农业生产合作社的决议》中明确提出共同富裕,提出要"逐步实行农业的社会主义改造,使农业能够由落后的小规模生产的个体经济变为先进的大规模生产的合作经济,以便逐步克服工业和农业这两个经济部门发展不相适应的矛盾,并使农民能够逐步完全摆脱贫困的状况而取得共同富裕和普遍繁荣的生活"[①]。到了1955年,毛泽东同志开始比较集中系统地阐述有关共同富裕的思想。

毛泽东同志认为:"广大农民的生活,虽然在土地改革以后,比较以前有所改善,或者大为改善,但是他们中间的许多人仍然有困难,许多人仍然不富裕,富裕的农民只占比较的少数,因此大多数农民有一种走社会主义道路的积极性。""这就是说,全国大多数农民,为了摆脱贫困,改善生活,为了抵御灾荒,只有联合起来,向社会主义大道前进,才能达到目的。"[②]因此,我党有必要"领导农民走社会主义道路,使农民群众共同富裕起来,穷的要富裕,所有农民都要富裕,并且富裕的程度要大大地超过现在的富裕农民"[③]。坚持走好社会主义道路,"中国的穷国地位和在国际上无权的地位也会起变化,穷国将变为富国,无

---

① 中央档案馆,中共中央文献研究室.中共中央文件选集(一九四九年十月——一九六六年五月):第十四册[M].北京:人民出版社,2013:443-444.
② 中共中央文献研究室.毛泽东文集:第六卷[M].北京:人民出版社,1999:429.
③ 中共中央文献研究室.建国以来重要文献选编:第七册[M].北京:中央文献出版社,1993:308.

权将变为有权——向相反的方向转化"①。

毛泽东同志认为:"只要合作化了,全体农村人民会要一年一年地富裕起来。"②"现在我们实行这么一种制度,这么一种计划,是可以一年一年走向更富更强的,一年一年可以看到更富更强些。而这个富,是共同的富,这个强,是共同的强,大家都有份。"③实现了合作化以后,"农民这个阶级还是有的,但他们也变了,不再是个体私有制的农民,而变成合作社集体所有制的农民了。这种共同富裕,是有把握的,不是什么今天不晓得明天的事"④。就是说,农民走农业合作化道路可以确保财富实现更加均等的分配,防止剥削和两极分化。

毛泽东同志认识到,在中国这样贫穷落后的国家要实现现代化、走向共同富裕,将是一个长期而艰苦的过程。首先,准备在几年内,"使农业得到发展,使合作社得到巩固","使农村中没有了贫农,使全体农民达到中农和中农以上的生活水平"。⑤ 之后,"要有几十年时间,经过艰苦的努力,才能将全体人民的生活水平逐步提高起来"⑥,最终实现共同富裕。

党在社会主义革命和建设中取得的独创性理论成果和巨大成就,为在新的历史时期开创中国特色社会主义提供了宝贵经验、理论准备和物质基础。

二、中国特色社会主义理论体系中的共同富裕思想

改革开放以后,中国改革开放的总设计师邓小平同志将科学社会

---

① 中共中央文献研究室.建国以来重要文献选编:第十五册[M].北京:中央文献出版社,1997:317.

② 中共中央文献研究室.建国以来重要文献选编:第七册[M].北京:中央文献出版社,1993:308.

③ 中共中央文献研究室.毛泽东文集:第六卷[M].北京:人民出版社,1999:495.

④ 中共中央文献研究室.毛泽东文集:第六卷[M].北京:人民出版社,1999:496.

⑤ 毛泽东著作选读:下册[M].北京:人民出版社,1986:776.

⑥ 毛泽东著作选读:下册[M].北京:人民出版社,1986:775.

主义的基本原则与中国实际相结合,提出建设有中国特色的社会主义。立足基本国情,以经济建设为中心,坚持四项基本原则,坚持改革开放,解放和发展社会生产力,建设中国特色社会主义市场经济,走中国特色社会主义道路,经济发展和人民生活水平得到显著提高,中国特色社会主义理论体系中包含着丰富的共同富裕思想。

（一）邓小平理论关于共同富裕的重要论述

共同富裕思想是邓小平理论的重要内容。党的十一届三中全会以后,以邓小平同志为主要代表的中国共产党人,多次从不同的角度对共同富裕的问题进行了论述,既包括了奋斗目标,又包括了实现这一目标的一系列途径和方法。

一是共同富裕是社会主义的本质要求。改革开放之后,邓小平同志从我国的现实出发,总结国内和国际社会主义建设的历史经验,提出了什么是社会主义的首要的基本理论问题。他指出:"问题是什么是社会主义,如何建设社会主义。我们的经验教训有许多条,最重要的一条,就是要搞清楚这个问题。"①1980 年 4 月,邓小平同志指出:"经济长期处于停滞状态总不能叫社会主义。人民生活长期停止在很低的水平总不能叫社会主义。"②在这里,邓小平同志把人民生活水平跟社会主义联系起来。1985 年 3 月,邓小平同志在全国科技工作会议上说:"一个公有制占主体,一个共同富裕,这是我们所必须坚持的社会主义的根本原则。"③1985 年 5 月 25 日,邓小平同志又指出:"社会主义的特点不是穷,而是富,但这种富是人民共同富裕。"④在著名的1992 年南方谈话中,邓小平同志明确提出:"社会主义的本质,是解放

①　邓小平.邓小平文选:第三卷[M].北京:人民出版社,1993:116.
②　邓小平.邓小平文选:第二卷[M].北京:人民出版社,1994:312.
③　邓小平.邓小平文选:第三卷[M].北京:人民出版社,1993:111.
④　邓小平.邓小平文选:第三卷[M].北京:人民出版社,1993:265.

生产力,发展生产力,消灭剥削,消除两极分化,最终达到共同富裕。"①
邓小平同志把共同富裕提高到了社会主义根本原则的高度,赋予其社
会主义社会制度的内涵。

二是要实现共同富裕必须发展生产力。邓小平同志分析了生产
力诸要素及其作用,他认为:"人是生产力中最活跃的因素。"②劳动者
的积极性、主动性、创造性的发挥直接影响着生产力的发展。1978 年
9 月,邓小平同志在天津考察时指出:"我们过去是吃大锅饭,鼓励懒
汉,包括思想懒汉,管理水平、生活水平都提不高。"③而保证人民的经
济利益,使其生活不断富裕起来,是调动人民积极性的真正动力。邓
小平同志指出:"不讲多劳多得,不重视物质利益,对少数先进分子可
以,对广大群众不行,一段时间可以,长期不行。"④为了调动广大人民
群众的积极性,必须进行改革,要把生产力从计划经济束缚下解放出
来,通过实行市场经济来发展生产力。市场经济有利于把"经济搞
活",有利于增加和扩大社会需求、刺激生产,达到发展生产的目的,为
实现共同富裕奠定基础。

三是共同富裕的根本途径是先富带动后富。邓小平同志指出:
"农村、城市都要允许一部分人先富裕起来,勤劳致富是正当的。"⑤先
富是手段,共富是目的。为了达到共富的目的,必须允许和鼓励先富。
一方面,先富不是最终目的,不是体现社会主义本质的东西。实行允
许和鼓励一部分人先富起来的政策,是由社会主义初级阶段的生产力
特点、所有制结构、分配制度等客观条件所决定的。先富政策的核心
功能在于使先富起来的地区和人充分发挥示范作用,激励、带动和影

---

① 邓小平.邓小平文选:第三卷[M].北京:人民出版社,1993:373.
② 邓小平.邓小平文选:第二卷[M].北京:人民出版社,1994:88.
③ 中共中央文献研究室.邓小平思想年谱(1975—1997)[M].北京:中央文献出版社,1998:84.
④ 邓小平.邓小平文选:第二卷[M].北京:人民出版社,1994:146.
⑤ 邓小平.邓小平文选:第三卷[M].北京:人民出版社,1993:23.

响其他地区、其他人，同时也从物质上帮助落后地区和后富的人。邓小平同志指出："我们提倡一部分地区先富裕起来，是为了激励和带动其他地区也富裕起来，并且使先富裕起来的地区帮助落后的地区更好地发展。提倡人民中有一部分人先富裕起来，也是同样的道理。"①另一方面，共同富裕才是最终目的，是根本的大原则。邓小平同志强调："鼓励一部分地区、一部分人先富裕起来，也正是为了带动越来越多的人富裕起来，达到共同富裕的目的。"②

　　四是解决好分配问题是实现共同富裕的重要内容。就 20 世纪 80 年代后期出现的地区发展不平衡和个人收入差距拉大问题，邓小平同志说："十二亿人口怎样实现富裕，富裕起来以后财富怎样分配，这都是大问题。题目已经出来了，解决这个问题比解决发展起来的问题还困难。分配的问题大得很。我们讲要防止两极分化，实际上两极分化自然出现。要利用各种手段、各种方法、各种方案来解决这些问题。""少部分人获得那么多财富，大多数人没有，这样发展下去总有一天会出问题。分配不公，会导致两极分化，到一定时候问题就会出来。这个问题要解决。过去我们讲先发展起来。现在看，发展起来以后的问题不比不发展时少。"③ 在消除区域差别方面，邓小平同志提出"两个大局"的战略构想："我们的发展规划，第一步，让沿海地区先发展；第二步，沿海地区帮助内地发展，达到共同富裕。"④

　　邓小平同志所谈的共同富裕不是要求大家"齐步走"，也不鼓励吃"大锅饭"，而是先富带动后富，逐步走向共同富裕。因而，在走向共同

---

①　邓小平. 邓小平文选：第三卷［M］. 北京：人民出版社，1993：111.

②　邓小平. 邓小平文选：第三卷［M］. 北京：人民出版社，1993：142.

③　中共中央文献研究室. 邓小平年谱（1975—1997）：下卷［M］. 北京：中央文献出版社，2004：1364.

④　中共中央文献研究室. 邓小平年谱（1975—1997）：下卷［M］. 北京：中央文献出版社，2004：1253.

富裕的过程中,允许在社会主义制度范围内存在一定的贫富差距。但对于地区间的贫富差距问题,他认为,在20世纪末达到小康水平的时候,就要突出地提出和解决这个问题。① 在时间安排上,为逐步实现共同富裕,他提出先后由解决人民的温饱问题走向人民生活达到小康水平再到人均国民生产总值达到中等发达国家水平的"三步走"发展战略。在实现前提上,共同富裕必须是建立在社会生产力的解放与发展的基础之上,建立在消灭剥削消灭两极分化的前提之上的,离开了这个基础和前提,就有可能会走上"邪路",中国社会也就不可能达到共同富裕的状态。②

在科学社会主义发展史上,邓小平同志第一次用最鲜明的表达、最频繁的次数阐述了共同富裕和社会主义的密切关系,体现了共同富裕在社会主义社会中的崇高地位和深远意义。

(二)"三个代表"重要思想关于共同富裕的重要论述

党的十三届四中全会以后,面对20世纪90年代以来不断变化的国际国内形势,以江泽民同志为主要代表的中国共产党人,坚持以正在做的事情为中心,着眼于对马克思主义理论的运用,着眼于对实际问题的理论思考,着眼于新的实践和新的发展,以全新的战略眼光与时俱进地发展着共同富裕的思想,并不断总结新的经验。

一是推进共同富裕是践行"三个代表"重要思想的内在要求。"三个代表"重要思想是以江泽民同志为主要代表的中国共产党人在科学判断中国共产党历史方位的基础上,紧紧围绕"建设什么样的党,怎样建设党"这一主题提出的,是马克思主义与当代中国实际相结合的典范。践行"三个代表"重要思想,推进实现共同富裕,首先必须发展先

①　邓小平.邓小平文选:第三卷[M].北京:人民出版社,1993:374.

②　余永跃,王世明.论邓小平共同富裕思想的理论来源及其发展[J].科学社会主义,2012(6):120-123.

进的生产力。中国共产党只有代表先进生产力的发展要求,才能积累更多更好的物质财富,才能为消除贫困、缩小贫富差距,为实现共同富裕奠定坚实的物质基础。要实现共同富裕,就必须紧紧抓住发展。发展是中国共产党执政兴国的第一要务。江泽民同志指出:"社会主义的根本任务是发展生产力,增强社会主义国家的综合国力,使人民的生活日益改善,不断体现社会主义优于资本主义的特点。"①践行"三个代表"重要思想,推进实现共同富裕,还必须依靠先进文化的力量。先进文化是人类社会的灵魂,是人类社会发展的内在动力和凝聚力。要实现共同富裕,就要大力弘扬和培育民族精神,加强思想道德建设和教育、科学事业建设,发展文化事业和文化产业,提高全体人民的整体素质。践行"三个代表"重要思想,推进实现共同富裕,归根到底是为了人民群众。不断发展先进生产力和先进文化,归根到底都是为了不断实现最广大人民的根本利益。

二是拓展共同富裕的区域经济协调发展道路。改革开放以来,在"先富"带动"后富"思想的指导下,一些地区加快经济发展,提高了人民生活水平,在共同致富的道路上迈出了一大步。同时,东部和中西部地区经济发展的差距也有所扩大。江泽民同志指出:"解决地区发展差距,坚持区域经济协调发展,是今后改革和发展的一项战略任务。"②为了促使中西部地区尽快地发展起来,江泽民同志提出了"西部大开发"战略,他指出:"西部大开发的根本任务是发展生产力,必须坚持以发展为主题,用发展的眼光、发展的思路、发展的办法来解决前进中的问题。"③当然,在社会主义市场经济条件下,缩小地区差距不能依

---

① 江泽民.论"三个代表"[M].北京:中央文献出版社,2001:155.
② 中共中央文献研究室.十四大以来重要文献选编:中[M].北京:人民出版社,1997:1467.
③ 中共中央文献研究室.江泽民论有中国特色社会主义(专题摘编)[M].北京:中央文献出版社,2002:183.

靠单纯的行政干预,而必须遵循市场经济的发展规律,除必要调控外,主要运用市场机制调节。需不断增强自身的经济活力,尽快发展起来。另外,东部地区也不能只顾自己发展,而应该在继续保持快速发展的基础上,充分发挥对中西部地区的示范、辐射和带动作用,并以自己的力量通过多种形式帮助中西部欠发达地区发展经济,促进地区经济协调发展,最终达到共同富裕。

三是实现共同富裕的价值取向是促进人的全面发展。作为社会主义的最终目标,共同富裕不仅是物质生活富裕,而且是精神生活富裕,是物质富裕和精神富裕的高度统一。江泽民同志指出:"社会主义的优越性不仅表现在经济政治方面,表现在能够创造出高度的物质文明上,而且表现在思想文化方面,表现在能够创造出高度的精神文明上。贫穷不是社会主义;精神生活空虚,社会风气败坏,也不是社会主义。"①社会主义社会是人的全面发展的社会。因此,共同富裕是以促进人的全面发展和进步为出发点和最终落脚点的经济、社会和人相互协调发展的共同富裕。江泽民同志指出:"推进人的全面发展,同推进经济、文化的发展和改善人民物质文化生活,是互为前提和基础的。人越全面发展,社会的物质文化财富就会创造得越多,人民的生活就越能得到改善,而物质文化条件越充分,又越能推进人的全面发展。"②发展并非纯经济性的,它不仅表现在经济的增长、国内生产总值的提高、人民生活水平的提高上,还表现在文学、艺术、科学的昌盛,道德水平的提高,社会秩序的和谐,国民素质的改进等方面。简言之,"社会

---

　　①　中共中央文献研究室.江泽民论有中国特色社会主义(专题摘编)[M].北京:中央文献出版社,2002:380.

　　②　中共中央文献研究室.江泽民论有中国特色社会主义(专题摘编)[M].北京:中央文献出版社,2002:383-384.

主义不仅要实现经济繁荣,而且要实现社会的全面进步"①。

(三)科学发展观关于共同富裕的重要论述

党的十六大以后,以胡锦涛同志为主要代表的中国共产党人,在继承党的各个时期共同富裕思想基础上,根据我国国情和时代的变化,对党的共同富裕思想进行实践上和理论上的创新。

改革开放到21世纪初,虽然我国取得了举世瞩目的发展成就,从生产力到生产关系、从经济基础到上层建筑都发生了意义深远的重大变化,但是我国仍处于并将长期处于社会主义初级阶段的基本国情没有变,人民日益增长的物质文化需要同落后的社会生产之间的矛盾这一社会主要矛盾没有变。在社会发展过程中面临着一些深层次的矛盾和现实问题,如城乡二元经济结构矛盾加剧、经济结构不合理、贫富差距扩大、就业压力突出、资源环境压力加大等。所谓"科学发展",就是正视社会发展中的各种问题和矛盾,遵循社会发展的客观规律来指导社会建设,按规律办事,发展是第一要义,发展仍是解决我国所有问题的关键。一切工作都要围绕推动经济社会发展来展开,围绕解放生产力和发展生产力来展开。只有实现科学发展,才能为实现共同富裕打下坚实的基础。只有在以共同富裕为目标的引导下,把坚持和贯彻科学发展观落到实处,才是做到真正的科学发展。

所谓"全面",就是全面推进经济建设、政治建设、文化建设、社会建设。实现共同富裕,必须促进市场经济、民主政治、先进文化与和谐社会的建设,满足人的多元需求,促进人的全面发展。所谓"协调",就是促进现代化建设各个环节、各个方面相协调,促进生产力与生产关系、上层建筑与经济基础相协调。共同富裕的实现程度不能超出经济

---

① 中共中央文献研究室.江泽民论有中国特色社会主义(专题摘编)[M].北京:中央文献出版社,2002:379.

社会的发展程度。在社会主义初级阶段,必须以经济建设为中心,促进生产力的发展,同时也要把维护公平正义放到更加突出的位置,让人民共享改革发展的成果。所谓"可持续",就是坚持生产发展、生活富裕、生态良好的文明发展道路,建设资源节约型、环境友好型社会,实现速度和结构质量效益相统一、经济发展与人口资源环境相协调,使人民在良好生态环境中生产生活,实现经济社会永续发展,从而保证持久的共同富裕。

科学发展观的根本方法是统筹兼顾,要求我们必须正确认识和妥善处理中国特色社会主义事业中的一些重大关系,主要是统筹城乡发展,统筹区域发展,统筹经济社会发展,统筹国内发展和对外开放,统筹人与自然和谐发展,统筹中央和地方、个人利益和集体利益、当前利益和长远利益的关系,以达到充分调动社会各方面积极性的目的,从而更好地实现共同富裕。党和政府及时提出了两大政策举措:一方面,要努力实现政府公共产品和服务的均等化,为全体人民均等地提供公共卫生、义务教育、公共安全、社会保障等公共产品和服务;另一方面,要着力提高低收入者的收入水平,逐步扩大中等收入者的比重,调节过高收入,规范个人收入分配秩序。

在我国经济体制深刻变革,社会结构深刻变动,利益格局深刻调整,社会经济成分和人们的就业方式、生活方式、消费方式及社会组织方式日益多元多样多变的新发展态势下,科学发展观进一步丰富和完善了共同富裕的理论内涵。科学发展观的核心是以人为本,其所要求的全面发展以人的全面发展为中心,从人民群众的根本利益出发去谋发展、促发展,不断满足人民群众日益增长的物质文化需要,切实保障人民群众的经济、政治和文化权益,并创造人们平等发展、充分发挥聪明才智的社会环境,使发展的成果惠及全体人民。

三、习近平总书记关于共同富裕的重要论述

党的十八大以来，以习近平同志为核心的党中央把握我国社会发展阶段的新变化，把逐步实现全体人民共同富裕摆在更加重要的位置上，提出了扎实推动共同富裕的一系列新理念、新思想、新战略。这些重要论述是对马克思主义关于共同富裕思想的继承和创新，是新时代中国共产党人治国理政的基本方略和行动。

（一）实现共同富裕是中国式现代化的重要特征

现代化是人类历史上最剧烈、最深远、最彻底的一场社会变革，是人类社会在经济、政治、社会、文化、价值、思想等方面的全方位转型。先发国家通过精英和资本主导的现代化，把欧美一些国家带到现代文明，同时也产生了贫富两极分化严重的难题。先发的现代化国家的经验虽然对后发国家现代化道路的选择具有借鉴意义，但选择什么样的现代化道路，最终是由一个国家的具体国情决定的，成功的现代化道路一定是符合其基本国情的道路。一些后发国家在谋求现代化的过程中，简单地在制度和技术上模仿先发国家，造成了更大的贫富差距、政治动荡和秩序混乱。与西方不同，中国式现代化是全体人民共同富裕的现代化。中国式现代化体现出鲜明的中国特色，其最为根本的特点是中国共产党的领导立足于世界第一人口大国这一国情的社会主义的现代化。这个根本的特点决定了，中国式现代化是人口规模巨大的现代化，是全体人民共同富裕的现代化，是物质文明和精神文明相协调的现代化，是人与自然和谐共生的现代化，是走和平发展道路的现代化。

中国式现代化新道路是马克思主义基本原理同中国具体实际相结合的伟大创造。马克思明确提出，"无产阶级的运动是绝大多数人

的,为绝大多数人谋利益的独立的运动"①。马克思、恩格斯设想,在未来社会中,生产将以所有的人富裕为目的,所有人共同享受大家创造出来的福利。② 在追求现代化的历史过程中实现共同富裕,体现着中国共产党人始终不变的初心使命。因此,中国共产党领导的中国式现代化新道路,一定具有全体人民共同富裕这个重要特征,这是社会主义制度优越性的重要体现。党的十八大以来,习近平总书记强调:"实现共同富裕不仅是经济问题,而且是关系党的执政基础的重大政治问题。我们决不能允许贫富差距越来越大、穷者愈穷富者愈富,决不能在富的人和穷的人之间出现一道不可逾越的鸿沟。"③这一重要论断,从夯实党的执政基础的高度,深刻阐明了实现全体人民共同富裕的极端重要性,彰显了中国共产党人的初心使命。

(二)在高质量发展中促进共同富裕

2021 年 8 月 17 日,习近平总书记在主持召开的中央财经委员会第十次会议上深刻指出:"共同富裕是社会主义的本质要求,是中国式现代化的重要特征,要坚持以人民为中心的发展思想,在高质量发展中促进共同富裕。"④发展是解决我国一切问题的基础和关键。进入高质量发展的新阶段,就是从"有没有"到"好不好",从"量的积累"到"质的飞跃"。要在高质量发展中促进共同富裕,"发展"既是关键词,也是必由之路。经过长期艰苦奋斗,我们党在实践中形成了"先富带动后富、逐步实现共同富裕"的规律性认识,推动人民生活实现了从温饱不

①　中共中央马克思恩格斯列宁斯大林著作编译局.马克思恩格斯文集:第二卷[M].北京:人民出版社,2009:42.

②　习近平.在纪念马克思诞辰 200 周年大会上的讲话[M].北京:人民出版社,2018:20.

③　习近平.论把握新发展阶段、贯彻新发展理念、构建新发展格局[M].北京:中央文献出版社,2021:480.

④　在高质量发展中促进共同富裕　统筹做好重大金融风险防范化解工作[N].人民日报,2021-08-18(1).

足到总体小康再到全面小康的历史性跨越,人民实现了梦寐以求的小康生活。我们党还就推动共享发展、实现社会公平正义提出了一系列开创性举措、落实了一系列惠民政策,推动改革发展成果更多更公平惠及全体人民,人民获得感、幸福感、安全感显著增强。但是,同时也要清醒地看到,我国仍处于并将长期处于社会主义初级阶段的基本国情没有变,实现 14 亿多人共同富裕仍然任重道远。正如习近平总书记在全国脱贫攻坚总结表彰大会上指出的,"解决发展不平衡不充分问题、缩小城乡区域发展差距、实现人的全面发展和全体人民共同富裕仍然任重道远"[①]。

要从根本上解决社会主要矛盾,必须调整生产关系,通过经济高质量发展进一步提高生产力水平,实现共同富裕。首先,从微观层面来看,必须坚持"两个毫不动摇",坚持公有制为主体、多种所有制经济共同发展,在促进微观主体市场活力的同时,更加注重分配公平。其次,从中观层面来看,要缩小产业间、区域间的发展差距,提高发展的协调性、平衡性和包容性。必须在市场配置资源的基础上更好发挥政府作用,引导劳动力和生产资料在产业间、区域间有序流动,使各种要素都能取得相对公平的回报,为共同富裕提供现实路径。最后,从宏观层面来看,要在更高的站位上推动高质量发展,为共同富裕提供体制保障。[②]

(三)促进共同富裕要坚持阶段实施与长期规划的有机统一

习近平总书记强调:"我们说的共同富裕是全体人民共同富裕,是人民群众物质生活和精神生活都富裕,不是少数人的富裕,也不是整齐划一的平均主义。""要深入研究不同阶段的目标,分阶段促进共同

---

① 习近平.在全国脱贫攻坚总结表彰大会上的讲话[M].北京:人民出版社,2021:20.
② 详细论述参见周绍东.在高质量发展中促进共同富裕[N].光明日报,2021-10-12(11).

富裕。"①共同富裕是一个分阶段、动态调整且不断实现的过程。促进全体人民共同富裕的实现就是要将美好理想转化为客观现实。这是一个方向性要求,要尽力而为、量力而行、循序渐进。经济和社会发展的不平衡性是人类社会发展的一条普遍规律。历史证明,在社会主义初级阶段,片面追求同步发展、平均发展、同步富裕、同等富裕,是不符合社会发展规律的,只能导致共同贫穷。承认不平衡的客观必然性,承认合理差距的必要性,才能求得真正的发展。进入新时代,我国经济社会发展不平衡、不充分、不可持续的问题依然严峻而复杂。解决人们的物质生活和精神文化生活之间的不协调、不充分、不可持续发展问题,需要一个较长的历史过程,是由一个个阶段性目标逐步达成的。人们的精神生活应当是一个逐步富裕、与时俱进的发展过程。我们既要立足于全国的大局和全局并把握好长远的发展目标,又要根据新时代的实际情况,推动物质文明、政治文明、精神文明、社会文明和生态文明协调发展,脚踏实地、久久为功,分阶段、有步骤地实现共同富裕。

共同富裕,是一个意义重大的现实命题,也是一个与时俱进的永恒主题。因为人们的物质生活、精神生活是一个不断丰富、不断充实的过程,不同时期有不同的需求。邓小平同志在阐释社会主义本质时,所用的"解放""发展""消灭""消除""最终达到"等一系列动词,表明社会主义具有生成性,其本质只有在社会发展过程中才能逐步体现,而最终的、根本的体现就是全体人民的共同富裕。共同富裕虽然有其开端和起点,却是一个没有极限和终点的发展过程。随着生产力的高度发展,共同富裕的发展也表现出层次性和阶段性。实现共同富裕既是中国特色社会主义的长远奋斗目标,又是伟大的现实任务;既是社会所应具备的一种生活状态,又是一个需要我们不断实践、逐步

---

① 习近平.扎实推动共同富裕[J].求是,2021(20):4-8.

实现和逐步推进的阶段性动态过程。因此,站在新的历史起点上,我们既要深刻认识到实现共同富裕的渐进性和长期性,也要坚定信心,根据现有条件积小胜为大胜,不断朝着全体人民共同富裕的目标前进。

　　本章小结:治国之道,富民为始。纵观人类思想史,实现共同富裕始终是人类社会的美好愿望与不懈追求。马克思主义认为,物质资料的生产是全部社会生活的前提,所以要实现共同富裕就需要把发展作为第一要务,解放和发展生产力。在生产关系方面,马克思主义认为,实行生产资料公有制是实现共同富裕的经济制度基础。百余年来,中国共产党坚持以马克思主义为指导思想,始终围绕实现中华民族伟大复兴主题,根据中国具体实际,从理论和实践两方面对实现共同富裕问题进行了一以贯之的持续探索,形成了丰富的共同富裕思想。党的十八大以来,顺应人民群众的呼声,立足于我国社会主要矛盾变化,推进实现共同富裕逐渐成为党和国家的一项重要的历史任务。因此,要深入理解共同富裕,就要深入了解中国共产党提出共同富裕的时代背景。

第二章　共同富裕的时代背景

　　100多年来,中国共产党初心不改、矢志不渝,始终把实现全体人民共同富裕作为奋斗目标。新中国的成立为实现共同富裕提供了基本的政治前提,改革开放开启了中华民族对共同富裕的伟大探索。经过几代人的不懈努力,中国经济建设取得了辉煌成就。但与此同时,贫富差距和地区分化也逐渐上升为我国社会的棘手问题,解决共同富裕问题的迫切性逐渐上升。党的十八大后,中国特色社会主义进入新时代,中华民族伟大复兴战略全局和世界百年未有之大变局相互交织、相互激荡,我们面临着难得的发展机遇,也面临着更加艰巨的任务、更为严峻的挑战。发挥中国特色社会主义的制度优势,推进共同富裕,作为一个重大的历史任务,摆在了中国共产党人面前。本章通过阐述百年来中国共产党对共同富裕的不懈追求、共同富裕的现实基础以及"两个大局"给中国带来的机遇和挑战,全面展示共同富裕的时代背景。

第一节 中国特色社会主义进入新时代

党的十九大报告指出，经过长期努力，中国特色社会主义进入了新时代，这是我国发展新的历史方位。新时代之"新"，有着多重历史维度，实现共同富裕就是其中重要的内涵之一。党的十九届五中全会明确到 2035 年基本实现社会主义现代化的远景目标，提出"推动人的全面发展、社会全面进步，努力促进全体人民共同富裕取得更为明显的实质性进展"①。共同富裕是全体人民通过辛勤劳动和相互帮助最终达到丰衣足食的生活水平，也就是消除两极分化和贫穷基础上的普遍富裕。推进共同富裕，只有充分调动广大人民群众投身和参与现代化建设的积极性、主动性、创造性，才能顺利实现建成社会主义现代化强国的宏伟目标。

一、中国共产党对共同富裕的百年追求

共同富裕是社会主义的本质要求，也是中国共产党百年的奋斗与追求。一百多年来，中国共产党团结带领全国各族人民创造了新民主主义革命、社会主义革命和建设、改革开放和社会主义现代化建设、新时代中国特色社会主义的伟大成就，在这一光辉历史进程中，始终把实现全体人民共同富裕作为奋斗目标，初心不改、矢志不渝。

（一）新中国的成立为实现共同富裕提供了基本的政治前提

中国共产党来自人民、植根人民、服务人民。从 1921 年诞生开始，中国共产党带领中国人民经过 28 年的艰苦奋战，终于取得了新民

---

① 习近平.习近平谈治国理政：第四卷［M］.北京：外文出版社，2022：121.

主主义革命的胜利,为中国生产力的发展提供了基本的现实前提。从1953年到1956年,我国基本上完成了对农业、手工业和资本主义工商业的社会主义改造,标志着社会主义公有制形式在国民经济中占据了主导地位,从此社会主义制度在我国基本建立起来了。新民主主义革命和社会主义革命的成功极大地解放和发展了生产力,也激发了中国人民实现共同富裕的梦想。从1956年至1976年,虽然社会主义建设经历了长达20年的曲折发展,但是在经济、外交、军事等各个方面总体上还是取得了巨大成就,为改革开放积累了必要的经济基础。到1978年,中国初步建立起了比较完整的工业体系,基本保障了全国人民的正常生活,人均预期寿命由1949年的35岁提高到1978年的66岁,实现了从民生救国到民生立国的伟大飞跃。

(二)改革开放开启了中华民族对共同富裕的伟大探索

1978年,党的十一届三中全会开启了改革开放的历史新征程。改革开放是中国的第二次革命。这场革命深刻地改变了中国人民的命运,推动中国发生了翻天覆地的变化。20世纪七八十年代后,苏联社会主义模式僵化守旧的弊端日益显现。作为世界上第一个社会主义国家,苏联的改革不仅没有解决共同富裕的问题,甚至也没有解决国家经济总量的发展问题,而且由于选择了错误的方法,很快就发生了解体的悲剧。基于对这段历史的深刻体会,习近平总书记在庆祝中国共产党成立95周年大会上的讲话中指出,"改革必须坚持正确方向,既不走封闭僵化的老路、也不走改旗易帜的邪路"[①]。从这种历史背景来看,中国改革开放的成功就显得更加难能可贵。

改革开放之初,邓小平同志清醒地预见到,"一部分人先富起来"的同时也会出现"一部分人收入较低"的情况。首先,解放和发展生产

---

① 习近平.在庆祝中国共产党成立95周年大会上的讲话[M].北京:人民出版社,2016:16.

力,是实现共同富裕的客观现实前提。邓小平同志认为,社会主义要消灭贫穷。贫穷不是社会主义,更不是共产主义。[①] 他反复要求全党以经济建设为中心,一心一意搞四个现代化。[②] 其次,邓小平同志指出:"我们允许一些地区、一些人先富起来,是为了最终达到共同富裕,所以要防止两极分化。这就叫社会主义。"[③]所以他反复强调,"社会主义的本质,是解放生产力,发展生产力,消灭剥削,消除两极分化,最终达到共同富裕"[④]"社会主义最大的优越性就是共同富裕"[⑤]。邓小平同志认为,不改革开放只能是死路一条,但是如果改革导致两极分化,"改革就算失败了"[⑥]。

党的十三届四中全会以来,以江泽民同志为主要代表的中国共产党人,继续坚持改革开放,大力发展生产力,进一步为共同富裕打下基础。20 世纪 90 年代初,苏联解体使得国际共产主义运动陷入低谷,一部分人对社会主义产生怀疑,也给中国政治带来了一定的冲击。要不要学习资本主义先进的东西,怎样学习,成为中国共产党人不得不回答的时代问题。本着对共产主义的坚定信念,中国共产党人在国际政治风雨中艰辛探索,加深了对什么是社会主义、怎样建设社会主义的认识,在人类历史上开创了市场经济与社会主义政治制度相结合之先河。江泽民同志指出,要兼顾效率与公平,逐步实现共同富裕,实现共同富裕是社会主义的根本原则和本质特征。[⑦] 党的十四大提出,运用包括市场在内的各种调节手段,既鼓励先进,促进效率,合理拉开收入差距,又防止两

---

① 邓小平.邓小平文选:第三卷[M].北京:人民出版社,1993:64.
② 中共中央文献研究室.邓小平关于建设有中国特色社会主义的论述专题摘编[M].北京:中央文献出版社,1992:52.
③ 邓小平.邓小平文选:第三卷[M].北京:人民出版社,1993:195.
④ 邓小平.邓小平文选:第三卷[M]. 北京:人民出版社,1993:373.
⑤ 邓小平.邓小平文选:第三卷[M]. 北京:人民出版社,1993:364.
⑥ 邓小平.邓小平文选:第三卷[M].北京:人民出版社,1993:139.
⑦ 江泽民.江泽民文选:第一卷[M].北京:外文出版社,2006:227,466.

极分化,逐步实现共同富裕。

党的十六大以来,以胡锦涛同志为主要代表的中国共产党人加快推进我国现代化建设,形成了科学发展观,再一次把中国共产党的共同富裕理论与实践推到了新的历史阶段。胡锦涛同志指出,要坚定地"走共同富裕道路,促进人的全面发展,做到发展为了人民、发展依靠人民、发展成果由人民共享"[①]。科学发展观不仅是对中国共产党几十年来探索共同富裕的理论反思,也是对 21 世纪开展社会主义建设的理论指导;它不仅从战略上明确指出了社会发展的目标和归宿,而且从战术上开展了共同富裕的探索。科学发展观以统筹兼顾作为根本方法,中央据此出台了一系列政策,如统筹城乡发展、取消农业税、振兴东北地区等老工业基地、促进中部地区崛起等。坚持人民主体地位,坚持解放和发展社会生产力,促进社会和谐,在 21 世纪第一个十年左右,中国经济飞速发展,为我们今天解决共同富裕问题提供了充分的物质文化条件。

从改革开放到党的十八大,中国共产党人在共同富裕上的最大贡献,就是迅速提高了社会生产力,为实现全体人民共同富裕创造了扎实的经济条件。在经济总量方面,GDP 由 1978 年的 3679 亿元增长到 2012 年的 519470 亿元,年均实际增长 9.5% 以上,远高于同期世界经济 2.9% 的年均增速。在民生方面,人均 GDP 由 1978 年的 385 元增长到 2012 年的 39874 元,居民的恩格尔系数由 1978 年的 63.9% 下降到 2012 年的 33.0%。主要农产品产量跃居世界前列,粮食总产量由 1978 年的 30476.5 万吨增长到 2012 年的 58957 万吨,粮票、布票、肉票、鱼票、油票、豆腐票、副食本、工业券等百姓生活曾经离不开的票证已经退出历史舞台。经过几十年的努力,我国建立了全世界最完整的

---

① 胡锦涛.胡锦涛文选:第二卷[M].北京:人民出版社,2016:624.

现代工业体系,解决了长期以来的"短缺经济"。同时我们建成了包括养老、医疗、低保、住房在内的世界最大的社会保障体系,基本养老保险覆盖超过 9 亿人,医疗保险覆盖超过 13 亿人;城镇化率超过 50%,居民预期寿命大幅提高。[①]

（三）共同富裕是新时代中国共产党人的历史任务

党的十八大后,如何发挥中国特色社会主义的制度优势,解决两极分化,推进共同富裕,作为一个重大的历史任务,摆在了中国共产党人面前。经过几代人不懈努力,中国经济建设取得了辉煌成就。与此同时,贫富差距和地区分化也逐渐上升为我国社会的棘手问题,解决共同富裕问题的迫切性逐渐上升。为此,习近平总书记就共同富裕作出一系列重要论述。在新的历史阶段,人民对美好生活的向往就是我们的奋斗目标。习近平总书记深刻指出:"我们党要做到长期执政,就必须永远保持同人民群众的血肉联系,始终同人民群众想在一起、干在一起、风雨同舟、同甘共苦。"[②] 2021 年 1 月,习近平总书记在省部级主要领导干部学习贯彻党的十九届五中全会精神专题研讨班开班式上强调:"实现共同富裕不仅是经济问题,而且是关系党的执政基础的重大政治问题。"[③]因此,新时代新征程,我们必须辩证处理共同富裕问题:一方面,必须实事求是,必须从社会主义初级阶段的基本国情出发,不能做超越阶段的事情;另一方面,决不能在共同富裕方面无所作为,必须取得实质性进展。

全面建成小康社会标志着我们党兑现了向人民、向历史许下的铮铮诺言,标志着中国在现代化道路上又向前迈进了一大步,标志着中

---

① 参见《1978 年国民经济和社会发展统计公报》《中华人民共和国 2012 年国民经济和社会发展统计公报》。

② 习近平.习近平谈治国理政:第四卷[M].北京:外文出版社,2022:56.

③ 习近平.习近平谈治国理政:第四卷[M].北京:外文出版社,2022:171.

华民族伟大复兴的历史进程又完成了一个大跨越。这在中华民族发展史、中国共产党党史、新中国历史上无疑都具有里程碑意义。2020年10月,党的十九届五中全会将"全体人民共同富裕取得更为明显的实质性进展"[①]作为到2035年基本实现社会主义现代化远景目标的重要内容,强调"扎实推进共同富裕",并提出了一些具体举措。《中共中央关于制定国民经济和社会发展第十四个五年规划和二〇三五年远景目标的建议》把扎实推进共同富裕作为一项重要内容,提出了新目标、新要求、新战略、新举措。2021年3月,《中华人民共和国国民经济和社会发展第十四个五年规划和2035年远景目标纲要》明确提出,支持浙江高质量发展建设共同富裕示范区。2021年6月,中共中央、国务院发布《关于支持浙江高质量发展建设共同富裕示范区的意见》,这是党中央、国务院就"扎实推动共同富裕"工作作出的重大部署,标志着中华民族开启了从"全面建成小康社会"迈向"共同富裕"的新征程。作为改革开放先行地的浙江,承担着为国家探索共同富裕实现路径的重大使命,这是一项十分光荣而艰巨的任务。2021年8月17日,中央财经委员会第十次会议又专门研究了如何在高质量发展中促进共同富裕。

二、实现共同富裕的现实基础

从中国古代大同社会的梦想,到欧洲空想社会主义的尝试;从马克思、恩格斯科学社会主义思想的诞生,到俄国十月革命的成功;从1956年我国社会主义改造的完成到改革开放前,人类对共同富裕的追求锲而不舍,历久弥新。但是由于一系列的原因,特别是生产力发展水平的不足,共同富裕对于人类来说一直是一个可望而不可即的梦想。改革开放以来,经过几十年的努力,我国经济建设取得辉煌成就,

---

① 习近平.习近平谈治国理政:第四卷[M].北京:外文出版社,2022:121.

为实现共同富裕打下了扎实的经济基础。

（一）相对较高的社会发展水平

新中国成立 70 多年特别是改革开放 40 多年来，我国经济实力实现大幅提升，主要经济指标迅速增长。1952 年，我国国内生产总值仅为 679.1 亿元，人均 119 元；钢产量仅有 134.9 万吨；人均粮食产量只有 285.2 公斤。[①] 几乎没有什么像样的现代工业，农业基本还是原始农耕方式。作为贫穷落后的农业国，在这种生产力水平下，绝大多数人缺衣少食，共同富裕还不可能成为中国人民的现实梦想。经过多年的奋斗，2022 年，我国人均 GDP 达到 85698 元，按年平均汇率折算达12741 美元，我国人均 GDP 达到了世界平均水平。[②]事实上，在全世界约 79 亿人口中，人均 GDP 高于中国的国家其总人口已经只有 13 亿左右，不到中国人口总数。而其余世界各国的人均 GDP 都要低于中国。这是一个非常了不起的历史成就。这是自近代以来，中国人民第一次在经济上可以平视世界人民。更为重要的是，我国已经成为世界制造大国，正在向制造强国迈进。2010 年以来，我国制造业总量已连续 12 年位居世界第一。有些领域，例如高铁、航天、钢铁、道路、桥梁、高楼建筑、计算机、通信、天文观测等，已走在世界前列。主要工业产品产量稳居世界首位。2022 年，我国微型计算机设备、移动通信手持机、汽车、钢材产量分别达 4.34 亿台、15.6 亿台、2718 万辆和 13.4 亿吨，继续保持世界第一。[③]钢材的产量连续多年占全世界一半以上。更为可贵的是，"天宫"、"蛟龙"、"中国天眼"、"悟空"、"墨子号"、大飞机等具有世界级意义的重大科技成果相继问世。目前，我国已成为世界经济第二大国、货物贸易第一大国、外汇储备第一大国、服务贸易第二

---

① 中共中央党史研究室.中国共产党历史:第二卷[M].北京:中共党史出版社,2011:176.

② 参见《中华人民共和国 2022 年国民经济和社会发展统计公报》。

③ 参见《中华人民共和国 2022 年国民经济和社会发展统计公报》。

大国、使用外资第二大国、对外投资第二大国。雄厚的物质基础为我国推进共同富裕提供了基本的经济前提。

（二）相对较高的人民生活水平

2022年,全国居民人均可支配收入从1978年的171元增加到36883元,扣除物价因素,实际增长29.2倍,年均实际增速超过8%。粮食总产量高达68653万吨,全年累计进口粮食约14687.2万吨。2022年,我国拥有的粮食总量已接近8.3亿吨的超高水平,按141175万人口计算,我国居民人均拥有的粮食约为1200斤。[①]中国人民忍饥挨饿的历史一去不复返了。2021年7月1日,在庆祝中国共产党成立100周年大会上,习近平总书记指出:"经过全党全国各族人民持续奋斗,我们实现了第一个百年奋斗目标,在中华大地上全面建成了小康社会,历史性地解决了绝对贫困问题,正在意气风发向着全面建成社会主义现代化强国的第二个百年奋斗目标迈进。"[②]人民的衣食住行等生活商品供应极大丰富,文化生活日益多彩,人民生活水平发生历史性变化。以上种种迹象都说明,人民群众当前所面临的主要矛盾,已经不是日益增长的物质文化需要同落后的社会生产之间的矛盾,而是日益增长的美好生活需要和不平衡不充分的发展之间的矛盾。与此同时,我国人民健康和医疗卫生水平大幅提高。1997年,国务院颁布《关于建立统一的企业职工基本养老保险制度的决定》,开始建立起统一的企业职工基本养老保险制度,到现在已经基本上实现了应保尽保。自2009年起,我国开始推行新型农村社会养老保险（新农保）。2014年2月,《国务院关于建立统一的城乡居民基本养老保险制度的意见》发布,将新农保和城镇居民社会养老保险（城居保）两项制度合

---

　　① 参见《1978年国民经济和社会发展统计公报》《中华人民共和国2022年国民经济和社会发展统计公报》。

　　② 习近平.习近平谈治国理政:第四卷[M].北京:外文出版社,2022:3.

并实施,在全国范围内建立起了统一的城乡居民基本养老保险制度。到 2022 年末,全国参加城镇职工基本养老保险和城乡居民基本养老保险的人数近 10.53 亿人,总体上实现了基本养老保险全覆盖。到 2022 年末,全国参加基本医疗保险的人数约 13.5 亿人。[①]数据充分表明,我国建立起了世界上最为全面、最大规模的养老和医疗保障体系。

(三)日益丰富的人民生活需要

新中国成立后很长一段时间内,我国人民群众对生活的追求主要还是着眼于"基本生活"的满足。但是经济社会的发展,已经将我国人民群众对生活的追求推进到了"美好生活"的历史阶段。与"基本生活"重物质轻文化、重达标轻感受、重生存轻发展等特点不同,"美好生活需要"追求生活的丰富性、层次性、全面性,追求人的全面发展。按照马斯洛的需求层次理论,在基本物质文化需要得到满足后,人会有更高层次的需要。人的需要不仅只有物质需要这一维度。沦陷在物欲中的人只能是异化的人,是畸形的物质性存在。早在改革开放初期,我们党就提出物质文明和精神文明两手都要抓,两手都要硬。在新时代,人民的美好生活需要涵盖了政治、经济、文化、社会、生态等各个方面,关涉人与自然、人与社会、人与自我多重关系。美好生活不是空洞的说教,而是实实在在的获得感。因此,要不断提高社会生产力水平,创造更加丰富的社会物质财富。生产力的高度发展是评判现实民生的满足程度及其合理性的标尺。同时,我们也需要摒弃生产力中心论,不仅关注经济的发展,也要不断推进上层建筑的改革,推进国家治理体系现代化,更好满足人民在民主、法治、公平、正义、安全、环境等方面的高要求。

(四)平衡充分的发展更加紧迫

在我国经济社会发展取得巨大成就的同时,发展不平衡不充分问

---

① 参见《中华人民共和国 2022 年国民经济和社会发展统计公报》。

题日益突出,并逐渐上升为当前的社会主要矛盾,收入差距、地区差距、城乡差距等问题亟待解决。中国特色社会主义进入了新时代,我国社会主要矛盾已经转化为人民日益增长的美好生活需要和不平衡不充分的发展之间的矛盾。社会主要矛盾的变化,标志着中国特色社会主义进入了新的历史方位。既意味着中国人民贫穷落后时代的结束,也是一个新的实现共同富裕的历史起点。

党的十九大对社会主要矛盾变化的判断是基于对中国当前世情、国情、党情、社情、民情的综合研判。2022 年 1 月 11 日,习近平总书记在省部级主要领导干部学习贯彻十九届六中全会精神专题研讨班开班式上强调:"党的百年奋斗历程告诉我们,党和人民事业能不能沿着正确方向前进,取决于我们能否准确认识和把握社会主要矛盾、确定中心任务。什么时候社会主要矛盾和中心任务判断准确,党和人民事业就顺利发展,否则党和人民事业就会遭受挫折。"①在此背景下,共同富裕问题逐渐提上党的重要工作日程。民心是最大的政治,能不能坚持共同富裕、干出实绩,关系到党能不能取信于民、获得人民的支持。习近平总书记指出:"必须始终把人民利益摆在至高无上的地位,让改革发展成果更多更公平惠及全体人民,朝着实现全体人民共同富裕不断迈进。"②让一部分人先富起来,这是一个大局问题;先富带后富,实现共同富裕,也是个大局问题。这就需要我们及时转变工作重点,解决新问题,满足人民群众的新期待。共同富裕是改革开放的初衷,也是当前全面深化改革成功的关键。在改革开放的初期,为搞活经济,快速提升综合国力,我们采取了鼓励和允许少数人先富起来的策略。当前,中国特色社会主义进入新时代。新时代是逐步实现全体人民共同富裕的时代,"十四五"末全体人民共同富裕迈出坚实步伐,到 2035

---

①　习近平.习近平谈治国理政:第四卷[M].北京:外文出版社,2022:30.
②　习近平.论坚持全面深化改革[M].北京:中央文献出版社,2018:372.

年,全体人民共同富裕取得更为明显的实质性进展,到 21 世纪中叶,全体人民共同富裕基本实现。

三、扎实推进共同富裕的时代需要

实现共同富裕,是一个长期的历史过程,不可能一蹴而就。习近平总书记在中央财经委员会第十次会议上强调:"我们正在向第二个百年奋斗目标迈进。适应我国社会主要矛盾的变化,更好满足人民日益增长的美好生活需要,必须把促进全体人民共同富裕作为为人民谋幸福的着力点,不断夯实党长期执政基础。"①这就把实现共同富裕放在更加突出的战略地位,作为把握新发展阶段、贯彻新发展理念、构建新发展格局的重要战略抓手。扎实推进共同富裕不仅是初心使命,也是时代所需。

(一)新阶段新使命要求扎实推进共同富裕

中国共产党自成立之初,就把为中国人民谋幸福、为中华民族谋复兴作为党的初心使命。党的十八大以来,党中央把握发展阶段新变化,把逐步实现全体人民共同富裕摆在更加重要的位置上,推动区域协调发展,采取有力措施保障和改善民生,打赢了脱贫攻坚战,全面建成了小康社会,为促进共同富裕创造了良好条件。习近平总书记指出,"今天,我们比历史上任何时期都更接近、更有信心和能力实现中华民族伟大复兴的目标",同时"必须准备付出更为艰巨、更为艰苦的努力"。② 一代人有一代人的使命,一代人有一代人的任务。把扎实推进共同富裕作为未来中国经济社会发展的重大命题,有利于全面建设

---

① 习近平.习近平谈治国理政:第四卷[M].北京:外文出版社,2022:141.
② 习近平.决胜全面建成小康社会　夺取新时代中国特色社会主义伟大胜利:在中国共产党第十九次全国代表大会上的报告[M].北京:人民出版社,2017:15.

社会主义现代化国家,有利于国家的长治久安和人民群众的福祉,有利于中华民族伟大复兴中国梦的实现。

推动共同富裕是全面深化改革的关键。恩格斯指出:"所谓'社会主义社会'不是一种一成不变的东西,而应当和任何其他社会制度一样,把它看成是经常变化和改革的社会。"①"社会主义"为共同富裕提供了必要条件,但它还不是充分条件,只有改革开放的"中国特色社会主义"才能为实现共同富裕提供可能。共同富裕与改革开放是一个辩证关系。在推进社会主义市场经济的过程中,会产生一定程度的两极分化等问题,但是它也必须依靠进一步的改革来加以克服。实现社会主义现代化必须改革,但是怎样继续深化改革是摆在我们面前的一个世纪问题。苏联解体后,中国特色社会主义已经成为国际共产主义运动的一面旗帜,走在了人类探索共同富裕之路的最前列。如果说改革开放之初我们还可以"摸着石头过河",那么我们现在已经没有"石头"可"摸",没有前例可循。改革逐渐进入深水区,改革难度随之也越来越大。习近平总书记指出,"解决中国的问题只能在中国大地上探寻适合自己的道路和办法"②。人民就是江山,也是改革开放的力量源泉。我们必须深入研究马克思的资本逻辑,紧紧依靠人民,树立新的发展理念,找准全面深化改革的正确方向,才能激发人民群众的首创精神,才能开辟出中国特色的共同富裕之路。习近平总书记在中央财经委员会第十次会议上指出,改革开放后,我们党深刻总结正反两方面历史经验,认识到贫穷不是社会主义。当前,我们要坚持循序渐进,对共同富裕的长期性、艰巨性、复杂性有充分估计,鼓励各地因地制宜

---

① 中共中央马克思恩格斯列宁斯大林著作编译局.马克思恩格斯文集:第十卷[M].北京:人民出版社,2009:588.

② 中共中央文献研究室.习近平关于协调推进"四个全面"战略布局论述摘编[M].北京:中央文献出版社,2015:84.

探索有效路径,总结经验,逐步推开。[①]

(二)贯彻新发展理念要求扎实推进共同富裕

改革开放以来,我们党始终毫不动摇地坚持以经济建设为中心,而且把这个中心写入了党的基本路线。改革开放40多年来,我国经济高速发展。在此基础上,我国综合国力也大幅跃升,人民生活得到很大程度的改善。但是,从21世纪第二个十年开始,我国经济已由高速增长阶段逐渐转向高质量发展阶段,目前正处在转变发展方式、优化经济结构、转换增长动力的攻关期。构建一个现代化的经济体系,是我们跨越发展关口、再创辉煌的迫切要求。因此,我们必须坚持质量第一、效益优先,以供给侧结构性改革为主线,推动经济发展质量变革、效率变革、动力变革,提高全要素生产率,着力加快建设实体经济、科技创新、现代金融、人力资源协同发展的产业体系,着力构建市场机制有效、微观主体有活力、宏观调控有度的经济体制,不断增强我国经济创新力和竞争力。

2015年10月,习近平总书记在关于《中共中央关于制定国民经济和社会发展第十三个五年规划的建议》的说明中指出:发展理念是发展行动的先导,是管全局、管根本、管方向、管长远的东西,是发展思路、发展方向、发展着力点的集中体现。[②] 同年10月29日,习近平总书记在党的十八届五中全会第二次全体会议上提出了创新、协调、绿色、开放、共享的新发展理念。[③] 新发展理念,为我国从当前到今后很长一段时期,特别是从现在开始到2035年前这一中华民族伟大复兴的关键时期的发展指明了发展思路、发展方向和发展着力点。新发展

[①]　习近平.习近平谈治国理政:第四卷[M].北京:外文出版社,2022:141,143.

[②]　中共中央关于制定国民经济和社会发展第十三个五年规划的建议[M].北京:人民出版社,2015:48.

[③]　习近平.在党的十八届五中全会第二次全体会议上的讲话(节选)[J].求是,2016(1):3-10.

理念具有深刻的科学内涵。

　　创新发展注重的是为共同富裕解决发展动力问题,其目的是强调要突破我国创新经济发展的"阿喀琉斯之踵"。创新是一个民族进步的灵魂,是引领发展的第一动力。习近平总书记曾指出,抓住了创新,就抓住了牵动经济社会发展全局的"牛鼻子"。[①] 要实现我国 2035 年现代化建设的目标,必须把创新摆在国家发展全局的核心位置。只有集中力量突破"卡脖子"技术,才能为国民经济发展扫清障碍。当前,上海微电子、中国航空发动机集团等国有企业正在奋力解决相关问题。此外,当前新一轮科技革命正在兴起,能否在新能源、新材料等领域占有一席之地,对我国未来国际竞争力强弱将产生重大影响。

　　协调发展注重的是解决发展不平衡问题。马克思曾经把人类社会比喻成"有机体",推动物质文明、政治文明、精神文明、社会文明、生态文明等五大文明协调发展,是社会有机体健康发展的内在要求,是新时代共同富裕的基本内涵。经济社会发展的空间不平衡、要素不平衡、群体不平衡,已经成为阻碍推动共同富裕的突出问题。因此,要加强系统思维,加强经济社会发展的前瞻性思考、全局性谋划、战略性布局、整体性推进。

　　绿色发展解决的是人与自然和谐共生的问题,强调的是我国发展的可持续性问题。绿色发展为促进人与自然和谐发展、造福人类社会永续发展提供了一种全新思路。新中国成立后,出于对国家经济落后的忧虑和对经济发展的期望,我们很长一段时间里都无法抛弃"速度情怀",以大规模投资来提升发展速度。但与此同时,环境资源代价越来越大。吃祖宗饭、断子孙路,这样的发展显然是不可持续的。因此,绿色发展就是要高质量发展,就是要可持续发展,就是要为子孙后代

创造更加宽阔的发展空间。

开放发展注重的是解决发展的内外联动问题,强调的是充分用好国际、国内两个市场、两种资源的能力。改革开放以来的实践证明,实现共同富裕,决不能走"闭关锁国"的封闭式发展之路。不断提升对外开放水平,促进经济内外联动,是我国扎实推动共同富裕的客观要求。最近几年,不少国家出现了形形色色的反全球化浪潮,这是与生产力发展的客观规律背道而驰的,我们必须保持高度的理论清醒和政治定力。

共享发展注重的是解决社会公平正义问题。我国经济总量越来越大,但是分配不公问题突出。解决收入差距问题已经成为老百姓极其关注的社会热点。所谓共享发展,就是发展为了人民、发展依靠人民、发展成果由人民共享。共享发展的关键是要通过有效的制度安排使全体人民在共建共享发展中有更多获得感,从而增强发展动力,增进人民团结,实现共同富裕的目标。

新发展理念是习近平新时代中国特色社会主义经济思想的主要内容,是马克思主义政治经济学和中国特色社会主义政治经济学的重大理论创新。新发展理念符合我国国情,顺应时代要求,对于扎实推进共同富裕有着极其重要的指导意义。在全面建设社会主义现代化国家新征程中,必须不断深入认识新发展理念的丰富内涵和理论精髓,深刻把握全面贯彻新发展理念的重大实践要求。

(三)构建新发展格局要求扎实推进共同富裕

2020 年 4 月 10 日,习近平总书记主持召开中央财经委员会第七次会议,研究涉及国家中长期经济社会发展战略的若干重大问题,强调要坚定实施扩大内需战略,并首次提出构建新发展格局的重大历史任务。①

　　构建新发展格局,深刻体现了中国共产党坚持自力更生的可贵品质。马克思主义哲学认为,内因是事物发展的根本原因,外因只有通过内因才能对事物的发展产生作用。改革开放以来,中国共产党带领中国人民砥砺前行、艰苦奋斗,在经济建设方面取得了辉煌成就。全国人民过上了小康生活,我们拥有全世界最庞大的人口规模和消费市场,这是我们参与国际竞争、发展壮大自己、实现共同富裕的底气。2022年全年社会消费品零售总额439733亿元。其中,城镇消费品零售额380448亿元,下降0.3%;乡村消费品零售额59285亿元。全年最终消费支出拉动国内生产总值增长1个百分点。②这么庞大的人口基数和市场,只要我们能够合理高效地加以利用,就一定能够推进中国经济稳步发展,实现量变到质变的转化。习近平主席指出:"中国有近14亿人口,中等收入群体规模全球最大,市场规模巨大、潜力巨大,前景不可限量。"③党的十九届五中全会对"十四五"时期我国发展作出了系统谋划和战略部署,提出进入新发展阶段、贯彻新发展理念、构建新发展格局的科学判断。构建以国内大循环为主体、国内国际双循环相互促进的新发展格局,推动实现共同富裕,是以习近平同志为核心的党中央根据我国发展阶段、环境、条件变化,特别是基于我国比较优势变化,审时度势作出的重大决策,有以下两个方面的重大意义。

　　一是构建新发展格局,深刻体现了中央统筹国内国际两个大局的辩证法思维。构建新发展格局,重在畅通我国经济发展循环,推动内需市场与国际市场联动发展。构建新发展格局,强调以国内大循环为

---

　　① 中共中央党史和文献研究院.十九大以来重要文献选编:中[M].北京:中央文献出版社,2021:495-496.

　　② 参见《中华人民共和国2022年国民经济和社会发展统计公报》。

　　③ 习近平.开放合作　命运与共:在第二届中国国际进口博览会开幕式上的主旨演讲[M].北京:人民出版社,2019:5.

主体,这是由我国当前面临的国际国内形势决定的。习近平总书记指出:"构建新发展格局最本质的特征是实现高水平的自立自强。"①畅通国民经济循环,推动构建以国内大循环为主体的新发展格局,可以为实现高水平的自立自强提供强劲底蕴,也可以为推动国内国际双循环相互促进提供稳固的基本盘。但强调以国内大循环为主体,绝不是要求我们关起门来搞建设,推动国民经济和社会走向封闭运行;而是要牢牢把握扩大内需这一战略基点,通过发挥我国超大规模市场优势和内需潜力,利用好我国产业体系相对健全的优势,更好地利用国际国内两个市场、两种资源,促进国内市场和国际市场更好地联通,为实现更高质量、更有效率、更加公平、更可持续、更为安全的发展创造条件。2022 年,我国货物进出口总额 420678 亿元,比上年增长 7.7%。其中:出口 239654 亿元,增长 10.5%;进口 181024 亿元,增长 4.3%。货物进出口顺差 58630 亿元,比上年增加 15330 亿元。②事实证明,充分利用国际市场,对于我们推进共同富裕将发挥重要作用。所以习近平总书记强调:"国内循环越顺畅,越能形成对全球资源要素的引力场,越有利于构建以国内大循环为主体、国内国际双循环相互促进的新发展格局,越有利于形成参与国际竞争和合作新优势。"③

　　二是构建新发展格局,深刻体现了中国共产党"人类命运共同体"的伟大格局。当前,世界正面临百年未有之大变局,新冠疫情的影响增加了全球发展的变数,导致全球发展环境的不稳定性、不确定性明显增加,世界经济的复苏过程更加艰难曲折。西方资本主义国家出于维护自己国家利益的私心,以邻为壑,不断转移社会矛盾,全球保护主

---

　　① 习近平.习近平谈治国理政:第四卷[M].北京:外文出版社,2022:177.

　　② 参见《中华人民共和国 2022 年国民经济和社会发展统计公报》。

　　③ 习近平.论把握新发展阶段、贯彻新发展理念、构建新发展格局[M].北京:中央文献出版社,2021:343.

义、单边主义抬头,逆全球化浪潮汹涌,给发展中国家带来一轮又一轮的灾难。在严峻的国际形势下,以习近平同志为核心的党中央保持冷静,提出新发展格局具有极其重大的意义。习近平总书记在中国共产党与世界政党领导人峰会上的主旨讲话中指出:"大时代需要大格局,大格局呼唤大胸怀。从'本国优先'的角度看,世界是狭小拥挤的,时时都是'激烈竞争'。从命运与共的角度看,世界是宽广博大的,处处都有合作机遇。我们要倾听人民心声,顺应时代潮流,推动各国加强协调和合作,把本国人民利益同世界各国人民利益统一起来,朝着构建人类命运共同体的方向前行。"①

第二节 "两个大局"带来的机遇和挑战

从党的十八大开始,中国特色社会主义进入新时代,中华民族伟大复兴战略全局和世界百年未有之大变局相互交织、相互激荡。此时,我们面临着难得的发展机遇,也面临着更加艰巨的任务、更为严峻的挑战。全面理解和把握统筹"两个大局",准确认识新时代中国发展的历史方位和时代坐标,对于我们扎实推进共同富裕有重要意义。

一、世界百年未有之大变局的战略意蕴

2017 年 12 月 28 日,习近平主席接见参加 2017 年度中国驻外使节工作会议的全体使节时发表重要讲话,在论述时代潮流和世界发展大势以及中国自身发展时首次明确指出:"放眼世界,我们面对的是百

---

① 习近平.习近平谈治国理政:第四卷[M].北京:外文出版社,2022:424-425.

年未有之大变局。"①2019 年 6 月 7 日,习近平主席在第二十三届圣彼得堡国际经济论坛全会上的致辞中,从国际力量对比变化、科技革命竞争激烈、全球治理挑战严峻等方面提出三个"前所未有",赋予了"百年未有之大变局"特定的内涵。②

(一)科技革命引发百年变局

马克思主义认为,一切社会变迁和政治变革的终极原因,都应当到生产方式和交换方式的变更中去寻找。③ 马克思、恩格斯曾指出:"物质生活的生产方式制约着整个社会生活、政治生活和精神生活的过程。"④

科学技术是推动社会发展的革命性力量。科学技术对生产力和生产关系具有双向作用力,通过双轮驱动,推动社会历史前进。马克思曾说:"在交往比较发达的条件下,同样的情况也会在各民族间的相互关系中出现。"⑤谁主导全球分工体系,谁就能从国际生产过程中获得更大的分配利益,就可能在国际权力关系中占据支配地位,从而影响全球治理。

文明如火,烛照人类前行;技术蝶变,开启文明新景。从绵延数千年的"农业文明"到奔涌数百年的"工业文明",再到加速迭代的"数字文明",人类不断攀登文明发展的新高峰。古往今来,每一次文明的演进,都是技术驱动下人类文明之树的突破性成长。

---

①　中共中央党史和文献研究院.习近平关于中国特色大国外交论述摘编[M].北京:中央文献出版社,2020:74.

②　中共中央党史和文献研究院.习近平关于中国特色大国外交论述摘编[M].北京:中央文献出版社,2020:248.

③　中共中央马克思恩格斯列宁斯大林著作编译局.马克思恩格斯文集:第三卷[M].北京:人民出版社,2009:547.

④　中共中央马克思恩格斯列宁斯大林著作编译局.马克思恩格斯文集:第二卷[M].北京:人民出版社,2009:591.

⑤　中共中央马克思恩格斯列宁斯大林著作编译局.马克思恩格斯文集:第一卷[M].北京:人民出版社,2009:520.

第二次世界大战后,计算机的问世标志着第三次工业革命的到来,人类从此迈入了信息化时代。在信息时代浪潮的席卷下,计算机、机器人、互联网信息三者相互交织,发展形成强大合力,产生信息革命,推进生产力和社会巨大发展。

在 21 世纪最新一轮的科技革命和产业变革中,数字化、网络化、智能化加速推进,大数据、云计算、人工智能、绿色能源、量子科技、物联网等重大颠覆性技术不断涌现,科技成果转化速度明显加快,新产业、新业态、新模式不断呈现,表现出生产方式智能化、产业组织平台化、技术创新开放化的特征。放眼全球,数字经济发展速度之快、辐射范围之广、影响程度之深前所未有,正在成为重组全球要素资源、重塑全球经济结构、改变全球竞争格局的关键力量。数字技术正以新理念、新业态、新模式全面融入人类经济、政治、文化、社会、生态文明建设各领域和全过程,给人类生产生活带来广泛而深刻的影响。习近平主席在第二十三届圣彼得堡国际经济论坛全会上的致辞中指出:"新一轮科技革命和产业变革带来的新陈代谢和激烈竞争前所未有。"[①]谁能在新一轮科技革命和产业变革中取得领先地位,谁就能抢得先机、占据优势、赢得主动。

(二)国际格局加速调整演变

近代工业革命以来,西方一直主导着全球经济和产业发展格局。第二次世界大战后,资本主义主导的全球化向着更为纵深的方向发展。依靠强大的经济基础,西方国家长期以来主宰着世界政治经济,塑造着一种全球性依附性生产关系。从第二次世界大战结束到 1975 年,尽管全球地区性冲突不断,但出现了普遍性经济增长的"黄金时

---

① 中共中央党史和文献研究院.习近平关于中国特色大国外交论述摘编[M].北京:中央文献出版社,2020:248.

代"。20世纪90年代以来,随着苏联解体、东欧剧变,第二次世界大战后形成的世界体系的均衡状态已然不在。冷战结束,国际社会主义运动陷入低迷,资本主义阵营似乎占据上风。新自由主义者甚至声称,在经济、政治和社会领域,资本主义的自由市场、自由贸易和民主制度都是唯一的、最好的选择,是全球化的最终出路。日裔美国学者福山不遗余力地推广他的"历史终结论"。然而,正当新自由主义者庆贺资本主义胜利的时候,1997年爆发的亚洲金融危机、2008年席卷全球的金融危机,以及欧元区的经济动荡、英国退出欧盟、新兴经济体国家的民众抗议和社会运动等都表明,当代资本主义危机仍然存在。尤其是2008年全球金融危机至今,经济上贸易保护主义愈演愈烈,政治上单边主义、民粹主义与右翼势力抬头,文化上美欧之间与欧洲内部价值观出现分裂,伴随经济下行而来的地区冲突、恐怖主义、难民潮横生,给全球治理带来挑战。特别是近年来美国、英国等一些老牌西方大国,频频运用贸易保护主义,甚至大搞冷战思维,诉诸意识形态和社会制度,企图遏制其他国家发展的做法,对世界经济政治格局健康发展带来了负面影响。与西方世界陷入空前困境形成鲜明对比的是非西方世界的崛起。这些国家拥有了越来越丰富的自然和人力资源、广阔的国际国内市场。它们奉行互利互惠、合作共赢的宗旨,共同应对全球化发展过程中的挑战和困难,为国际发展合作注入了新鲜的血液,政治影响力不断上升。习近平总书记指出:"新兴市场国家和发展中国家的崛起速度之快前所未有。"[①]国际力量对比更趋均衡的态势更加明显,多极化已成为无法逆转的大趋势。

(三)全球治理面临重重困难

经济危机、恐怖主义、全球性气候问题等一系列全球化问题突出,

① 中共中央党史和文献研究院. 习近平关于中国特色大国外交论述摘编[M]. 北京:中央文献出版社,2020:248.

给人类的生存发展带来了严峻挑战,全球发展不平衡和传统的发展模式尚未改变,影响世界和平发展的政治、经济、文化等不确定因素不断增多。突如其来的新冠疫情肆虐全球,将国家间合作共赢的可能性与利益冲突的现实性、不同文明形态的互鉴性与差异性、人类未来发展的不稳定性和不确定性,都一一进行了集中展示。习近平主席强调:"全球治理体系与国际形势变化的不适应、不对称前所未有。"①当前人类社会面临的共同性问题远超想象。除大规模传染病蔓延流行、贫富加速分化、无法抗拒的自然灾害外,网络攻击、核武器扩散、环境恶化以及控制困难的智能制造、生殖技术革命等,都将对人类共同生存造成现实挑战和威胁。日益加重的全球治理赤字、日益扩大的数字鸿沟、日益凸显的贫富差距,已经成为致命无声的危机,严重阻碍人类社会的发展和进步。就世界格局而言,国与国之间的贫富差距造成国际格局动荡变化,国家之间发展失衡、纷争不断;就国家内部而言,贫困问题往往伴随着经济、政治、文化、社会、生态等问题,严重影响国家安全和社会政治稳定。

第二次世界大战以后,西方资本主义国家曾经采取措施控制贫富差距。欧洲特别是北欧国家,在第一次世界大战结束后开始探索建立"福利国家",二战后普遍采取措施抑制贫富差距扩大,贫富差距过大的情况有所改善。但 20 世纪 70 年代末以来,西方国家为刺激经济发展,普遍采取新自由主义经济政策,导致贫富差距再次扩大,并引发了一系列问题。例如,欧洲不同国家,尤其是欧盟成员国之间的巨大差距,引发了贫穷国家向富裕国家的移民,在一定程度上加剧了欧盟成员国之间的贫富分化。一方面,一些东欧国家,如罗马尼亚、拉脱维亚、立陶宛等失去了大量的劳动人口,而这些人口中的很大一部分都

---

① 中共中央党史和文献研究院.习近平关于中国特色大国外交论述摘编[M].北京:中央文献出版社,2020:248.

是国家的精英,不但造成了人才的流失,也对国家经济发展造成了负面影响。另一方面,欧盟推行的凝聚政策虽然推动了基础设施建设,促进了经济增长,但欠发达地区吸引的投资往往都是技术含量较低的劳动密集型产业,而高附加值的产业则更多地向发达地区转移。也就是说,贫富差距问题可能会固化欧洲发达地区与边缘地区的结构分化。新冠疫情全球流行,加剧了世界范围内的贫富分化,资本逻辑主导下的西方世界愈发凸显垄断、寄生和贪婪的特征,疫情失控、政府失信、经济萧条,阶级矛盾和种族矛盾愈演愈烈,人民抗议浪潮迭起。

法国经济学家托马斯·皮凯蒂在《21世纪资本论》中通过对自18世纪工业革命至今的财富分配数据进行详细分析,得出一个令人失望和不得不接受的结论:全球的资本收益率远高于经济增长率。由此可知,原本期待的"涓滴效应"并不会自动发生;相反,发展差距、收入差距不可避免。因此,不加制约的所谓自由资本主义会加剧财富不平等。美国的经济学家达龙·阿西莫格鲁和政治学家詹姆斯·罗宾逊在《国家为什么会失败》中问了一个简单但重要的问题:为什么有些国家致富了,而有些国家仍然贫困? 他们明确指出,一个国家是包容性制度还是榨取性制度,决定着国家的成败。

在全球化背景下,传统精英治理失灵,民粹主义势力抬头,很多国家改变了政治版图,发达国家也不例外。其中,美国民粹主义势力兴起的背后,是贫富差距问题。一方面,以华尔街为代表的金融界和巨型跨国企业借助全球化不断增加资本收益;另一方面,蓝领工人的工作被剥夺,失业率增加。皮尤研究中心发布的报告显示,2015年中产阶级在美国总成年人口中所占的比例只有50%,而1971年这一比例为61%。这些数据说明,美国的社会结构已经从橄榄型社会转化为哑铃型社会,不稳定性显著增加。为纠正失衡的收入分配格局,2021年6月,七国集团(G7)财长和央行行长会议达成协议,制定新规则,对跨国公司划定全球最低税率(不低于15％)。有人认为,这可以看作是全球化背景下主要发达国家政府在再分配中的新政。各国人民对脱贫致富、公平正义、和平发展、合作共赢的期盼与追求愈发殷切坚定。

马克思指出,哲学家们只是用不同的方式解释世界,问题在于改变世界。^① 改变世界就在于能够自觉地创造历史,走向高度的历史自觉。在全球化发展和全球问题不断出现的情况下,中国政府以积极主动的姿态和高度的责任感参与全球治理实践,提出解决人类面临的突出问题和矛盾的中国方案。向共同富裕迈进正在成为适应"百年未有之大变局"挑战的中国发展战略的重要组成部分。习近平总书记强调:"把握国际形势要树立正确的历史观、大局观、角色观。"^②改革开放以后,我国经济实现了长期高速发展,但无法永远持续高速。历史经验教训众多,世界上不少国家在经济长足发展以后陷入了经济学意义的"中等收入陷阱",我们必须有应对的举措。社会学的"J曲线理论"也已经证明,当一个国家的经济有了突飞猛进的发展以后,全社会追求富裕的期望值会极度攀升。但是,一旦经济高发展期结束,实际增速可能大幅回落,而广大群众的期望值仍然高涨,在这个时间节点上,社会矛盾最容易激化。历史经验和相关研究也充分证明,现代化还带来高风险社会。对此,中央多次强调要增强忧患意识,积极应对和着力防范、化解经济风险、科技风险和社会风险等。因此,我们需要时刻关注推进共同富裕时遇到的多方面的风险与问题,有效应对挑战,化解风险危机,坚定有力地立于世界民族之林,这是新时代伟大征程中,当代中国共产党人共同面临的核心要务和历史担当。

---

① 中共中央马克思恩格斯列宁斯大林著作编译局.马克思恩格斯选集:第一卷[M].北京:人民出版社,2012:136.

② 中共中央党史和文献研究院.习近平关于中国特色大国外交论述摘编[M].北京:中央文献出版社,2020:74.

二、中华民族伟大复兴的战略全局

党的十九大报告指出："实现中华民族伟大复兴是近代以来中华民族最伟大的梦想。中国共产党一经成立,就把实现共产主义作为党的最高理想和最终目标,义无反顾肩负起实现中华民族伟大复兴的历史使命,团结带领人民进行了艰苦卓绝的斗争,谱写了气吞山河的壮丽史诗。"①只有深刻把握中华民族伟大复兴战略全局的历史逻辑、理论逻辑和实践逻辑,才能进一步理解习近平总书记关于共同富裕重要论述的现实依据。

（一）中国梦的缘起与提出

中华民族复兴的时代主题是以"天朝上国"之梦的破碎为历史开端的。自 1840 年鸦片战争开始,西方列强的坚船利炮一次又一次地敲开古老中国的大门。1853 年,马克思在为《纽约每日论坛报》撰写的社论中说道："英国的大炮破坏了皇帝的权威,迫使天朝帝国与地上的世界接触。与外界完全隔绝曾是保存旧中国的首要条件,而当这种隔绝状态通过英国而为暴力所打破的时候,接踵而来的必然是解体的过程。"②毛泽东同志在谈到这段屈辱的历史时说,"全世界几乎一切大中小帝国主义国家都侵略过我国,都打过我们","没有一次战争不是以我国失败、签订丧权辱国条约而告终"。③一系列的侵略战争接踵而至,一系列的不平等条约被迫签订。中国逐步沦为半殖民地半封建社会。随之而起的,是中华民族民族意识与民族精神的唤醒。

---

　　① 习近平.决胜全面建成小康社会　夺取新时代中国特色社会主义伟大胜利:在中国共产党第十九次全国代表大会上的报告[M].北京:人民出版社,2017:13.

　　② 中共中央马克思恩格斯列宁斯大林著作编译局.马克思恩格斯文集:第二卷[M].北京:人民出版社,2009:609.

　　③ 中共中央文献研究室.毛泽东文集:第八卷[M].北京:人民出版社,1999:340.

以中华民族作为实践主体的中国梦在中国社会发展不同的历史阶段具有不同内容:其一,地主阶级改革派提倡通经致用,提出了"师夷长技以制夷"的思想。其二,农民阶级提出了"无处不均匀,无人不饱暖"的理想。其三,洋务派鼓吹"采西学""制洋器",死守"中学为体,西学为用"的信条。其四,资产阶级维新派倡导民权学说,采取君主立宪制,主张走改良主义的道路;以孙中山为代表的资产阶级革命派,以"三民主义"为旗帜,主张走民主共和的道路。

历史证明,这些主张都不能把中华民族带出困境。近代中国的现代性追求迫切需要一种先进的科学理论进行指导。正是在这样一种历史语境中,新文化运动产生了。经过新旧思想交锋斗争,一批先进分子走向马克思主义道路,成为坚定的马克思主义者。从器物、制度到文化,历史选择了马克思主义作为观察世界、分析中国、改造社会、推动革命的思想武器,归根结底是因为这一科学理论适合于已经成熟了的中国革命的要求。马克思主义的广泛传播产生了第一批共产主义知识分子,也提高了工人阶级的阶级觉悟,促成了中国工人运动与马克思主义相结合,诞生了中国共产党。中华民族第一次把实现中华民族伟大复兴建立在科学理论指导的基础之上。习近平总书记在庆祝中国共产党成立 95 周年大会上的讲话中指出:"中国共产党之所以能够完成近代以来各种政治力量不可能完成的艰巨任务,就在于始终把马克思主义这一科学理论作为自己的行动指南,并坚持在实践中不断丰富和发展马克思主义。"①正是在马克思主义的科学指导下,中华民族相继迎来和实现了从站起来、富起来到强起来的伟大飞跃,中华民族伟大复兴进入了不可逆转的历史进程。

在中国特色社会主义新时代,在积聚改革开放以来所提供的思想

---

① 习近平.在庆祝中国共产党成立 95 周年大会上的讲话[M].北京:人民出版社,2016:8.

观念和物质条件的基础上,以习近平同志为核心的党中央提出了切合中国当代实际的、宏大的、中华民族的中国梦。可以说,中国梦不是一种不切实际的空想或幻想,而是一种实践观念,是中国共产党人关于以中华民族为主体的中国特色社会主义实践发展的战略规划与战略设计,是一个受具体实践规定而变化发展的历史过程。面对世界百年未有之大变局,中国梦是中国面对资本主义仍然占统治地位的时代局面作出的自我期待和自我定位,也是要强调中国发展的独立意识,以此追求在国际社会中的独立的社会主义身份与地位。

(二)中国梦与中国道路、中国精神、中国力量

梦想承载希望和未来。"有梦想,有机会,有奋斗,一切美好的东西都能够创造出来。"[①]国家富强、民族振兴、人民幸福的中国梦,一经提出就成为时代的最强音,汇聚起了中华儿女变革中国、富强中国的磅礴力量。中国梦归根到底是人民的梦,要依靠人民来实现。

首先,实现中国梦必须坚持中国道路。中国道路就是"走自己的路",习近平总书记指出,"独特的文化传统,独特的历史命运,独特的基本国情,注定了我们必然要走适合自己特点的发展道路"[②]。中国梦是从中国近代以来的苦难现实中孕育出来的。1840 年鸦片战争以后,中国被迫卷入资本主义世界市场,导致中国不得不开始接受以主权国家为核心的世界秩序。伴随着新中国的建立与中国特色社会主义建设的不断推进,中国逐渐从世界体系的"边缘地带"走向了国际舞台的中央。近代中国的历史证明,只有社会主义才能救中国,只有中国特色社会主义才能发展中国。正如邓小平同志所说:"这个历史告诉我们,中国走资本主义道路不行,中国除了走社会主义道路没有别

---

① 习近平.习近平谈治国理政[M].北京:外文出版社,2014:40.
② 习近平.习近平谈治国理政[M].北京:外文出版社,2014:156.

的道路可走。一旦中国抛弃社会主义,就要回到半殖民地半封建社会,不要说实现'小康',就连温饱也没有保证。"①中国梦的实现是与社会主义紧紧联系在一起的。中国道路的实质,就是中国选择并实践社会主义和共产主义的历史过程。习近平总书记指出:"世界上没有放之四海而皆准的具体发展模式,也没有一成不变的发展道路。历史条件的多样性,决定了各国选择发展道路的多样性。"②正是由于秉承了独立自主的思想境界,中国特色社会主义在经济和社会发展方面才能一枝独秀,创造了一个又一个奇迹,为扎实推进共同富裕奠定了物质基础。虽然社会主义建设的模式具有多样性,但是,社会主义的本质和目标不能变。"中国特色社会主义是社会主义而不是其他什么主义,科学社会主义基本原则不能丢,丢了就不是社会主义。"③也就是说,我们不能把中国特色社会主义同科学社会主义割裂开来。共同富裕作为社会主义的本质要求,升华了中华民族伟大复兴的时代意蕴。

其次,实现中国梦必须弘扬中国精神。习近平总书记指出:"为什么中华民族能够在几千年的历史长河中顽强生存和不断发展呢? 很重要的一个原因,是我们民族有一脉相承的精神追求、精神特质、精神脉络。"④习近平总书记从伟大创造精神、伟大奋斗精神、伟大团结精神、伟大梦想精神这四个方面对中华民族精神进行了凝练和概括。⑤其一,中国人民是具有伟大创造精神的人民。没有人民群众的广泛参与和创造性的实践,就不可能有中国特色社会主义伟大事业的顺利发展。改革开放以来,人民的首创精神不断被激发、不断涌现。其二,中国人民是具有伟大奋斗精神的人民。艰苦奋斗是中华民族的传统美

①　邓小平.邓小平文选:第三卷[M].北京:人民出版社,1993:206.
②　习近平.习近平谈治国理政[M].北京:外文出版社,2014:29.
③　习近平.习近平谈治国理政[M].北京:外文出版社,2014:22.
④　习近平.习近平谈治国理政[M].北京:外文出版社,2014:181.
⑤　习近平.在第十三届全国人民代表大会第一次会议上的讲话[M].北京:人民出版社,2018:3-5.

德,是中华民族自尊、自信、自强的集中体现。全党一定要保持艰苦奋斗、戒骄戒躁的作风,以时不我待、只争朝夕的精神,奋力走好新时代的长征路。其三,中国人民是具有伟大团结精神的人民。习近平总书记指出:"在几千年历史长河中,中国人民始终团结一心、同舟共济,建立了统一的多民族国家,发展了 56 个民族多元一体、交织交融的融洽民族关系,形成了守望相助的中华民族大家庭。"①改革开放以来,在抗洪抢险、抗击"非典"、抗震救灾、抗击新冠疫情等历次与灾害和疾病的艰苦搏斗中,我们的人民万众一心、众志成城,充分展示出同舟共济、团结一心的国家力量和民族气蕴。其四,中国人民是具有伟大梦想精神的民族。在几千年历史长河中,中国人民始终心怀梦想、努力拼搏,不懈追梦。大同理想展现了中国人民对建立一个和谐社会的美好愿望和追求目标。而今,站在中国特色社会主义新时代的历史方位上,"我们都在努力奔跑,我们都是追梦人"②。要在新发展理念的指引下,弘扬伟大创造精神、伟大奋斗精神、伟大团结精神、伟大梦想精神,增强改革创新的时代精神,形成勤劳创新的社会氛围和激励机制,使共同富裕在中国式现代化征程上取得实质性进展。

最后,实现中国梦必须凝聚中国力量。中国力量就是人民群众的力量。中国梦归根到底是人民的梦,必须紧紧依靠人民来实现,必须不断为人民造福。我们党的奋斗历程证明:密切联系群众是我们党的最大政治优势,脱离群众是我们党执政后的最大危险。毛泽东同志曾形象地把党的任务比作"过河",把方法比作"过河"的"桥"和"船"。他强调,不解决桥或船的问题,过河就是一句空话。③ 江泽民同志说,群

---

① 习近平. 在第十三届全国人民代表大会第一次会议上的讲话[M]. 北京:人民出版社,2018:4.

② 中共中央宣传部,中央广播电视总台. 平"语"近人:习近平喜欢的典故(第 2 季)[M]. 北京:人民出版社,2021:295.

③ 毛泽东选集:第一卷[M]. 北京:人民出版社,1991:139.

众路线就是"我们党根据党的性质和马克思主义认识论创造的一种科学领导方法和工作方法"①。我们只有始终为了人民、充分相信人民、紧紧依靠人民,才能把中国特色社会主义的伟大事业不断推向前进。共同富裕是惠及全体人民的富裕。生产的主体是人民群众,人民群众是历史发展的真正动力。中国共产党人追求的不是少数人的富裕,而是全体人民的共同富裕。这就需要全体人民在中国共产党的领导下,在新的历史条件下,团结一心,共同奋斗,在不同的岗位上,诚实劳动、勤奋劳动、创新性劳动,为实现第二个百年奋斗目标、推进共同富裕做出较大的贡献。

超越"资本逻辑"主导的西方现代性发展模式,追求中国式现代化道路,实现中华民族伟大复兴的中国梦就是近代以来中国发展的"总问题"。习近平总书记强调:"中国共产党一经诞生,就把为中国人民谋幸福、为中华民族谋复兴确立为自己的初心使命。一百年来,中国共产党团结带领中国人民进行的一切奋斗、一切牺牲、一切创造,归结起来就是一个主题:实现中华民族伟大复兴。"②这一问题的实质是发展问题,外在地表现为经济的、文化的、环境的、社会的以及人自身的发展问题。中国梦是中国的,也是世界的,是放眼世界对中国未来的总体谋划,也是立足中国对世界未来的战略布局。

共同富裕理念虽然主要聚焦的是中国国内问题,却毫无疑问具有巨大的世界意义。最重要的一点是,中国凭借走共同富裕之路开辟出了一条不同于并且超越于西方的现代化新路。

正如《中共中央关于党的百年奋斗重大成就和历史经验的决议》所指出的:"党领导人民成功走出中国式现代化道路,创造了人类文明新形态,拓展了发展中国家走向现代化的途径,给世界上那些既希望

① 江泽民.江泽民文选:第一卷[M].北京:外文出版社,2006:100.
② 习近平.习近平谈治国理政:第四卷[M].北京:外文出版社,2022:4.

加快发展又希望保持自身独立性的国家和民族提供了全新选择。"①
习近平总书记指出："文明因交流而多彩，文明因互鉴而丰富。文明交
流互鉴，是推动人类文明进步和世界和平发展的重要动力。"②人类的
文明是多样的，不同国家通往现代化的道路也必将是丰富多彩的。

三、"两个大局"视野中的战略机遇

可以看出，"中华民族伟大复兴的战略全局"着眼于党的十八大以
来党和国家事业取得的历史性成就以及发生的历史性变革，为我们生
动描绘出全体中国人民的伟大梦想；"世界百年未有之大变局"着眼于
我国面临的发展环境深刻复杂的变化，深刻擘画出历史变革中当今世
界形势的发展态势。习近平总书记指出："历史发展有其规律，但人在
其中不是完全消极被动的。只要把握住历史发展规律和大势，抓住历
史变革时机，顺势而为，奋发有为，我们就能够更好前进。"③因此，在
"两个大局"相互交织、相互激荡的大时代大格局背景下，我们更要掌
握历史主动。

（一）"两个大局"同步交织相互激荡是当代中国与世界关系的基
本走向

人类历史发展的必然趋势，是从民族性的、地方性的历史向普遍
性的、世界性的历史转变，资本主义世界历史时代必然走向共产主义
世界历史时代，人类自身也随之从地域性的个人转变为世界历史性的
个人。但同时，真正的共同体的建立不是一蹴而就的，是一个自然历
史过程。人类在整体上进入共产主义社会，将是一个漫长、曲折和复

---

①　中共中央关于党的百年奋斗重大成就和历史经验的决议[M].北京：人民出版社，2021：64.
②　习近平.习近平谈治国理政[M].北京：外文出版社，2014：258.
③　习近平.习近平谈治国理政：第四卷[M].北京：外文出版社，2022：510.

杂的世界历史过程。共产主义是以生产力的普遍发展和与此相联系的世界交往为前提的。经济全球化和资本主义矛盾的世界性展开和凸显为普遍交往与全人类的解放提供了可能性。全球化使各国的交往越来越频繁,经济和社会生活联系愈益密切。虽然资本主义主导下的交往具有异己的性质,但商品经济、世界市场又使交往本身呈现出鲜明的普遍性和世界性特点。各个民族、国家通过普遍交往而进入相互依存状态,日益形成一个相互联系、彼此依赖的命运共同体。①

　　席卷全球的新冠疫情让我们更加深刻地认识到,面对全球化时代经济、文化、卫生、生态等方面的重大威胁与挑战,任何国家和地区都无法独善其身。"察势者明,趋势者智。"人类生活在同一个地球村,各国利益休戚与共,命运紧密相连。各国人民对美好生活的向往更加强烈,和平、发展、合作、共赢的时代潮流不可阻挡。新冠疫情全球蔓延进一步加剧外部环境的复杂变化,世界进入动荡变革期;国内经济社会发展各项任务也极为繁重艰巨,发展中面临的各种不稳定性、不确定性因素明显增多。我国国家制度和治理体系具有多方面的显著优势,其中,中国共产党领导是中国特色社会主义制度的最大优势,离开了党的领导,其他显著优势都无法真正转化为国家治理效能。在扎实推进共同富裕的中国式现代化道路上,只有坚持党的全面领导,对涉及经济社会发展的相关重大问题和工作部署进行顶层设计、总体布局、统筹协调、整体推进,才能充分发挥中国特色社会主义制度优势,把国家治理体系和治理能力转化为国家治理效能,使经济发展、社会进步和人民生活改善并重,提高发展的平衡性、协调性、包容性,在持续不断"做大蛋糕"的基础上"分好蛋糕",形成人人享有的合理分配格局,人人共享高质量发展成果,最终实现共同富裕。

---

① 彭冰冰.红船精神:深刻内涵、精神实质与新时代意义[M].北京:人民出版社,2020:299-300.

（二）在应对危机中育新机开新局

在世界百年未有之大变局之下，机遇与挑战并行。"危"和"机"作为矛盾的统一体，是事物运动变化发展的生动体现。从总体趋势来看，当前我国发展仍处于并将长期处于重要战略机遇期。世界面临百年未有之大变局，变局中危和机同生并存，这给中华民族伟大复兴带来重大机遇。

世界百年未有之大变局为中华民族伟大复兴创造了重要的外部环境，为中国全面参与经济全球化并提升全球治理话语权提供了重要的历史契机。经过长达 70 多年的艰辛奋斗，中国社会主义建设取得了举世瞩目的成就，中国的综合国力和国际地位迅速提升：中国已成为世界第二大经济体、第一大贸易国、第一大工业国、第二大对外投资国等。我国顶住了汹涌而来的反经济全球化逆流，在前所未有的艰难复杂条件下夺取了全面建成小康社会的伟大胜利，充分彰显了只有顺应经济全球化的时代潮流与和平发展、合作共赢的历史大势，才能赢得发展的主动。正是由于主动适应国际规则和世界秩序的变动大势，中国才能在改革开放 40 余年间，尤其是进入 21 世纪以来，获得国家实力与国际地位的空前提升。

现代化既是围绕生产力与生产关系的一系列变革，也是全球化不断拓展的进程。随着现代化进程的加深，国家必然要深度参与全球分工与价值分配。因此，中华民族伟大复兴不仅要考虑中国国内的发展现实，还要将全球发展纳入国家发展的战略全局规划之中。邓小平同志指出，"关起门来搞建设是不能成功的，中国的发展离不开世界"①，"要善于把握时机来解决我们的发展问题"②。习近平总书记指出："实

①　邓小平.邓小平文选：第三卷[M].北京：人民出版社，1993：78.
②　邓小平.邓小平文选：第三卷[M].北京：人民出版社，1993：365.

现我们的奋斗目标,必须有和平国际环境。没有和平,中国和世界都不可能顺利发展;没有发展,中国和世界也不可能有持久和平。"①习近平总书记同时指出:"世界繁荣稳定是中国的机遇,中国发展也是世界的机遇。和平发展道路能不能走得通,很大程度上要看我们能不能把世界的机遇转变为中国的机遇,把中国的机遇转变为世界的机遇,在中国与世界各国良性互动、互利共赢中开拓前进。"②最近几十年里,世界形势发展呈现出变速快、程度深、范围广、影响大等突出特征,许多突发事件令人震惊,层出不穷的新情况、新问题令人应接不暇,而且局势持续发酵,没有终结定型的迹象。习近平总书记还指出:"当今世界正经历百年未有之大变局,新冠肺炎疫情全球大流行使这个大变局加速演进,经济全球化遭遇逆流,保护主义、单边主义上升,世界经济低迷,国际贸易和投资大幅萎缩,国际经济、科技、文化、安全、政治等格局都在发生深刻调整,世界进入动荡变革期。"③在这样的情势下,我们必须始终保持清醒头脑,增强忧患意识,从发展大势上认清危机与新机,辨析变局与新局,把握发展规律,努力增强研判的战略性和前瞻性,在世界百年未有之大变局中把握好我国发展重要战略机遇期,共同营造有利于经济社会发展的新局面。

(三)最关键的是坚定不移办好自己的事

唯物辩证法认为,内因是事物变化发展的根据,规定了事物发展的基本趋势和方向。面对"两个大局",最根本的是要保持战略定力和战略主动,坚定不移办好自己的事。邓小平同志在讲到反对霸权主义、实现祖国统一、加紧经济建设三件大事时指出:"我们在国际事务

---

① 习近平.习近平谈治国理政[M].北京:外文出版社,2014:248.
② 习近平.习近平谈治国理政[M].北京:外文出版社,2014:248.
③ 中共中央党史和文献研究院.十九大以来重要文献选编:中[M].北京:中央文献出版社,2021:761.

中起的作用的大小,要看我们自己经济建设成就的大小。如果我们国家发展了,更加兴旺发达了,我们在国际事务中的作用就会大。"①在东欧剧变、苏联解体后,他再次强调:"对于国际局势,概括起来就是三句话:第一句话,冷静观察;第二句话,稳住阵脚;第三句话,沉着应付。不要急,也急不得。要冷静、冷静、再冷静,埋头实干,做好一件事,我们自己的事。"②越面对前进道路上的风险挑战,越要用全面、辩证、长远的眼光看待我国发展,越要增强信心、坚定信心。数据显示,我国连续多年稳居世界第二大经济体、第二大消费市场、制造业第一大国、货物贸易第一大国、外汇储备第一大国,2020年成为全球第一大外资流入国;我国具有全球最完整、规模最大的工业体系和强大的生产能力、完善的配套能力,拥有1亿多市场主体和1.7亿多受过高等教育或拥有各类专业技能的人才,还有包括4亿多中等收入群体在内的14亿多人口所形成的超大规模内需市场,正处于新型工业化、信息化、城镇化、农业现代化快速发展阶段,投资需求潜力巨大;我们全面建成了小康社会,历史性地解决了绝对贫困问题,正在意气风发向着全面建成社会主义现代化强国的第二个百年奋斗目标迈进。实践充分表明,尽管国际国内形势发生了深刻复杂变化,但我国经济稳中向好、长期向好的基本面没有变,我国经济潜力足、韧性大、活力强、回旋空间大、政策工具多的基本特点没有变,我国发展具有的多方面优势和条件没有变。时与势在我们一边,这是我们的定力和底气所在,也是我们的决心和信心所在。

2022年4月29日,习近平总书记主持召开中共中央政治局会议。会议分析研究当前经济形势和经济工作,要求"加大宏观政策调节力度,扎实稳住经济,努力实现全年经济社会发展预期目标,保持经济运

①　邓小平.邓小平文选:第二卷[M].北京:人民出版社,1994:240.
②　邓小平.邓小平文选:第三卷[M].北京:人民出版社,1993:321.

行在合理区间",指出"要坚持办好自己的事"①。习近平总书记强调:"无论国际风云如何变幻,我们都要坚定不移做好自己的事情,不断做强经济基础,增强科技创新能力,提升综合国力。"②只有坚持党的全面领导,才能认识和把握发展规律,发扬斗争精神,树立底线思维,充分调动各方面积极性、主动性、创造性,在应对国内外发展环境深刻复杂变化和重大风险挑战中形成统一意志,汇聚实现共同富裕的磅礴力量。

面对"两个大局",必须坚持稳中求进工作总基调。党的十八大以来,我国经济平稳健康发展、经济发展质量和水平不断提升的实践成果充分证明,以习近平同志为核心的党中央关于经济工作的总体要求是完全正确的,稳中求进是一条成功经验。其中,"稳"的重点在稳住经济运行上,确保增长、就业、物价不出现大的波动,确保金融不出现区域性系统性风险。"进"的重点在调整经济结构和深化改革开放上,确保转变经济发展方式和创新驱动发展取得新成效。"稳"和"进"相互促进,经济社会平稳,为调整经济结构和深化改革开放创造稳定宏观环境;调整经济结构和深化改革开放取得实质性进展,为经济社会平稳运行创造良好预期。

总之,作为一个负责任的大国,一方面,要全面把握发展规律,在深入推进中华民族伟大复兴的历史进程中促进中国与世界协调发展;另一方面,要体现维护人类共同发展的价值观念和责任担当。马克思主义政党只有将自身发展与社会建设和人类共同命运紧密相连,才能始终把握历史主动,真正践行为人类谋进步的最终目标。习近平总书记强调:"要教育引导全党胸怀中华民族伟大复兴战略全局和世界百年未有之大变局,树立大历史观,从历史长河、时代大潮、全球风云中

---

① 本书编写组.习近平的小康情怀[M].北京:人民出版社,2022:102.

② 本书编写组.习近平的小康情怀[M].北京:人民出版社,2022:102.

分析演变机理、探究历史规律,提出因应的战略策略,增强工作的系统性、预见性、创造性。"①党的十八大以来,习近平总书记统筹"两个大局",在实践基础上阐发了一系列关于共同富裕的重要论述。这些重要论述紧扣历史大势、时代脉搏和社会主义本质要求,对指导新的历史阶段扎实推进共同富裕具有重要的理论意义和现实意义。

　　本章小结:中国特色社会主义进入了新时代,我国社会主要矛盾已经转化为人民日益增长的美好生活需要和不平衡不充分的发展之间的矛盾,这是我国发展新的历史方位,也是共同富裕的时代总背景。但前进道路不可能一片坦途,站在中华民族伟大复兴的战略全局和世界百年未有之大变局这"两个大局"的高度来看,推进共同富裕,经济社会发展面临的风险挑战之多,涉及矛盾和问题之尖锐、斗争形势之复杂,都是前所未有的。当前,我们在爬坡过坎的紧要关口,首先必须学懂习近平总书记关于共同富裕的系列重要论述,准确把握共同富裕的科学内涵,才能在危机中育先机、于变局中开新局,最终实现共同富裕。

---

① 习近平.习近平谈治国理政:第四卷[M].北京:外文出版社,2022:511.

第三章　共同富裕的科学内涵

共同富裕是马克思主义的基本目标,是社会主义的本质要求,是中国共产党人的初心使命,是中国式现代化的重要特征,是中国人民的共同期盼。习近平总书记强调,"实现共同富裕不仅是经济问题,而且是关系党的执政基础的重大政治问题"[①],"我们必须把促进全体人民共同富裕摆在更加重要的位置,脚踏实地,久久为功,向着这个目标更加积极有为地进行努力"[②]。习近平总书记关于共同富裕的一系列重要论述,丰富和发展了马克思主义理论,是对中国共产党人带领全体人民实现共同富裕奋斗目标的当代探索与实践。站在历史新起点,必须理解和把握共同富裕的深刻内涵,才能扎实推动全体人民共同富裕取得更为明显的实质性进展,更好地满足人民群众的共同期盼。本章全面阐述了共同富裕的科学内涵,科学分析共同富裕的重大意义,并使用科学的思维方法看共同富裕。

---

① 中共中央国务院关于支持浙江高质量发展建设共同富裕示范区的意见[M].北京:人民出版社,2021:2.

② 中共中央关于制定国民经济和社会发展第十四个五年规划和二〇三五年远景目标的建议[M].北京:人民出版社,2020:55.

第一节　科学认识共同富裕

一、共同富裕"是什么""不是什么"

共同富裕既是一个经济概念,也是一个社会概念,同时涉及政治、文化、生态等诸多领域,与人民生产生活息息相关。从经济层面看,主要表现为较高的收入和财富水平,涉及收入分配状况,反映初次分配、再分配、三次分配协调配套程度。实现共同富裕要通过大力推动高质量发展提高城乡居民收入水平,让全体人民进一步焕发劳动热情、释放劳动潜能,通过劳动创造更加美好的生活。从社会层面看,主要表现为教育、就业、社会保障、医疗卫生等基本公共服务实现优质共享,要加快推动城市公共服务向乡村延伸,提升城乡基本公共服务均等化水平。从日常生活层面看,广大人民群众生活富足,在居住方式、消费方式、行为方式、交往方式、思维方式等方面形成良好的生活理念和习惯。

2021 年 5 月,《中共中央国务院关于支持浙江高质量发展建设共同富裕示范区的意见》对共同富裕进行了比较全面的定义:共同富裕是全体人民通过辛勤劳动和相互帮助,普遍达到生活富裕富足、精神自信自强、环境宜居宜业、社会和谐和睦、公共服务普及普惠,实现人的全面发展和社会全面进步,共享改革发展成果和幸福美好生活。

目前,我国到了扎实推动共同富裕的历史阶段,然而推动共同富裕是一个全新的时代课题,古今中外没有实现过,必须靠我们自己"摸着石头过河"。在弄清楚"怎么干"之前,先要学会"怎么看",搞明白共同富裕"是什么"与"不是什么"。只有准确把握促进共同富裕的基本精神和内在要求,科学辨析实践中存在的模糊认识,批驳错误认识,才能切实增强推动全体人民共同富裕的思想自觉、政治自觉和行动自觉。①

（一）共同富裕是中国式现代化的"母版""新版",不是西方高福利发展模式的"再版""翻版"

富裕是世界上每个国家走向现代化的重要目标,而共同富裕则是我国现代化的主要特征和追求。共同富裕思想深植于中华民族传统文化中,"不患寡而患不均,不患贫而患不安""大道之行也,天下为公"早已反映出了平等、和谐、大同、共富的思想观念。从几千年前"民亦劳止,汔可小康"的朴素愿望,"天下大同""民惟邦本"的社会理想,到中国共产党百年来团结带领各族人民接续奋斗、砥砺前行,特别是党的十八大以来,以习近平同志为核心的党中央历史性解决了9899万人口的贫困问题,全面建成小康社会,为共同富裕奠定坚实基础。而鼓吹"从摇篮到坟墓"的西方高福利政策,作为资本主义制度的产物,是不可持续的"福利陷阱",无法解决私有制必然导致的财富集中和两极分化问题,不断导致新的社会撕裂,并且出现"养懒汉"现象。有时不同政党上台执政,后任不管前任,新官不理旧账,造成资源浪费,引发债务危机,造成社会动荡。

我国的共同富裕是中国共产党领导下的共同富裕,是中国特色社会主义制度保驾护航的共同富裕,是有5000多年中华优秀文化深厚滋养的共同富裕。对当今时代和当下世界来说,我们推进的共同富裕是具有完全知识产权的"中国专利"。

（二）共同富裕是高质量发展基础上的富裕,不是"穿新鞋走老路"

推动共同富裕是"在做大蛋糕的基础上分好蛋糕"。进入新发展

---

① 详细论述参见沈轩. 共同富裕"是什么""不是什么"[N].浙江日报,2021-11-05(3).

阶段,发展仍是解决我国一切问题的基础和关键,发展的质量决定共同富裕的成色。这要求我们不仅要把蛋糕做大,更要把蛋糕做得更好和分得更好,把蛋糕做大是实现共同富裕的第一步。习近平总书记强调,扎实推动共同富裕,要"提高发展的平衡性、协调性、包容性"[①]。

落到具体工作上,就是要完整、准确、全面地把握新发展阶段、贯彻新发展理念、构建新发展格局,以创新发展解决发展动力问题,以协调发展破解发展不平衡问题,以绿色发展解决可持续问题,以开放发展解决"双循环"问题,以共享发展解决获得感问题,用高质量发展的"新鞋"闯出共同富裕的新路。共同富裕是在高质量发展基础上的富裕,共同富裕是高质量发展的根本目的和题中应有之义,高质量发展是实现共同富裕的基础和途径。简言之,社会主义共同富裕,归根到底要依靠高质量发展,通过提高发展的平衡性、协调性和包容性,来实现广大人民群众整体收入水平的提高。

(三)共同富裕是分阶段促进共同富裕,不是同时同步同等富裕

促进全体人民共同富裕是一个从量变到质变的过程,不可能"一口气吃成胖子"。从基本国情看,经过百年奋斗和积累,共同富裕有了扎实基础,2020年,我国国内生产总值首次突破100万亿元大关,"家底"更加厚实。但是,我国仍处于并将长期处于社会主义初级阶段,我国仍是世界最大发展中国家,当前社会主要矛盾是人民日益增长的美好生活需要和不平衡不充分的发展之间的矛盾,共同富裕不是轻轻松松、敲锣打鼓就能实现的。从发展现状看,地区差距、城乡差距、收入差距"三大差距"依然突出,不是一朝一夕能解决的。每个区域的资源禀赋、发展起点和阶段各不相同,不同人群之间的人力资本水平、工作投入程度差别也很大,区域、城乡、个体存在适度差异是正常的,不能

---

① 习近平.扎实推动共同富裕[J].求是,2021(20):4-8.

要求所有地区、所有人同时富裕,也不能要求不同区域、不同人群都达到全国一致的收入和生活水平。

因此,我们共同富裕追求的是过程富裕,不是同时、同步、同等富裕。要允许和鼓励一部分地区、一部分人通过诚实劳动、合法经营先富起来,是一个先富带后富、最终实现共同富裕的过程。

(四)共同富裕是全体人民的共同富裕,不是少数人的富裕

马克思在《1857—1858 年经济学手稿》中认为,在未来社会主义制度中,"社会生产力的发展将如此迅速,以致尽管生产将以所有的人富裕为目的,所有的人的可以自由支配的时间还是会增加"[1]。160 多年过去,这一更高阶段的社会形态在社会主义中国正逐渐成为现实。

贫穷不是社会主义,共同贫穷也不是社会主义,富裕但是不均衡、两极分化也不是社会主义,只有共同富裕才是社会主义。从共同富裕的组成部分来看:"共同"是指全体人民、全部地区,不是一部分人富起来,另一部分人被平均,也不是大部分人富了,少部分人就掉队不管了,共同富裕路上"一个也不能少";"富裕"是指全面富裕,不仅包括物质生活和精神生活的富裕,还指我们所要达到的富裕不是单一性、低水平的,而是最终实现社会全面进步和人的全面发展。2020 年,我国人均 GDP 超过 10000 美元,排在世界第 63 位,这对 14 亿人口大国来说已经是个了不起的成就。到共同富裕取得重大实质性进展之时,人均 GDP 将会再上一个大台阶。可以预见,那时的中国,将继创造世所罕见的经济快速发展和社会长期稳定这两大奇迹之后,实现全体人民共同富裕的第三大奇迹。

---

[1] 中共中央马克思恩格斯列宁斯大林著作编译局. 马克思恩格斯全集:第四十六卷(下册)[M]. 北京:人民出版社,1980:222.

（五）共同富裕是先富带后富、帮后富，不是"劫富济贫""打土豪分田地"

有人会问：先富愿意主动带后富、帮后富吗？会不会动了先富地区和先富人群的"奶酪"？共同富裕的图纸，很容易被部分人用反资本情绪、反市场逻辑的"笔"涂抹，有人嚷嚷的"劫富济贫"绝对不是通往共同富裕的正道。

共同富裕是授人以渔，并非授人以鱼。财富是靠劳动创造出来的。先富带后富，带的是走上劳动致富的康庄大道；先富帮后富，帮的是提高劳动致富的能力。改革开放以来，一部分人抓住机遇，创业创新，积累了大量财富，率先实现自身的富裕，同时也通过缴纳税款、提供就业、承担社会责任，为推动共同富裕创造了物质条件。在新发展阶段推动共同富裕，要坚持基本经济制度，坚持"两个毫不动摇"，发挥高收入群体和企业家作用，调动一切可以调动的积极性，让一切创造社会财富的源泉充分涌流。

（六）共同富裕是普遍富裕基础上的差别富裕，不是"绝对公平"和"吃大锅饭"

共同富裕是整体意义上的普遍富裕，但不是整齐划一、平均主义和干好干坏一个样的富裕。[①]普遍富裕是一个地区、一个民族、一个人都不能少，不是搞均等富裕，不是在低生产力基础上搞平均主义和无原则地"吃大锅饭"，而是在公平合理分配的基础上允许一定合理差距，以激发社会活力和提高社会效率。

历史告诉我们，搞平均主义和"吃大锅饭"只会让卖力的人积极性受挫，出工不出力的人占便宜，终将陷入共同落后、共同贫穷的泥潭。促进共同富裕，不是简单的"削峰填谷"，是普遍富裕基础上的差别富

---

① 卢新波，文雁兵. 共同富裕，如何正确看待？[N]. 浙江日报，2021-05-12(7).

裕,要遵循按劳分配的客观规律,不能追求片面的"绝对公平"。要正确处理效率和公平的关系,在做大蛋糕的基础上分好蛋糕,构建初次分配、再分配、三次分配协调配套的基础性制度安排,扩大中等收入群体比重,增加低收入群体收入,合理调节高收入,取缔非法收入,形成中间大、两头小的橄榄型分配结构,实现全体人民共同富裕。

(七)共同富裕是"富口袋"与"富脑袋"的统一

习近平总书记强调:"只有物质文明建设和精神文明建设都搞好,国家物质力量和精神力量都增强,全国各族人民物质生活和精神生活都改善,中国特色社会主义事业才能顺利向前推进。"[①]故而,物质贫穷不是社会主义,精神贫穷也不是社会主义。实现共同富裕是一个物质积累的过程,也是一个精神丰实的过程,两者相辅相成、缺一不可。

站在新的奋斗起点上,精神文化已经成为衡量一个地方发展水平和反映一个人富裕程度的重要硬指标。推动共同富裕同时是物质生产力发展的过程和文化生产力发展的过程,而且文化越来越成为关键变量、决定性因素,精神富裕甚至决定物质富裕的方向和进程。"脑袋不富"眼里更多的是"柴米油盐","脑袋富了"心中就能装着"诗和远方","脑袋""口袋"都富了才能有真正的获得感、幸福感、安全感。要在抓经济建设的同时,更加重视文化建设;在注重增加城乡居民收入的同时,更加关注人民群众精神力量的增强、文化生活的满足,推动形成与共同富裕相适应的价值理念、精神面貌、社会规范、文明素养,让人们在共同富裕中实现精神富有。

(八)共同富裕是各尽所能、各尽其责,不是靠捐赠搞"逼捐"

共同富裕是一项系统工程,需要政府、社会、企业、个人共创共建共享,不同主体在各自"机位"上开足马力。企业是拉动发展的引擎、

---

① 习近平.习近平谈治国理政[M].北京:人民出版社,2014:153.

创造税收的主体、扩大就业的关键,是共同富裕进程中不可替代的关键中的关键。企业家们把企业营业好、发展好,让员工收入更高、生活得更好,拉动上下游产业发展,提高产品国际竞争力,就是对促进共同富裕最大的责任和最大的贡献。

实现共同富裕需要人人出力、人人尽力,有余力的做慈善捐赠,是锦上添花的事情。但不能本末倒置,搞捐赠竞赛,更不能搞无形"劝捐""逼捐",要把精力花在各尽所能、各尽其责上。虽然三次分配主要通过慈善捐赠的方式进行,起到改善分配结构的补充作用,但是,"捐"不是初次分配的"酬",也不是再分配的"税",是在自愿而非强制的基础上进行的。在现阶段,推动共同富裕要各就各位,立足主业,回归本职,把各自从事的事情做得更好。

(九)共同富裕是一场等不得也急不得的"耐力赛",不是速战速决的"百米跑"

习近平总书记指出,"共同富裕是一个长远目标,需要一个过程,不可能一蹴而就,对其长期性、艰巨性、复杂性要有充分估计"[①]。回望这些年中国发展的壮阔历程,是脚踏实地的风雨兼程。我们用短短几十年的时间走过了西方发达国家几百年的工业化历程,速度不可谓不惊人,成就不可谓不巨大。惊叹之余更要看到,在通往共同富裕的道路上,中国人民每向前一步,都付出了与之相匹配的巨大努力和辛勤汗水。进入共同富裕新跑道,要拿出时不我待的紧迫感、只争朝夕的精气神,脚踏实地跑起来。促进共同富裕,等不得,也等不来。

建设共同富裕美好社会是中国共产党领导全国人民打赢脱贫攻坚战和全面建成小康社会后的必然抉择,从结果来看,"方法对头是效率,减少失误也是效率"。方法对头,就是要把握经济社会发展客观规

---

① 习近平. 扎实推动共同富裕[J]. 求是,2021(20):4-8.

律;减少失误,就是绝不做超越历史阶段的事情,绝不搞运动式共同富裕,绝不吊高胃口。要立足现实基础和现有条件,既量力而行,又尽力而为,做到科学谋划、稳扎稳打、快步小跑,走好共同富裕新的长征路。浙江高质量发展建设共同富裕示范区,正是为全国答好实现共同富裕这个时代课题先行探路、积累经验。

(十)共同富裕是终极目标和必由之路,不是喊口号,不能流于形式

扎实推进共同富裕既是目标,也是道路,目前讲共同富裕是指走共同富裕道路,是向着共同富裕目标迈进。目标实现时间上的长短要看生产力发展的状况和财富不断增长的状况。

有人认为,共同富裕只是一种宣传话语和政治口号,这种观点显然是违背了事实。中国共产党自成立以来,就坚守马克思主义崇高理想,把促进全体人民共同富裕作为奋斗目标。新民主主义革命时期,我们党团结带领人民推翻"三座大山",实现民族独立、人民解放,为实现共同富裕创造了根本社会条件。新中国成立伊始,以毛泽东同志为主要代表的中国共产党人团结带领广大人民进行社会主义革命,确立社会主义基本制度,推进社会主义建设,为实现共同富裕奠定了根本政治前提和制度基础。改革开放后,中国共产党人深刻总结正反两方面历史经验,认识到贫穷不是社会主义,打破传统体制束缚,允许一部分人、一部分地区先富起来,极大解放和发展了社会生产力。党的十八大以来,以习近平同志为核心的党中央把握发展阶段新变化,把实现共同富裕摆在更加重要的位置,着力推动区域协调发展,采取有力措施保障和改善民生,打赢脱贫攻坚战,全面建成小康社会,为促进共同富裕创造了良好条件。开启新征程,党中央深入研究制定不同阶段目标,确立基本原则,谋划扎实举措,分阶段实施,共同富裕的目标更加清晰可见。显然,推进共同富裕一直是中国共产党人为人民谋幸福的着力点,是具体的、现实的、真实可感的事实。

二、共同富裕的五个基本特征

从上述共同富裕十个方面"是什么"与"不是什么"的表述，我们对共同富裕有了初步的认识。然而，共同富裕是一个长期的奋斗目标和系统工程，必须从主体的全民性、内涵的全面性、路径的共建性、过程的渐进性、制度的根本性等五大关键环节[①]，进一步深入了解和正确把握如何扎实推动共同富裕。

（一）主体的全民性：共同富裕的主体是全体人民，而不是少数人的富裕或平均数的富裕

西方没有共同富裕的概念，尤其是西方经济学强调按要素分配，劳动获得工资，资本获得利息，土地获得地租，企业获得利润，还有政府获得税收等，这反映了市场经济的一般属性。而共同富裕作为社会主义发展目的和本质特征，是党的路线、方针、政策的出发点，也是社会主义政治经济学研究的对象和建构的科学。首先要解决的主体是人而不是要素，主体的人是全体而不是个体或少数，即共同富裕是包括每一个人在内的全体人民的富裕，而不是少数人的富裕或平均数的富裕。在共同富裕的道路上，一个人都不能少，一个地区都不能少，一个民族都不能少。正如习近平总书记在推动全面建成小康社会过程中所强调的，"要求下足绣花功夫，扶贫扶到点上、扶到根上、扶到家庭，防止平均数掩盖大多数"[②]，"全面实现小康，少数民族一个都不能少，一个都不能掉队"[③]。习近平总书记每当讲到共同富裕时都要加上"全体人民"这四个字，强调"必须把促进全体人民共同富裕摆在更加

[①]　详细论述参见郭占恒. 全面把握共同富裕的五大基本特性[J]. 观察与思考，2022(1)：5-12.
[②]　习近平. 在全国脱贫攻坚总结表彰大会上的讲话[M]. 北京：人民出版社，2021：16.
[③]　中共中央党史和文献研究院. 习近平扶贫论述摘编[M]. 北京：中央文献出版社，2018：6.

重要的位置"①。因此,扎实推动共同富裕的着眼点、出发点、落脚点应该也必须是"全体人民"。

（二）内涵的全面性：共同富裕既要"富口袋",也要"富脑袋",而不仅是人均收入的增加

共同富裕不仅是财富分配意义上的概念,而且是社会公平正义的概念,内涵十分丰富。共同富裕固然以物质的共同富裕为基础,这是共同富裕最基本的内容。然而,仅有物质生活的富裕,就会与人的需求相背离,也与现代文明相背离。人的需求包括物质和精神两个层面,高度的物质文明和高度的精神文明,既是共同富裕的重要内容,也是人的现代化的重要内容。党的十九届五中全会提出,改善人民生活品质,提高社会建设水平,把保持居民收入增长和经济增长基本同步、强化就业优先政策、建设高质量教育体系、健全多层次社会保障体系、全面推进健康中国建设等作为"增进民生福祉,扎实推动共同富裕"部分的内容,就说明了共同富裕内涵的全面性。更为全面阐述共同富裕内涵的是,习近平总书记2021年1月28日在十九届中央政治局第二十七次集体学习时的讲话："共同富裕本身就是社会主义现代化的一个重要目标。我们要始终把满足人民对美好生活的新期待作为发展的出发点和落脚点,在实现现代化过程中不断地、逐步地解决好这个问题。要自觉主动解决地区差距、城乡差距、收入差距等问题,坚持在发展中保障和改善民生,统筹做好就业、收入分配、教育、社保、医疗、住房、养老、扶幼等各方面工作,更加注重向农村、基层、欠发达地区倾斜,向困难群众倾斜,促进社会公平正义,让发展成果更多更公平惠及全体人民。"②由上可见,共同富裕的内容包括中国特色社会主义现代

---

① 习近平. 在全国脱贫攻坚总结表彰大会上的讲话[M].北京:人民出版社,2021:21.

② 完整准确全面贯彻新发展理念　确保"十四五"时期我国发展开好局起好步[N].人民日报,2021-01-30(1).

化建设的各个领域和各个方面。

（三）路径的共建性：共同富裕是共同奋斗、共建共享，是共同"做大蛋糕"，而不是简单地去"分蛋糕"

共建共享是共同富裕的必然途径和必由之路。过去很长时间里，我们没有找到科学的共同富裕道路，而是把共同富裕简单理解为同时、同步、同等富裕，搞计划经济和平均分配，结果南辕北辙，适得其反，没有生产积极性，越搞越穷。邓小平同志多次强调："我的一贯主张是，让一部分人、一部分地区先富起来，大原则是共同富裕。一部分地区发展快一点，带动大部分地区，这是加速发展、达到共同富裕的捷径。"①接着又提出了"两个大局"的战略构想：一是东部沿海地区加快对外开放，使之较快地先发展起来，中西部地区要顾全这个大局；二是当发展到一定时期，比如 20 世纪末全国达到小康水平时，要拿出更多的力量帮助中西部地区加快发展，东部沿海地区也要服从这个大局。这就在理论和实践上找到了实现共同富裕的正确道路。共同富裕是要通过共同奋斗来实现的，做到人人参与、人人尽力、人人享有。那种主张"同时、同步、同等富裕"的想法，那种"等、靠、要"的想法，那种"劫富济贫、搞平均主义"的想法，那种"佛系、躺平、当咸鱼"的想法，都是与共同富裕格格不入的，也是不可取、行不通的。

（四）过程的渐进性：共同富裕是一个长期理想和奋斗目标，不可能"一口气吃个胖子"，要防止"急于求成"

孔子提出"不患寡而患不均，不患贫而患不安"距今已约 2500 年，马克思提出"生产将以所有的人富裕为目的"距今已 160 多年，新中国探索共同富裕也已经历了 70 多年，从理想到理论到实践不断推进，经历了长期的历史过程，目前还在进行时，以后还有将来时。"扎实推动

---

① 邓小平.邓小平文选：第三卷[M].北京：人民出版社，1993：166.

共同富裕"一定要从社会主义初级阶段这个最大实际出发,从客观条件出发,从需要与可能出发。2022年5月,习近平总书记在《求是》杂志发表重要文章《正确认识和把握我国发展重大理论和实践问题》,深刻指出,"实现共同富裕的目标,首先要通过全国人民共同奋斗把'蛋糕'做大做好,然后通过合理的制度安排正确处理增长和分配关系,把'蛋糕'切好分好。这是一个长期的历史过程,我们要创造条件、完善制度,稳步朝着这个目标迈进"①,深刻阐述了共同富裕的长期性和可及性。我们要按照稳中求进、蹄疾步稳,尽力而为、量力而行的法则,推动共同富裕从城市到农村、从沿海到内地、从少数人到多数人、从低水平到高水平、从不均衡到均衡循序渐进。将来即使达到很高的水平也会有差别,也还需要继续推进。从这个意义上说,共同富裕只有进行时,没有完成时,只有阶段性目标,没有终结目标。

(五)制度的根本性:建立完善"权力不腐败、资本不垄断"的"更有效的制度安排"

制度是决定因素,带有根本性、全局性、稳定性和长期性。社会主义开辟了走共同富裕的道路,但要实现共同富裕的目标,尚需一系列顶层谋划、制度设计和严格执行。马克思曾把劳动划分为简单劳动和复杂劳动,并认为比较复杂的劳动只是自乘的或不如说多倍的简单劳动,因此,少量的复杂劳动等于多量的简单劳动。② 只要是辛勤劳动、合法经营,各尽所能、多劳多得,社会都能承受,公众也没有意见。真正造成两极分化的原因,从根本上说是两条:一是权力寻租,即凭借掌管公共权力谋取个人、家族或小团体的私利,搞特权,搞腐败,强取豪夺大量社会财富。二是资本垄断,即通过金融资本垄断某种或某些商

---

① 习近平. 正确认识和把握我国发展重大理论和实践问题[J]. 求是,2022(10):4-9.
② 马克思. 资本论:第一卷[M]. 北京:人民出版社,2004:58.

品的生产和市场,规定商品的垄断价格和获取高额垄断利润,进而垄断大量社会财富。这两条虽说是资本主义的本质特征,但并不是说社会主义天然就具有免疫力,而是要通过一系列制度建设根本杜绝并与之进行长期的斗争。因此,把权力关进制度的笼子,让权力在阳光下运行,一体推进不敢腐、不能腐、不想腐的制度建设;完善《中华人民共和国反垄断法》,执行《国务院反垄断委员会关于平台经济领域的反垄断指南》等,大力营造"权力不腐败、资本不垄断""让发展成果更多更公平惠及全体人民"的法治环境,让每个人享有公平公正的权利和机会,方为"扎实推动共同富裕"的治本之策。

第二节 扎实推进共同富裕

共同富裕是社会主义现代化的一个重要目标,既是一项长期任务,也是一项现实任务。习近平总书记在《扎实推动共同富裕》一文中开宗明义地提出了一个新的重大论断——现在,已经到了扎实推动共同富裕的历史阶段。习近平总书记从方法论、实践论上为扎实推进共同富裕指明了路径,提供了"船"和"桥"。文中的四项原则凸显了扎实推进共同富裕的规律要求,六项举措阐明了扎实推进共同富裕的思路和重点。[①]

一、扎实推进共同富裕的基本原则

党的十八大以来,党中央把握发展阶段新变化,把逐步实现全体人民共同富裕摆在更加重要的位置上,推动区域协调发展,采取有力

---

① 习近平.扎实推动共同富裕[J].求是,2021(20):4-8.

措施保障和改善民生,打赢脱贫攻坚战,全面建成小康社会,为促进共同富裕创造了良好条件。现在,已经到了扎实推动共同富裕的历史阶段。扎实推进共同富裕,要深入研究不同阶段的目标,分阶段促进共同富裕:到"十四五"末,全体人民共同富裕迈出坚实步伐,居民收入和实际消费水平差距逐步缩小。到 2035 年,全体人民共同富裕取得更为明显的实质性进展,基本公共服务实现均等化。到 21 世纪中叶,全体人民共同富裕基本实现,居民收入和实际消费水平差距缩小到合理区间。要抓紧制定促进共同富裕行动纲要,提出科学可行、符合国情的指标体系和考核评估办法。促进共同富裕,要把握好以下四个原则。

(一)根本路径:鼓励勤劳创新致富

幸福生活都是奋斗出来的,共同富裕要靠勤劳智慧来创造。要坚持在发展中保障和改善民生,把推动高质量发展放在首位,为人民提高受教育程度、增强发展能力创造更加普惠公平的条件,提升全社会人力资本和专业技能,提高就业创业能力,增强致富本领。要防止社会阶层固化,畅通向上流动通道,给更多人创造致富机会,形成人人参与的发展环境,避免"内卷""躺平"。

(二)根本保障:坚持基本经济制度

要立足社会主义初级阶段,坚持"两个毫不动摇"。要坚持公有制为主体、多种所有制经济共同发展,大力发挥公有制经济在促进共同富裕中的重要作用,同时要促进非公有制经济健康发展、非公有制经济人士健康成长。要允许一部分人先富起来,同时要强调先富带后富、帮后富,重点鼓励辛勤劳动、合法经营、敢于创业的致富带头人。靠偏门致富不能提倡,违法违规的要依法处理。

(三)科学方法:尽力而为量力而行

要建立科学的公共政策体系,把蛋糕分好,形成人人享有的合理分配格局。要以更大的力度、更实的举措让人民群众有更多获得感。同时，也要看到，我国发展水平离发达国家还有很大差距。要统筹需要和可能，把保障和改善民生建立在经济发展和财力可持续的基础之上，不要好高骛远，吊高胃口，作兑现不了的承诺。政府不能什么都包，重点是加强基础性、普惠性、兜底性民生保障建设。即使将来发展水平更高、财力更雄厚了，也不能提过高的目标、搞过头的保障，坚决防止落入"福利主义"养懒汉的陷阱。

（四）基本规律：坚持循序渐进

共同富裕是一个长远目标，需要一个过程，不可能一蹴而就，对其长期性、艰巨性、复杂性要有充分估计，办好这件事，等不得，也急不得。一些发达国家工业化搞了几百年，但由于社会制度原因，到现在共同富裕问题仍未解决，贫富悬殊问题反而越来越严重。我们要有耐心，实打实地一件事一件事办好，提高实效。

二、扎实推进共同富裕的主要思路

扎实推进共同富裕，要始终坚持以人民为中心的发展思想，在高质量发展中促进共同富裕，正确处理效率和公平的关系，构建初次分配、再分配、三次分配协调配套的基础性制度安排，加大税收、社保、转移支付等调节力度并提高精准性，扩大中等收入群体比重，增加低收入群体收入，合理调节高收入，取缔非法收入，形成中间大、两头小的橄榄型分配结构，促进社会公平正义，促进人的全面发展，使全体人民朝着共同富裕目标扎实迈进。全体人民共同富裕是一个总体概念，要实现 14 亿多人的共同富裕，必须脚踏实地、久久为功，主要思路如下。

（一）提高发展的平衡性、协调性、包容性

要加快完善社会主义市场经济体制，推动发展更平衡、更协调、更包容。要增强区域发展的平衡性,实施区域重大战略和区域协调发展战略,健全转移支付制度,缩小区域人均财政支出差异,加大对欠发达地区的支持力度。要强化行业发展的协调性,加快垄断行业改革,推动金融、房地产同实体经济协调发展。要支持中小企业发展,构建大中小企业相互依存、相互促进的企业发展生态。

（二）着力扩大中等收入群体规模

要抓住重点、精准施策,推动更多低收入人群迈入中等收入行列。高校毕业生是有望进入中等收入群体的重要方面,要提高高等教育质量,做到学有专长、学有所用,帮助他们尽快适应社会发展需要。技术工人也是中等收入群体的重要组成部分,要加大技能人才培养力度,提高技术工人工资待遇,吸引更多高素质人才加入技术工人队伍。中小企业主和个体工商户是创业致富的重要群体,要改善营商环境,减轻税费负担,提供更多市场化的金融服务,帮助他们稳定经营、持续增收。进城农民工是中等收入群体的重要来源,要深化户籍制度改革,解决好农业转移人口随迁子女教育等问题,让他们安心进城,稳定就业。要适当提高公务员特别是基层一线公务员及国有企事业单位基层职工工资待遇。要增加城乡居民住房、农村土地、金融资产等各类财产性收入。

（三）促进基本公共服务均等化

低收入群体是促进共同富裕的重点帮扶保障人群。要加大普惠性人力资本投入,有效减轻困难家庭教育负担,提高低收入群众子女受教育水平。要完善养老和医疗保障体系,逐步缩小职工与居民、城市与农村的筹资和保障待遇差距,逐步提高城乡居民基本养老金水平。要完善兜底救助体系,加快缩小社会救助的城乡标准差异,逐步提高城乡最低生活保障水平,兜住基本生活底线。要完善住房供应和保障体系,坚持"房子是用来住的、不是用来炒的"定位,租购并举,因城施策,完善长租房政策,扩大保障性租赁住房供给,重点解决好新市民住房问题。

（四）加强对高收入的规范和调节

在依法保护合法收入的同时,要防止两极分化、消除分配不公。要合理调节过高收入,完善个人所得税制度,规范资本性所得管理。要加大消费环节税收调节力度,研究扩大消费税征收范围。要加强公益慈善事业规范管理,完善税收优惠政策,鼓励高收入人群和企业更多回报社会。要清理规范不合理收入,加大对垄断行业和国有企业的收入分配管理,整顿收入分配秩序,清理借改革之名变相增加高管收入等分配乱象。要坚决取缔非法收入,坚决遏制权钱交易,坚决打击内幕交易、操纵股市、财务造假、偷税漏税等获取非法收入行为。

（五）促进人民精神生活共同富裕

促进共同富裕与促进人的全面发展是高度统一的。要强化社会主义核心价值观引领,加强爱国主义、集体主义、社会主义教育,发展公共文化事业,完善公共文化服务体系,不断满足人民群众多样化、多层次、多方面的精神文化需求。要加强促进共同富裕舆论引导,澄清各种模糊认识,防止急于求成和畏难情绪,为促进共同富裕提供良好舆论环境。

（六）促进农民农村共同富裕

促进共同富裕,最艰巨最繁重的任务仍然在农村。农村共同富裕工作要抓紧,但不宜像脱贫攻坚那样提出统一的量化指标。要巩固拓展脱贫攻坚成果,对易返贫致贫人口要加强监测、及早干预,对脱贫县要扶上马送一程,确保不发生规模性返贫和新的致贫。要全面推进乡村振兴,加快农业产业化,盘活农村资产,增加农民财产性收入,使更多农村居民勤劳致富。

三、扎实推进共同富裕的科学指引

习近平总书记关于共同富裕的重要论述以鲜明的历史视角、国际视野、时代视域,深刻阐述了改革开放以来我们党对实现共同富裕的基本实践探索与理论认识,阐明了"分阶段促进共同富裕"的总体安排①,是继承和发展马克思、恩格斯科学社会主义共同富裕思想,总结凝练我们党多年来促进共同富裕实践探索和理论创新经验的重要理论成果,是新发展阶段指导推进共同富裕的纲领性文献,蕴含了厚重的政治分量、理论含量、实践力量,从认识和实践两个层面对促进共同富裕的一系列重大问题作出了权威解答。②

其一,从历史进程看。我国已经到了扎实推动共同富裕的历史阶段,要深刻把握共同富裕的时代必然性。要充分认识现阶段推进共同富裕的重要意义,坚定推进共同富裕的决心。改革开放后,我们党推进共同富裕已经历了打破传统体制束缚、推动解放和发展社会生产力以及党的十八大以来打赢脱贫攻坚战、全面建成小康社会两大历史阶段,习近平总书记郑重提出,"现在,已经到了扎实推动共同富裕的历史阶段"③。这表明,我们党在如何实现共同富裕这一问题上已经有了充分的理论和实践准备,正步入稳固、成熟的行进轨道。

其二,从国际比较看。我们所要实现的共同富裕,是对西方现代化和福利社会的一种超越。共同富裕是一个内涵丰富、层次多元的范畴,具有鲜明的时代特征和中国特色。要充分认识到共同富裕不仅是党和人民长期追求的目标,而且是解决当前我国社会主要矛盾和一些

---

① 习近平. 扎实推动共同富裕[J]. 求是,2021(20):4-8.
② 六和钟."共同富裕"怎么看、实现"共同富裕"怎样干[EB/OL].(2021-10-18). https://mp. weixin. qq. com/s/mK0PJj6U9JwYcSTGDFRl7Q.
③ 习近平. 扎实推动共同富裕[J]. 求是,2021(20):4-8.

重大问题的总抓手,要围绕重点,扎实推进,为实现全体人民共同富裕开好局、奠定良好基础。

其三,从时代要求看。习近平总书记从两个维度阐明了促进全体人民共同富裕的时代必然性。一是从正向维度,强调"现在,我们正在向第二个百年奋斗目标迈进"①。推动人的全面发展、全体人民共同富裕取得更为明显的实质性进展,正是向第二个百年奋斗目标迈进的新征程上必须思之悟之、践之行之的"国之大者"。二是从问题维度,强调"必须清醒认识到,我国发展不平衡不充分问题仍然突出,城乡区域发展和收入分配差距较大"②。适应我国社会主要矛盾的变化,更好满足人民日益增长的美好生活需要,以及有效应对和解决新一轮科技革命和产业变革带来的深刻影响,包括一些负面影响,都需要把促进全体人民共同富裕作为基本着力点。

其四,从内涵要义看。习近平总书记在总结历史与现实、国际与国内两方面实践的基础上,提纲挈领地提出"共同富裕是社会主义的本质要求,是中国式现代化的重要特征"③的重大理论命题。这告诉我们,人类社会孜孜追求的"共同富裕"的理想目标,与社会主义的本质要求是内在契合的。习近平总书记指出,"我们说的共同富裕是全体人民共同富裕,是人民群众物质生活和精神生活都富裕,不是少数人的富裕,也不是整齐划一的平均主义"④。两个"是什么",精准概述了共同富裕的核心内涵;两个"不是什么",划清了共同富裕与"贫富悬殊""均贫富"两种极端化社会形态的界限。

其五,从目标安排看。从时间上看,共同富裕是一项长期任务。

---

① 习近平. 扎实推动共同富裕[J]. 求是,2021(20):4-8.
② 习近平. 扎实推动共同富裕[J]. 求是,2021(20):4-8.
③ 习近平. 扎实推动共同富裕[J]. 求是,2021(20):4-8.
④ 习近平. 扎实推动共同富裕[J]. 求是,2021(20):4-8.

新时代取得了历史性成就,发生了历史性变革,但我国仍处于并将长期处于社会主义初级阶段的基本国情没有改变。习近平总书记就"分阶段促进共同富裕"作出了擘画:到"十四五"末,全体人民共同富裕迈出坚实步伐,居民收入和实际消费水平差距逐步缩小。到2035年,全体人民共同富裕取得更为明显的实质性进展,基本公共服务实现均等化。到21世纪中叶,全体人民共同富裕基本实现,居民收入和实际消费水平差距缩小到合理区间。[①]三个阶段目标的设置启示我们,实现共同富裕是一个在动态中向前发展的过程,必须遵循经济社会发展规律脚踏实地、循序渐进,在久久为功中不断实现向更高层次的跃升。

四、扎实推进共同富裕的科学方法

实现共同富裕,正从一代代人向往的远景,成为我们这一代人"看得见、摸得着"的实景。顾所来径,我们之所以取得举世瞩目的成就,赢得全面建成小康社会的伟大胜利,原因是多方面的。其中一个重要原因就是中国共产党在领导人民进行社会主义现代化建设的历史进程中,始终坚持以辩证唯物主义和历史唯物主义为指导,自觉运用马克思主义的世界观和方法论。只有在促进共同富裕的实践中坚持唯物辩证法的世界观、方法论,方能为共同富裕从美好愿景到"施工图"擘画清晰的实现路径。[②]

(一)实现共同富裕,要理论联系实际,在实践中处理好顶层设计和基层探索的关系,从量变到质变,解开中华民族的富裕密码

实践决定认识,国情决定路径。立足"两个一百年"的历史交汇

---

① 习近平.扎实推动共同富裕[J].求是,2021(20):4-8.
② 本报评论员.系统掌握共同富裕的方法论[N].广州日报,2021-09-07(9).

点，全面建成小康社会后，中国特色社会主义迈向新的发展阶段，我国三次分配相关制度进一步完善，在浙江率先探索高质量发展建设共同富裕示范区，理论、实践和制度体系正在加快构建。但是，必须清晰地看到，共同富裕是一场前无古人的伟大事业，既无现成的系统经验可循，也没有固定模式，是"摸着石头过河"。因而在实践过程中，要充分解放思想，对共同富裕的"四梁八柱"甚至每一步"棋"怎么走，既做好顶层设计，又鼓励各地在探索中大胆创新、尽力而为；与此同时，要看到重大改革不可能毕其功于一役，并自觉遵循规律、实事求是，稳扎稳打、量力而行。作于易、作于细，唯其如此才能在实践、认识、再实践、再认识的反复探索中掌握共同富裕的规律。

（二）实现共同富裕，要抓主要矛盾，向改革要发展，突破瓶颈，不断调整生产关系适应社会生产力发展

富民大计，发展为本。高质量发展是实现富裕的基础和前提，是基本盘。要让创造社会财富的发展源泉充分涌流，既需要给各种所有制的经营者吃下"定心丸"，使其通过辛勤劳动、合法经营、创新创业成为致富带头人，又需要为每个人都提供公平享有发展的机会，使其通过勤劳创新走上共富路。这就要求务必坚持"两个毫不动摇"，坚持基本经济制度，坚持公有制为主体、多种所有制经济共同发展。发展提质，关键在人。扩大中等收入群体规模是高质量发展的重要途径，是突破口，是"牛鼻子"。要充分激活中等收入群体，务必拧开扩大内需的"水龙头"，释放就业机会、壮大市场主体，创造更加普惠公平的环境，畅通向上流动的渠道，为高质量发展引来源头活水。实现共同富裕，势必要抓住这些关键环节和重点领域，于细微处落笔，于薄弱处用功，方能四两拨千斤，开启实现高质量发展和高品质生活的良性循环。

（三）实现共同富裕，要统筹兼顾、"十指弹琴"，奏响效率和公平的协奏曲，使发展成果更多更公平惠及全体人民

一枝一叶总关情。从发展、联系、全面的眼光来看，共同富裕是一项复杂的系统工程，必然呈现出多个侧面、涵括多个阶段，反映了事物特殊性与普遍性的统一。14 亿多人是一个命运共同体。共同富裕的题中之义，必然不仅强调"富裕"，也高度重视"共同"。为此，要从战略全局着眼、从三次分配着力，高效运用杠杆，提高蛋糕的分切水平。其一，发挥三次分配作用，要有"统"的思维——准确把握税收、社保、转移支付等调节力度，平衡协调改革发展的速度和社会可承受程度，合理掌握制度性、补充性、鼓励性举措的精准度，科学运用"无形的手""有形的手""温柔的手"构建三个维度，充分彰显财富增长最大化与分配公平化的力度与温度——统观试点先行与全面推进的深层逻辑，观全篇。其二，发挥三次分配作用，要有"筹"的办法——由点及面，循序渐进，推进基本公共服务均等化，促进城乡区域协调发展，构建橄榄型社会分配结构，拉开一张先富带动后富的良性之网——筹谋改革发展与社会稳定的良性循环，谋长远。唯有在统筹全局中把握方向、在系统推进中明确重点、在整体运行中协调各方，方能事半功倍地促进社会公平正义，促进人的全面发展。

第三节　共同富裕的重要价值

一、共同富裕的人性价值

人的发展既是社会发展的内在要求，也是社会发展的最终体现。

党的十九届六中全会提出，推动人的全面发展、全体人民共同富裕取得更为明显的实质性进展。习近平总书记指出："促进共同富裕与促进人的全面发展是高度统一的。"① 进入新时代，我们对共同富裕的认识和理解也达到了新的理论高度，共同富裕的丰富内涵和多重特性展现出其与人的发展的紧密相关性。可以说，人的全面发展是共同富裕的根本价值目标。②

（一）共同富裕满足人的全面发展的多重需要

马克思认为，人的发展离不开人的需要的满足，"人以其需要的无限性和广泛性区别于其他一切动物"③"他们的需要即他们的本性"④。除了衣、食、住、行等自然的、物质的需求，人作为社会存在物还拥有着社会性的需求，他们通过社会关系和社会交往来实现精神生活的完满。也就是说，人实现自身的发展，不仅需要在物质生活上得到满足，还需要在更高层次的精神生活上得到满足，这种需要的丰富性是人的本质的具体体现。实现人的全面发展，满足人的多重需要是前提。同时，马克思还批判了资本主义私有制条件下人的需要的异化，资本主义将人的需要贬低为对物的占有和支配以及"粗陋的实际的需要"，"私有制使我们变得如此愚蠢而片面，以致一个对象，只有当它为我们拥有的时候，就是说，当它对我们来说作为资本而存在，或者它被我们直接占有，被我们吃、喝、穿、住等等的时候，简言之，在它被我们使用的时候，才是我们的"⑤。在赫伯特·马尔库塞看来，这种畸形的需要

---

① 习近平. 扎实推动共同富裕[J]. 求是，2021(20)：4-8.
② 详细论述参见钟明华. 人的全面发展：共同富裕的价值旨归[J]. 国家治理，2021(45)：24-28.
③ 中共中央马克思恩格斯列宁斯大林著作编译局. 马克思恩格斯全集：第四十九卷[M]. 北京：人民出版社，1982：130.
④ 中共中央马克思恩格斯列宁斯大林著作编译局. 马克思恩格斯全集：第三卷[M]. 北京：人民出版社，1960：514.
⑤ 中共中央马克思恩格斯列宁斯大林著作编译局. 马克思恩格斯全集：第三卷[M]. 北京：人民出版社，2022：303.

导致片面的单向度的人的出现,人被"富裕社会"所创造的各种商品化的需求所宰制而丧失精神反思的能力和推动社会历史发展的可能。总体来讲,共同富裕就是指全体人民通过辛勤劳动和相互帮助,实现人的全面发展和社会全面进步,国家富强,社会各方面达到较高发展水平,城乡、区域和个人等发展差距保持在合理范围之内,人们各方面需求得到较好满足,共享社会发展成果和幸福美好生活。

在浙江工作期间,习近平同志指出:"人,本质上就是文化的人,而不是'物化'的人;是能动的、全面的人,而不是僵化的、'单向度'的人。"①共同富裕的全面性要求在内容上不仅要追求衣食住行等物质上的富裕,还要实现文化、娱乐等精神上的富裕,"是人民群众物质生活和精神生活都富裕"②,为的是满足人民日益增长的美好生活需要。在全面建成小康社会的基础上,满足人民群众的美好生活需要更多地落脚于群众的获得感、幸福感、安全感等,即不断满足人民群众多样化、多层次、多方面的精神文化需求,让广大人民群众的获得感、幸福感、安全感更加充实、更有保障、更可持续。

（二）共同富裕创造人的全面发展的社会空间

人的实践和人的发展总是受特定社会历史结构的制约。马克思认为,"人的本质不是单个人所固有的抽象物,在其现实性上,它是一切社会关系的总和"③。一方面,人总是在各种社会关系中展开他的实践,实现自身的发展。另一方面,"这些社会关系实际上决定着一个人能够发展到什么程度","一个人的发展取决于和他直接或间接进行交

---

① 习近平. 之江新语[M]. 杭州:浙江人民出版社,2007:150.
② 习近平. 扎实推动共同富裕[J]. 求是,2020(20):4-8.
③ 中共中央马克思恩格斯列宁斯大林著作编译局. 马克思恩格斯选集:第一卷[M]. 北京:人民出版社,2012:135.

往的其他一切人的发展"。① 也就是说,人的全面发展需要自由、全面、丰富的社会实践、社会交往和社会关系为其提供空间和条件,依赖于个人社会关系的高度丰富。如果个体的人在其社会交往中,通过参与各领域、各层次的实践,与这个社会产生丰富的物质和精神交换,在此过程中不断突破旧的社会关系,开辟社会交往的新境界,那么人就可以实现其自身的发展。而社会所要做的,则是通过良性的制度安排、规则秩序为这种自由而丰富的交往和发展创造空间和可能性。与此同时,人必须全面地占有这种与社会的物质和精神的交往关系,而不能让其成为一种异己的力量反过来造成人的异化。正如马克思所说,"个人的全面发展,只有到了外部世界对个人才能的实际发展所起的推动作用为个人本身所驾驭的时候,才不再是理想、职责等等,这也正是共产主义者所向往的"②。保障个体主体性和能动性的发挥空间,对促进人的全面发展同样重要。

　　党的十九大报告指出,人民美好生活需要日益广泛,不仅对物质文化生活提出了更高要求,而且在民主、法治、公平、正义、安全、环境等方面的要求日益增长。而我们所要建立的共同富裕的社会,也不仅是物质和精神产品充足的社会,更是一个由经济、政治、文化、社会以及生态文明等多方面内容共同组成、协调发展的完备的社会有机体。习近平主席在中法建交五十周年纪念大会上的讲话中指出:"我们的方向就是让每个人获得发展自我和奉献社会的机会,共同享有人生出彩的机会,共同享有梦想成真的机会,保证人民平等参与、平等发展权利,维护社会公平正义,使发展成果更多更公平惠及全体人民,朝着共

---

　　① 中共中央马克思恩格斯列宁斯大林著作编译局.马克思恩格斯全集:第三卷[M].北京:人民出版社,1960:295,515.

　　② 中共中央马克思恩格斯列宁斯大林著作编译局.马克思恩格斯全集:第三卷[M].北京:人民出版社,1960:330.

同富裕方向稳步前进。"①总之，共同富裕的社会是各领域充分发展、高度发达、自由流动、相互促进的社会，是文明和谐、团结有序、公平正义的社会。正是在这个意义上，共同富裕促进了人的社会交往和社会关系的全面性、丰富性，以及主体性、创造性，为人的全面发展提供了优质的平台和空间。

（三）共同富裕推动人的全面发展的能力提升

人的发展主要依赖于人的能力的发展。马克思指出，全面发展的个人不是自然的产物，而是历史的产物。要使这种个性成为可能，能力的发展就要达到一定的程度和全面性，这正是以建立在交换价值基础上的生产为前提的，这种生产才在产生出个人同自己和同别人的普遍异化的同时，也产生出个人关系和个人能力的普遍性和全面性。②人的能力的提升和拓展是人的全面发展的重要前提和依据。这些能力不仅包括物质生产能力，还包括审美、批判等更加体现主体性的能力。在共产主义社会里，任何人都没有特殊的活动范围，而是可以在任何部门内发展，社会调节着整个生产，因而使人可以随自己的兴趣今天干这事，明天干那事，上午打猎，下午捕鱼，傍晚从事畜牧，晚饭后从事批判。③ 而在资本主义私有制条件下，人的能力的发展和发挥受被动分工的宰制，个人关系和个人能力呈现为一种异化和片面的状态。一些当代资本主义国家的福利制度陷入"福利主义陷阱"，不仅公共财政赤字严重，而且社会矛盾丛生，出现"养懒汉"现象，导致严重的社会撕裂。

共同富裕不是平均主义，更不是无差别地在结果上"均贫富"，而

---

① 习近平.在中法建交五十周年纪念大会上的讲话[N].人民日报，2014-03-29(2).

② 中共中央马克思恩格斯列宁斯大林著作编译局.马克思恩格斯全集：第四十六卷（上册）[M].北京：人民出版社，1979：108-109.

③ 中共中央马克思恩格斯列宁斯大林著作编译局.马克思恩格斯选集：第一卷[M].北京：人民出版社，2012：165.

是保障所有人都能够获得"致富"的能力。共同富裕的实现需要人人参与、共同奋斗,而非"等、靠、要"。物质和精神产品的极大丰富在根本上依赖于人的知识、技能和创新,只有做大"蛋糕"才能分好"蛋糕"。因此,在提高最低生活保障水平、兜住基本生活底线的基础上,共同富裕所要求和侧重的是保障每个人都有获得能力和提升能力的平等机会以及向上流动和全面发展的平等机会,鼓励每个人凭借自身能力和积极主动的精神状态来创造更加美好的生活。习近平总书记特别指出,"高质量发展需要高素质劳动者,只有促进共同富裕,提高城乡居民收入,提升人力资本,才能提高全要素生产率,夯实高质量发展的动力基础","为人民提高受教育程度、增强发展能力创造更加普惠公平的条件,提升全社会人力资本和专业技能,提高就业创业能力,增强致富本领。要防止社会阶层固化,畅通向上流动通道,给更多人创造致富机会,形成人人参与的发展环境,避免'内卷'、'躺平'"。①

二、共同富裕的时代价值

摆脱贫困、走向富裕,是全人类共同的愿景与追求。但是,曾经代表人类文明进步方向的资本主义,不可避免地带来贫富分化,并且在缓解、消除贫困问题上"一筹莫展"。正如习近平总书记所指出的那样:"一些发达国家工业化搞了几百年,但由于社会制度原因,到现在共同富裕问题仍未解决,贫富悬殊问题反而越来越严重。"② 与此相对,中国仅用几十年时间就历史性地解决了 14 亿多人口的绝对贫困问题,当前正在意气风发地扎实推进共同富裕,无疑具有世界意义。③

---

① 习近平. 扎实推动共同富裕[J]. 求是,2021(20):4-8.
② 习近平. 扎实推动共同富裕[J]. 求是,2021(20):4-8.
③ 详细论述参见浙江省习近平新时代中国特色社会主义思想研究中心. 共同富裕的原创性价值与世界性意义[N]. 浙江日报,2022-02-21(8).

从发展来看,共同富裕是解决新时代社会主要矛盾的重要抓手,新时代,我国社会主要矛盾发生了重大变化,要求我们必须把促进全体人民共同富裕摆在更加重要的位置。

(一)彰显了社会主义制度的优越性,为发展中国家实现共同富裕提供了新的路径选择

长期以来,资本主义自诩是人类文明的"灯塔"。但是,在资本主义的制度框架内,无论是荷兰、西班牙、葡萄牙、英国等老牌资本主义国家,还是美国、德国、法国等"后起之秀",都没能消除贫富分化难题,实现共同富裕更是遥遥无期。而中国共产党自成立以来,就团结带领全国人民自力更生、艰苦奋斗,实现了从一穷二白、百废待兴到经济总量跃居世界第二的历史性飞跃,仅用 70 多年时间就"时空压缩"般地走完了西方资本主义国家几百年才走完的现代化道路,创造了经济持续高速增长与社会长期稳定"两大奇迹"。中国人民从"普遍贫困"到"解决温饱"再到"总体小康"进而实现"全面小康",从文盲半文盲占人口绝大多数到义务教育普及化与高等教育大众化,从新中国成立前人均可预期寿命仅 35 岁到现在的 77.6 岁……所有这些深刻改变中华民族和中国人民命运的伟大成就,都是在中国共产党领导下,坚定不移走中国特色社会主义道路所取得的,彰显了社会主义制度的优越性,也展示了马克思主义的价值魅力和真理伟力。

(二)彰显了中国共产党的人类情怀,为增进世界人民的民生福祉提供了新的生动案例

对穷人和弱势群体的态度,反映一个人的良心和修养,折射一个政党、政府的人文情怀。在我国几千年的封建社会,"朱门酒肉臭,路有冻死骨"反映了当时社会的冷漠无情。而西方资本主义的本质是"资本至上""利润为王"。在资本"赢者通吃"的"丛林法则"下,资本攫

取了绝大部分社会财富,失去了所谓"信用保障"而陷入"破产"的人只能流落街头,这样两极分化与绝对贫穷不可避免,共同富裕成为遥不可及的神话。与西方国家不同,我国是社会主义国家,社会主义的本质就是解放生产力,发展生产力,消灭剥削,消除两极分化,最终实现共同富裕。作为执政党,中国共产党采取一切举措解放生产力和发展生产力,消灭贫穷与两极分化,力争让每一个社会成员都过上共同富裕的美好生活。

(三)提升了人类文明的高度,为现代化和人类命运共同体提供了新的发展方向

文明是对原始、野蛮的超越。资产阶级革命胜利以后,资本主义开始成为现代文明的标志,引领世界文明方向。但是,这种文明背后是野蛮和血腥:对内而言,革命成功之后,资产阶级对曾经的同盟军——无产阶级——进行无情的剥削;对外而言,大搞殖民主义,将侵略的魔爪从"文明的故乡"伸向了世界各地,进行疯狂的侵略与掠夺,虚伪野蛮的本性暴露无遗。西方资本主义国家在逐步"洗白"其"原罪"之后,又化身人类文明的"灯塔",运用各种手段"薅羊毛"进行"全球剥削",发达资本主义国家的富裕是建立在其他国家的贫穷之上的,资本主义对内无法实现全体国民的共同富裕,对外滥用战争、金融等手段加剧其他国家的贫困状况。中国共产党始终坚持人民至上,对内,始终坚持发展为了人民、发展依靠人民、发展成果由人民共享,自力更生、艰苦奋斗,使中国经济社会发生天翻地覆的变化,不断提升人民获得感、幸福感、安全感,扎实推进全体人民共同富裕,极大提升了中华文明的高度。对外,我国坚持走和平发展道路,倡导"各美其美,

美人之美,美美与共,天下大同"①的价值理念,推动构建人类命运共同体,发起"一带一路"倡议促进各国经济发展,推动世界各国人民早日实现共同富裕,极大提升了人类文明的高度。

第四节　用科学的思维方法看共同富裕

强调用科学的思维方法观察、思考、分析问题,是党的十八大以来以习近平同志为核心的党中央治国理政的一个鲜明特点。扎实推进共同富裕和做好浙江高质量发展建设共同富裕示范区的工作,必须善用科学的思维方法,作为这些工作的"指南针"。②

一、从战略思维看共同富裕

战略思维,是指从全局视角和长远眼光把握事物发展总体趋势和方向、客观辩证地思考和处理问题的一种科学思维。习近平总书记审时度势地提出了许多治国理政的战略思想、战略观点,体现出马克思主义战略家的全局观、整体观和敏锐的洞察力、预见性,是系统的战略规划、清晰的战略目标、明确的战略任务和具体的战略举措。③

共同富裕是一项系统工程,必然呈现多个侧面,涵括多个阶段,要用战略思维谋划推进。一个国家、一个地区乃至一个行业,在其特定发展时期既有发展优势也存在制约因素。树立和运用战略思维,要正

---

① 习近平.弘扬和平共处五项原则　建设合作共赢美好世界:在和平共处五项原则发表60周年纪念大会上的讲话[N].人民日报,2014-06-29(2).

② 详细论述参见文雁兵,程秋萍.用科学思维方法推进浙江共同富裕示范区建设[EB/OL].(2021-04-25).https://theory.gmw.cn/2021/04/25/content_34793199.htm.

③ 陈杏年.培育科学思维　促进能力提升:深入学习贯彻习近平总书记系列重要讲话精神[J].党建,2016(9):21-23.

确处理当前和长远、重点和非重点的关系,抓住主攻方向、关键环节,做到"不畏浮云遮望眼""风物长宜放眼量"。

在扎实推进共同富裕和浙江高质量发展建设共同富裕示范区的工作中要善用战略思维方法。首先,要抓住关键问题,有效破解。马克思、恩格斯认为,实现共同富裕的前提是社会生产力高度发达,社会财富极大丰富。共同富裕的关键问题是什么呢?首先是"富裕",继续发展,把"蛋糕"做大,在实现这个目标的基础上进而逐步"共同",做好分享,把"蛋糕"分好。为此,要坚持推动高质量发展,着力解决城乡、地区、收入三大差距,为共同富裕奠定物质基础和社会基础。其次,要锚定战略目标,笃定前行。共同富裕示范区的重要目标和战略任务是率先建成高质量发展高品质生活先行区、城乡区域协调发展引领区、收入分配制度改革试验区、文明和谐美丽家园展示区,是率先基本建立推动共同富裕的体制机制和政策框架,率先基本形成更富活力创新力竞争力的高质量发展模式,率先基本形成以中等收入群体为主体的橄榄型社会结构,率先基本实现人的全生命周期公共服务优质共享,人文之美、生态之美、和谐之美更加彰显的"四率先三美"。解决关键问题,锚定战略目标,用战略思维方法推进共同富裕示范区建设才有底气、有方向。

二、从历史思维看共同富裕

历史思维,是指运用马克思主义唯物史观从历史视野和发展规律中思考分析问题、把握前进方向、指导现实工作的一种科学思维。习近平总书记善于把事物放在历史长河中来考察,从正反两方面历史经验教训中来总结,从历史分析中判断未来的发展趋势。

共同富裕是一项长期工程,也是一项现实任务,要用历史的眼光、有效的方法持续推进。摆脱贫困是一个世界性难题,共同富裕是中国人几千年来梦寐以求的价值追求,走近共同富裕的千年梦想,关键在中国有了共产党。从石库门到天安门，从兴业路到复兴路，初心如磐、百年坚守，一代代共产党人流血牺牲、无私奉献，归根结底是为了实现全体人民共同富裕、让全体人民都过上好日子。扎实推进共同富裕，体现了中国共产党对历史规律、路径方法的发展眼光，展现了对"什么是社会主义""怎样达至共同富裕"的唯物史观。

在扎实推进共同富裕和浙江高质量发展建设共同富裕示范区的工作中要善用历史思维方法。首先，要明晰共同富裕是在动态中向前发展、从低层次向高层次跃升、从局部向整体拓展的过程。在浙江工作期间，习近平同志谋划推出"八八战略"，致力于在辩证、系统、统筹浙江经济发展基础上的社会全面进步和人的全面发展。如果说"八八战略"是浙江共同富裕自主性实践探索的 1.0 版，那么高质量发展建设共同富裕示范区则是浙江共同富裕示范性实践的 2.0 版本，唯有一张蓝图绘到底，一任接着一任干，一代接着一代干，沿着"八八战略"的正确指引，尽力而为量力而行，坚持循序渐进，才能不断形成阶段性成果。其次，要深刻理解"分阶段促进共同富裕"的总体安排和重要意义。党带领中国人民进行革命、建设、改革，根本目的就是让全体人民都能过上富足的好日子，但共同富裕不是同时同步富裕，从"解决温饱"到"让一部分人先富起来、先富带动后富"，再到消除贫困和实现共同富裕，都要遵循从局部到整体、从量变到质变的进程，分阶段实现"十四五"末、到 2035 年、到 21 世纪中叶这三个阶段目标的科学安排，能够实现高质量发展、共同富裕和现代化进程一致、效果统一。

三、从辩证思维看共同富裕

辩证思维，是指运用唯物辩证法观察事物、分析问题、解决问题的一种科学思维。习近平总书记指出："辩证思维能力，就是承认矛盾、分析矛盾、解决矛盾，善于抓住关键、找准重点、洞察事物发展规律的能力。"①

　　共同富裕是一项系统工程,牵一发动全身,要认识到事物具有多面性。我们仍须清醒认识、辩证把握我国长期处于社会主义初级阶段这个最大国情,要对共同富裕的长期性、艰巨性、复杂性有充分估计。只有牢牢把握这个最大国情、最大实际,坚持全面而辩证地分析和解决问题,坚持一切从实际出发来谋划和推动工作,方能不断深化认识,不断总结经验,在共同富裕新征程上闯出新路子、赢得新胜利。

　　在扎实推进共同富裕和浙江高质量发展建设共同富裕示范区的工作中要善用辩证思维方法。首先,要充分认识到共同富裕是全方位的共同富裕,物质富裕是基础,精神富有是常态,经济富裕是要求,生态富有是保障。在物质意义上,共同富裕是指幼有所育、学有所教、劳有所得、病有所医、老有所养、住有所居、弱有所扶、环境宜居等;在精神意义上,共同富裕是指享有充分的政治权利和自由、经济社会文化权利、人身权、人格权、财产权、环境权、信息权、数字人权等,依法参与全过程民主,全面而自由地发展,获得感、幸福感、安全感、公平感、尊严感更加充实、更有保障、更可持续。其次,要充分和全面认识共同富裕的根本目的。共同富裕在个人层面要实现人格、智力、能力、体力、创造力的全面发展,在社会层面要实现经济建设、政治建设、文化建设、社会建设和生态文明建设"五位一体"的全面发展、进步、升华。最后,要努力做到效率和公平辩证统一、实现速度和质量辩证统一、达到过程和结果辩证统一、实现供给和需求辩证统一、做到客观性和主观性辩证统一,在浙江大地率先展现效率与公平、发展与共享有机统一,全域一体、全面提升、全民富裕的均衡图景,人民精神生活丰富、人与自然和谐共生、社会团结和睦的文明图景,群众看得见、摸得着、体会

---

　　① 中共中央宣传部.习近平总书记系列重要讲话读本[M].北京:人民出版社,学习出版社,2014:179.

得到的幸福图景。

四、从创新思维看共同富裕

创新思维，是指因时制宜、知难而进、开拓创新的一种科学思维。习近平总书记多次强调，大到一个国家在世界舞台上站稳脚跟，小到一个地方、一个企业，创新都是引领发展的第一动力。

共同富裕是一项创新工程，要用极大的勇气、极强的创新持续性推进。源起于宋代，发达于明清时期的"浙东学派"，倡导"经世致用、义利并举、工商皆本"，博纳兼容，富创新精神，深刻影响了浙江的发展，造就了浙商的"四千"精神，成就了改革开放以来浙江市场化、工业化、信息化、数字化的不断发展和蝶变，"大众创业、万众创新"更是成为浙江的代名词和浙江人的标签。

在扎实推进共同富裕和浙江高质量发展建设共同富裕示范区的工作中要善用创新思维方法。首先，要有创新理念作引导。用敢为人先的勇气，突破旧有框架、制度、模式的束缚，加快推动共同富裕理论创新、实践创新、制度创新、文化创新和体制机制创新。其次，要用科技创新作支撑。强化科技创新对高质量发展和共同富裕的核心驱动作用，不断提升企业技术创新能力，激发人才创新活力和完善科技创新体制机制，通过更多原创性、颠覆性、前沿性和关键共性技术等创新，促进先进制造业、高端服务业的高质量发展，促进农村现代化和新型城镇化。最后，提高科学预见风险的能力，将风险损失降到最低。推进共同富裕过程中必将面临诸多挑战和风险，面对不确定性需要前瞻性和创造性地提高科学预见风险的能力和防范意识，降低风险和试错成本，科学推进共同富裕工作。

五、从法治思维看共同富裕

法治思维是将法律作为判断是非和处理事务的准绳,要求崇尚法治、尊重法律,善于运用法律手段解决问题和推进工作。习近平总书记告诫各级领导干部"凡属重大改革都要于法有据"[①]。治理一个国家、一个社会,关键要立规矩、讲规矩、守规矩,用好"法治思维"的标尺,心中高悬法律的明镜,手中紧握法律的戒尺,知晓为官做事的尺度。

共同富裕是一项法治工程,依法治国是党和国家长治久安的根本要求。在实现共同富裕的进程中,法治是助力和保障共同富裕的强大制度力量。法治建设必须积极回应共同富裕的法治需求,为实现共同富裕努力构建更高质量、更有效率、更加公平、更可持续、更为安全、更加良好的法治环境,发挥法治固共同富裕之根本、稳共同富裕之预期、利共同富裕之长远的保障作用。浙江新时代的"枫桥经验""四治融合"告诉我们,浙江经济发展、社会治理、民生保障之所以取得今天的成就,就是具有良好的法治环境,人民安心,企业放心,政府尽心。

在扎实推进共同富裕和浙江高质量发展建设共同富裕示范区的工作中要善用法治思维和方法。首先,要树立法治思维。各级政府要有强烈的担当精神,要有较强的法治思维能力,用法治的方法抓共同富裕,使共同富裕工作自始至终都在法治轨道上运行。其次,要求依法依规办事。在共同富裕示范区建设中的规划编制、项目安排、资金使用、监督管理等方面做到规范化、制度化、法治化,依法保障人民群

---

① 中共中央文献研究室.习近平关于全面深化改革论述摘编[M].北京:中央文献出版社,2014:153.

众对共同富裕建设的知情权、参与权、表达权和监督权。最后,要用法治和平安保驾护航。以党建引领,以法治为准绳,通过多元共治有效助推政府、社会组织、企业主体和广大公民在共同富裕建设中的共同作用发挥,减少意外后果,减少资源浪费,为共同富裕示范区建设营造良好的法治环境。

六、从底线思维看共同富裕

底线思维是指从客观设定最低目标出发争取最大期望值的一种科学思维。习近平总书记多次强调:"要善于运用'底线思维'方法,凡事从坏处准备,努力争取最好的结果,这样才能有备无患、遇事不慌,牢牢把握主动权。"①

共同富裕是一项民心工程,人心是最大的政治,人民是最大的底气,脱贫攻坚要求"一个都不能少",共同富裕则要求"一个都不能掉队"。法国古典经济学家弗朗斯瓦·魁奈的名言说道:农村是国家真正富裕的源泉。所以实现好、维护好、发展好最广大人民群众,尤其是农民群体的根本利益是共同富裕工作的核心。

在扎实推进共同富裕和浙江高质量发展建设共同富裕示范区的工作中要善用底线思维方法。首先,要坚守"四个不能"底线:农村改革探索和快速发展中不能把农村土地集体所有制改垮了,不能把耕地改少了,不能把粮食生产能力改弱了,不能把农民利益损害了。其次,要构建完善的保障机制实现城乡一体和城乡融合发展。加快推进基本公共服务均等化,推进城乡基本公共服务标准统一、制度并轨,提高公共服务均等化程度,提高公共服务优质共享水平。最后,要深入推

---

① 中共中央宣传部.习近平总书记系列重要讲话读本[M].北京:人民出版社,学习出版社,2014:180-181.

进区域协调发展。尊重各地自然、人文、资源差异,直面区域发展不平衡问题,打造"山海协作"升级版,加快推动省内山区 26 县跨越式高质量发展,实现全省人民共同富裕。

共同富裕是中国共产党原创性理论与实践结合的范例,是中国共产党为发展中国特色社会主义、擘画人类发展蓝图、促进人的自由全面发展、塑造人类文明新形态所贡献的中国智慧与中国方案。站在历史新起点,必须正确理解和准确把握共同富裕的深刻内涵,才能扎实推动全体人民共同富裕取得更为明显的实质性进展,更好满足人民群众的共同期盼。本章对科学认识共同富裕、扎实推进共同富裕进行了全面总结、梳理和阐述,分析了共同富裕具有的理论、政治和现实重大意义,并使用科学的思维方法看共同富裕。

本章小结:党的二十大报告指出,共同富裕是中国式现代化的重要特征,在高质量发展中促进共同富裕,凸显了促进共同富裕的时代特征和必然路径。从时代特征看,我国社会主要矛盾已经转化为人民日益增长的美好生活需要和不平衡不充分的发展之间的矛盾。促进共同富裕,就是要解决当前"不平衡不充分的发展"的问题,二者内在高度统一。"共同富裕是中国式现代化的重要特征",强调了中国式现代化,就是以实现共同富裕为目标和特征的现代化。从发展路径看,我国仍处于并将长期处于社会主义初级阶段,发展仍然是我们党执政兴国的第一要务。"在高质量发展中促进共同富裕",强调了实现共同富裕的前提基础和必然路径,同时做大、做优、做好"蛋糕",让全体人民在社会全面进步、人民幸福安康的高质量发展中共享发展成果。共同富裕的科学内涵在实践中不断丰富,时代价值在发展中不断提升,要在动态发展中及时准确认识共同富裕和有力扎实推进共同富裕,需要对共同富裕与中国式现代化的关系、共同富裕与高质量发展的关系有更加全面和深刻的认识。

第四章　共同富裕与中国式现代化

现代化是世界性潮流，实现现代化是各国人民的共同向往。中国共产党领导中国人民成功走出中国式现代化道路，丰富了现代化理论，拓展了现代化实践，为解决人类问题贡献了中国智慧和中国方案。2021年8月17日，习近平总书记在中央财经委员会第十次会议上强调："共同富裕是社会主义的本质要求，是中国式现代化的重要特征。"①这一重要论断深刻阐明了共同富裕与中国式现代化的理论逻辑、历史逻辑和现实逻辑，更直接指明了中国式现代化与西方式现代化的重要区别所在。准确把握何为中国式现代化、科学认识共同富裕与中国式现代化的逻辑关系，对扎实推动共同富裕和积极探索中国式现代化的实现路径具有重要意义。本章从中国式现代化的内涵、基本特征、独特优势和世界意义四个维度解读什么是中国式现代化，从发展目标、历史进程、本质要求、根本立场、文化底蕴五个方面阐述共同富裕为何是中国式现代化的重要特征，从坚持党的领导、新型举国体制、基本经济制度、全面深化改革、共建共享原则等方面论述了如何在中国式现代化道路中加快实现共同富裕。

---

① 习近平.习近平谈治国理政：第四卷[M].北京：外文出版社，2022：142.

第一节 全面认识中国式现代化

从历史上看，自18世纪60年代的工业革命开始，欧洲和北美的一些国家相继踏上现代化发展道路，它们的现代化路径曾被西方理论家奉为现代化的唯一模式。然而，欧美国家的现代化大多数伴随着殖民和侵略，且在实现现代化后不同程度地出现贫富差距、社会分裂等弊病。这一模式并不适配所有国家，如果硬把其套到各国各民族头上，必然"水土不服"，失败也就在所难免。自1921年中国革命红船起航以来，中国共产党团结和带领全国各族人民通过不懈努力找到了实现中华民族伟大复兴的正确道路，实现了民族独立、人民解放，实现了国家富强、人民幸福，实现了经济快速发展、社会长期稳定，中华民族迎来了从站起来、富起来到强起来的伟大历史性飞跃，创造了中华民族发展史上、世界社会主义发展史上、人类社会发展史上的"中国奇迹"，在持续探索中成功开辟了不同于西方先发国家的现代化道路。世界上既不存在定于一尊的现代化模式，也不存在放之四海而皆准的现代化标准。中国式现代化道路，为世界贡献了现代化的中国方案和中国智慧，为发展中国家提供了另一种现代化模式。

一、什么是中国式现代化？

英国著名学者马丁·雅克指出，中国的崛起为广大发展中国家提供了发展的新道路与灵感。这条道路"新"在哪里？新就新在，它是中国共产党带领人民历经百年奋斗自主探索出来的，具有中国特色、符合中国实际。[①]

中国式现代化是立足中国国情、坚持和发展中国特色社会主义，对内实现全体人民共同富裕、人与自然和谐共生，对外推进世界和平发展、构建人类命运共同体，实现物质文明、政治文明、精神文明、社会文明、生态文明协调发展，本质是全体人民的现代化，是以史为鉴、开创未来、动态发展的人类文明新形态。

2021年11月，党的十九届六中全会通过的《中共中央关于党的百年奋斗重大成就和历史经验的决议》（本章以下简称《第三次历史决议》）明确指出，党领导人民成功走出中国式现代化道路，创造了人类文明新形态，拓展了发展中国家走向现代化的途径，给世界上那些既希望加快发展又希望保持自身独立性的国家和民族提供了全新选择。2022年10月，中国共产党第二十次全国代表大会在北京人民大会堂开幕，习近平总书记代表第十九届中央委员会向大会作了题为《高举中国特色社会主义伟大旗帜　为全面建设社会主义现代化国家而团结奋斗》的报告，提出要"以中国式现代化全面推进中华民族伟大复兴"，并从多个角度对中国式现代化作了深入阐释。[②]党的二十大报告进一步提出，中国式现代化是中国共产党领导的社会主义现代化，既有各国现代化的共同特征，更有基于自己国情的中国特色。党的二十大报告着眼于什么是中国式现代化、怎样实现中国式现代化这一重大的时代课题，深刻揭示了以中国式现代化全面推进中华民族伟大复兴的重大意义，明确阐述了中国式现代化的历史进程、中国特色、本质要求、战略安排、目标任务和重大原则，指明了推进中国式现代化的战略

[①]　中央广播电视总台央视新闻.光辉决议指引伟大征程[EB/OL].(2021-11-17).https://news.cctv.com/2021/11/17/ARTIS06UoCdGar4IsYdLYM6T211117.shtml.

[②]　习近平.高举中国特色社会主义伟大旗帜　为全面建设社会主义现代化国家而团结奋斗：在中国共产党第二十次全国代表大会上的报告[M].北京：人民出版社，2022.

部署、时间表和路线图。

中国共产党作为一个使命型政党,领导中国人民艰苦探索,历经新民主主义革命时期、社会主义革命和建设时期、改革开放和社会主义现代化建设新时期以及中国特色社会主义新时代四个历史时期,终于走出了一条具有自身特点的现代化之路。中国式现代化道路既汲取了东西方现代化道路的一些有益经验,又超越了西方现代化模式的弊端,是立足国情自己走出来的。鞋子合不合脚,只有自己知道。一百年来,中国共产党带领中国人民蹚出这条成功的现代化道路,对中国式现代化的认识与探索,是一个逐渐丰富、逐渐全面的过程。

在新民主主义革命时期,中国共产党对现代化有了初步的认识,党的文献中开始出现诸如"现代化的军事工业""装备的现代化""军队现代化"等关于现代化的零星表述。①

在社会主义革命和建设时期,中国共产党对现代化的认识逐渐深化和不断拓展,提出"四个现代化"的概念。1954 年,第一届全国人大第一次会议发布的《政府工作报告》中明确提出:"如果我们不建设起强大的现代化的工业、现代化的农业、现代化的交通运输业和现代化的国防,我们就不能摆脱落后和贫困,我们的革命就不能达到目的。"②1975 年 1 月,"周总理在四届人大讲了毛主席提出的发展国民经济的任务,就是到本世纪末,全面实现农业、工业、国防和科学技术的现代化,使我国国民经济走在世界的前列"③。

在改革开放和社会主义建设新时期,中国共产党对现代化的认识跟中国国情和发展阶段有机结合,首次提出"中国式现代化"。1982

---

① 张占斌,王学凯.中国式现代化:理论基础、思想演进与实践逻辑[J].行政管理改革,2021(8):4-12.

② 周恩来选集:下卷[M].北京:人民出版社,1984:132.

③ 中共中央文献研究室.邓小平思想年编(1975—1997)[M].北京:中央文献出版社,2011:35.

年9月1日,邓小平同志在党的十二大开幕词中提出:"我们的现代化建设,必须从中国的实际出发。无论是革命还是建设,都要注意学习和借鉴外国经验。但是,照抄照搬别国经验、别国模式,从来不能得到成功。这方面我们有过不少教训。把马克思主义的普遍真理同我国的具体实际结合起来,走自己的道路,建设有中国特色的社会主义,这就是我们总结长期历史经验得出的基本结论。"[1]

在中国特色社会主义新时代,以习近平同志为核心的党中央再次拓展了中国式现代化的时代内涵,从人类文明史的视域进一步丰富了中国式现代化道路的科学内蕴。习近平总书记在庆祝中国共产党成立100周年大会上的讲话中指出,"一百年来,中国共产党团结带领中国人民,以'为有牺牲多壮志,敢教日月换新天'的大无畏气概,书写了中华民族几千年历史上最恢宏的史诗",强调"以史为鉴、开创未来,必须坚持和发展中国特色社会主义"。[2]中国式现代化的丰富内涵和本质要求明确了领导力量、实践路径和全球责任,涵盖了"五位一体"的实践要求。

中国式现代化,既有各国现代化的共同特征,又符合中国实际、富有中国特色。它内蕴人类文明新形态,终结了"现代化＝西化"这一西方文明的神话,为世界上其他一些国家实现现代化、构建具有自身特点的文明提供了有益的启示。

中国共产党的历史,就是一部团结带领全国各族人民争取现代化、开创社会主义现代化、实现中国式现代化的历史。在新中国成立特别是改革开放以来的长期探索和实践的基础上,经过党的十八大以来在理论和实践上的创新突破,中国共产党成功推进和拓展了中国式现代化。中国式现代化是社会主义现代化的基本内容和重要体现,是新时代中国特色社会主义的本质特征和根本路径,开辟了现代化的新境

① 邓小平.邓小平文选:第三卷[M].北京:人民出版社,1993:2-3.
② 习近平.在庆祝中国共产党成立100周年大会上的讲话[M].北京:人民出版社,2021:7,13.

界新格局新高度,为人类追求现代化贡献了中国智慧、中国方案、中国力量。中国式现代化道路是党带领人民结合中国发展实际,不断探索、不断创新、不断丰富的结果。中国式现代化彰显了社会主义现代化的新内涵,拓展了人类走向现代化的新路径,提出了新时代新征程上的新要求。

二、中国式现代化的基本特征

现代化是人类社会发展的主旋律,也是人类文明进步的显著标志。不同于西方内生型现代化,中国式现代化曾经走的是学习型和追赶型道路。在追逐现代化的最初,近代中国各社会阶层都选择了"向西方学习追赶"之路:地主阶级从物质上向西方学习,搞洋务运动;维新派和革命派从制度方面向西方学习,搞戊戌变法和辛亥革命;知识分子从思想文化上向西方学习,搞五四运动,主张要民主要科学。但在学习的过程中,先生老是打学生,欺负学生。[①] 因此,中国式现代化必须另觅新的出路。正是在这样的背景之下,中国共产党作为一种使命型的政党,领导中国人民艰苦探索,终于走出了一条具有自身特点的现代化之路,目前正在向第二个百年奋斗目标迈进,中华民族伟大复兴进入了不可逆转的历史进程。

现代化的方向不可逆转,但现代化的道路可以选择。资本主义国家的现代化服从于资本逻辑,缓解资本积累矛盾、满足资本增殖诉求是根本性和决定性的力量。与之根本不同的是,中国共产党始终代表中国最广大人民根本利益,中国共产党领导的中国式现代化坚持以人民为中心的发展思想,以实现人的自由全面发展为导向,以造福人民为目的,是人口规模巨大的现代化,是全体人民共同富裕的现代化,是

---

① 皮家胜. 马克思主义哲学中国化的解释学之维[M].北京:人民出版社,2014:53.

物质文明和精神文明相协调的现代化,是人与自然和谐共生的现代化,是走和平发展道路的现代化。

党的二十大号召全党全国人民为全面建设社会主义现代化国家、全面推进中华民族伟大复兴而团结奋斗,并指出,以中国式现代化全面推进中华民族伟大复兴。中国式现代化既有各国现代化的一些共同特征,更有基于国情的中国特色、中国风格、中国气派的现代化,具有以下五个基本特征。

(一)人口规模巨大

人口规模巨大是中国式现代化的首要特征。人口规模巨大为中国实现现代化带来了诸多挑战,也带来了潜在优势:一是人口规模巨大决定了中国发展任务重。中国是由 56 个民族组成的统一的多民族国家,总人口 14 亿多,占世界总人口的比例约为 18%。如今,我国已经全面建成小康社会,迈出了现代化道路上的一大步,是中国式现代化的重大阶段性成果。二是人口规模巨大决定了改革难度大。推动巨量人口的非农化和市民化,解决东中西部区域发展不平衡问题,统筹城乡发展,缩小群体收入差距……这些都是重大而复杂的挑战,决定了中国实现现代化的难度远大于诸多先发国家。三是人口规模巨大给中国式现代化的实现提供了重要的潜在优势。巨量人口是我国推动国内大循环、建立国内统一大市场最为特殊的资源禀赋,有利于加快建设门类齐全、高质高效的现代化产业体系,有利于形成抵抗国际风险的超大规模市场,有利于构建一支提供现代化持续动力的现代科技人才队伍。迄今为止,全球能够称得上过上富裕日子的所谓发达国家的全部人口,加起来不过约 10 亿人,而且他们的这种富裕生活,是经过了几百年工业化历程、消耗了大量不可再生资源才换来的。我国仅用几十年时间,就完成了消除绝对贫困的艰巨任务,培育了 4 亿多中等收入人口,人民生活显著改善,社会保持和谐稳定,国家治理体系和治理能力达到新高度,发展成就举世瞩目。我国这个世界上最大的发展中国家实现现代化,意味着比现在所有发达国家人口总和还要多的中国人民将进入现代化行列,这将彻底改写现代化的世界版图,必将成为人类历史上前所未有的壮举。

（二）全体人民共同富裕

中国式现代化是全体人民共同富裕的现代化。2018 年 2 月,习近平总书记在四川省凉山彝族自治州考察脱贫攻坚工作时说:"我们搞社会主义就是要让人民群众过上幸福美好的生活,全面建成小康社会一个民族、一个家庭、一个人都不能少。"[①]新中国成立时,我国处于世界上最贫困的国家行列。1978 年,贫困人口规模仍有 7.7 亿之多。改革开放之后,我国人均国内生产总值从 1978 年的 385 元增长到 2012 年的 39874 元。党的十八大以来,中国组织实施了人类历史上规模空前、力度最大、惠及人口最多的脱贫攻坚战。到 2020 年底,中国如期完成新时代脱贫攻坚目标任务,实现现行标准下 9899 万农村贫困人口全部脱贫,832 个贫困县全部摘帽,12.8 万个贫困村全部出列,区域性整体贫困得到解决,提前十年实现联合国 2030 年可持续发展议程减贫目标,书写了世界反贫困史上的伟大传奇[②],脱贫攻坚战的胜利,为持续推进人口规模巨大的现代化、让全体人民共享现代化奠定了坚实基础。2015 年 10 月,习近平总书记在党的十八届五中全会第二次全体会议上曾经强调:"为此,我们必须坚持发展为了人民、发展依靠人民、发展成果由人民共享,作出更有效的制度安排,使全体人民朝着共同富裕方向稳步前进,绝不能出现'富者累巨万,而贫者食

---

①　本书编写组.习近平的小康情怀[M].北京:人民出版社,2022:55-56.
②　张车伟.人类历史上前所未有的壮举[N].人民日报,2021-04-02(9).

糟糠’的现象。”①这一论述再次强调了与西方国家现代化不同，中国式现代化道路是全体人民共同富裕的道路。全体人民共同富裕的现代化是以人民立场摒弃资本立场的现代化，是以全体共富取代两极分化的现代化，是以人的全面富裕超越物的片面富裕的现代化，凸显了中国式现代化的社会主义性质，体现了党的初心使命，也丰富了人类现代化的内涵，昭示了人类文明新形态的价值追求。

（三）物质文明和精神文明协调发展

西方现代化过度强调物质文明，在促进物质文明发展的同时伴随着精神危机，导致物质文明和精神文明之间产生巨大的不平衡，造成马克思所说的“无知、粗野和道德堕落的积累”②。中国式现代化是坚持物质文明和精神文明协调发展的现代化，不仅有着最为先进的马克思主义哲学作为其深厚的理论根基，而且还遵循着清晰明确的历史逻辑，更是凝聚了数代中国马克思主义者的实践精华和思想智慧。1949年9月21日，毛泽东同志在中国人民政治协商会议第一届全体会议上预言：“中国人被人认为不文明的时代已经过去了，我们将以一个具有高度文化的民族出现于世界。”③改革开放之初，邓小平同志就指出：“我们要在建设高度物质文明的同时，提高全民族的科学文化水平，发展高尚的丰富多彩的文化生活，建设高度的社会主义精神文明。”④习近平总书记在2013年全国宣传思想工作会议上指出：“只有物质文明建设和精神文明建设都搞好，国家物质力量和精神力量都增强，全国各族人民物质生活和精神生活都改善，中国特色社会主义事业才能

---

① 中共中央文献研究室. 习近平关于全面建成小康社会论述摘编[M].北京:中央文献出版社,2016:42.

② 中共中央马克思恩格斯列宁斯大林著作编译局.马克思恩格斯全集:第十九卷[M].北京:人民出版社,1963:236.

③ 中共中央文献研究室.毛泽东文集:第五卷[M].北京:人民出版社,1996:345.

④ 邓小平.邓小平文选:第二卷[M].北京:人民出版社,1994:208.

顺利向前推进。"①这些重要论述表明中国式现代化不仅要求物质生活水平提高、家家仓廪实衣食足,也要求精神文化生活丰富、人人知礼节明荣辱,是物质文明和精神文明相协调的现代化。

（四）人与自然和谐共生

在人与自然的关系上,西方发达国家现代化的历史,是人为了追求经济发展征服和破坏自然环境的历史。中国式现代化坚决抛弃轻视自然、破坏自然的现代化模式,强调人与自然的和谐共生。习近平总书记在中国共产党第十九次全国代表大会上指出:"我们要建设的现代化是人与自然和谐共生的现代化,既要创造更多物质财富和精神财富以满足人民日益增长的美好生活需要,也要提供更多优质生态产品以满足人民日益增长的优美生态环境需要。"②党的十八大以来,党全面领导生态文明建设,作出一系列重大战略部署:在"五位一体"总体布局中,生态文明建设是其中一位;在新时代坚持和发展中国特色社会主义的基本方略中,坚持人与自然和谐共生是其中一条;在新发展理念中,绿色是其中一项;在三大攻坚战中,污染防治是其中一战;在到21世纪中叶建成社会主义现代化强国目标中,美丽中国是其中一个。这些充分体现了生态文明建设基础上人与自然和谐共生在中国式现代化中的重要价值。③

（五）走和平发展道路

翻开历史长卷不难发现,从寻找新大陆、建立贸易据点,到大规模殖民,西方在现代化过程中展现出恃强凌弱的掠夺本质。可以说,西方现代化建立在充满掠夺和奴役的殖民政策基础之上,其原始积累是

---

①　习近平.习近平谈治国理政[M].北京:外文出版社,2014:153.

②　习近平.习近平谈治国理政:第三卷[M].北京:外文出版社,2020:39.

③　习近平.努力建设人与自然和谐共生的现代化[J].求是,2022(11):4-9.

对亚非拉人民殖民掠夺的结果,"对他们的这种剥夺的历史是用血和火的文字载入人类编年史的"①。正如马克思所言:"在欧洲以外直接靠掠夺、奴役和杀人越货而夺得的财宝,源源流入宗主国,在这里转化为资本。"②中华民族历来是爱好和平的民族,经过 5000 多年文明积淀,对和平、和睦、和谐的追求已深深植根于中华民族的精神世界,深深融入中国人民的血脉之中。中国共产党自诞生之日起,就立志于中华民族千秋伟业,致力于人类和平与发展崇高事业。新中国成立以来,中国从没有主动挑起过任何战争和冲突。习近平总书记在第十八届中共中央政治局就走和平发展道路举行第三次集体学习时强调,走和平发展道路,是我们党根据时代发展潮流和我国根本利益作出的战略抉择。③ 党的十九大报告强调,中国将始终做世界和平的建设者、全球发展的贡献者、国际秩序的维护者。在德国科尔伯基金会的演讲中,习近平主席讲道:"中国走和平发展道路,不是权宜之计,更不是外交辞令,而是从历史、现实、未来的客观判断中得出的结论,是思想自信和实践自觉的有机统一。和平发展道路对中国有利、对世界有利,我们想不出有任何理由不坚持这条被实践证明是走得通的道路"④。中国坚定不移走和平发展道路的现代化,是根植历史与现实、顺应现代化发展潮流作出的必然选择,彰显了中国共产党致力于人类和平与发展崇高事业的初心本色和强大意志,更有力回击了"文明冲突论"和"国强必霸论"的迷思。中国走和平发展道路的现代化,就是要坚定站在历史正确的一边、站在人类文明进步的一边,一个现代化的中国将

---

① 中共中央马克思恩格斯列宁斯大林著作编译局.马克思恩格斯全集:第四十四卷[M].北京:人民出版社,2001:822.

② 中共中央马克思恩格斯列宁斯大林著作编译局.马克思恩格斯全集:第二十三卷[M].北京:人民出版社,1972:822.

③ 习近平.论坚持推动构建人类命运共同体[M].北京:中央文献出版社,2018:1

④ 习近平.论坚持推动构建人类命运共同体[M].北京:中央文献出版社,2018:91-92.

造福世界人民。

三、中国式现代化的独特优势

中国共产党带领人民百年求索、百年奋斗,开创了中国式现代化道路,这是一条全面建成社会主义现代化强国、实现中华民族伟大复兴的新道路,也是一条超越西方国家现代化既定模式的新道路。与西方资本主义现代化相比,具有自身独特优势,主要表现在以下四个方面。

（一）领导优势:伟大、光荣、正确的中国共产党

中国式现代化,是伟大的中国共产党领导的社会主义现代化。中国共产党的领导是中国特色社会主义最本质的特征,是中国特色社会主义制度的最大优势,也是实现社会主义现代化的根本保障。中国共产党在开创、推进和拓展中国式现代化进程中的领导作用就是中国式现代化的最大优势。在当代中国,中国共产党是最高领导力量,党政军民学,东西南北中,党是领导一切的。从其本质属性来说,中国式现代化是中国共产党领导的具有中国特色的社会主义现代化,既不同于西方的资本主义现代化,也不同于苏联曾经进行过的社会主义现代化。中国共产党将现代化建设的任务融入马克思主义中国化的历史进程中,确保了中国式现代化始终沿着社会主义方向前进,打破了现代化就是西方化的神话,创立了在社会主义制度下建设现代化的崭新理论,实现了科学社会主义基本原则与现代化生动实践的有机结合。在中国这样一个具有 14 亿多人口的大国进行现代化建设,必然要面临许多困难和挑战,没有一个具有高度觉悟性、纪律性和自我牺牲精神的党员组成的能够真正代表、动员和组织人民群众的党对各方面进行统一领导,是不可能成功的。实践证明,中国共产党的坚强领导是

充分调动各方面积极性、推进中国式现代化的关键所在，是最大限度凝聚奋进力量的根本保障。实践证明，在中国，离开了中国共产党的领导，别的政治力量不可能组织中国的社会主义经济、政治、军事和文化建设，不可能持续推进中国式现代化，这与西方社会那种分权制衡的政治形成鲜明的对比。实践证明，中国特色社会主义制度特别是党的领导这一根本制度，能够集中力量办大事，具有强大的国家能力和治理效能，从"一五"计划到"十四五"规划，中国共产党和各民主党派与全国人民勠力同心，赓续奋斗，这种政策持续、效能卓越的政党制度，是中国式现代化建设取得伟大成就的关键所在。

（二）制度优势：中国特色社会主义制度

为回答"什么是社会主义、怎样建设社会主义"这一时代课题，中国共产党带领中国人民在长期探索中形成的中国特色社会主义制度和国家治理体系，越来越被历史和实践证明是 20 世纪以来人类文明史上的伟大创造。中国式现代化之所以具有无可比拟的制度优势，主要就体现在中国特色社会主义制度坚持把根本政治制度、基本政治制度同基本经济制度以及各方面体制机制等具体制度有机结合，坚持把国家层面民主制度同基层民主制度有机结合，坚持把党的领导、人民当家作主、依法治国有机结合，符合我国国情，集中体现了中国特色社会主义的特点和优势，是中国发展进步的根本制度保障。中国特色社会主义制度，就是人民代表大会制度的根本政治制度，中国共产党领导的多党合作和政治协商制度、民族区域自治制度及基层群众自治制度等基本政治制度，中国特色社会主义法律体系，公有制为主体、多种所有制经济共同发展的基本经济制度，以及建立在这些制度基础上的经济体制、政治体制、文化体制、社会体制等各项具体制度。中国特色社会主义制度具有以下三个方面特征：一是具有厚重的历史性。中国式现代化具有其他绝大多数文明所没有的几千年的沉淀与洗礼，具有厚重的历史性,彰显天下为公、民贵君轻等中华优秀传统文化,凝聚亲仁善邻、以和为贵等中华民族精神,为中国式现代化打下坚实的文化基础。二是具有无可比拟的先进性。中国特色社会主义制度始终以最广大人民的根本利益为出发点,为中国式现代化奠定了群众基础。三是具有鲜明的实践性和时代性。既保证了短时期内中国快速跻身强国之列,又保证了社会的有序发展,为中国式现代化的实现提供了有力的制度基础。它丰富了中国特色社会主义制度优势的理论意涵,充分增强了全党全国各族人民的制度自信。

(三)民主优势:践行全过程人民民主

西方现代化倡导的民主是资本主导下的民主,本质上是少数人的民主,是大资本的民主。中国式现代化是践行全过程人民民主的民主,是对西方式民主的超越。以习近平同志为核心的党中央坚持人民当家作主,健全人民当家作主的制度体系,为中国式现代化和中华民族伟大复兴筑牢坚实民主基石。习近平总书记强调:"民主是全人类的共同价值,是中国共产党和中国人民始终不渝坚持的重要理念。"①全过程人民民主表现在以下三个方面:一是始终坚持人民至上、始终代表人民利益的根本立场;二是实现过程和结果两个方面的民主,是全环节、全链条的民主,体现了政治性的优势,确保中国式现代化道路不走偏;三是体现程序民主和实质民主,是全方位、全覆盖的民主,确保中国式现代化道路上人民民主和国家意志相统一。中国式现代化不断推进过程民主与成果民主、程序民主与实质民主、直接民主与间接民主、人民民主和国家意志相统一,创制与实践全链条、全方位、全覆盖且广泛、真实、管用的全过程人民民主。可以说,全过程人民民主最大限度地激发民智、汇集民意、保障民权、凝聚民心、集中意志,必将

① 习近平. 习近平谈治国理政[M].北京:外文出版社,2022:258.

引领中国式现代化道路越走越开阔。

（四）立场优势：以全体人民为中心

西方现代化建立在生产资料私有制基础上，以资本与劳动对立为基础的资本主义生产关系必然导致贫富两极分化。法国经济学家托马斯·皮凯蒂认为，私人资本收益率 r 长期显著高于劳动收入和产出的增长率 g，必然导致社会生产力越发展，财富两极分化程度就越深①，这是西方国家现代化自身无法解决的顽瘴痼疾。据统计，2020年3—12月，美国亿万富翁们的财富增加了1.1万亿美元，但同时，在美国却有800万人返贫，2000万人失业，1000万人陷入饥饿。国际货币基金组织2021年6月警告称，全球收入的不平等成为"这个时代最明显的挑战"，发达经济体的贫富差距达到数十年来最大的水平。而中国式现代化的本质是人的现代化，是以全体人民为中心的现代化，是在高质量发展中逐步实现共同富裕的现代化。一切为了人民、一切依靠人民是马克思主义的价值准则和政治立场，中国共产党领导人民进行革命、建设和改革的整个过程都始终遵循这个价值准则和政治立场。以全体人民为中心的中国式现代化具有强大的立场优势：一是始终牢记为人民谋幸福的初心，致力于解决社会主要矛盾。党的十八大以来，以习近平同志为核心的党中央直面改革发展中出现的贫富差距、环境污染、金融风险等突出问题，以对党和人民的高度责任感和使命感，提出坚持以人民为中心的发展思想，将坚持以人民为中心的发展作为发展的前提与首要原则。② 二是紧紧依靠人民，凝聚创造历史伟业的力量，有利于顺利推动中国式现代化，完成中华民族复兴大业。三是始终维护和提高人民的根本利益，始终贯彻共享发展理念，避免

---

① 皮凯蒂. 21世纪资本论[M].巴曙松，译.北京：中信出版社，2014：589-590.
② 吴海江.以人民为中心的发展思想研究[M].北京：人民出版社，2019：56.

贫富两极分化,让全体人民共享发展成果,携手迈向共同富裕。

四、中国式现代化的世界意义

中国式现代化道路既属于中国,也属于世界,是实现中华民族伟大复兴的必由之路,同时也拓展了发展中国家实现现代化的道路,为人类现代化进程贡献了中国智慧和中国方案。中国共产党带领中国人民开辟的这条伟大道路,必将载入中华民族发展史册、人类文明发展史册。中国式现代化道路的提出,具有重大时代价值和历史意义,具体有以下四点。

(一)提供了现代化道路的中国智慧

现代化道路本身没有固定模式,适合本国国情的才是最好的。从发展历程和发展结果看,西方现代化具有四个方面的局限性:以资本为中心,两极分化,物质主义膨胀,对外扩张掠夺。而中国式现代化突破了以上局限,为现代化道路提供了中国智慧和中国方案。首先,中国式现代化突破了西方先发国家现代化的局限性,有自身的独特性。中国式现代化以全体人民为中心,追求全体人民共同富裕,追求"两个文明"协调发展,走和平发展道路。其次,中国式现代化改变了长期占主导地位和垄断话语权的西方现代化模式,打破了习惯用西方价值标准和发展模式主宰世界的错误认知,给世界上那些既希望加快发展,又不希望走依附式道路的国家和民族提供了全新选择。[①]再次,中国式现代化是党领导人民始终坚定现代化的目标,积极探索适合本国国情的现代化道路,不仅回答了中国向何处去的问题,也回答了社会主义向何处去的问题。最后,中国式现代化不仅具有中国意义,对于广大发展中国家

---

① 任天佑.深刻领会中国特色社会主义进入新时代的重大意义[N].光明日报,2017-12-08(13).

寻找现代化道路同样也具有宝贵的指导价值和重要启示。[①]

（二）拓展了社会主义国家的现代化模式

马克思主义认为，当社会生产力高度发达，人们的科学文化水平、思想觉悟和道德水平极大提高后，人类终将进入共产主义社会。显而易见，现代化是进入共产主义社会的前提和保障，与之相应，实现现代化则是马克思主义政党矢志不渝的奋斗目标。今天我们可以发现，资本主义国家和社会主义国家的发展逻辑截然不同。资本主义国家的现代化服从于资本逻辑，弱化工人的地位和作用，致使资本与劳动的对立，过分夸大市场的作用，致使西方现代化进程中经济危机和社会危机频繁出现。中国式现代化证明了社会主义国家可以走出一条完全不同于资本主义国家的现代化的新道路：首先，中国式现代化充分彰显了社会主义的本质要求，科学回答了社会主义国家如何实现现代化的重大命题。[②]其次，中国式现代化始终坚持人民立场。中国共产党领导的中国式现代化坚持以人民为中心的发展思想，以实现人的自由全面发展为导向，以造福人民为目的。最后，中国式现代化坚持有为政府和有效市场。为实现社会主义生产目的，中国创造性地建立起社会主义市场经济体制，科学配置了政府和市场的角色，既发挥市场在资源配置中的决定性作用，又更好发挥政府作用；既充分发挥资本促进经济发展的作用，又防止资本无序扩张。

（三）丰富了科学社会主义的理论内涵

马克思站在唯物史观的高度对西方现代化作出了两个方面的评价：一方面肯定了资本主义的历史地位；另一方面又认为资本主义存

① 沈瑞林.中国式现代化的特征和重大时代价值［EB/OL］.（2021-09-07）.http://www.workercn.cn/c/2021-09-07/6876590.shtml.

② 黄群慧，杨虎涛.中国式现代化道路的特质与世界意义［N］.人民日报，2022-03-25（9）.

在自身难以克服的矛盾,资本主义必然灭亡,提出了"两个必然和两个决不会"的论断。中国式现代化之所以不同于西方式现代化,是因为它建立在科学社会主义的理论基础之上,并对科学社会主义进行了丰富和发展。首先,中国式现代化以科学社会主义为基础,两者在理论逻辑上辩证统一。党在社会主义革命和建设时期提出"四个现代化",在改革开放和社会主义建设新时期提出"两个文明一起抓",在新时代提出"五位一体"总体布局,中国式现代化的伟大历史进程表明其从未背离科学社会主义,而是科学社会主义与中国实际国情的结合。其次,中国式现代化进一步丰富了科学社会主义的内涵。党的十八大以来,以习近平同志为核心的党中央在总结新中国成立以来,尤其是改革开放以来的实践经验和汲取其他社会主义国家兴衰成败经验教训的基础上,作出了推进国家治理体系和治理能力现代化的战略抉择。过去我们提出过工业现代化、农业现代化、科技现代化、国防现代化等,第一次提出国家治理体系和治理能力现代化是以习近平同志为核心的党中央和我们全党对科学社会主义的独创性贡献。从总体上说,现实社会主义都是在东方落后国家实现的,因而我们党对这一重大问题的回答,不仅丰富和发展了科学社会主义,也为一些国家的探索和对历史经验的反思提供了可资借鉴的经验,为世界社会主义的振兴和发展提供了中国方案。最后,中国式现代化进一步发展了科学社会主义。中国式现代化不但能够创造满足人民美好生活需要的物质文明和精神文明基础,也在朝实现共产主义的目标前进。中国共产党胸怀共产主义的崇高理想,坚持和运用科学社会主义理论认识中国和改造中国,推进现代化建设的实践创新、制度创新和理论创新,进一步深化了对共产党执政规律、社会主义建设规律、人类社会发展规律的认识,进一步发展了科学社会主义理论,彰显了马克思主义的强大生命力,有力证明了马克思主义为什么行。①

（四）成为世界现代化的重要部分

中国式现代化是世界现代化进程中的重要组成部分，主要表现在以下三个方面：一是从人口构成来看，中国作为世界人口大国，中国式现代化本身就是世界现代化的重要部分。党的十八大以来，在以习近平同志为核心的党中央坚强领导下，我国组织实施人类历史上规模最大、力度最强的脱贫攻坚战，并取得全面胜利，彻底摆脱绝对贫困，全面建成小康社会，推动超 10 亿级人口走向现代化，为世界其他国家提供了现代化的中国方案。二是中国式现代化是世界现代化进程的重要推动力量。中国共产党在新中国成立以来 70 余年内，高效推动经济发展并保持社会长期稳定，使我国跃居世界第二大经济体，完成了其他现代化国家百余年甚至几百年才完成的现代化进程，成为世界实现现代化的重要推动力量。三是中国式现代化是致力于实现共同富裕的现代化，致力于构建人类命运共同体，显著改变了世界发展的趋势和格局，体现了人类文明发展的多样性。②中国式现代化需要充分应对来自国内外的各种风险和挑战，全面推进党的建设新的"伟大工程"，建设和发展中国特色社会主义"伟大事业"，进行好具有新的历史特点的"伟大斗争"，顺利实现"两个一百年"奋斗目标，实现中华民族伟大复兴的中国梦，进而为人类对美好社会制度的探索提供中国方案，为世界和平与人类进步事业做出更大贡献。

---

① 沈瑞林.中国式现代化的特征和重大时代价值［EB/OL］.（2021-09-07）. http://www.workercn.cn/c/2021-09-07/6876590.shtml.

② 郁建兴，黄飚.国家属性与世界意义：理解中国式现代化道路的双重视角［EB/OL］.（2022-04-01）. https://news.gmw.cn/2022-04-01/content_35627946.htm.

第二节　共同富裕是中国式现代化的重要特征

西方现代化追求富裕,但不是共同富裕,也不可能是共同富裕。根本原因在于其建立在资本主义私有制基础上,必然导致少数人的富裕与大多数人的贫穷。中国式现代化追求的是共同富裕,是全体人民的共同富裕。共同富裕是中国式现代化的重要特征,主要体现在以下五个方面。

一、体现了中国式现代化的发展目标

中国式现代化的发展目标是在实践中不断发展的,共同富裕体现在不同阶段中国式现代化的发展目标中。一方面,共同富裕体现在追求中国式现代化的历史进程中。在开辟和拓展中国式现代化新道路的过程中,中国共产党人持续探寻实现共同富裕的实践路径,在小康社会与现代化建设中不断为实现共同富裕而奋斗。经过全党全国各族人民持续的奋斗,我们终于实现了第一个百年奋斗目标,全面建成了小康社会,历史性地解决了绝对贫困问题。另一方面,共同富裕体现在中国式现代化道路的阶段性目标中。党的十九大报告提出,到2035年全体人民共同富裕迈出坚实步伐,到21世纪中叶全体人民共同富裕基本实现,我国人民将享有更加幸福安康的生活。党的十九届五中全会提出更具体的要求,提出到2035年人均国内生产总值达到中等发达国家水平,中等收入群体显著扩大,基本公共服务实现均等化,城乡区域发展差距和居民生活水平差距显著缩小,人民生活更加美好,人的全面发展、全体人民共同富裕取得更为明显的实质性进展。这些重要战略部署,指明了中国式现代化的目标,同时也指出了实现共同富裕的前进方向,描绘了实现共同富裕的宏伟蓝图。[①]

二、贯穿于中国式现代化的历史进程

中国共产党带领人民探索现代化道路的过程,就是将追求共同富裕的目标贯穿于中国式现代化新道路形成和拓展的历史过程。[②] 中国式现代化是党带领人民探索开创的道路,共同富裕贯穿于中国式现代化的历史进程。首先,在新民主主义革命时期,中国共产党敏锐意识到,要改善人民的生活,实现共同富裕,首先要解决农民的土地问题。因此,1927—1947 年,党带领人民进行了四次土地革命,帮助广大穷苦农民翻身得到解放。其次,在社会主义革命和建设时期,中国共产党确立了社会主义基本制度。毛泽东同志指出:"现在我们实行这么一种制度,这么一种计划,是可以一年一年走向更富更强的,一年一年可以看到更富更强些。而这个富,是共同的富,这个强,是共同的强,大家都有份。"[③]党中央围绕让人民群众"取得共同富裕和普遍繁荣的生活"进行了积极尝试。再次,在改革开放和社会主义现代化建设新时期,共同富裕成为社会主义的本质。党的十一届三中全会以后,党持续深化共同富裕的理论和实践创新,逐步认识到贫穷和平均不是社会主义,同时创造性地提出"先富"带"后富"进而促进共同富裕的中国式现代化道路。沿着实现共同富裕的道路,党从区域性的扶贫、大规模开发式扶贫到 21 世纪的整村推进扶贫,再到新时代的精准扶贫,始终坚持为促进全体人民共同富裕而努力奋斗。最后,中国特色社会主义新时代,追求共同富裕的方向更加明确,并占据了更重要的位置。

---

① 张占斌.共同富裕是中国式现代化的重要特征[N].人民日报,2021-10-12(10).
② 林于良,杨渝玲.共同富裕:中国式现代化的重要特征[J].湖北行政学院学报,2021(4):5-10.
③ 中共中央文献研究室.毛泽东文集:第六卷[M].北京:人民出版社,1999:495.

三、明确了中国式现代化的本质要求

资本主义私有制决定西方现代化不可能实现共同富裕，只能是少数人的、建立在剥削基础上的富裕。资本的逐利行为使资本家不可能与劳动者共享劳动成果和社会财富，必然会导致贫富两极分化，甚至导致社会分化和社会撕裂。共同富裕是中国式现代化的重要特征和本质要求，体现在以下三个方面：一是中国式现代化追求的是全体人民共同富裕，共同富裕和中国式现代化在社会主义实践中实现了统一，体现了中国社会发展的历史逻辑和科学社会主义理论逻辑的辩证统一；二是共同富裕是社会主义的本质要求，中国式现代化是社会主义的现代化，决定了共同富裕必然体现了中国式现代化的本质要求；三是我国实行社会主义公有制，生产资料归全体人民共同所有，保证现代化建设成果的公共性和共享性，保障共同富裕实现的可能性和必然性。

四、坚定了中国式现代化的根本立场

西方现代化是资本主导的、少数人的、物质的现代化。以全体人民共同富裕为重要特征的中国式现代化，破除西方强加给全世界的现代化"定论"，为人类发展道路提供了全新选择。全体人民共同富裕的现代化是以人民立场摒弃资本立场的现代化。中国式现代化致力于满足人民日益增长的美好生活需要，坚持民生为本、民利为先、民富为要、民享为重。[①]党的十八大以来，以习近平同志为核心的党中央以前所未有的力度推动共同富裕，在实现经济持续快速发展的同时，史无前例地消除了困扰中国千百年的绝对贫困问题，为实现共同富裕奠定

---

① 　秦龙，吉瑞霞.如何理解"全体人民共同富裕的现代化"[N].光明日报，2022-03-25(11).

了坚实的基础。① 中国式现代化是人民至上的现代化,是全体人民不断走向共同富裕的现代化。事实证明,全体人民共同富裕是中国式现代化的必然要求,也是社会主义现代化不同于其他国家现代化的根本标志。中国式现代化新道路的历史逻辑、实践逻辑、理论逻辑和文化逻辑,共同决定了共同富裕必然是其重要特征。

五、彰显了中国式现代化的文化底蕴

中国文化为实现共同富裕奠定了生产力条件和社会发展基础,使共同富裕理想能够在践行中国式现代化道路中逐步实现。②共同富裕的目标也彰显了中国式现代化的文化底蕴:首先,中华优秀传统文化构成了中国式现代化的重要文化基因。中国传统农耕文化为中国农业现代化提供了丰富的物质基础和文化底蕴;中国传统科技文化为中国科技现代化奠定了坚实的科学技术基础;中国传统政治文化为中国国家治理现代化积累了丰富的制度体系和治理经验;中国传统生态文化为中国生态现代化提供了朴素的生态保护意识和可持续发展思想;中国传统精神文化为精神文明现代化奠定了一定的文化基础。③其次,革命文化为坚持中国式现代化道路、实现共同富裕提供持续的精神动力。革命文化是中国共产党领导中国人民在伟大斗争中构建的文化,以马克思主义为指导,是具有鲜明中国特色的先进文化。④最后,社会主义先进文化凝聚共识和力量,是实现共同富裕的强大动力。党的十九届四中全会强调,发展社会主义先进文化、广泛凝聚人民精神力量,是国家治理体系和治理能力现代化的深厚支撑。这一论断深刻阐明

---

① 鲁明川.共同富裕:中国式现代化的重要特征[N].光明日报,2021-09-27(6).
② 张占斌.共同富裕是中国式现代化的重要特征[N].人民日报,2021-10-12(10).
③ 侯耀文.中国式现代化道路的文化底蕴与文明史意义[EB/OL].(2021-12-26). http://www.rmzxb.com.cn/c/2021-12-26/3011954.shtml.
④ 朱喜坤.革命文化是文化自信的重要源头[N].光明日报,2019-01-09(11).

文化在推进国家治理体系和治理能力现代化中的重要功能和作用,为凝聚全体中国人民的共识、团结全体中国人民的力量、实现共同富裕提供强大动力。

第三节　走中国式现代化道路实现共同富裕

中国的现代化发展立足于世界最大发展中国家这一基本国情而展开,强调物质文明、政治文明、精神文明、社会文明、生态文明的协调发展。其一,在政治上体现为坚持中国共产党领导,确保党总揽全局、协调各方的核心地位,坚持中国特色社会主义制度,坚持和发展全过程人民民主,保障最大多数人民群众持续、真实、全过程地参与到国家和社会治理的公共事务中。其二,在经济上体现为坚持社会主义市场经济,走共同富裕道路,秉承发展依靠人民、发展为了人民的理念,强调保障全体人民发展和共享权利。其三,在文化上体现为坚持以人民为中心,不断激发蕴藏在人民群众中的创造伟力,实现人的全面自由发展;在社会上体现为坚持公平正义,推动社会全面进步。其四,在生态上坚持人与自然和谐共生。中国式现代化道路深化了人类现代化的内涵,为全人类文明的进步和发展贡献了中国力量、中国智慧和中国方案。总之,中国式现代化道路旨在推动自身更好发展和实现人类社会的整体进步,体现了中国共产党胸怀天下之志,既以开放的心态吸收东西方先进文明成果和现代化道路的经验,又心忧天下,立足于人类命运共同体的构建,从根本上改变了中国人民的前途命运,也深刻影响了世界历史的进程。中国式现代化理论,是党的二十大的一个重大理论创新,是科学社会主义的最新重大成果。共同富裕是中国式现代化的重要特征,走中国式现代化道路实现共同富裕是历史的必然要求。在中国式现代化中加快实现共同富裕是中国共产党面临的重大命题。基于共同富裕与中国式现代化的逻辑关系，以及扎实推动共同富裕和积极探索中国式现代化实现路径的重要意义，我们要做到以下六点。

一、坚持中国共产党的领导

实践证明，没有共产党就没有新中国，没有共产党就无法取得一个积贫积弱的国家全面脱贫、进入小康社会的伟大成就。坚持中国共产党这一坚强领导核心，是中华民族的命运所在。办好中国的事情，关键在党。走好中国式现代化道路，实现共同富裕必须始终坚持中国共产党的领导。

（一）统揽全局与协调各方

中国式现代化必须团结 14 亿多人民，以昂扬斗志投入民族复兴的伟大事业中去，才能实现共同富裕。要坚持中国共产党的坚强领导统揽全局，凝聚和调动各方力量，团结各族人民，投身于中国式现代化的各项事业。习近平总书记强调，"我国社会主义政治制度优越性的一个突出特点是党总揽全局、协调各方的领导核心作用"①。首先，坚持党的科学理论和正确方针政策，确保坚定不移地走中国式现代化道路，实现共同富裕。其次，坚持加强党的领导，总揽实现共同富裕的发展全局。中国共产党的领导，是中国特色社会主义最本质的特征，是实现共同富裕的根本保证。注重提升基层党组织在推进共同富裕中的凝聚力，坚持发挥党员示范带头作用。最后，坚持统揽全局、运筹帷幄，协调地区发展，缩小城乡差距和收入差距，带领包括 9800 多万名

---

① 中共中央文献研究室.习近平关于全面建成小康社会论述摘编［M］.北京：中央文献出版社，2016：96.

党员在内的 14 亿多人民共同奋斗,在中国式现代化新道路上交出一份份优异的答卷,走向共同富裕之路。

（二）化解风险与勇于斗争

《中共中央关于党的百年奋斗重大成就和历史经验的决议》强调,"全党必须清醒认识到,中华民族伟大复兴绝不是轻轻松松、敲锣打鼓就能实现的,前进道路上仍然存在可以预料和难以预料的各种风险挑战"①。首先,要增强忧患意识,居安思危,统筹国内国际两个大局。2021 年 7 月 1 日,习近平总书记在庆祝中国共产党成立 100 周年大会上的讲话强调:"新的征程上,我们必须增强忧患意识、始终居安思危,贯彻总体国家安全观,统筹发展和安全,统筹中华民族伟大复兴战略全局和世界百年未有之大变局,深刻认识我国社会主要矛盾变化带来的新特征新要求,深刻认识错综复杂的国际环境带来的新矛盾新挑战,敢于斗争,善于斗争,逢山开道、遇水架桥,勇于战胜一切风险挑战!"②其次,要坚持底线思维,正确认识和把握防范化解重大风险。习近平总书记多次强调:"我们必须坚持统筹发展和安全,增强机遇意识和风险意识,树立底线思维,把困难估计得更充分一些,把风险思考得更深入一些,注重堵漏洞、强弱项,下好先手棋、打好主动仗,有效防范化解各类风险挑战,确保社会主义现代化事业顺利推进。"③在中国式现代化进程中,要坚持底线思维,发挥好党的领导和我国社会主义制度优势,着力避免发生重大风险或危机。继续按照稳定大局、统筹协调、分类施策、精准拆弹的基本方针,抓好风险处置工作。要依法合规,压实责任,强化能力建设,有充足资源,各方广泛配合,提高跨市场

---

① 中共中央关于党的百年奋斗重大成就和历史经验的决议[M].北京:人民出版社,2021:72.

② 习近平.在庆祝中国共产党成立 100 周年大会上的讲话[M].北京:人民出版社,2021:17-18.

③ 中共中央关于制定国民经济和社会发展第十四个五年规划和二〇三五年远景目标的建议[M].北京:人民出版社,2020:55-56.

跨行业统筹应对能力。①最后，认清发展局势，把握发展方向，保障国家意识形态安全。西方国家文化霸权、网络信息舆论多元传播等借由全球化、网络化、信息化的发展，对国家意识形态安全构成严峻的冲击和威胁。只有中国共产党的核心领导，才能切实保障国家意识形态安全，才能坚定人民立场，走中国式现代化道路，实现共同富裕。

（三）从严治党与自我革命

中国共产党自诞生之日起，就把严明党的纪律和勇于自我革命鲜明地写在旗帜上。党的十九大报告指出，勇于自我革命，从严管党治党，是中国共产党最鲜明的品格。要走好中国式现代化道路，中国共产党必须勇于进行自我革命，把党建设得更加坚强有力，做到以下五点：第一，全面推进党的政治建设。坚持政治引领，把全党凝聚成"一块坚硬的钢铁"，保证全党服从中央、维护党中央权威和集中统一领导，作为中国式现代化道路和实现共同富裕的政治保障。第二，全面推进党的思想建设。坚持用马克思主义中国化最新理论成果武装全党，统一思想，切实增强"四个意识"、坚定"四个自信"、做到"两个维护"，激发实现共同富裕的原动力。第三，全面加强党的组织建设。健全党的组织体系、以自我革命精神指导党的组织队伍建设，确保中国式现代化道路具有严密的组织支撑，带动全体人民投身于中国式现代化建设。第四，全面加强党的作风建设。以自我革命精神推进党风廉政建设，始终保持党的先进性和纯洁性。以勇于自我革命、坚持以人民为中心的发展思想，着力解决发展的不平衡不充分问题，推动人的全面发展和全体人民共同富裕取得更明显的实质性进展。第五，全面加强党的纪律建设。任何党员都不能凌驾于党的纪律之上，必须受其约束，保障中国式现代化和共同富裕的有效推进。

---

① 习近平.正确认识和把握我国发展重大理论和实践问题[J].求是，2022(10)：4-9.

二、健全新型举国体制

集中力量办大事是我们党的优良传统，是我国社会主义制度的显著优势，奠定了我国国防安全与经济发展的坚实基础。新型举国体制，体现了社会主义制度下集中力量办大事的优越性。习近平总书记曾指出，"要健全社会主义市场经济条件下新型举国体制，充分发挥国家作为重大科技创新组织者的作用"[①]。健全新型举国体制，就要做到以下三点。

（一）坚持系统观念和顶层设计并重

当今世界正经历百年未有之大变局，国内国际形势发生深刻变化，用系统观念谋划经济社会发展，同时加强顶层设计，是应对发展的复杂局面、推动各项事业发展的必然选择，也是健全新型举国体制的科学指南。[②] 首先，牢固树立系统观，用系统思维和方法锚定远景目标、谋划推动发展。其次，强化顶层设计、部门协同、上下联动，形成新时代、新发展阶段、新发展格局下集中力量办大事的协同机制。再次，通过科技战略规划引领，把国家重大战略需求同企业、科研机构的科技创新方向有机结合，使科技创新服务于国家重大战略的需求。最后，集中力量建立健全"政产学研用"科技创新应用与推广体系，建立"顶层目标牵引、重大任务带动、基础能力支撑"的国家科技组织模式，促进多元主体积极投入科技创新工作，打造实现共同富裕的基石力量。

[①]　习近平.在中国科学院第二十次院士大会、中国工程院第十五次院士大会、中国科协第十次全国代表大会上的讲话[M].北京:人民出版社,2021:13.

[②]　唐亚林,郝文强.新型举国体制:历史演变、时代特征与模式构建[J].华东理工大学学报(哲学社会科学版),2021(4):1-15.

（二）坚持有为政府和有效市场结合

西方现代化过度强调市场经济，导致贫富两极分化和经济的无序发展。新型举国体制坚持有为政府和有效市场相结合，既需要加快转变政府职能，更好发挥政府作用，也需要建立有效市场，充分发挥市场在资源配置中的决定性作用。习近平总书记强调："要推动有效市场和有为政府更好结合，充分发挥市场在资源配置中的决定性作用，通过市场需求引导创新资源有效配置，形成推进科技创新的强大合力。"[①]首先，坚持有为政府，充分发挥新型举国体制作用，建设高效规范、公平竞争、充分开放的全国统一大市场。要加快建立全国统一的市场制度规则，打破地方保护和市场分割局面，打通制约经济循环的关键堵点，促进商品要素资源在更大范围内畅通流动，缩小三大差距，推进全体人民共同富裕。其次，全面推动我国市场由大到强转变，为建设高标准的市场体系、构建高水平的社会主义市场经济体制提供坚强支撑。最后，充分发挥政府引导者、组织者、协调者的作用，把政府、市场、社会等各方面的力量拧成一股绳，最大限度激发各类主体潜能、释放各类主体活力。统筹公平与效率，让政府和市场同时发挥作用，构建实现共同富裕的有效政策保障体系和市场机制。

（三）统筹处理国内和国际的关系

党的十八大以来，党中央高度重视创新进程中如何统筹国内与国际关系的问题。2018 年 5 月 28 日，习近平总书记在中国科学院第十九次院士大会、中国工程院第十四次院士大会上的讲话中指出："实践反复告诉我们，关键核心技术是要不来、买不来、讨不来的。"[②]这就要

---

① 习近平.在中国科学院第二十次院士大会、中国工程院第十五次院士大会、中国科协第十次全国代表大会上的讲话[M].北京：人民出版社，2021：13.

② 习近平.在中国科学院第十九次院士大会、中国工程院第十四次院士大会上的讲话[M].北京：人民出版社，2018：11.

求构建新型举国体制要统筹好国内国际两个大局,既要努力把关键核心技术掌握在自己手中,又要深度融入全球创新链协作体系,为解决国际性科学难题做出中国贡献。一方面需要集中全国资源与力量,整合各种各类"碎片化"资源,进一步完善我国科技创新制度体系,构建符合中国发展需求的重大工程创新系统,牢牢把握在全局性、战略性、重大性、危急性的科技领域上的主动权。另一方面要积极参与国际科技合作与竞争。积极开展国际性的科技研究合作、人才培养合作和业态开发合作,共同打造国际科技创新共同体,努力形成全方位、高水平的国际性合作与竞争新局面。充分借鉴国外最新科技成果,运用国外科技资源。积极参与国际科技组织事务,逐步扩大我国科学家在国际科学领域中的话语权和影响力。①

三、坚持不断完善基本经济制度

中国特色社会主义基本经济制度既体现了社会主义制度优越性,又同我国社会主义初级阶段社会生产力发展水平相适应,是党和人民的伟大创造,为实现共同富裕提供了根本的制度保障。共同富裕是社会主义的本质要求,在向第二个百年奋斗目标迈进的新征程上,必须进一步坚持和完善社会主义基本经济制度,充分发挥社会主义基本经济制度的重要作用,把制度优势转化为发展优势,向着实现共同富裕的目标稳步前进。

(一)坚持公有制为主体、多种所有制共同发展

实现共同富裕要防止社会资源使用和社会财富占有两极分化,公有制经济在避免社会两极分化中承担着极其重要的职能,必须继续坚持公有制经济的主体地位。一方面,推进国有企业改革,发挥国有企

---

① 曹睿卓,董贵成.新型举国体制:概念、内涵与实现机制[J].科学社会主义,2021(4):83-90.

业的主要载体作用。推进国有企业改革,有利于提高国有经济竞争力,有利于把握解放和发展生产力的主力,有利于夯实共同富裕的物质基础。另一方面,壮大集体经济,发挥集体经济的重要作用。集体经济是振兴乡村经济的重要抓手,是促进农民增收的重要来源,在乡村振兴和实现农村地区共同富裕中扮演着重要角色。坚持发展多种所有制的经济成分,重视非公有制经济在稳定增长、促进创新、增加就业、改善民生的过程中发挥的重要作用。一是要坚持非公有制经济的重要地位。非公有制经济机制相对比较灵活、市场适应能力强、资源配置效率高,是社会主义市场经济的重要组成部分。二是充分发挥非公有制经济的创新活力,推动国家创新能力的全面提升。三是发挥民营企业的突出作用。引导民营企业积极创新、创造财富、依法纳税、增加就业,作为助力共同富裕的基本载体,实现以先富带后富,在共同富裕道路上承担更多社会责任。

(二)坚持按劳分配为主体、多种分配方式并存

党的十九届四中全会将按劳分配为主体、多种分配方式并存的分配制度,与公有制为主体、多种所有制共同发展,社会主义市场经济体制作为我国三大基本经济制度。实践证明,这一制度安排有利于调动各方面积极性,有利于实现效率和公平有机统一,有利于实现共同富裕。应持续深入推进收入分配制度改革,不断完善按要素分配制度,健全再分配调节机制,构建初次分配、再分配、三次分配协调配套的基础性制度安排,加大税收、社保、转移支付等调节的力度,形成中间大、两头小的橄榄型分配结构。既要通过全国人民共同奋斗把"蛋糕"做大做好,又要通过合理的制度安排把"蛋糕"切好分好。

(三)坚持完善社会主义市场经济体制

社会主义市场经济体制是中国特色社会主义的重大理论和实践

创新,是社会主义基本经济制度的重要组成部分。扎实推动共同富裕,必须进一步完善社会主义市场经济体制,充分发挥市场在资源配置中的决定性作用,更好发挥政府作用,推动有为政府和有效市场结合。一是夯实市场经济基础性制度,保障市场公平竞争。建设高标准市场体系,全面完善产权、市场准入、公平竞争等制度,筑牢社会主义市场经济有效运行的体制基础。二是构建更加完善的市场化要素配置体制机制,进一步激发全社会创造力和活力,激发做大"蛋糕"的原生动力。加快建设统一开放的、竞争有序的市场体系,推进要素市场制度建设。三是创新政府管理和服务方式,完善宏观经济治理体制,完善共同富裕的引领机制、组织机制和保障机制。完善政府经济调节、市场监管、社会管理、公共服务、生态环境保护等职能,进一步提高宏观经济治理能力。

四、坚持加快推进全面深化改革

中国共产党对新时代改革发展的一系列重大问题进行科学分析,创造性地提出全面深化改革的总目标,以改革和制度创新助推实现共同富裕。全面深化改革涵盖了多个领域多个维度,必须认识全面深化改革的目标、重要任务,正确运用全面深化改革的方法。

（一）总的目标:完善和发展中国特色社会主义制度、推进国家治理体系和治理能力现代化

中国式现代化道路没有模板可以借鉴,共同富裕也是人类历史上从未有过的图景,这需要不断突破现状,改革创新,决定了中国式现代化和共同富裕的实现必须全面深化改革。一是全面深化改革的目标与中国式现代化道路相契合,是实现共同富裕的保障。全面深化改革总目标的提出,不仅丰富和深化了中国式现代化的内涵,也深刻阐明

了全面深化改革和中国式现代化、共同富裕的关系。二是全面深化改革有利于加快并顺利实现中国式现代化，实现共同富裕。全面深化改革破除经济发展的体制机制障碍，营造良好的经济社会发展环境，让个人、企业和社会组织等多元主体在经济发展中的积极作用得到最大限度的发挥。三是全面深化改革有利于促进全体人民共享高质量发展成果。全面深化改革有利于促进区域之间、城乡之间、不同收入群体之间协调发展，推动我国社会经济的高质量发展，推动全体人民共享发展成果，实现共同富裕。

（二）历史任务：完善和发展中国特色社会主义制度，为党和国家各项事业的发展、为人民的幸福安康、为社会的和谐稳定、为国家的长治久安提供一整套更完备、更稳定、更管用的制度体系

改革的历史进程，由浅入深，由乡村到城市，由经济领域不断向政治、社会、文化、生态、党的建设、国防和军队建设等拓展，范围越来越广，领域越来越宽，力度也越来越大。2014年2月17日，习近平总书记在省部级主要领导干部学习贯彻十八届三中全会精神全面深化改革专题研讨班上指出："从形成更加成熟更加定型的制度看，我国社会主义实践的前半程已经走过了，前半程我们的主要历史任务是建立社会主义基本制度，并在这个基础上进行改革，现在已经有了很好的基础。后半程，我们的主要历史任务是完善和发展中国特色社会主义制度，为党和国家各项事业的发展、为人民幸福安康、为社会和谐稳定、为国家长治久安提供一整套更完备、更稳定、更管用的制度体系。"[①]扎实推进经济、政治、社会、文化、生态等方面的体制改革，建立更完备、更稳定、更管用的制度体系，构建实现共同富裕的制度保障体系。

[①]　中共中央文献研究室.习近平关于全面深化改革论述摘编[M].北京:中央文献出版社，2014:27.

（三）正确方法：改革上"三性"＋思想上"五个关系"＋推进上"五大整体与局部关系"＋思维上"五要"

全面深化改革的方法影响共同富裕扎实推进，通过正确运用全面深化改革的方法，合理布局了深化改革的战略重点、优先顺序、主攻方向、工作机制、推进方式和时间表、路线图，要求紧紧遵循中国式现代化的道路实现共同富裕：一是注重改革"三性"。总体方法的实施更加注重改革"三性"，必须更加注重改革的系统性、整体性、协同性。二是强调思想方法上要处理好"五个关系"，处理好思想解放与实事求是的关系、整体推进与重点突破的关系、顶层设计与摸着石头过河的关系、胆子大与步子稳的关系、改革发展与稳定的关系。三是强调推进方法上处理好政策"五大整体与局部关系"，把握好整体政策安排与某一具体政策的关系、系统政策链条与某一政策的关系、政策顶层设计与政策分层对接的关系、政策统一性与差异性的关系、长期性政策与阶段性政策的关系。四是树立"五要"新思维，要正确推进改革，要准确推进改革，要有序推进改革，要协调推进改革，要自觉维护中央大政方针的统一性严肃性。[①]

五、不断调整生产力与生产关系

任何社会均由生产力与生产关系、经济基础与上层建筑构成其运行的基本框架。生产力决定生产关系，经济基础决定上层建筑，而生产关系和上层建筑又具有反作用。党的十九大报告指出，新时代我国社会主要矛盾表现为人民日益增长的美好生活需要和不平衡不充分的发展之间的矛盾，这是党对生产力和生产关系之间关系科学认识的结果。

---

① 赵凌云，苏娜.习近平关于全面深化改革的十大重要论点[J].红旗文稿，2014（23）：15-17.

（一）大力发展生产力

党的十八大以来，我国经济社会发展取得历史性成就、发生历史性变革，迈向高质量发展，生产力在诸多领域已处于世界领先地位，为我国推动实现现代化奠定强大的物质基础。从理论和实际、历史和现实、国内和国际相结合出发，习近平总书记指出，"进入新发展阶段、贯彻新发展理念、构建新发展格局，是由我国经济社会发展的理论逻辑、历史逻辑、现实逻辑决定的，三者紧密关联。进入新发展阶段明确了我国发展的历史方位，贯彻新发展理念明确了我国现代化建设的指导原则，构建新发展格局明确了我国经济现代化的路径选择"[①]。这些关于"新发展阶段、新发展理念、新发展格局"的系列论述，是思考和研究新时代我国现代化建设的逻辑起点、理论指引和实践导向，更是大力发展生产力的正确指引。一是要正确认识新发展阶段。要科学研判世界经济格局和增长趋势，全面深化对新时代生产力的认识，坚持"稳中求进"的经济工作总基调，同时要不断提升发展的质量和效益。二是要坚持贯彻新发展理念。党的十九大报告明确指出，发展是解决我国一切问题的基础和关键，发展必须是科学发展，必须坚定不移贯彻创新、协调、绿色、开放、共享的发展理念。在新的历史方位下，以新发展理念来解决发展不平衡不充分的问题，不仅自觉遵循了生产力发展的内在规律，更充分结合了我国国情，解决发展不平衡，即结构性问题，也解决发展的不充分，即规模性问题，切实做大做优"蛋糕"。三是构建新发展格局。根据我国新发展阶段、新历史任务、新环境条件，加快构建以国内大循环为主体、国内国际双循环相互促进的新发展格局，保障经济循环的畅通，贯通生产、分配、流通、消费各环节，实现供

---

① 习近平.论把握新发展阶段、贯彻新发展理念、构建新发展格局[M].北京:中央文献出版社,2021:486-487.

求动态均衡,建立统一大市场,实现全面发展,推进共同富裕。

(二)不断调整生产关系

中国特色社会主义进入新时代,我国社会主要矛盾已经由"人民日益增长的物质文化需要同落后的社会生产之间的矛盾"转化为"人民日益增长的美好生活需要和不平衡不充分的发展之间的矛盾",深刻反映了我国生产关系的变化。走中国式现代化道路,实现共同富裕,需要优化调整生产关系:一是要坚持发挥市场的决定性作用。党的十八大以来,我们党充分遵循中国特色社会主义市场经济内在规律,使市场在资源配置中起决定性作用,充分调动了非公有制经济在一般商品生产上的积极性,成为夯实共同富裕经济基础的重要力量,同时也让公有制经济更有能力确保重要领域和重要行业的经济安全,两者的有效结合基本满足了我国人民的物质文化需要。二是要正确认识人们在生产中的地位与关系。我国实行的是生产资料公有制,劳动者是生产资料的主人。与西方剥削与被剥削的劳资关系不同,中国式现代化体现的是劳动者之间平等互助、互惠互利的关系。三是要构建合理的收入分配格局。优化调整生产关系就是要完善构建初次分配、再分配、三次分配协调配套的基础性制度安排,形成中间大、两头小的橄榄型分配结构和合理的国民收入分配格局。要构建人人有份、公平正义的分配形态,彰显共同创造财富、共同享有发展成果的价值导向。

六、有序推进共建共享和同向同行

2020 年 8 月,习近平总书记主持召开经济社会领域专家座谈会并发表重要讲话,指出:"要完善共建共治共享的社会治理制度,实现政府治理同社会调节、居民自治良性互动,建设人人有责、人人尽责、人人享有的社会治理共同体。"①扎实推动共同富裕,需要做到共建共享和同向同行。

(一)以共建共享为原则推进共同富裕

实现共同富裕的根本前提是共同创造、共同建设、共同奋斗,在共建中才能实现全民共享。共同富裕是共建共享的奋斗目标,共建共享是实现共同富裕的有效原则和路径,充分体现了以人民为中心的发展思想,两者统一于中国式现代化的道路中。正确处理两者之间的关系,在共建共享中迈向共同富裕,需要全国上下共同努力,各方力量协同推进:一是构建统筹协调机制,科学厘清政府和市场边界。在中国特色社会主义市场经济中,市场对资源配置起决定性作用,但同时有效市场也需要有为政府的行动指导,才能充分体现社会主义制度优越性。政府部门可以提供经济社会发展所需要的基础设施,提供基本普惠性的公共服务,给市场经济秩序保驾护航,为共同富裕奠定基础。二是尽快构建起共建共享制度,营造人人参与、人人尽力、人人享有的氛围。营造"人人参与"的发展环境,为人民提高受教育程度、增强发展能力创造更加普惠公平的条件,畅通向上流动通道,给更多人创造致富机会。保障"人人尽力"的制度安排,坚持基本经济制度,坚持"两个毫不动摇",激发人民群众勤劳致富、创新致富的热情。加快形成"人人享有"的合理分配格局,允许和鼓励一部分地区、一部分人先富起来,同时也需自觉主动解决地区差距、城乡差距、收入差距等问题。②三是不断增进民生福祉,提高共享质量。坚持在发展中保障和改善民生,坚持不懈抓发展,不断扩大经济总量,让改革发展成果更多更公平惠及广大人民群众。要充分发展公平而有质量的教育,推进卫生健康

---

① 习近平.在经济社会领域专家座谈会上的讲话[M].北京:人民出版社,2020:9.
② 金观平.共建共享才能走向共富:论在高质量发展中促进共同富裕(中)[J].经济,2021(9):31-32.

体系建设,构建多元化养老服务体系。①

(二)以同向同行明确行动方向和责任

中华民族尤其是青年一代,应充分认清形势,秉持正确的价值观,怀有远大理想,勇于承担时代使命,与新时代同向同行。2021年4月19日,习近平总书记在清华大学考察时指出:"当代中国青年是与新时代同向同行、共同前进的一代,生逢盛世,肩负重任。"②青年一代是社会的中流砥柱,极富朝气与活力,肩负着实现中华民族伟大复兴的历史使命与责任。共同富裕是全体人民的伟大事业,需要全体人民的共同努力,尤其需要青年在共同富裕中担当责任,回应时代召唤。作为新时代的青年人,应吹响青春"号角",为共同富裕充分发挥青春的力量,"托举"未来,传承中华民族伟大复兴的"接力棒"。一是同向同行,明确前进方向。弘扬和践行社会主义核心价值观,加强道德修养,明辨是非曲直,增强自我定力,决不让拜金主义、享乐主义、极端个人主义、历史虚无主义等错误思想侵入,努力做一名德才兼备、品学兼优的新时代优秀青年,正确认识中国式现代化和共同富裕的重要意义。二是同向同行,承担社会责任。全体人民应该视建设中国式现代化为己任,努力承担起实现共同富裕的重任,从我做起,从小事做起,努力学习文化知识,努力提高自身素质,努力夯实专业基础,在实现中华民族的伟大复兴中,努力尽职尽责、添砖加瓦,与新时代同向同行,不辜负伟大的时代、伟大的事业。

本章小结:与西方现代化不同,中国式现代化是适合中国国情的现代化,是具有中国特色、中国气派和中国风格的社会主义现代化,是坚持和发展中国特色社会主义,推动物质文明、政治文明、精神文明、

---

① 马春阳,周琳,吴佳佳,等.切实增进民生福祉 提高社会建设水平[N].经济日报,2021-03-11(6).

② 坚持中国特色世界一流大学建设目标方向 为服务国家富强民族复兴人民幸福贡献力量[N].人民日报,2021-04-20(1).

社会文明、生态文明协调发展,开创人类文明新形态的现代化。与西方现代化追求少数人富裕不同,共同富裕是中国式现代化的重要特征。中国式现代化是全体人民共同富裕的现代化。本章科学回答了中国式现代化是什么,全面阐述了共同富裕与中国式现代化的逻辑关系,提出了如何在中国式现代化中加快实现共同富裕。二者都任重而道远,唯有坚持中国共产党的坚强领导,坚持发挥新型举国体制作用,坚持完善社会主义基本经济制度,加快推进全面深化改革,不断调整生产力与生产关系,以共建共享和同向同行有序推进,才能在高质量发展中加快实现共同富裕,走好中国式现代化道路。

第五章　共同富裕与高质量发展

共同富裕与高质量发展的最终目的都是实现人的全面发展。高质量发展与共同富裕有着共同的价值取向,同时还有着极为密切的双向作用,其中,高质量发展是共同富裕的前提条件和实现路径,扎实推动共同富裕的各项工作同时会加快促进高质量发展,在高质量发展中扎实推动共同富裕,充分体现了实现共同富裕的战略目标和实践途径的有机结合。习近平总书记指出,"共同富裕是社会主义的本质要求,是中国式现代化的重要特征",要"坚持以人民为中心的发展思想,在高质量发展中促进共同富裕"。①只有切实立足新发展阶段,加快构建新发展格局,推动高质量发展,才能加快实现共同富裕,实现第二个百年奋斗目标,实现中华民族的伟大复兴。本章试图科学回答高质量发展是什么,厘清共同富裕与高质量发展的逻辑关系,进一步探索如何通过高质量发展扎实推动共同富裕。本章从根本理念、基本特征、必然要求和主要抓手四个维度解读什么是高质量发展,从根本目的、根本路径等方面论述共同富裕与高质量发展的关系,从创新驱动、协调发展、绿色发展、开放共赢、高质共享五个方面阐述如何在高质量发展中扎实推动共同富裕。

---

① 习近平.扎实推动共同富裕[J].求是,2021(20):4-8.

第一节　全面认识高质量发展

高质量发展是中国特色社会主义新时代的基本特征之一,新时代人民日益增长的美好生活需要和不平衡不充分的发展之间的矛盾,需要通过高质量发展来解决。高质量发展是"为人民谋幸福"的中国共产党围绕以人民为中心的发展原则,遵循新发展理念,在新发展阶段,就经济社会发展的质量维度提出的发展新要求。推动高质量发展,走中国式现代化道路,扎实推动共同富裕,必须全面认识高质量发展,认清其关键特征、必然趋势和主要抓手。

一、什么是高质量发展?

高质量发展意味着发展方式和发展理念的转变,意味着经济结构优化,意味着增长动力转换,意味着质量第一、效益优先,其根本目标是满足人民对美好生活的需要,实现共同富裕。

(一)科学内涵是全面贯彻新发展理念

2017年12月18日,习近平总书记在中央经济工作会议上指出:"高质量发展,就是能够很好满足人民日益增长的美好生活需要的发展,是体现新发展理念的发展,是创新成为第一动力、协调成为内生特点、绿色成为普遍形态、开放成为必由之路、共享成为根本目的的发展。"①这一重要论述既表明了高质量发展和新发展理念的关系,又点出了其科学内涵。一方面,新发展理念为高质量发展确定了思路,指明了方向,点出了发展着力点。高质量发展通过创新发展解决发展动

---

① 习近平.习近平谈治国理政:第三卷[M].北京:外文出版社,2020:238.

力问题,通过协调发展解决发展不平衡问题,通过绿色发展解决人与自然和谐问题,通过开放发展解决发展内外联动问题,通过共享发展解决社会公平正义问题。另一方面,高质量发展就是要完整、准确、全面贯彻新发展理念。[①]推动高质量发展,就要在实践中丰富和发展新发展理念,对贯彻落实新发展理念进行科学设计和施工,就要充分发挥改革的推动作用和法治的保障作用,真正做到崇尚创新、注重协调、倡导绿色、厚植开放、推进共享。

(二)首要原则是质量第一、效益优先

习近平总书记在《关于〈中共中央关于制定国民经济和社会发展第十四个五年规划和二〇三五年远景目标的建议〉的说明》中强调:"以推动高质量发展为主题,必须坚定不移贯彻新发展理念,以深化供给侧结构性改革为主线,坚持质量第一、效益优先,切实转变发展方式,推动质量变革、效率变革、动力变革,使发展成果更好惠及全体人民,不断实现人民对美好生活的向往。"[②]这一重要论述阐明了高质量发展的实现路径和关键抓手:一是要进一步提升发展质量和发展效益,兼顾质量和速度,统筹发展与安全,实现质量、结构、规模、速度、效益、安全等有机统一;二是要着力提高劳动生产率,提高科技进步贡献率和全要素生产率,在更高层次、更高水平上实现供求新均衡。坚持做大符合新发展理念的投资增量,更加重视投入产出效率,把好钢用在刀刃上。在全面建设小康社会阶段,我们主要解决的是量的问题。进入全面建设社会主义现代化国家的新发展阶段,必须解决好质的问题,在质的大幅提升中实现量的持续增长。从着力解决"有没有"和"有多少",转变为着力解决"好不好"和"优不优"。

---

① 秋石. 新发展理念是治国理政方面的重大理论创新[J]. 求是,2016(23):19-22.
② 中共中央关于制定国民经济和社会发展第十四个五年规划和二〇三五年远景目标的建议[M]. 北京:人民出版社,2020:52.

（三）根本目的是实现全体人民生活幸福

满足人民日益增长的美好生活需要，实现全体人民生活幸福，是高质量发展的着眼点、出发点、落脚点。让人民生活幸福就是"国之大者"，是国家和社会发展追求的目标，是高质量发展的根本目的，也是衡量以人民为中心的高质量发展的价值标准。高质量发展的根本目的是实现全体人民生活幸福，体现在以下四个方面：一是高质量发展是更协调更充分的发展。高质量发展致力解决发展不平衡不充分的问题，始终同满足人民美好生活需要紧密结合起来。二是高质量发展是全面的发展，不仅聚焦人民的物质需要，也包括精神文化、公平民主、公正法治、生态环境等方面的需要。三是高质量发展始终坚定不移增进民生福祉，坚持生态优先，创造高品质生活。四是高质量发展致力于在新起点上接续奋斗，推动全体人民实现共同富裕取得更为明显的实质性进展。

二、高质量发展的基本特征

高质量发展的核心内涵包括系统平衡观、经济发展观、民生指向观，核心内容是实现经济发展、社会发展和生态环境发展同步的"共同进化"的发展，这种发展不仅要注重生产的有效性和发展的公平性，而且要考虑生态环境建设以及人的全面发展。[①]

一是从经济维度看，高质量发展的首要目的是经济发展，其核心是在保持一定经济增长的前提下，通过结构优化、效率提升及创新驱动，实现全要素生产率的提高，加快实现经济发展质量变革、效率变革和动力变革。

二是从社会维度看，高质量发展强调以社会主要矛盾为基本出发

---

① 贾品荣.从三个维度看高质量发展的战略要点[N].中国经济时报,2021-05-31(3).

点,能够更好满足人民日益增长的美好生活需要,让人民群众有更多获得感、幸福感、安全感。具体言之,能够给人们提供更加丰富、更好质量、更高层次、更低成本的民生产品和服务。

三是从环境维度看,高质量发展强调在经济增长的基础上和生态承载能力范围内,通过合理高效配置资源,形成经济、社会、环境和谐共处的绿色、低碳、循环发展过程,最终实现可持续发展的要求。

概括之,高质量发展是一种满足人民日益增长的美好生活需要的发展,是一种全新的发展观,高质量发展有以下四个关键特征。

(一)渐进性

高质量发展是一个积小变为大变、从量变到质变的过程,是一个渐进性的过程,主要表现在以下三个方面:一是高质量发展是一个不断变化、缓慢演进的过程。要素、产品和产业质量,产出效率,经济增长动力,以及经济增长的稳定性和发展的可持续性等都有渐进性变化的特点。二是产出质量提升的动力来源转变的渐进性。提升产出质量通常从微观要素质量的提高发端,继而经济增长动力由要素驱动转向效率驱动和创新驱动,同时微观要素使用效率、宏观全要素生产率不断提高,为产出质量的提高奠定基础。三是供给的高质量发展呈现渐进性。受人民需求层次渐次提高的影响,供给的高质量也从满足低层次的需求向满足高层次的需求转变。①

(二)系统性

高质量发展是一个系统性的变化过程,各领域高质量发展既是前提也是结果。高质量发展不是单纯追求经济总量、经济增速,而是更加注重经济、社会、环境等方面的均衡发展,是对经济社会发展方方面

---

① 中国宏观经济研究院经济研究所课题组. 科学把握经济高质量发展的内涵、特点和路径 [N]. 经济日报,2019-09-17(14).

面的总要求,揭示了发展的内在联系性、系统性、统一性。在推进高质量发展中,一是必须坚持从全局上、源头上、根本上看问题,用系统的思想方法推进矛盾解决,统筹发展质量和发展效益之间、发展成果与成果分配之间、经济发展与社会和谐之间的关系,促使发展成果惠及全体人民,增进民生福祉,不断实现人民对美好生活的向往;二是系统处理机遇与挑战、协调开放与自主、统筹中华民族伟大复兴战略全局和世界百年未有之大变局,进而在危机中育先机,于变局中开新局。

（三）全面性

高质量发展不是某个领域、单一维度、某些地区的高质量发展,其满足人民美好生活需要的特性决定了高质量发展是全领域、多维度、全范围的发展。一是全领域的发展。在党的十九届五中全会上,习近平总书记强调:"经济、社会、文化、生态等各领域都要体现高质量发展的要求。"①这一论述充分阐明了高质量发展是全领域发展,包含经济、政治、社会、文化、生态"五位一体"的高质量发展。二是多维性的发展。不同于高速度发展的单维性,从过程和结果的角度理解,高质量发展包含了创新、协调、绿色、开放、共享的多维性。其中,创新是高质量发展的第一动力,协调是高质量发展的内生特点,绿色是高质量发展的普遍形态,开放是高质量发展的必由之路,共享是高质量发展的根本目的。② 三是全范围推动的发展。不仅发达地区要推动高质量发展,落后地区也要推动高质量发展。高质量发展要求一个地区都不能落下,必须努力破解本地发展难题,精准施策。各地区只有因地制宜、扬长补短,才能走出适合本地区实际的高质量发展之路。

---

① 中共中央关于制定国民经济和社会发展第十四个五年规划和二〇三五年远景目标的建议[M]. 北京:人民出版社,2020:52.

② 刘志彪.理解高质量发展:基本特征、支撑要素与当前重点问题[J].学术月刊,2018(7):39-45.

（四）长期性

推动高质量发展绝不是权宜之计,而是立足中国特色社会主义现代化建设全局的长期性战略选择。2021 年 3 月 7 日,在参加十三届全国人大四次会议青海代表团审议时,习近平总书记强调,高质量发展"不是一时一事的要求,而是必须长期坚持的要求"[①]。这一论述清楚表明高质量发展的长期性,原因在于我国社会的发展阶段仍然存在诸多需要长期高质量发展才能解决的现实问题。主要包括:第一,我国仍处于并将长期处于社会主义初级阶段的基本国情没有变;第二,我国发展不平衡不充分的问题依然较为突出;第三,我国科技创新能力还不适应高质量发展要求;第四,我国城乡区域发展和收入分配差距较大;第五,生态环保任重道远,民生保障仍存在短板,社会治理仍旧有弱项。破解这些问题,绝非旦夕之功。面对世界百年未有之大变局,必须保持高质量发展的战略定力,长期坚持高质量发展这一主题,一步一个脚印往前走。[②]因此,推动高质量发展不是一朝一夕的事情,不可能一蹴而就,需要在有效防控经济社会各种风险的前提下,发扬钉钉子的精神,持续用力、久久为功。

三、高质量发展是必然要求

高质量发展是"十四五"时期乃至更长时期我国经济社会发展的主题,关系到社会主义现代化建设全局。不只是一个经济要求,而是对经济社会发展方方面面的总要求;不是只对经济发达地区的要求,而是所有地区发展都必须贯彻的要求;不是一时一事的要求,而是必须长期坚持的要求。推动高质量发展,具有多方面的必然性。推动高

---

① 本书编写组.习近平的小康情怀[M].北京:人民出版社,2022:64.
② 王俊岭.高质量发展这个主题必须长期坚持[N].人民日报海外版,2021-03-08(5).

质量发展,是保持我国经济持续健康发展的必然要求,是适应我国社会主要矛盾变化的必然要求,是我国实现中国特色社会主义现代化的必然要求。

(一)推动高质量发展是保持我国经济持续健康发展的必然要求

我国经济发展正处于转变发展方式的关键阶段,而世界新一轮科技革命和产业变革方兴未艾,国内国际的严峻形势推动高质量发展成为保持经济可持续发展的必然要求。一是生产要素成本的上升要求实施高质量发展。现阶段由于我国劳动力等要素成本持续上升,要素低成本的吸引力、驱动力明显减弱,高中端制造业向发达国家回流,中低端制造业向成本更低的发展中国家转移,这就要求必须推动高质量发展。二是严峻的资源约束要求推动高质量发展。我国资源约束日益趋紧,环境承载能力接近上限,依靠要素低成本的粗放型、低效率增长模式已经不可能持续,现在必须转向高质量发展。三是需求端要求提高和结构升级要求推动供给端高质量发展。国内消费结构升级和国际贸易增速的下降促使生产供给端需要推行高质量发展。低端产能不适应国内消费结构升级的需求,许多生产能力无法在市场实现。推动高质量发展,形成优质高效多样化的供给体系,实现供给和需求在新水平上的动态均衡,才能使我国经济保持持续健康发展。[①]

(二)推动高质量发展是适应我国社会主要矛盾变化的必然要求

随着中国特色社会主义进入新时代,我国社会主要矛盾已经转化为人民日益增长的美好生活需要和不平衡不充分的发展之间的矛盾。这个矛盾在经济发展方面集中表现为供给结构不能适应需求结构的变化,需要推动经济高质量发展。其一,现有供给结构不适应需求结构的变化,必然要求进一步推动高质量发展。由于居民收入的持续增

---

① 刘伟.践行新发展理念 推动经济高质量发展[N].经济日报,2020-08-05(1).

长尤其是中等收入群体的不断扩大,国内消费需求成为经济发展的主要引擎,消费结构也随之加快升级换代,消费需求已经从满足数量型转向追求质量型,但供给结构仍然主要重视量的扩张而忽视了质的提高。其二,国外市场的竞争促使国内供给结构必须进一步优化,为全球市场提供更高质量的产品与服务。关键在于深化供给侧结构性改革,提供有效供给和中高端供给,推动高质量发展。

(三)推动高质量发展是我国实现特色社会主义现代化的必然要求

国际经验表明,一个国家要从中等收入阶段进入高收入阶段,关键在于实现经济发展从量的扩张到质的提高这一根本性转变。其一,高质量发展是加快科技创新和产业转型的需求。我国产业在全球产业链、价值链中的地位总体上处在中低端,科技对经济增长的贡献率还不高,与发达国家相差二三十个百分点,源头创新不足,只有加快科技创新和产业转型升级步伐,才能在激烈的国际竞争中赢得主动,才能加快推进现代化事业,这就迫切要求加快推进经济的高质量发展。其二,高质量发展的多维度提供了实现我国特色社会主义现代化的重要基础。创新发展引领中国特色社会主义现代化的发展动力,协调发展增强中国特色社会主义现代化的发展整体性,绿色发展实现中国特色社会主义现代化的人与自然和谐共生性,开放发展提升中国特色社会主义现代化的内外联动性,共享发展扎实推动中国特色社会主义现代化的共同富裕性。[①]

四、高质量发展的主要抓手

发展理念是发展行动的先导,管全局、管根本、管方向、管长远,是发展思路、发展方向、发展着力点的集中体现。创新、协调、绿色、开

---

① 林兆木.关于我国经济高质量发展的几点认识[N].人民日报,2018-01-17(7).

放、共享的新发展理念深刻揭示了实现更高质量、更有效率、更加公平、更可持续发展的必由之路。当前,我国经济社会发展正处在从"量的扩张"转向"质的提高"的重要关口,处在从"有没有""够不够"转向"好不好""优不优"的重要节点,处在转变发展方式、优化经济结构、转换增长动力的攻关期。这就要求我们将新发展理念作为推动高质量发展的行动指南,努力实现创新成为第一动力、协调成为内生特点、绿色成为普遍形态、开放成为必由之路、共享成为根本目的的发展。[①]

（一）坚持创新发展,解决好发展动力问题

当今世界,经济社会发展越来越依赖于理论、制度、科技、文化等领域的创新,国际竞争新优势也越来越体现在创新能力上。特别是新一轮科技革命和产业变革方兴未艾,科技创新正在成为创新发展的核心,创新驱动成为许多国家谋求竞争优势的核心战略。能否实现高质量发展,归根结底取决于能否充分发挥创新的第一动力作用。

（二）坚持协调发展,解决好发展不平衡问题

发展不平衡是我国长期存在的现实问题,特别是城乡之间和区域之间的发展差距依然较大,成为制约实现高质量发展的重要因素。新发展理念引领高质量发展,就要使"协调成为内生特点"。一方面,着力实施乡村振兴战略,深化城乡一体化建设和公共服务均等化,把公共基础设施建设的重点放在农村,坚持工业反哺农业、城市支持农村和"多予、少取、放活"的方针,促进城乡公共资源均衡配置,加快形成以工促农、以城带乡、工农互惠、城乡一体的新型工农城乡关系。另一方面,要深入实施区域协调发展战略,建立更加有效的区域协调发展机制,增强区域发展平衡性协调性,长三角一体化发展、粤港澳大湾区建

---

① 安徽省中国特色社会主义理论体系研究中心.坚持以新发展理念引领高质量发展[N].经济日报,2019-08-13(14).

设，同京津冀协同发展、长江经济带发展等重大战略协同推进，使我国的区域协调发展战略布局更加完整、更加有力。

（三）坚持绿色发展，解决好人与自然和谐共生问题

绿色发展是构建现代化经济体系的必然要求。随着社会发展和人民生活水平的不断提高，人民群众"盼环保""求生态"，对清新的空气、干净的水、安全的食品、优美的环境等要求越来越高，绿色发展也已经成为全球科技革命和产业变革的方向，成为最有发展前景的领域。坚持以新发展理念引领高质量发展，就要使"绿色成为普遍形态"，着力打赢污染防治攻坚战，特别是蓝天、碧水、净土保卫战。一方面，要重点解决当前存在的突出问题，坚决摒弃损害和破坏生态环境的做法，解决好人民群众反映强烈的环境问题，坚决打击违法排污和非法处置危险废物等违法行为；另一方面，要统筹推进对山水林田湖草沙进行一体化保护和系统治理，在一个领域取得的宝贵经验需及时应用到其他领域，形成绿色发展的合力，如加快推广生态补偿机制试点经验，积极推进森林、湿地、水流、耕地等重点领域和禁止开发区域、重点生态功能区等重要区域生态保护补偿全覆盖。

（四）坚持开放发展，解决好发展内外联动问题

开放是一个国家和地区繁荣发展的必由之路，也是内陆地区后发赶超的重要法宝。当今世界正面临百年未有之大变局，国际经济合作和竞争局面正在发生深刻变化，全球经济治理体系面临重大调整，各国发展联动、机遇共享、命运与共的利益交融关系日益凸显。坚持以新发展理念引领高质量发展，就要使"开放成为必由之路"，着力打赢防范化解重大风险攻坚战，全面融入全球产业链、价值链和创新链。要加强与"一带一路"共建国家和地区在基础设施、产业技术、能源资源等领域的国际交流合作，着力推动企业、产品、技术、标准、品牌、装

备和服务"引进来""走出去";要把握全球产业格局深度调整的机遇，形成适应未来发展趋势的产业结构、政策框架、管理体系，集全球之智，克共性难题，以更宽广的视野谋划开放发展新思路，以高水平开放推动高质量发展。

（五）坚持共享发展，解决好民生领域的"短板"问题

实现全体人民更加公平地共享发展成果，既是高质量发展的根本目的，也是充分调动人民群众积极性、主动性、创造性，进而形成推动高质量发展强大动力的必要条件。人民日益增长的美好生活需要，在很大程度上表现为教育、就业、医疗、居住、养老等公共需求的全面快速增长，更好地满足这些民生需求和提高民生福祉，需广泛汇聚民智、最大激发民力，形成人人参与、人人尽力、人人都有成就感的生动局面，让人民群众的获得感不断增强。共享发展的内涵包括全民共享、全面共享、共建共享和渐进共享，共享理念坚持以人民为中心的发展思想和人民至上的价值理念，既体现了逐步实现全体人民共同富裕的要求，又体现了中国特色社会主义的底色、本色、亮色、特色。坚持以新发展理念引领高质量发展，就要使"共享成为根本目的"，要切实增加居民收入，实现更高质量和更加充分的就业；要不断改善民生，采取针对性更强、覆盖面更大、作用更直接、效果更明显的举措，解决好与群众生活息息相关的教育、就业、医疗卫生、社会保障等民生问题，不断促进人的全面发展，让人民群众的获得感、幸福感、自豪感不断增强。

第二节　共同富裕与高质量发展的关系

我国进入全面建设社会主义现代化国家、向着第二个百年奋斗目标迈进的新征程，有两个具有战略性的任务摆在我们面前：一个是共

同富裕,一个是高质量发展。高质量发展与共同富裕是什么关系,如何处理二者的关系,这是需要作出回答的重大理论和实践课题。中国共产党自成立之日起,始终把为中国人民谋幸福、为中华民族谋复兴作为初心和使命,高质量发展与共同富裕有着共同的价值取向,高质量发展是共同富裕的前提条件和实现路径,扎实推动共同富裕同时会促进高质量发展,在高质量发展中扎实推动共同富裕,充分体现了实现共同富裕的战略目标和实践途径的有机结合。

一、实现共同富裕是高质量发展的根本目的

当前我国社会主要矛盾已经转变为人民日益增长的美好生活需要和不平衡不充分的发展之间的矛盾,人民的诉求更多表现为对多维度的经济社会高质量发展的追求。共同富裕是高质量发展的根本目的,应从以下两个方面认识。

（一）共同富裕是高质量发展的内在要求

共同富裕是高质量发展到一定水平,在充分发展生产力、解决不平衡不充分发展基础上,满足人民日益增长的美好生活需要的必然产物和要求。一方面,共同富裕是高质量发展的必然产物。高质量发展必然能够解决我国的社会主要矛盾,促进平衡充分的发展以满足人民日益增长的美好生活需要,因此持续推进高质量发展的产物指向了共同富裕。另一方面,共同富裕契合了高质量发展的原则。共同富裕要求做优"蛋糕",也要做大"蛋糕",与高质量发展"质量第一、效益优先"的原则相契合。高质量发展不只是生产力发展的高质量,还包括生产关系和社会生活等其他多方面发展的高质量,不仅要生产发展、生活幸福、社会和谐,还要生态良好,这是扎实推动共同富裕的客观要求。因此,高质量发展是个综合概念,要求经济社会各领域、各方面的发展

都要高质量,这与共同富裕的要求是一致的。

(二)共同富裕体现高质量发展的价值旨归

新时代我国社会主要矛盾的变化,并没有改变我们对我国社会主义所处历史阶段的判断,发展仍然是第一要务,新时代人民日益增长的美好生活需要和不平衡不充分的发展之间的矛盾,需要通过高质量发展来解决。共同富裕是物质生活、精神生活、生态环境都要富裕。因此,发展是硬道理,没有物质财富的丰富就谈不上共同富裕,实现共同富裕是一个物质积累的过程,也是一个精神丰实和生态富民的过程,更是质量变革、效率变革、动力变革的过程,归根到底,是多维度的高质量发展。共同富裕是全体人民多维度的富裕,充分体现了高质量发展追求全面发展、平衡发展、共享发展的价值旨归。表现在以下三个方面:一是共同富裕体现了高质量发展全面性的追求。共同富裕要求全面性的富裕,与高质量发展"五位一体"的全面性相一致。二是共同富裕体现了高质量发展的平衡协调性。共同富裕要求发展的平衡性和协调性,关键靠高质量发展。三是共同富裕蕴含了高质量发展所追求的共享目标。共同富裕要求共享发展成果,体现了高质量发展的共享性。

二、高质量发展是实现共同富裕的根本路径

高质量发展"高"在哪里?它既是一种模式,也是一种结果,既包括实现三大变革,即质量变革、效率变革、动力变革,也包括提高三大效率,即劳动生产率、资本产出率、全要素生产率。实现共同富裕,要求国家财富的"蛋糕"不仅体积要更大,分量还要更足,只有高质量发展,才能做大做实"蛋糕",为共同富裕夯基垒土。因此,要实现全体人民的共同富裕,必须牢牢依靠高质量发展,这是经济社会发展客观规律的战略抉择和必经之路,主要体现在以下两个方面。

(一)高质量发展为共同富裕提供坚实基础

我国经济已由高速增长阶段转向高质量发展阶段,高质量发展是促进共同富裕的前提和基础,没有高质量发展,共同富裕就无从谈起。其一是高质量发展为共同富裕提供了坚实的物质基础。经济基础决定上层建筑,共同富裕的前提是富裕,是做大"蛋糕",只有生产力水平发展到一定阶段,具有强大的经济发展实力基础,才能达到富裕。高质量发展需要贯彻新发展理念,通过做大做优"蛋糕"为共同富裕提供收入、财产及其他优质生活条件等高质量的物质基础。其二是高质量发展为共同富裕提供了高质量的精神基础。全体人民的共同富裕,既包括物质富裕,又包括社会公平正义和"学有所教、劳有所得、病有所医、老有所养、住有所居"的公共服务与公共产品均等化、生态环境改善和文化生活上的"精神富裕"。因此,要实现全体人民"全面富裕",并不只是先做"蛋糕"后分"蛋糕"那样简单,而必须坚持系统观念,通过高质量发展实现全体人民共同富裕。

(二)高质量发展是实现共同富裕的必然选择

当前,我国发展不平衡不充分问题仍然突出,促进全体人民共同富裕是一项长期任务,需要持之以恒推动经济高质量发展。进入新时代,中国共产党把通过高质量发展促进共同富裕作为"十四五"规划和2035年远景目标纲要的重要部署战略,具有深刻的时代意义:一方面,高质量发展是中国共产党践行初心使命实现共同富裕的必然选择。中国共产党把马克思主义科学理论与中国具体实际相结合,在推动高质量发展中促进共同富裕,创造性发展了马克思主义,形成了共同富裕中国道路。另一方面,引领高质量发展的新发展理念也是引领扎实推动共同富裕目标的思想指引。创新、协调、绿色、开放、共享的新发展理念集中反映了我们党对经济社会发展规律认识的深化,极大丰富了马克思主义发展观,为我们通过高质量发展促进共同富裕提供了强大的思想武器。

第三节 在高质量发展中扎实推动共同富裕

习近平总书记指出:"我们要实现 14 亿人共同富裕,必须脚踏实地、久久为功,不是所有人都同时富裕,也不是所有地区同时达到一个富裕水准,不同人群不仅实现富裕的程度有高有低,时间上也会有先有后,不同地区富裕程度还会存在一定差异,不可能齐头并进。这是一个在动态中向前发展的过程,要持续推动,不断取得成效。"①由此可见,不同时期、不同阶段促进共同富裕有不同任务。"十四五"期间的基本目标是使"全体人民共同富裕迈出坚实步伐",2035 年的中期目标是"全体人民共同富裕取得更为明显的实质性进展",到 21 世纪中叶的远景目标是"全体人民共同富裕基本实现"。高质量发展是解决一切问题的基础和关键,没有高质量发展,就不可能实现共同富裕。这就要坚持以人民为中心的发展思想,贯彻新发展理念,着力在高质量发展中促进共同富裕。

一、以创新促进高质量发展,着力解决发展不充分问题

高质量发展以创新为第一驱动,必须深入实施创新驱动战略,进一步强化国家战略科技力量,重视应用性技术创新,加强基础研究,谋求原始创新,加快关键技术研发、推广、转化与应用,科技创新通过"共创—共享—共益"路径,充分发挥企业、政府、高校、用户、平台等多主

---

① 习近平. 扎实推动共同富裕[J]. 求是,2021(20):4-8.

体的作用,形成科技创新的价值共创体系,让科技创新为共同富裕提供强劲内生动力,在高质量发展中做大做好做优"蛋糕",解决发展的不充分问题。

（一）强化国家战略科技力量

近年来,新冠疫情影响深远,经济全球化遭遇逆流,全球产业链、供应链因非经济因素而面临冲击,国际科技交流合作受阻,强化国家战略科技力量有利于发挥新型举国体制的作用,抢占国际科技制高点,有利于提高创新链整体效能,催生高质量发展和实现共同富裕的新动能。包括以下三个方面:第一,构建科技创新资源配置总体格局,形成推动高质量发展、实现共同富裕的系统性动力源。整合优化科技资源配置,以国家战略性的需求导向推进创新体系优化,加快构建以国家实验室为引领的战略科技力量。优化提升国家工程研究中心、国家技术创新中心等创新基地。推进科研院所、高等院校和企业科研力量优化配置和资源共享。支持发展新型研究型大学、新型研发机构等新型创新主体。第二,加强原创性、引领性、基础性的研究,实现科技自立自强,牢牢把握高质量发展的基础、共同富裕的支撑。加强原创性引领性的科技攻关,在事关国家安全和发展全局的基础核心领域,制定实施战略性科学计划和科学工程。持之以恒加强基础研究,强化应用研究带动,鼓励自由探索,制定实施基础研究长期行动方案,重点布局基础学科研究中心,以基础研究推动高质量发展的可持续性。第三,优化科技创新环境,健全科技创新的平台体系,加快科技成果转化,提高高质量发展的现实生产力水平。加快建设重大科技创新平台,夯实高质量发展的核心技术基础。支持构建国际科技创新中心,建设综合性国家科学中心,支持建设区域科技创新中心。通过强化国家战略科技力量,发挥好科技创新对数字经济、绿色低碳、产业升级、城乡区域、创新创业等领域的关键支撑引领作用,尤其是对就业和收入分配产生的重要影响,依靠科技创新为实现共同富裕提供强劲内生动力,助力发挥经济增长潜力,科技致富,提高人民收入水平,推进共同富裕。

(二)提升企业技术创新能力

提升企业技术创新能力是促进我国经济社会实现高质量发展、增强共同富裕的动能和夯实共同富裕经济基础的必然要求。包括以下四个方面:第一,完善技术创新市场导向机制,强化企业创新的主体地位,促进充分发展,提高质量和效益水平,使企业成为构筑共同富裕经济基础的中坚力量。促进各类创新要素向企业集聚,形成以企业为主体的技术创新体系,促进科技成果现实转化。第二,激励企业加大研发投入,增强企业创新动力,形成高质量发展理念,提高中高端的供给质量,满足人民美好生活的需要。通过实施向研发倾斜的税收优惠、保险补偿和激励政策,鼓励企业加大研发投入。第三,优化整合企业技术研发平台,统筹资源、提高研发效益,形成高质量发展更强有力的支撑和实现共同富裕的强大合力。整合提升关键共性技术平台,支持企业联合高等院校、科研院所共建国家产业创新中心,支持企业提供公益性共性技术服务,推动产业链上中下游、大中小企业的融通创新。第四,完善企业创新服务体系,创新科技成果转化机制,培育高质量发展的新动能。推动国家科研平台、科技报告、科研数据进一步向企业开放,创新科技成果转化机制,推进创新创业机构改革,完善金融支持创新体系等。通过提升企业的技术创新能力,提升企业自身"创富"能力,构建企业可持续发展生态,使利益相关者共同富裕。

(三)完善科技创新体制机制

厚植创新发展基因,迸发强大发展动力,能够让科技创新成为高质量发展动能的关键在于完善科技创新体制机制,为实现共同富裕提供强大内生动力,主要从以下三个方面入手:第一,深化科技管理体制改革,加快科技管理职能转变,激发科技创新热情,形成实现共同富裕的驱动力。强化规划政策引导和创新环境营造,减少直接干预。改革重大科技项目立项和组织管理方式,健全资金支持机制,健全科技评价机制,创新资源自由有序流动机制,深入推进全面创新改革试验。第二,健全知识产权保护运用体制,实施知识产权强国战略,界定创新效益边界,保护科技创新主体,促进高质量发展的有序推进,鼓励勤劳创新致富,兼顾公平和效益。实行严格的知识产权保护制度,完善知识产权相关法律法规,加快新领域新业态知识产权立法。优化专利资助奖励政策和考核评价机制,完善无形资产评估制度,构建促进知识产权保护运用的公共服务平台。第三,积极促进科技开放合作,有效降低创新成本,提高创新效率。实施更加开放包容、互惠共享的国际科技合作战略,更加主动融入全球创新网络。务实推进全球疫情防控等领域国际科技合作,加大国家科技计划对外开放力度。[①] 一方面,通过完善科技创新体制机制,提高资源配置效率,创新资源利用方式,提升经济主体生产效率,为经济增长提供新动能,带动可持续高质量发展,夯实共同富裕的物质基础。另一方面,通过提高工资性收入、丰富财产性收入来源、带动更多自发的第三次分配行为,推动共享共赢成为社会共识,形成互帮互助的社会风气,提升共同富裕的分配效率。

二、以协调促进高质量发展,着力解决发展不平衡问题

共同富裕,高质量发展是前提,协调发展是关键。调整区域结构,实施区域协调发展战略,解决区域发展不平衡,缩小地区差距;调整产

---

① 中华人民共和国国民经济和社会发展第十四个五年规划和 2035 年远景目标纲要[M].北京:人民出版社,2021:21-22.

业结构,解决产业不平衡问题,实现产业结构优化;调整城乡结构,实施乡村振兴,"四化"同步,缩小城乡差距;深化供给侧结构性改革和需求侧管理,解决供需结构不平衡问题。统筹城乡发展、区域发展、经济社会发展、人与自然和谐发展、国内发展和对外开放,推进生产力和生产关系、经济基础和上层建筑相协调,推进经济、政治、文化、生态相协调,解决发展不平衡问题。

(一)推进城乡融合发展

城市与乡村是人民生产生活的基本空间载体。消灭城乡对立、促进城乡融合是建设"真正的共同体"的历史前提,也是推动人的自由全面发展和实现全体人民共同富裕的重要基础,中国共产党的百年奋斗历程,某种程度上可谓一部不断缩小城乡差距、促进城乡融合、实现全体人民共同富裕的历史。城乡之间的融合水平在一定程度上代表我国共同富裕实现程度。城乡发展的不平衡、城乡二元结构是造成收入差距的重要原因。构建新型城乡关系,建立健全城乡融合发展体制机制和政策体系,促进城乡之间的要素自由流动、公共资源的合理配置,形成城乡融合发展新格局,是推动高质量发展、缩小城乡居民收入差距、实现共同富裕的重要举措:第一,健全城乡融合体制机制。完善城乡要素流动的体制机制,深化农村产权制度改革,推进城乡要素的自由、平等交换,推进城乡共同发展,缩小城乡差距。第二,构建新型工农城乡关系。强化以工补农、以城带乡,推动形成工农互促、城乡互补、协调发展、共同繁荣的新型工农城乡关系,深入实施美丽乡村建设,让群众共享城乡融合发展的成果。第三,进一步推进乡村振兴战略实施。进一步提升农业产业链、价值链、供应链现代化水平,打造农业全产业链,提升增值效益,促进农民增收,促进农业农村现代化。在推进城乡产业融合中做大城乡"蛋糕",在促进城乡基本公共服务均等化中分好城乡"蛋糕",在高质量发展中促进共同富裕,内在要求以城乡融合高质量发展推动共同富裕。

（二）推进区域协调发展

党的二十大报告指出，促进区域协调发展，深入实施区域协调发展战略、区域重大战略、主体功能区战略、新型城镇化战略。我国幅员辽阔，区域自然条件和资源禀赋差异较大，发展不平衡不充分是我国的基本国情。从共同富裕的角度来看，目前各地包括教育、医疗、养老等在内的公共服务发展不均衡，需要以重大区域发展战略为引领，完善区域协调发展新机制，尊重地区发展差异的客观规律，发挥各地区的动态比较优势，建立优势互补、高质量发展的区域经济布局，提高区域发展的平衡性、协调性、包容性，是实现共同富裕的内在要求和重要举措。可以从以下三个方面入手：第一，深入实施区域重大战略和区域协调发展战略，促进区域发展的平衡性，做强高质量发展的载体。重点推进京津冀协同发展、长江经济带发展、粤港澳大湾区建设、长三角一体化发展、黄河流域生态保护和高质量发展，高标准高质量建设雄安新区。促进东部、中部、西部地区协调发展，进一步支持产业梯度转移和区域间合作。充分发挥经济大省的经济优势，增强对全国发展的带动作用，加强大城市群要素聚散效应和财富创造效应。第二，进一步提升以县域为主要载体的新型城镇化水平。坚定"以人为本"的导向，加快促进大中小城市和小城镇协调发展。其中，小城镇根据自身比较优势，明确功能定位和发展导向，全面提升基础设施水平、产业支撑能力和综合服务能力，加强与城市群和都市圈在交通、规划、产业、公共服务等多领域的联系和对接，主动接受城市群辐射，将放大城市群带动效应，深化区域一体化发展。有序推进中小城市更新，健全常住地提供基本公共服务制度，加强中小城市基础设施建设，提高人民生活幸福感。第三，加快构建国内统一大市场，发挥区域比较优势，整合优势资源，加快实现共同富裕的进程。利用我国区域差异化和互补性的资源优势,构建区域协同发展体系,打通区域之间要素流通的堵点,创新跨区域投资和公共品供给机制,促进规则统一、竞争充分、高度开放,打造全国统一大市场,促进劳动力的跨区域流动,提高居民收入水平。

（三）推进多维协调发展

我国经济社会发展的不平衡问题同时体现在多个维度,包括发展领域之间的不平衡、发展主体和发展重点之间的不平衡、两个文明之间的不平衡、经济建设和国防建设之间的不平衡等。这就要求同时推进多维的协调发展:第一,提高发展领域之间的平衡性,统筹兼顾经济社会等各个方面的发展要求,实现"五位一体"总体布局中各个构成要素的良性互动,推动全面高质量发展,体现共同富裕的要求。第二,提高发展主体和发展重点之间的平衡性,正确处理政府与市场、物质文明与精神文明、统筹发展与安全等发展主体和发展重点之间的关系,推动经济社会的高质量发展,实现速度、结构、质量、效益的统一。第三,提高两个文明之间的平衡性。共同富裕既包括物质富裕也包括精神富裕,高质量发展包含两个文明的协调发展,要求在实现中华民族伟大复兴不懈奋斗的每个阶段、每个环节,要推动物质文明与精神文明协调发展。第四,提高经济建设和国防建设之间的平衡性。坚持总体国家安全观,站在发展战略全局高度深化各领域改革,进一步把国防和军队建设融入经济社会发展体系,把经济建设同国防建设有机结合起来。

三、以绿色促进高质量发展,着力提升全民生态福利水平

绿色是高质量发展的鲜明底色和共同富裕的纯正本色,贫富差距体现在物质文明、精神文明领域,也体现在生态文明领域。从人类发

展历史看,生态得不到保护,非但不能走向富裕,还有被"开除球籍"的
危险。恩格斯在《自然辩证法》中这样描述,"美索不达米亚、希腊、小
亚细亚以及其他各地的居民,为了得到耕地,毁灭了森林,但是他们做
梦也想不到,这些地方今天竟因此成了不毛之地"①。从人类未来看,
生态关乎生存,生态优势将是最大的发展优势,只有建立在绿色发展
基础上的共同富裕成色才更足。习近平总书记指出:"我们要建设的
现代化是人与自然和谐共生的现代化,既要创造更多物质财富和精神
财富以满足人民日益增长的美好生活需要,也要提供更多优质生态产
品以满足人民日益增长的优美生态环境需要。"②人的社会福利包括了
经济福利、政治福利、文化福利、精神福利、生态福利等多个方面,良好
的生态环境是最普惠的民生福祉,生态福利是共同富裕的题中之义。

(一)构建生态环境安全屏障

《中共中央关于党的百年奋斗重大成就和历史经验的决议》指出,
生态文明建设是关乎中华民族永续发展的根本大计。③ 为此:一是要
推进对山水林田湖草沙的一体化保护和系统治理,推进人与自然的和
谐发展。山水林田湖草沙是一个不可分割的生态系统,要提升生态系
统质量和稳定性,坚持系统观念,从生态系统整体性出发,推进山水林
田湖草沙一体化保护和修复,更加注重综合治理、系统治理、源头治
理。二是要加速构建生态安全屏障体系,实行最严格的生态环境保护
制度,划定生态保护红线,设立国家公园,为人的自由全面发展提供必
要的生态物质条件。三是要探索包括土地、森林、山岭、草原、荒地、滩
涂等集体资源性资产的收益分配机制,推进"生态银行"发展,实现分

---

① 恩格斯.自然辩证法[M].北京:人民出版社,2015:313.
② 习近平.决胜全面建成小康社会　夺取新时代中国特色社会主义伟大胜利:在中国共产党
第十九次全国代表大会上的报告[M].北京:人民出版社,2017:50.
③ 中共中央关于党的百年奋斗重大成就和历史经验的决议[M].北京:人民出版社,2021:51.

散生态资源的集约化经营,拓宽农民收入渠道。通过构建生态环境安全屏障,建设好生态文明,将欠发达地区的自然资源禀赋进一步转化为经济发展红利,将农村各类自然资源转化为助推农民增收的资产,将生态文明建设效用的提升与增进经济福祉、社会福祉紧密结合,从生态维度为缩小区域差距、城乡差距、收入差距提供解决方案。

(二)构建绿色发展新格局

高质量发展追求效益优先,要求以较少的资源能源消耗和环境成本来实现发展,良好的生态环境既是生产力要素之一,也是高质量发展和推进共同富裕的重要内容。高质量发展要求构建起绿色发展的新格局,主要包括以下四个方面:一是瞄准绿色设计、绿色工艺、绿色回收等关键技术,加大绿色技术装备的研发力度,打造引领产业发展的绿色核心技术体系,为可持续发展提供强大动力。二是积极促进绿色节能低碳技术大规模应用,淘汰低端落后产能,推动产业结构的优化升级,通过产业间的资源重新配置推动全社会绿色化生产,增加优质供给。三是实现全国碳排放权交易市场的上线交易,用市场机制控制和减少温室气体排放,加快成立国家绿色技术交易中心,鼓励科技创新,引导各地积极绿色转型[①],形成推进共同富裕的可持续动力。四是努力将绿色生态优势转化为发展优势。推进生态产品价值实现,将生态拓展为生产力要素,推动高质量发展,提高群众的获得感,守住发展和生态两条底线,最终达到百姓富和生态美的有机统一。加码生态保护,加快绿色发展,加速共同富裕,通过大力发展绿色产业,构建绿色发展格局,在高质量发展中实现促进生态美富、绿色兴富、民生安富、改革增富。

---

① 韩晶.以绿色发展理念引领经济高质量发展[N].经济日报,2020-05-03(4).

（三）共享绿色生态福利

"绿水青山就是金山银山"是习近平总书记统筹经济发展与生态环境保护作出的重要论断，为我们营造绿水青山、建设美丽中国，转变经济发展方式和把我国建成富强民主文明和谐美丽的社会主义现代化强国提供了思想指引。"绿水青山就是金山银山"生动形象地揭示了经济发展和生态环境保护的关系，指明了实现发展和保护协同共生的新路径。高质量发展秉持绿色发展理念，蕴含不以破坏环境为代价的发展，共同富裕是共享生态福利的富裕，应该做好几点：一是加快践行绿色发展理念和绿色生活方式。持之以恒、久久为功，把推动形成绿色发展方式和生活方式摆在更加突出的位置，全方位、全地域、全过程开展生态环境的保护建设。在守护绿水青山、以绿色发展助推产业转型升级的同时，持续释放绿色生态福利，加快实现共同富裕的进程。二是加快推动绿色生活和绿色发展理念教育。加快推动全学龄段绿色理念教育，加大绿色理念宣传，使之深入人心，促进人人参与。三是尽快加强绿色技术人才队伍培养。积极培养多范围、多层次的绿色技术人才，将绿色理念真正融入经济发展。四是积极培育人民群众环境保护意识。加大宣传，进一步提高人民群众对环境问题的认识，提升人民群众参与环境保护的积极性和主动性。通过加快推进经济生态化和生态经济化，拓宽"绿水青山就是金山银山"的转化通道，提高生态福利水平，以更高水平、更高质量的发展实现生态惠民、生态利民、生态为民，厚植高质量发展和共同富裕的绿色底色和质量成色。

四、以开放促进高质量发展，解决好发展内外联动问题

高质量发展秉持开放发展理念，与共同富裕蕴含的要求一致。共同富裕本身就是一种包容式、开放式的发展，开放发展理念有利于促

进国际合作、文明互鉴和互利共赢,将进一步拓展实现"两个一百年"奋斗目标的发展道路。实施更大范围、更宽领域、更深层次的对外开放,有利于发挥我国大市场优势,构建以国内大循环为主体、国内国际双循环相互促进的新发展格局,推动构建人类命运共同体,积极参与全球经济治理,在扩大开放中实现高质量发展,为扎实推动共同富裕创造良好的外部环境和发展空间。

(一)扩大内需,促进国内国际双循环

党的十九届五中全会作出"加快构建以国内大循环为主体、国内国际双循环相互促进的新发展格局"重大战略决策。新发展格局是以畅通经济内外循环为支点,撬动中国经济高质量发展,为转变经济发展方式、解决社会主要矛盾、实现共同富裕等重大经济实践开辟了新的道路。通过更新中国经济内外循环关系,以内循环为主体,国内国际双循环相互促进,改变中国经济发展方式的内涵,正是为经济高质量发展开辟具体路径:一是扩大内需,建设全国统一大市场,加快形成国内大循环。建立全国统一大市场,以国内大循环为主体是适应内外环境变化的重大战略调整。以国内大循环为主体,就是要发挥我国超大规模的市场潜力和资源、要素等方面的优势,挖掘国内市场需求潜力,加快构建完整的内需体系。深化要素市场化配置改革,打通与共同富裕密切相关的生产、分配、流通、消费各个环节,提高国内大循环效率。二是通过畅通国内大循环,推动形成国内国际双循环格局。2020年10月,习近平总书记在深圳经济特区建立40周年庆祝大会上强调:"新发展格局不是封闭的国内循环,而是开放的国内国际双循环。"①应进一步联通国内市场和国际市场,培育新形势下我国参与国际合作和竞争的新优势,促进我国经济社会高质量发展。发挥对外贸

---

① 习近平.在深圳经济特区建立40周年庆祝大会上的讲话[M].北京:人民出版社,2020:9-10.

易大国优势,主动促进内外市场和规则对接,创造"你中有我、我中有你"供应链生态,形成国内循环与国际循环相互促进的良好格局。[①] 构建"新发展格局"意在优化中国经济结构,以创新驱动高质量发展。在中国人口红利日益减少,资本利润率下降的趋势下,以创新驱动替代投资驱动,扭转以压低劳动力工资为代价赚取微薄利润的不利局面,形成以获取国际超额剩余价值和技术外溢带来的共享型分配方式。改变资本压抑劳动模式,提升劳动报酬在初次分配中的占比,藏富于广大劳动人民,对实现共同富裕意义重大。只有通过技术、管理和制度的不断创新,形成强大的自主创新能力,中国经济才能进入技术壁垒高、不完全竞争和规模报酬递增的行业领域,实现国强民富,大幅度提升国内整体福利水平。

(二)扩大贸易规模,优化贸易结构

习近平主席在博鳌亚洲论坛 2018 年年会开幕式上发表题为《开放共创繁荣　创新引领未来》的主旨演讲,强调:"中国进行改革开放,顺应了中国人民要发展、要创新、要美好生活的历史要求,契合了世界各国人民要发展、要合作、要和平生活的时代潮流。"[②]发挥好我国贸易大国优势,推动经济增长、增加要素报酬、保持出口竞争力,有助于推动高质量发展和共同富裕:一是增加国际贸易投资,扩大贸易规模。保持稳定上升的贸易投资,提高对抗国际市场风险的能力,提高自主驾驭国际贸易投资的能力,稳定国民经济的运行秩序。二是保持进出口贸易、国际资本流动的相对平衡。减少国际贸易摩擦,推动出口企业的长远发展和国内企业的正常运营。保证国内资本流出规模的适当性,有利于增加国内投资,防止产业发展空心化。三是优化国际贸

---

① 王一鸣. 从长期大势把握当前形势 统筹短期应对和中长期发展[N].经济日报,2020-08-12(1).
② 习近平.开放共创繁荣　创新引领未来:在博鳌亚洲论坛 2018 年年会开幕式上的主旨演讲[M].北京:人民出版社,2018:5.

易结构。推动高附加值、高技术产品和服务贸易占比不断上升，分享全球价值链的高端收益，有利于推动中国从贸易大国转向贸易强国。优化外商投资结构，推动其与新发展理念相契合，促进中国从吸收外资大国转向双向投资大国强国。加快提高高端制造、高技术服务领域外商投资的比重，提升对外投资效益，推动掌控全球供应链、价值链的跨国公司不断涌现。通过扩大贸易规模和优化贸易结构，促进我国突破现阶段经济增长瓶颈，积极融入全球经济，提升我国产业的国际竞争力，获得更多要素报酬和产业链附加值，服务于共同富裕的长期目标。

（三）建设高水平开放型经济新体制

推动制度型开放，建设高水平开放型经济新体制，有利于我国发挥国际比较优势，推动经济转型和高质量发展，有利于做大"蛋糕"和做好"蛋糕"。2022年1月，习近平主席出席2022年世界经济论坛视频会议并发表题为《坚定信心　勇毅前行　共创后疫情时代美好世界》的演讲，提出："中国将继续扩大高水平对外开放，稳步拓展规则、管理、标准等制度型开放，落实外资企业国民待遇，推动共建'一带一路'高质量发展。"①在我国发展新阶段，推动制度型开放主要表现在以下三个方面：一是对标以"市场准入＋公平竞争"为立足点的国际经贸规则，加速高质量产品供给，提高我国产品的国际竞争力水平。二是提高对外开放效率。进一步简化通关程序，促进经济政策和开放措施的稳定性和透明性，提高贸易投资的自由化、便利化程度，提升国际国内经济循环的畅通度。三是提高对外开放环境的公平性、保障性。推动营商环境的市场化、法治化、国际化，推动市场主体公平有序竞争，

---

① 习近平.坚定信心　勇毅前行　共创后疫情时代美好世界：在2022年世界经济论坛视频会议的演讲（2022年1月17日）[M].北京：人民出版社，2022：10.

知识产权保护严格有度,支持开放政策合法合规,风险防范安全可控,实现高水平开放与安全保障制度衔接协同。①

(四)参与全球治理,促进东西文明互鉴

中国作为世界第二大经济体和世界上最大的发展中国家,积极参与全球治理,促进东西文明互鉴,充分展现大国的责任担当。一是积极参与国际规则制定,推动国际规则更加公正合理,不断丰富新形势下多边主义实践。坚定维护多边贸易体制,积极参与世界贸易组织改革,保障发展中国家的权益和发展空间,拓展共同富裕实现的来源。二是不断提升国际合作水平,积极参与国际合作组织。积极构建与联合国、世界贸易组织、二十国集团、亚太经合组织等组织的合作机制,加强贸易和投资、数字经济、绿色低碳等领域的议题探讨,贡献更多维护自由贸易、加强开放合作的中国智慧,拓展国际市场,提升国际循环质量。三是主动制定积极的高水平开放合作规则。主动对标高标准的国际经贸规则,加快构建面向全球的高标准自贸区网络。四是构建新型国际经贸关系,推进大国协调合作,深化同周边国家经贸关系,加强与发展中国家团结合作,扩大互利共赢,积极营造良好外部环境②,形成高质量全球资源要素的引力场,加快推进中国式现代化和共同富裕。

五、以共享促进高质量发展,解决好民生领域"短板"问题

实现全体人民更加公平地共享发展成果,既是高质量发展的根本目的,也是充分调动人民群众积极性、主动性、创造性,进而形成推动高质量发展强大动力的必要条件。《中华人民共和国国民经济和社会

---

① 桑百川.持续推进更高水平对外开放[J].红旗文稿,2021(20):29-32.
② 王文涛.以高水平对外开放推动构建新发展格局[J].求是,2022(2):66-71.

发展第十四个五年规划和 2035 年远景目标纲要》提出，"十四五"时期经济社会发展必须"坚持人民主体地位，坚持共同富裕方向，始终做到发展为了人民、发展依靠人民、发展成果由人民共享"。这充分彰显了以人民为中心的发展思想，为我国在"十四五"乃至更长时期推进共享发展、逐步实现全体人民共同富裕指明了方向。

（一）坚持全民共建共享

人民群众是创造发展成果、享有发展成果的主体，要做到以下四点：一是要始终坚持以全体人民为中心的发展思想。坚持发展为了人民、发展依靠人民、发展成果由人民共享，树立正确的高质量发展观、现代化观、共同富裕观。习近平总书记强调："共享是中国特色社会主义的本质要求，共享发展注重的是解决社会公平正义问题，必须坚持全民共享、全面共享、共建共享、渐进共享，不断推进全体人民共同富裕。"①"共享发展是人人享有、各得其所，不是少数人共享、一部分人共享。"②二是依靠人民共建实现高质量发展。要实现共享发展，需要激发全体人民的热情和创造精神，使全体人民在"共建"中各尽其能，在"共享"中各得其所。中国共产党始终坚持依靠广大人民群众推动经济社会发展，让人民群众共享经济社会发展成果，有更多获得感、幸福感、安全感。三是要分好"蛋糕"。坚持发展成果由人民共享，要不断做大做优"蛋糕"和切好"蛋糕"，通过全面深化收入分配制度改革和社会保障制度改革，缩小地区之间、城乡之间、群体之间的发展差距，解决好人民日益增长的美好生活需要和不平衡不充分的发展之间的矛盾。四是要以考核评价激励共享。把人民是否共同享受到改革发展

---

① 中共中央宣传部.习近平新时代中国特色社会主义思想学习纲要[M].北京:学习出版社,人民出版社,2019:110.

② 中共中央文献研究室编.习近平关于全面建成小康社会论述摘编[M].北京:中央文献出版社,2016:61.

成果作为衡量标准,必须确保"全面建成小康社会,一个不能少""共同富裕路上,一个不能掉队",使全体人民朝着共同富裕目标扎实迈进。

（二）坚持全面高质共享

我们追求的共同富裕是坚持以人的全面发展为目的的共享,是全领域的高质共享、全环节的高质共享。包括:一是要通过全面发展,推动人民共享全领域的成果。社会发展是全面的发展,人民的需求也具有全面性,包括经济、政治、文化、社会、生态等各方面,任何一个方面都不能缺位。只有全面发展才能实现人民全领域共享成果,切实改善人民生活,促进人的全面发展。二是提高发展成果质量,促进高质量共享。当前发展需要进一步满足人民对美好生活的需求,要求发展从"有没有"向"好不好"转变。共享发展理念旨在解决经济社会发展过程中出现的不平衡、不协调和不可持续等问题,要求切实推进高质量发展,要求补齐民生短板,提高人民的获得感、幸福感。

（三）坚持公平正义共享

全民共享的核心要求是公平,包括机会公平、过程公平和结果公平。党的十八届五中全会强调,要"按照人人参与、人人尽力、人人享有的要求,坚守底线、突出重点、完善制度、引导预期,注重机会公平,保障基本民生,实现全体人民共同迈入全面小康社会"①。在促进经济社会发展的过程中注重解决共享的公平正义问题,要做好以下三点:一是通过制度安排促进共享公平正义。共享发展的全面性要贯穿社会发展的各个环节。通过制度安排、法律规范等,努力减少有违社会公平正义的现象,切实保障人民的平等参与、平等发展权利。二是努力创造机会平等的发展环境。通过创造和维护机会公平、规则公平的社会环境,让每个人通过努力都有成功机会。三是通过分配制度改

---

① 中国共产党第十八届中央委员会第五次全体会议公报[M]. 北京:人民出版社,2015:14.

革,保证共享的机会均等。实现共同富裕蕴含着既要做大"蛋糕",又要分好"蛋糕",避免因分配不公出现两极分化,维护社会公平正义的要求。加强顶层设计,让全体人民能够共享经济社会的发展成果。坚持社会主义基本经济制度,不断调整收入分配格局,完善以税收、社会保障、转移支付等为手段的再分配调节机制,解决好收入差距问题,使发展成果更多更公平惠及全体人民,维护社会公平正义。

（四）坚持成果渐进共享

在 2016 年省部级主要领导干部学习贯彻党的十八届五中全会精神专题研讨班上,习近平总书记强调:"我们不能做超越阶段的事情,但也不是说在逐步实现共同富裕方面就无所作为,而是要根据现有条件把能做的事情尽量做起来,积小胜为大胜,不断朝着全体人民共同富裕的目标前进。"[①]共同富裕是一个长远目标,需要一个过程。一是正确认识高质量发展的长期性。[②] 科学把握我国处于社会主义初级阶段的基本国情,要发扬钉钉子精神,锲而不舍地长期奋斗,以更有效的举措不断推进共同富裕。二是必须坚持为人民提供平等发展机会。尽力而为、量力而行,循序渐进保障和改善民生。为人民创造提高受教育程度、增强发展能力更为普惠公平的条件,鼓励勤劳创新致富,畅通向上流动通道。三是要因地制宜探索先富带后富的有效路径。通过发达地区对口帮扶落后地区、致富带头人带动低收入群体增收等,形成先富帮后富的局面。可充分挖掘和总结浙江共同富裕示范区建设的经验,以加快形成在全国可复制可推广的经验,从而鼓励各地逐步推开。[③]

①　习近平. 在省部级主要领导干部学习贯彻党的十八届五中全会精神专题研讨班上的讲话[M]. 北京:人民出版社,2016:26.

②　文雁兵.让广大人民群众共享改革发展成果[N].光明日报,2022-09-29(13).

③　燕连福.共享发展理念的深刻内涵及理论贡献[N].经济日报,2021-10-27(10).

本章小结：构建共同富裕和高质量发展是我国进入全面建设社会主义现代化国家、向着第二个百年奋斗目标迈进的新征程的两个战略性的任务。共同富裕与高质量发展有着共同的价值取向，高质量发展是共同富裕的前提条件和实现路径，扎实推动共同富裕同时会促进高质量发展，在高质量发展中扎实推动共同富裕，充分体现了实现共同富裕的战略目标和实践途径的有机结合。如何在高质量发展中推进共同富裕是党和人民在新时代面临的重大命题。本章从高质量发展的内涵、共同富裕与高质量发展的关系，以及如何在高质量发展中扎实推动共同富裕三个方面回答了上述问题。一方面，高质量发展是解决发展不平衡不充分问题的发展，有利于满足人民日益增长的美好生活需要，是实现共同富裕的必由之路。应全面贯彻新发展理念，将创新、协调、绿色、开放、共享作为一个整体，贯穿到高质量发展的全领域、全环节和全过程，才能最终实现共同富裕。另一方面，以共同富裕为目标实现高质量发展，主要是依靠全面深化改革，调整各方面的关系，调动全社会全体人民的积极性和创造性，在逐步实现共同富裕的过程中实现高质量发展。值得强调的是，在高质量发展推动共同富裕的过程中，需要构建共同富裕的科学评价指标体系，对共同富裕的推进程度和实现水平进行科学分析、动态监测和实时跟踪。

第六章　共同富裕的科学评价

　　科学有序和扎实有效推进共同富裕建设,既要准确把握共同富裕的历史演进、时代背景、科学内涵、理论基础、重点难点,也要科学制定共同富裕建设的工作原则、战略定位、发展目标、实现路径、保障措施,还要构建共同富裕科学评价指标体系,进行科学合理的评估和动态精准的监测,以便反映实情、把握进展、感知成效和纠偏问题。习近平总书记在《扎实推动共同富裕》中指出:"要抓紧制定促进共同富裕行动纲要,提出科学可行、符合国情的指标体系和考核评估办法。"①本章系统阐述共同富裕科学评价指标体系的主要目的,全面回顾共同富裕科学评价的研究进展,分析构建共同富裕科学评价指标体系的主要原则,并深入探讨构建共同富裕科学评价指标体系的主要思路。

第一节　共同富裕科学评价的主要目的

　　共同富裕建设工作不能盲目行动,要有目标、规划与蓝图,必须

"谋定而后动,厚积而薄发"。构建共同富裕科学评价指标体系的主要
目的有四个:一是共同富裕精准把握的内在要求;二是共同富裕有序
推进的科学指引;三是共同富裕政策实施的动态跟踪;四是共同富裕
人民感知的精准反馈。

一、共同富裕精准把握的内在要求

《中共中央国务院关于支持浙江高质量发展建设共同富裕示范区
的意见》界定了共同富裕的内涵:"共同富裕具有鲜明的时代特征和中
国特色,是全体人民通过辛勤劳动和相互帮助,普遍达到生活富裕富
足、精神自信自强、环境宜居宜业、社会和谐和睦、公共服务普及普惠,
实现人的全面发展和社会全面进步,共享改革发展成果和幸福美好生
活。"①这初步绘制了共同富裕的伟大蓝图。但是,为了更好地揭示共
同富裕的特征,精细刻画共同富裕的样板图,准确把握共同富裕的新
时代内涵,还需构建共同富裕科学评价指标体系。

共同富裕不仅是一项前无古人的事业,也是一项艰巨复杂的历史
任务。人类历史上迄今还没有哪个国家能做到,因此共同富裕的具体
状态和样貌是什么,还无人知晓。构建共同富裕科学评价指标的主要
目的之一就是:刻画共同富裕状态的样板图和风向标,先见森林,再见
树木,以顶层设计方式回答共同富裕"是什么"以及共同富裕的具体状
态和样貌"又是什么";对共同富裕所要达成的结果进行精细刻画与顶
层设计,全景解读共同富裕宏伟蓝图,从而通过这张蓝图凝聚全体人
民推进共同富裕建设。② 因此,构建共同富裕科学评价指标体系的目
的之一就是对共同富裕进行精准把握。

---

① 中共中央国务院关于支持浙江高质量发展建设共同富裕示范区的意见[M].北京:人民出
版社,2021:2.

② 陈丽君,郁建兴,徐铱娜.共同富裕指数模型的构建[J].治理研究,2021(4):5-16.

二、共同富裕有序推进的科学指引

习近平总书记在《扎实推动共同富裕》中明确指出："共同富裕是一个长远目标，需要一个过程，不可能一蹴而就，对其长期性、艰巨性、复杂性要有充分估计，办好这件事，等不得，也急不得。"[①]共同富裕是中国人民长期追求的一个社会发展目标，实现共同富裕不是一件易如拾芥的事，而是一项复杂多变的系统性工程。我们要充分地认识到：从共同富裕的定量目标来看，实现共同富裕需要一个长期的发展过程；从现实的富裕和共享程度来看，实现共同富裕要经过一个长期艰苦的过程；从实现共同富裕的路径来看，需要进一步深化改革和政策调整，而推动一些深层次的改革更是一个长期复杂的过程。[②]

有序推进共同富裕建设，首先要准确把握共同富裕的内涵、理论基础、演进历程、历史方位，其次要科学制定共同富裕建设的工作原则、战略定位、发展目标、实现路径、保障措施，最后要构建共同富裕科学评价指标。其中，构建科学评价指标体系是对共同富裕建设发展目标的精准量化，是对共同富裕建设实现路径的清晰刻画。通过多维度、多主体、多视角科学评价共同富裕建设情况并予以排序，使各级党委、政府对共同富裕建设成效及问题能够精准把脉，决定议题优先级，为共同富裕建设积极作为、有效分配资源。[③] 因此，构建共同富裕科学评价指标体系的目的之二就是为共同富裕有序推进提供科学指引，制定政策举措，谋划工作思路，布局工作重点，落实工作任务。

---

① 习近平.扎实推动共同富裕[J].求是，2021(20):4-8.
② 李实.充分认识实现共同富裕的长期性[J].治理研究，2022(3):4-12.
③ 陈丽君，郁建兴，徐铱娜.共同富裕指数模型的构建[J].治理研究，2021(4):5-16.

三、共同富裕政策实施的动态跟踪

习近平总书记在《扎实推动共同富裕》一文中明确中指出:"到'十四五'末,全体人民共同富裕迈出坚实步伐,居民收入和实际消费水平差距逐步缩小。到 2035 年,全体人民共同富裕取得更为明显的实质性进展,基本公共服务实现均等化。到本世纪中叶,全体人民共同富裕基本实现,居民收入和实际消费水平差距缩小到合理区间。"[①]共同富裕不是一个短期目标,是一个长期目标,实现共同富裕是一个艰巨的任务,是一个长期过程。共同富裕涉及的人口数量巨大,涉及的内容非常广泛,建设共同富裕是一个复杂的系统工程。共同富裕实现的长期性与复杂性决定着共同富裕的政策实施也必然是长期的、分阶段的、复杂的,因此共同富裕的政策实施效果至关重要。因而构建共同富裕科学评价指标体系的目的之三就是动态跟踪共同富裕政策的实施效果。

多维度、多主体、多视角的科学评价指标体系能展示不同阶段共同富裕建设的状况。共同富裕科学评价指数的数值及其变化能及早揭示和反映共同富裕政策实施中所遇到的困难、问题与短板。共同富裕要求社会民生建设达到新水平、分配结构更加优化、人民生活品质显著提升、基本公共服务均等化程度显著提高[②],涉及的内容比较多、比较广,同时在建设过程中又不可避免地受到一些不可预期的外部冲击,从而要求共同富裕政策实施是一个与时俱进的动态调整过程。依据共同富裕科学评价指标体系,我们可以把握好共同富裕全面建设与突出重点的关系,加强分析研究归纳,并根据实际情况及时修正相关

[①]　习近平. 扎实推动共同富裕[J]. 求是,2021(20):4-8.
[②]　蒋永穆,豆小磊.扎实推动共同富裕指标体系构建:理论逻辑与初步设计[J].东南学术,2022(1):36-44.

政策,及时纠正共同富裕走偏走样,防止或避免不良结果的出现,从而不断完善政策措施,提升共同富裕政策的执行效果。

四、共同富裕人民感知的精准反馈

习近平总书记在《扎实推动共同富裕》中还明确指出:"总的思路是,坚持以人民为中心的发展思想,在高质量发展中促进共同富裕,正确处理效率和公平的关系,构建初次分配、再分配、三次分配协调配套的基础性制度安排,加大税收、社保、转移支付等调节力度并提高精准性,扩大中等收入群体比重,增加低收入群体收入,合理调节高收入,取缔非法收入,形成中间大、两头小的橄榄型分配结构,促进社会公平正义,促进人的全面发展,使全体人民朝着共同富裕目标扎实迈进。"[①]《中共中央国务院关于支持浙江高质量发展建设共同富裕示范区的意见》强调:"随着我国开启全面建设社会主义现代化国家新征程,必须把促进全体人民共同富裕摆在更加重要的位置,向着这个目标更加积极有为地进行努力,让人民群众真真切切感受到共同富裕看得见、摸得着、真实可感。"[②]人民的感知如何是以人民视角来回答共同富裕建设"怎么样""效果如何",构建共同富裕科学评价指标体系的目的之四就是精准反馈共同富裕的人民感知,即体现人民群众是否真真切切感受到共同富裕的好处以及共同富裕实现的程度。

多维度、多主体、多视角的科学评价指标体系能够成为测量共同富裕效果的温度计和晴雨表[③],测量人民生活是否变得更加富裕富足、精神是否变得更加自信自强、环境是否变得更加宜居宜业、社会是否

① 习近平.扎实推动共同富裕[J].求是,2021(20):4-8.
② 中共中央国务院关于支持浙江高质量发展建设共同富裕示范区的意见[M].北京:人民出版社,2021:2.
③ 陈丽君,郁建兴,徐铱娜.共同富裕指数模型的构建[J].治理研究,2021(4):5-16.

变得更加和谐和睦、公共服务是否变得更加普及普惠、收入水平差距是否变得更小,检验人民获得感、幸福感和安全感是否增强。因此,通过构建共同富裕科学评价指标,可以精准反映人民对共同富裕的感知。

第二节　共同富裕科学评价的研究进展

虽然与共同富裕研究相关的国内外文献比较多,但是,由于共同富裕涉及的问题复杂、内容众多,针对共同富裕展开科学评价的研究仍处于初步阶段。为了详细回顾共同富裕科学评价指标体系的研究进展,本节将从共同富裕科学评价指标体系的国际经验、中国探索与浙江设计这三个维度进行详细介绍和比较分析,详细介绍当前研究进展和实践应用。

一、国际经验

20 世纪 80 年代,全球有 80 多个国家和社会组织建立了社会发展评价指标体系。其中,代表性的有美国学者理查德·埃斯蒂斯构建的社会进步指数(Index of Social Progress,ISP),该指标依据教育、健康状况、妇女地位、国防、经济、人口、地理、政治参与、文化、福利成就这 10 个领域的 36 个指标,构建一个综合指数,以此作为评价社会发展的尺度。

1990 年,联合国开发计划署从预期寿命、教育水平和生活质量这三个方面选取指标,构建了人类发展指数(Human Development Index,HDI)。随着社会经济的发展,人类发展指数也多次被修订。人类发展指数对分析与评价各国人类发展状况与进程有着重要作用。

目前,中国的人类发展指数为 0.758,排在全球第 86 位。

2001 年,欧盟委员会在《可持续的欧洲使世界变得更美好:欧盟可持续发展战略》中描绘了经济繁荣发展、资源有效管理、环境充分保护、社会和谐发展的美好蓝图。2007 年,欧盟统计局开始编制可持续发展指数体系(Sustainable Development Index System),并定期开展评估。

2010 年,德国发布了国家福利指数(National Welfare Index,NWI),该指数包含贫富差距、消费支出、福利增加、福利降低、环境损害、国家实力等六大类共 21 项指标,对社会公平、环境破坏、自然资源损耗等尤为关注,推动了福利测度研究的进一步发展。

2013 年,经济合作与发展组织(OECD)编制美好生活指数(Better Life Index,BLI),包括住房条件、家庭收入、工作、社区环境、教育、自然环境、公民参与、健康、生活满意度、安全度以及工作生活平衡度这 11 个方面,对 34 个成员国的幸福感作出评估。此外,法国经济发展与社会衡量委员会的幸福与经济发展测度指标和荷兰社会研究所的生活状况指标等也具有一定的代表性。

二、中国探索

20 世纪 90 年代以来,我国学者对共同富裕科学评价展开了一系列研究。朱航研究衡量共同富裕实现的客观标准,并用国民生产总值、是否解决温饱问题、人均国民生产总值、基尼系数、恩格尔系数、平均寿命、中学入学率、人均收入等多个方面的指标指代共同富裕应该达到的近期、中期和远期目标。[①] 董全瑞提出共同富裕的底线标准:一部分人收入的增加不以另一部分人收入的减少为条件;社会经济活动

---

① 朱航.关于共同富裕的内涵及实现标准的思考[J].财政研究,1996(7):38-41.

过程是否公正地对待生产要素所有者尤其是劳动力要素所有者;社会分配给每个人所应得的部分究竟是增加还是减少;经济发展进程是否增加了所有人的机会。[1] 这些研究为量化共同富裕的标准提供了难能可贵的基础。陈正伟和张南林从收入分配角度出发,将共同富裕分解为富裕度和共同度两个维度:依据基于购买力平价的城镇居民人均可支配收入、农村居民人均纯收入、城乡居民人均储蓄额描绘富裕度,依据购买力程度的离散系数描绘共同度。[2]

比较有代表性的文献是宋群发表的《我国共同富裕的内涵、特征及评价指标初探》,这是国内第一篇系统研究共同富裕评价体系的文章,认为共同富裕指标应包括基础指标、核心指标和辅助指标。其中,基础指标反映我国经济发展总体情况,由经济、社会、文化、生态、制度五个方面的 15 项指标构成;核心指标反映我国发展差距及消除程度,由收入消费、区域差异和社会保障三个方面的 6 项指标构成;辅助指标反映国际差异化水平,由人类发展指数和幸福指数 2 项具体指标构成。[3]

2005 年 10 月,党的十六届五中全会审议通过的《中共中央关于制定国民经济和社会发展第十一个五年规划的建议》指出:"要深化对科学发展观基本内涵和精神实质的认识,建立符合科学发展观要求的经济社会发展综合评价体系。"2011 年 3 月,《国民经济和社会发展第十二个五年规划纲要》进一步指出:"弱化对经济增长速度的评价考核,强化对结构优化、民生改善、资源节约、环境保护、基本公共服务和社会管理等目标任务完成情况的综合评价考核。"随后,关于地区发展

---

[1]　董全瑞.共同富裕:分歧、标准与着力点[J].经济学家,2001(4):13-18.
[2]　陈正伟,张南林.基于购买力平价下共同富裕测算模型及实证分析[J].重庆工商大学学报,2013(6):1-5.
[3]　宋群.我国共同富裕的内涵、特征及评价指标初探[J].全球化,2014(1):35-47.

与民生建设的评价越来越受到人们的关注。2012 年,中国统计学会和国家统计局科学研究所联合推出了"地区发展与民生指数"(Development and Life Index,DLI),用于测算我国各地区的发展与民生情况。该指数包括经济发展、民生改善、社会发展、生态建设、科技创新、公众评价六个方面。2012 年 11 月,党的十八大提出了全面建成小康社会。为了贯彻落实党的十八大精神,2013 年 10 月,国家统计局编制了"全面建成小康社会统计监测指标体系",用于监测各地区全面建成小康社会的水平。该监测指标体系包括经济发展、文化建设、人民生活、资源环境和民主法治五大领域共 39 类指标。

2020 年 10 月,党的十九届五中全会提出"到 2035 年基本实现社会主义现代化远景目标,全体人民共同富裕取得更为明显的实质性进展"。随后,学术界掀起了共同富裕研究的热潮,关于共同富裕评价指标的研究,主流思路是基于共同富裕的内涵、目标与特征,从不同维度构建相应的评价体系。表 6-1 统计了 2021—2023 年关于共同富裕评价的四种代表性研究。

表 6-1　2021—2023 年共同富裕评价指标的研究回顾

类别	作者(发表年份)	主要内容
二维评价体系	刘培林等(2021) 杨宜勇和王明姬(2021)	从富裕程度和成果共享程度两个维度构建评价体系
三维评价体系	陈丽君等(2021)	从发展性、共享性、可持续性三个维度构建评价体系
四维评价体系	蒋永穆和豆小磊(2022)	从人民性、共享性、发展性、安全性四个维度构建评价体系
过程指标与结果指标双系统评价体系	李金昌和余卫(2022)	分别构建共同富裕过程性评价体系与共同富裕结果性评价体系

注:具体内容见本章附录。

第一种思路主要是构建二维评价体系。代表性文献如刘培林等从总体富裕程度和发展成果共享程度两个维度构建共同富裕评价体系,其中,以人均国民收入绝对水平和相对于发达国家的水平、人均财富保有量水平和相对于发达国家的水平、人均物质财富保有量水平和相对于发达国家的水平、全员劳动生产率水平和相对于发达国家的水平作为总体富裕程度的度量指标,用人群差距、区域差距、城乡差距三个子维度度量发展成果共享程度。① 此外,杨宜勇和王明姬也从评价"共同"和评价"富裕"两个维度构建共同富裕评价体系,其中,从富裕差异性、富裕共享性两个子维度评价"共同",从物质生活富裕、精神生活富足、生活环境宜居三个子维度评价"富裕"。②

第二种思路主要是构建三维评价体系。代表性文献如陈丽君等从发展性、共享性和可持续性三个维度构建共同富裕评价体系。具体而言:从富裕度、群体共同度、区域共同度三个子维度评价发展性;从教育、医疗健康、社会保障、住房、公共基础设施、数字应用、公共文化七个子维度评价共享性;从高质量发展、财政、治理和生态四个子维度评价可持续性。③

第三种思路主要是构建四维评价体系。代表性文献如蒋永穆和豆小磊从人民性、共享性、发展性、安全性四个维度构建了共同富裕评价体系。具体而言:从主体综合素质、主体发展环境、主体参与度三个子维度评价人民性;从城乡差距、区域差距、收入差距三个子维度评价共享性;从经济发展质量、人民生活质量、生态环境质量三个子维度评价发展性;从收入底线保障、卫生健康保障、养老保障、就业保障、其他安全保障五个子维度评价安全性。④

---

① 刘培林,钱滔,黄先海,等.共同富裕的内涵、实现路径与测度方法[J].管理世界,2021(8):117-127.
② 杨宜勇,王明姬.共同富裕:演进历程、阶段目标与评价体系[J].江海学刊,2021(5):84-89.
③ 陈丽君,郁建兴,徐铱娜.共同富裕指数模型的构建[J].治理研究,2021(4):5-16.
④ 蒋永穆,豆小磊.扎实推动共同富裕指标体系构建:理论逻辑与初步设计[J].东南学术,2022(1):36-44.

第四种思路主要是基于过程指标与结果指标的区分,构建共同富裕过程评价体系与共同富裕结果评价体系两个评价体系。代表性文献如李金昌和余卫构建了由经济质效并增、发展协调平衡、精神生活丰富、全域美丽建设、社会和谐和睦、公共服务优享六个子维度组成的共同富裕过程性评价体系和由共享性、富裕度、可持续性三个子维度组成的共同富裕结果性评价体系。[①]

三、浙江设计

为全面落实《中共中央国务院关于支持浙江高质量发展建设共同富裕示范区的意见》,忠实践行"八八战略"、奋力打造"重要窗口",2021 年 7 月,浙江省委、省政府出台了《浙江高质量发展建设共同富裕示范区实施方案(2021—2025 年)》,部署共同富裕建设的重点任务。其中,有一项重点任务就是构建推动共同富裕的评价考核体系:结合"八八战略"实施综合评估,坚持定量与定性、客观评价与主观评价相结合,深化统计改革,科学设立高质量发展建设共同富裕示范区评价体系和目标指标体系,探索建立共同富裕实现度测度标准和方法,探索建立群众获得感幸福感安全感评价指数,全面反映示范区建设工作成效,更好反映人民群众满意度和认同感。加强监测分析和动态调整。将推动共同富裕有关目标要求纳入党政领导班子和领导干部综合绩效考核,提高考核工作质量。建立定期督查机制,创新完善督查方式,完善问题反馈整改机制。

依据《中共中央国务院关于支持浙江高质量发展建设共同富裕示范区的意见》与《浙江高质量发展建设共同富裕示范区实施方案(2021—2025 年)》,浙江省制定了建设共同富裕示范区的目标指标。

---

① 李金昌,余卫.共同富裕统计监测评价探讨[J].统计研究,2022(2):3-17.

该指标体系由经济高质量发展、城乡区域协调发展、收入分配格局优化、公共服务优质共享、精神文明建设、全域美丽建设、社会和谐和睦七个子维度组成，共涉及指标 56 个（见表 6-2），具体内容如下。

第一个维度是经济高质量发展。该子维度由人均生产总值、全员劳动生产率、单位 GDP 能耗、单位 GDP 碳排放、单位 GDP 建设用地使用面积、规上工业亩均税收、高技术制造业增加值占规上工业比重、居民人均可支配收入、R&D 经费支出占 GDP 比重、数字经济增加值占 GDP 比重（数字经济核心产业增加值占 GDP 比重）、居民人均消费支出、恩格尔系数等 12 个指标组成。

第二个维度是城乡区域协调发展。该子维度由城乡居民收入倍差、常住人口城镇化率、地区人均 GDP 最高最低倍差、地区人均可支配收入最高最低倍差、3 个"1 小时交通圈"人口覆盖率、城乡公交一体化率等 6 个指标组成。

Z 第三个维度是收入分配格局优化。该子维度由劳动报酬占 GDP 比重、居民人均可支配收入与人均 GDP 之比、家庭可支配收入（按三口之家计算）10 万—50 万元群体比例、家庭可支配收入（按三口之家计算）20 万—60 万元群体比例、城镇调查失业率、基尼系数等 6 个指标组成。

第四个维度是公共服务优质共享。该子维度由每千人口拥有婴幼儿照护设施托位数、普惠性幼儿园在园幼儿占比、儿童平均预期受教育年限、高等教育毛入学率、技能人才占从业人员比例、人均预期寿命、每千人口拥有执业（助理）医师数、每万老年人口拥有持证护理员数、城镇住房保障受益覆盖率、最低生活保障标准、公众食品和药品满意度、个人卫生支出占卫生总费用比例、民生支出占一般公共预算支出比例、房价与居民人均可支配收入之比、高峰时段公共汽电车平均运营时速等 15 个指标组成。

第五个维度是精神文明建设。该子维度由每万人拥有公共文化设施面积、居民综合阅读率、文明好习惯养成实现率、社会诚信度、人均文化娱乐消费支出占比、人均体育场地面积、国民体质合格率等 7 个指标组成。

第六个维度是全域美丽建设。该子维度由生活垃圾分类覆盖率、设区城市 PM2.5 平均浓度、地表水达到或优于 Ⅲ 类水体比例（省控断面）、县级以上城市公园绿地服务半径覆盖率等 4 个指标组成。

第七个维度是社会和谐和睦。该子维度由全面从严治党成效度、亿元生产总值生产安全事故死亡率、万人成讼率、律师万人比、群众获得感幸福感安全感满意度、整体智治实现率等 6 个指标组成。

表 6-2　浙江省高质量发展建设共同富裕示范区评价指标体系

类别	序号	指标	2022 年	2025 年	指标属性
经济高质量发展	1	人均生产总值/万元	11.3	13	评价指标
	2	全员劳动生产率/(万元/人)	18.7	22	评价指标
	3	单位 GDP 能耗/(吨标准煤/万元)	完成国家下达目标	完成国家下达目标	评价指标
	4	单位 GDP 碳排放/(吨/万元)	完成国家下达目标	完成国家下达目标	评价指标
	5	单位 GDP 建设用地使用面积/(米²/万元)	20.16	17.74	评价指标
	6	规上工业亩均税收/万元	31	37	评价指标
	7	高技术制造业增加值占规上工业比重/%	17	19	评价指标
	8	居民人均可支配收入/元	60000	75000	评价指标
	9	R&D 经费支出占 GDP 比重/%	3	3.3	评价指标
	10	数字经济增加值占 GDP 比重/%	55	60	评价指标
		其中:数字经济核心产业增加值占 GDP 比重/%	12.5	15	评价指标
	11	居民人均消费支出/元	34700	40000	评价指标
	12	恩格尔系数	稳步下降		观察指标

续　表

类别	序号	指标	2022 年	2025 年	指标属性
城乡区域协调发展	13	城乡居民收入倍差	1.95	≤1.9	评价指标
	14	常住人口城镇化率/%	73	75	评价指标
	15	地区人均 GDP 最高最低倍差	2.16	≤2.1	评价指标
	16	地区人均可支配收入最高最低倍差	1.6	1.55	评价指标
	17	3 个"1 小时交通圈"人口覆盖率/%	90	≥95	评价指标
	18	城乡公交一体化率/%	70	≥85	评价指标
收入分配格局优化	19	劳动报酬占 GDP 比重/%	50.7	51	评价指标
	20	居民人均可支配收入与人均 GDP 之比	0.525	0.535	评价指标
	21	家庭可支配收入(按三口之家计算)10 万—50 万元群体比例/%	72	80	评价指标
	22	家庭可支配收入(按三口之家计算)20 万—60 万元群体比例/%	35	45	评价指标
	23	城镇调查失业率/%	≤5.5	≤5.5	评价指标
	24	基尼系数	维持在合理区间		观察指标
公共服务优质共享	25	每千人口拥有婴幼儿照护设施托位数/个	3	4.5	评价指标
	26	普惠性幼儿园在园幼儿占比/%	90	≥90	评价指标
	27	儿童平均预期受教育年限/年	15	15.5	评价指标
	28	高等教育毛入学率/%	65.5	≥70	评价指标
	29	技能人才占从业人员比例/%	30.5	35	评价指标
	30	人均预期寿命/岁	79.6	80	评价指标
	31	每千人口拥有执业(助理)医师数/人	3.9	4.3	评价指标
	32	每万老年人口拥有持证护理员数/人	20	25	评价指标
	33	城镇住房保障受益覆盖率/%	22	23	评价指标
	34	最低生活保障标准/元	10500	13000	评价指标
	35	公众食品和药品满意度/%	稳步提升		观察指标

续　表

类别	序号	指标	2022 年	2025 年	指标属性
公共服务优质共享	36	个人卫生支出占卫生总费用比例/%	逐步下降		观察指标
	37	民生支出占一般公共预算支出比例/%	保持稳定		观察指标
	38	房价与居民人均可支配收入之比	逐步下降		观察指标
	39	高峰时段公共汽电车平均运营时速/(千米/小时)	18	20	观察指标
精神文明建设	40	每万人拥有公共文化设施面积/米²	3930	4350	评价指标
	41	居民综合阅读率/%	91.3	92.5	评价指标
	42	文明好习惯养成实现率/%	83	≥90	评价指标
	43	社会诚信度/%	94.9	96	评价指标
	44	人均文化娱乐消费支出占比/%	9.3	15	评价指标
	45	人均体育场地面积/米²	2.6	2.8	评价指标
	46	国民体质合格率/%	94	≥94.5	评价指标
全域美丽建设	47	生活垃圾分类覆盖率/%	100	100	评价指标
	48	设区城市 PM2.5 平均浓度/(微克/米³)	完成国家下达指标	完成国家下达指标	评价指标
	49	地表水达到或优于Ⅲ类水体比例(省控断面)/%	≥94	≥95	评价指标
	50	县级以上城市公园绿地服务半径覆盖率/%	86.5	90	评价指标
社会和谐和睦	51	全面从严治党成效度/%	≥97.5	≥97.5	评价指标
	52	亿元生产总值生产安全事故死亡率/(人/亿元)	0.014	0.01	评价指标
	53	万人成讼率/(件/万人)	≤90	≤80	评价指标
	54	律师万人比/(人/万人)	4.8	5.2	评价指标
	55	群众获得感幸福感安全感满意度/%	稳步提升		评价指标
	56	整体智治实现率/%	稳步提升		观察指标

　　除浙江省政府制定建设共同富裕示范区的目标指标外,省内其他部门和研究机构也对共同富裕评价体系做了有益的补充。例如,2021年6月,嘉兴学院中国共同富裕研究院与国网嘉兴电力公司从"高质量发展""高品质生活""高效能服务""高水平共享"几个方面共同编制了共同富裕电力指数,并对嘉兴市本级和5个县(市)进行了具体测度。2021年7月,杭州市萧山区梅林村作为全省"千村示范、万村整治"工程的发源地,按照"5+25+X"的架构,发布了村级"共同富裕"指标体系,并通过数字化手段对梅林村的共同富裕状况进行全面监测与可视化分析,以打造共同富裕现代化基本单元新标杆。

　　综上所述,有关共同富裕评价研究已经取得了不少富有价值的成果,但是也存在一些不足之处:一是部分研究还处于设想阶段,只是从某一角度给出构建共同富裕评价的初步方案,缺乏实际性的操作;二是部分研究只是从宏观层面构建共同富裕评价体系,并没有从微观视角构建共同富裕评价体系,即已有研究只关注共同富裕的全局图像,忽视了共同富裕参与主体的个体画像。

第三节　构建共同富裕科学评价指标体系的主要原则

　　构建共同富裕科学评价指标体系是一个系统工程,既要精准把握共同富裕的内在要求与科学指引共同富裕的有序推进,还要动态跟踪共同富裕的政策实施与精准反馈共同富裕的人民感知。因此,构建共同富裕科学评价指标体系需要遵循若干基本原则,例如系统性和全面性原则、针对性和代表性原则、可比性和可操作性原则等。

一、系统性和全面性原则

扎实推进共同富裕是一项系统工程,包括的内容众多:不仅包括物质的,还包括精神的;不仅包括经济的,还包括自然的;不仅包括公共的,还包括个体的。共同富裕科学评价指标体系既要兼顾整体层面的"高质量富裕"和"高水平共享",同时要让人民群众能感受到"富民增收"和"生活品质"的实质性改善。因此,指标体系需要坚持系统性和全面性原则,要有层次高、涵盖范围广的特征。遵循系统性和全面性原则,不仅要揭示共同富裕的整体推进水平,展现共同富裕在"高质量富裕""高水平共享""公共服务均等化""生活品质"等方面的综合性进展,也要从中观层面入手揭示共同富裕的布局特征,还要从微观层面入手形成精准的个体画像。

二、针对性和代表性原则

共同富裕目标是在物质富裕、精神富有的基础上,着力于消除差距,实现全民共建、全面共享,不仅涉及"高质量富裕""高水平共享",还包括"公共服务均等化""生活品质"等内容。因此,共同富裕包括的内容非常广,涉及的指标也非常多,我们不能将衡量共同富裕水平的指标都收集起来。这意味着,共同富裕科学评价指标体系需要具有针对性和代表性,要在科学分析的基础上,确保所选取的指标能够表征共同富裕的主要目标和重要内容,又不存在过度收集的情况。同时,以针对性和代表性指标突出共同富裕推动进程中的重难点内容,回应全体人民的分配公平需求,以及物质和精神全面富裕的需求。[①]

---

① 蒋永穆,豆小磊.扎实推动共同富裕指标体系构建:理论逻辑与初步设计[J].东南学术,2022(1):36-44.

三、可比性和可操作性原则

我国共同富裕建设不是闭门造车,而是在世界经济一体化进程中持续推进,因此,目标设定与评价指标选取须加强前瞻性思考、全局性谋划,要立足国情、放眼国际,要具有国际的可比性,即在指标内容、计算方法、计量标准等方面具有一致性。共同富裕评价指标体系并不是越大越好,如果没有可操作性,再大的指标体系也没有什么实际价值。所以,共同富裕评价指标的选取要在数据可获取的基础上进行,指标要易于测量和计算,数据要客观、真实、严谨、可靠和准确,同时要删除重复性的指标,简化影响微乎其微的指标,从而确保指标体系的可操作性。

第四节　构建共同富裕科学评价指标体系的未来思路

共同富裕实现的复杂性与长期性也决定着共同富裕的科学评价指标是复杂的、多维度的、阶段性的。对于共同富裕的科学评价指标体系构建,这里主要是依据共同富裕的内涵、特征与目标,结合科学评价指标体系构建的主要原则,提供一些思路。扎实推动共同富裕,既要坚持以人民为中心的发展思想,也要做到"一个也不能少""一个也不掉队"。这就要求我们在构建共同富裕科学评价指标体系时,既要见"森林",又要见"树木"。简言之,既要有清晰的全局图像,又要有精细的局部特写,还要有精准的个体画像。因此,构建共同富裕科学评价指标体系应该从宏观、中观、微观三个视角分别展开。

一、宏观视角下的共同富裕科学评价

宏观视角下的共同富裕科学评价是从全局出发全景式解读共同富裕的宏伟蓝图。共同富裕是经济要实现高质量发展、全民能享受高品质生活、政府能提供高效能治理、发展成果要实现高水平共享。所以,宏观视角下的共同富裕科学评价应该包括高质量发展、高品质生活、高效能治理、高水平共享四个维度。

（一）高质量发展

高质量发展是全面建设社会主义现代化国家的首要任务,是顺应新时代我国社会主要矛盾转化的必然要求,是全面建设社会主义现代化国家和促进共同富裕的必由之路。新时代中国特色社会主义是"全国各族人民团结奋斗、不断创造美好生活、逐步实现全体人民共同富裕的时代"。新时代的共同富裕是以满足人民对美好生活的需要为根本目的的,不是低水平、低层次意义的平均分配。共同富裕坐等不来,扎实推动共同富裕是全体人民共同奋斗、实践的结果。发展是基础,唯有解放和发展生产力,推动社会经济高质量发展,才可为"共同富裕取得更为明显的实质性进展"创造更为丰裕的条件。另外,高质量发展也是高水平共享的前提,是满足人民群众日益增长的生活需要、解决不平衡不充分的发展问题、实现共同富裕的物质基础。因此,高质量发展子维度是组成宏观视角下共同富裕科学评价指标体系的主要内容之一。

（二）高品质生活

改善人民生活品质和创造富裕富足的美好新生活是发展的根本目的,也是坚持以人民为中心的发展思想。党的十九届五中全会要求"共同富裕取得更为明显的实质性进展",其中"实质性进展"就是坚持在发展中保障和改善民生,全面提高居民生活质量和水平,使全体人民能够充分享受高品质生活,拥有更多的获得感、幸福感和安全感,同时要让群众看到变化,生活品质得到实质性改善,社会文明程度提高,居住环境条件改善,精神生活更加富有。因此,高品质生活子维度是组成宏观视角下共同富裕科学评价指标体系的主要内容之一。

（三）高效能治理

实现共同富裕,还需要推进政府治理体系和治理能力现代化,健全基本公共服务体系,完善共建共治共享的社会治理制度,促进社会公平正义。具体而言,要以社会主义核心价值观为统领,以更好的教育、更可靠的社会保障、更高水平的医疗卫生服务为目标,健全基本公共服务体系,促进社会公平正义,推进公共服务优质共享。因此,高效能治理子维度是组成宏观视角下共同富裕科学评价指标体系的主要内容之一。

（四）高水平共享

推动共同富裕就是让改革发展的成果更多且更公平地惠及全体人民。共同富裕要确保不同群体具有获得财富和优质公共服务的公平权利。① 实现共同富裕要按照经济社会发展规律循序渐进,持续优化收入分配制度改革,处理好居民可支配收入和人均 GDP 之间的比例关系;要按照"中等收入群体显著扩大"的精神,尽快形成和扩大稳定的中等收入群体;要解决城乡之间、区域之间发展的不平衡问题,统筹全局,促进生产要素在城乡之间、区域之间的充分流动,进一步缩小经济发展的差距。因此,高水平共享子维度是组成宏观视角下共同富裕科学评价指标体系的主要内容之一。

需要说明的是,随着共同富裕建设的不断推进,其主要任务和阶

---

① 陈丽君,郁建兴,徐铱娜.共同富裕指数模型的构建[J].治理研究,2021(4):5-16.

段性目标也会发生变化,高质量发展、高品质生活、高效能治理、高水平共享四个维度的内容与指标也会随之发生变化,所以,宏观视角下的共同富裕科学评价指标体系处在动态调整中。

二、中观视角下的共同富裕科学评价

中观视角下的共同富裕科学评价就是从局部出发,通过行业或部门统计数据构建共同富裕科学评价指标体系,展示共同富裕宏伟蓝图中的重要部分。依据共同富裕的内涵与特征,中观视角下的共同富裕科学评价内容比较广,例如可以从共同富裕电力指数、共同富裕交通指数、共同富裕教育指数、共同富裕金融指数等方面展开,对宏观视角下的共同富裕科学评价提供有益补充。这里,以共同富裕电力指数为例,对中观视角下的共同富裕科学评价进行介绍。

电力作为一种重要的生产和生活要素,可以较好地反映地区经济运行和人民生活状况,所以电力数据是经济、社会、民生变化的"风向标"。而且,与其他经济数据相比,电力数据有很多优点。第一,电力数据比较客观。它是随着实际的生产与生活而产生的,全程自动记录,基本不存在水分与误差。第二,数据采集及时。随着技术的发展,目前电力数据的采集已经实现了实时化、信息化、智能化。第三,覆盖面广。目前,人们的生产与生活都与电息息相关,工厂生产要用到电,居民生活要用到电。经济、社会、民生方面的变化都可以通过用电情况来反映。因此,构建共同富裕电力指数是对宏观视角下共同富裕科学评价的补充。

构建共同富裕电力指数的第一步是根据能够获得的电力数据设置指标体系。具体而言,可参考嘉兴学院中国共同富裕研究院与国网嘉兴电力公司已经编制的"共同富裕电力指数",从"高质量发展""高品质生活""高效能服务""高水平共享"四个层面展开。其中,高质量

发展对应经济层面,包括人均全社会用电量、可再生能源发电量占比、单位面积配网供电能力、全社会用电量增速等指标;高品质生活对应民生层面,包括居民生活用电水平、电动汽车充电量、人均第三产业用电量、富裕用电占比等指标;高效能治理对应社会层面,包括单位GDP电耗、供电能力水平、供电服务水平、电力二氧化碳排放系数等指标;高水平共享对应公平层面,包括城乡居民用电水平差异、城乡供电服务差异、电力基尼系数等指标。构建共同富裕电力指数的第二步是运用专家打分、层次分析等方法,测算每个指标的权重以及每个子维度的权重。构建共同富裕电力指数的第三步是根据每个指标的权重以及每个子维度的权重,测算共同富裕科学评价电力指数。

需要说明的是,共同富裕电力指数体系是在动态调整中的。随着共同富裕建设的不断推进以及电力数据的不断丰富,共同富裕电力指数的指标选取也会发生变化,每个指标赋予的权重也要进行相应的调整。

三、微观视角下的共同富裕科学评价

微观视角下的共同富裕科学评价就是从个体出发,通过海量微观统计数据,对个体进行精准画像。宏观视角下的共同富裕科学评价,所采用的数据都是加总处理后的统计数据,这可能会掩盖共同富裕建设过程中的一些重要信息。与加总处理后的统计数据相比,微观统计数据能更加真实地反映出共同富裕建设的具体信息、更加真实地揭示共同富裕建设的过程与成效,而且随着大数据技术的广泛应用,个人群体的微观数据也越来越丰富,因此未来可以尝试从微观视角来构建共同富裕科学评价指标体系,并形成共同富裕重点群体"精准画像"微观数据库,以确保共同富裕"一个也不能少""一个也不掉队"。构建微观视角下的共同富裕科学评价指标体系的思路具体如下。

第一步,确定个体评价的子维度。依据共同富裕的内涵与目标,从个体层面出发,确定收入、消费、教育、居住环境、就业环境、医疗健康、社会保障、精神富足等八个子维度及每个子维度具体包含的指标。

第二步,确定每个指标的标准值。依据共同富裕的目标、世界发达经济体居民的生活状况以及我国的实际经济发展状况,科学制定收入、消费、教育、居住环境、就业环境、医疗健康、社会保障、精神富足等八个子维度中每个指标的标准值。以收入为例,我国 2021 年居民人均可支配收入为 3.5 万元,那么结合世界发达经济体的人均收入水平和共同富裕的目标,此时要科学估算一个合理的标准值,用于衡量个体是否在收入水平上达到了共同富裕的要求。

第三步,测算每个子维度和综合指标的标准值。首先,运用专家打分、层次分析等方法,测算每个指标的权重以及每个子维度的权重。其次,依据每个指标的标准值与权重,测算相应每个子维度的标准值。最后,依据每个子维度的标准值与权重,测算微观视角下共同富裕综合指标的标准值。

第四步,测算微观个体的共同富裕综合指标。首先,运用大数据、人工智能等信息技术,采集微观个体在收入、消费、教育、居住环境、就业环境、医疗健康、社会保障、精神富足等方面的数据。其次,根据第三步测算的权重,测算微观个体在收入、消费、教育、居住环境、就业环境、医疗健康、社会保障、精神富足等子维度上的得分,以及共同富裕的综合得分。最后,将子维度的得分和共同富裕综合得分,分别与子维度和综合指标的标准值进行比较,从而形成共同富裕重点群体的"精准画像"库。

微观视角下的共同富裕科学评价不仅能展现共同富裕建设的成效与水平,还能揭示共同富裕建设的不足与差距。需要说明的是,微观视角下的共同富裕科学评价指标体系也是在动态调整中的。随着共同富裕建设的不断推进与个体微观数据的丰富,个体评价的子维度数量、内容与权重也会发生相应的变化。

本章小结:科学有序和扎实有效推进共同富裕需要进行科学合理的评估和动态精准的监测。从价值作用看,构建共同富裕科学评价指标体系是对共同富裕精准把握的内在要求,是共同富裕有序推进的科学指引,是共同富裕政策实施的动态跟踪,是共同富裕人民感知的精准反馈。从研究进展看,共同富裕实现的复杂性与长期性决定了共同富裕的科学评价指标是复杂的、多维度的、阶段性的,中外研究者构建的各类相关指标体系在内容上基本包含了发展和共享、过程和结果、物质与精神、整体与个体、经济与自然等公认的重要内容与关系。但是,需要强调的是,一方面,囿于认知差异和数据所限,实际进行测算且社会公认的指标体系并不多见,这是无法回避但今后必须解决的问题;另一方面,推动共同富裕要做到"一个也不能少""一个也不掉队",这就要求我们在构建共同富裕科学评价指标体系时,既要有清晰的全局图像,又要有精细的局部特写,还要有精准的个体画像。因此,构建共同富裕科学评价指标体系应该从宏观、中观、微观三个视角分别展开。

共同富裕科学评价指标体系及其应用随着共同富裕实践的推进和认知的变化,也是一个动态调整和完善的过程,但总体思路是围绕共同富裕的目标要求——经济要实现高质量发展、全民能享受高品质生活、政府能提供高效能治理、发展成果要实现高水平共享展开。因此,宏观视角下的共同富裕科学评价要体现高质量发展、高品质生活、高效能治理、高水平共享等四个子维度。中观视角下的共同富裕科学评价就是从局部出发,通过行业或部门统计数据构建共同富裕科学评价指标体系,展示共同富裕宏伟蓝图中的重要部分。具体而言,可以从共同富裕电力指数、共同富裕交通指数、共同富裕教育指数、共同富裕金融指数等方面展开,对宏观视角下的共同富裕科学评价提供有益补充。微观视角下的共同富裕科学评价是根据个人群体的微观数据,构建相应的共同富裕科学评价指标,并形成共同富裕重点群体"精准画像"微观数据库,这不仅能展现共同富裕建设的成效与水平,还能揭示共同富裕建设的不足与差距。

本章附录

附表 6-1　共同富裕的测度指标体系

维度	子维度	具体指标	指标性质
总体富裕程度		人均国民收入水平(绝对数)、相对于发达国家的水平(%)	单向度越高越好
		人均财富水平(绝对数)、相对于发达国家的水平(%)	
		人均物质财富(住房面积、医疗床位、学校学位、基础设施、自然资源)保有量、相对于发达国家的水平(%)	
		全员劳动生产率(绝对数)、相对于发达国家的水平(%)	
发展成果共享程度	人群差距	初次分配中劳动者报酬占比(%)	范围指标取值介于一定范围
		中等收入群体占总人口比重(%)	
		中等收入群体平均收入水平(绝对量)	
		全体人口可支配收入和人均财富保有量基尼系数、中位数与最低数之比	
		中等收入与低收入群体收入中位数比值	
		贫困家庭收入保障水平	单向度越高越好
		中低收入和贫困家庭母婴发展保障水平	
	区域差距	地区间人均可支配收入和人均财富差距(最高最低比、变异系数、中位数与最低数之比)	范围指标
		物价调整后地区间人均基本公共服务支出差距(最高最低比、变异系数、中位数与最低数之比)	
		物价调整后地区间基本公共服务绩效(升学率、疾病治愈率等)差距(最高最低比、变异系数、中位数与最低数之比)	单向度越高越好
		地区间人口预期寿命差距(最高最低比、变异系数、中位数与最低数之比)	
	城乡差距	城乡人均可支配收入和人均财富差距	范围指标
		物价调整后城乡人均基本公共服务支出之比	
		物价调整后城乡基本公共服务绩效(升学率、疾病治愈率等)差距	单向度越高越好
		城乡人口预期寿命差距	

资料来源:刘培林,钱滔,黄先海,等.共同富裕的内涵、实现路径与测度方法[J].管理世界,2021(8):117-127.

附表 6-2　共富系数测算维度及指标体系

维度	一级指标	二级指标	三级指标
评价"共同"	富裕差异性	1.人群差异	（1）基尼系数
		2.城乡差异	（2）城乡居民可支配收入比
		3.地区差异	（3）区域人均可支配收入极值比
	富裕共享性	4.普惠性群体	（4）个人所得税占税收的比重 （5）社会捐助占 GDP 的比重
		5.特殊困难群体	（6）低保覆盖效益
评价"富裕"	物质生活富裕	6.收入消费	（7）人均 GDP （8）恩格尔系数
		7.经济发展	（9）农业人口比重 （10）服务业比重
	精神生活富足	8.文化建设	（11）居民家庭文体旅游消费支出比重
		9.法治建设	（12）每万人口刑事案件立案数
	生活环境宜居	10.公共服务普惠均等	（13）每千人口拥有 3 岁以下婴幼儿托位数 （14）劳动年龄人口平均受教育年限 （15）城镇调查失业率 （16）每千人口拥有执业（助理）医师数 （17）人均预期寿命 （18）基本养老保险参保率 （19）房价收入比
		11. 基础设施完善	（20）公路覆盖率 （21）铁路覆盖率 （22）民航旅客周转量在综合交通运输体系中的占比 （23）互联网上网普及率等
		12. 生态环境良好	（24）单位 GDP 能源消耗降低 （25）地级及以上城市空气质量优良天数比率 （26）森林覆盖率 （27）单位 GDP 碳排放降低

资料来源：杨宜勇，王明姬.共同富裕：演进历程、阶段目标与评价体系[J].江海学刊，2021（5）：84-89.

附表 6-3　共同富裕指数模型指标体系

一级指标	二级指标	三级指标
发展性	富裕度	城镇居民人均可支配收入(元)
		农村居民人均可支配收入(元)
		人均可支配收入占人均 GDP 比重(%)
		劳动报酬占 GDP 比重(%)
		城镇居民人均消费支出(元)
		农村居民人均消费支出(元)
		居民人均投资额(元)
		居民人均存款余额(元)
		人均社会消费品零售总额(元)
		居民消费率(%)
		恩格尔系数
	群体共同度	中等收入群体比例(%)
		低收入群体收入增长(%)
		低收入群体财产性收入增长 (%)
		城镇居民最高最低收入倍差
		城乡居民最低生活保障标准(元/年)
		最低生活保障增速与人均可支配收入增速之比
		代际收入弹性
	区域共同度	常住人口城镇化率(%)
		区域经济发展差异系数
		地区人均 GDP 差异系数
		城乡居民收入倍差
		地区人均可支配收入差异系数

续　表

一级指标	二级指标	三级指标
共享性	教育	劳动年龄人口平均受教育年限（年）
		普通小学生均公共教育经费支出（元）
		普通初中生均公共教育经费支出（元）
		小学阶段生师比
		初中阶段生师比
		高等教育毛入学率（%）
	医疗健康	出生时预期寿命（岁）
		健康预期寿命（岁）
		每千人拥有执业（助理）医师数（人）
		每千人口医疗卫生机构床位数（张）
		每万老年人拥有持证养老护理员数（人）
	社会保障	社会保障支出占GDP之比（%）
		民生性支出占一般公共预算支出之比（%）
		城乡居民基本医疗保险政策范围内住院报销比例（含大病保险）（%）
		养老保险抚养比
	住房	保障性住房覆盖率（%）
		城镇人均住房使用面积（米²）
	公共基础设施	每万人公共交通车辆（标台）
		城市污水处理率（%）
		人均体育场地面积（米²）
		城镇每万人拥有公厕数（座）
		农村每万人拥有公厕数（座）
	数字应用	移动电话普及率（部/百人）
		互联网普及率（%）
		依申请政府服务办件"一网通办"率（%）

续　表

一级指标	二级指标	三级指标
共享性	公共文化 （精神富足）	人均教育文化娱乐消费支出（元）
		农村文化礼堂覆盖率（％）
		人均拥有公共图书馆藏量（册）
		居民综合阅读率（％）
		群众幸福感获得感评价
可持续性	高质量发展	人均 GDP 增长（％）
		R&D 经费投入增长（％）
		R&D 经费支出占生产总值比重（％）
		数字经济产业增加值占 GDP 比重（％）
		高新技术产业产值占规上工业产值比重（％）
		每万人口高价值发明专利拥有量（件）
		全员劳动生产率增长（％）
		城镇登记失业率（％）
	财政	人均财政收入（万元/人）
		转移支付依赖度（％）
		税收收入占比（％）
		大税占比（％）
		土地出让金依赖度（％）
		财政透明度
	治理	平安指数
		民间资本投资比重（％）
		慈善捐赠占 GDP 比重（％）
		每万人拥有登记社会组织数（个）
		志愿者活跃度
		志愿服务渗透率（％）
		银行不良贷款率（％）
		每万人拥有律师数（人）

续　表

一级指标	二级指标	三级指标
可持续性	生态	森林覆盖率(%)
		地级及以上城市空气质量优良天数比例(%)
		地级及以上城市 PM2.5 平均浓度($\mu g/m^3$)
		地表水达到或好于Ⅲ类水体比例(%)
		单位 GDP 能耗(吨标准煤/万元)
		非化石能源占一次能源消费比重(%)

资料来源:陈丽君,郁建兴,徐铱娜.共同富裕指数模型的构建[J].治理研究,2021
(4):5-16.

附表 6-4　扎实推动共同富裕的指标评价体系

一级指标	二级指标	三级指标
人民性	主体综合素质	劳动年龄人口平均受教育年限
	主体发展环境	城乡基本公共设施达标率;人均基本公共服务指数;数字化基本公共服务数;一站式服务普及率
	主体参与度	劳动参与率
共享性	城乡差距	城乡居民收入比;城乡居民人均可支配收入增速比;城乡人均基本公共服务支出差异系数
	区域差距	区域差异系数;区域基本公共服务均等化指数;地区人均基本公共服务支出差异系数
	收入差距	劳动报酬占初次分配的比重;中等收入群体占比
发展性	经济发展质量	人均国内生产总值;全员劳动生产率
	人民生活质量	恩格尔系数;全国居民人均服务性消费支出;居民幸福指数
	生态环境质量	环境质量指数;城镇人均公园绿地面积

续　表

一级指标	二级指标	三级指标
安全性	收入底线保障	低收入群体人均可支配收入;低收入群体消费价格指数
	卫生健康保障	每万人医生数;全国专业公共卫生机构和社区卫生服务中心数量;各地区基层医疗卫生机构标准化水平;农村卫生厕所普及率
	养老保障	全国养老机构数量和标准化程度;各地区养老服务床位数量
	就业保障	城镇登记失业率;城镇就业人员社会保险综合覆盖率;参加工伤保险的工人数量
	其他安全保障	紧急避难场所数量和规模;各地区食品药品安全指数

资料来源:蒋永穆,豆小磊.扎实推动共同富裕指标体系构建:理论逻辑与初步设计[J].东南学术,2022(1):36-44.

附表 6-5　共同富裕过程评价指标体系

一级指标	二级指标	三级指标	指标解释
经济质效并增	效率提升	全员劳动生产率 人均 GDP 宏观杠杆率	GDP/年平均从业人员数 GDP/年平均常住人口 全社会债务总和/GDP
	创新驱动	R&D 经费支出占 GDP 比重 每万人发明专利拥有量 数字经济核心产业增加值占 GDP 比重	R&D 经费支出/GDP 发明专利数/每万人口数 数字经济核心产业增加值/GDP
	结构优化	居民消费贡献率 恩格尔系数 外贸依存度	居民最终消费/GDP 居民食品支出/消费性支出 进出口总额/GDP
	收入保障	人均可支配收入 城镇登记失业率 劳动报酬占 GDP 比重	统计调查数据 统计调查数据 劳动报酬/GDP

续　表

一级指标	二级指标	三级指标	指标解释
发展协调平衡	城乡协调	城乡居民收入倍差 常住人口城镇化率	城乡居民可支配收入之比 城镇常住人口/全部人口数
	区域协调	地区人均 GDP 最高最低倍差 地区人均可支配收入最高最低倍差	人均 GDP 最高地区/最低地区 人均可支配收入最高地区/最低地区
精神生活丰富	文化产业发展	人均教育文化娱乐消费支出占比 文化产业增加值占 GDP 比重 文旅财政支出占比 文化及相关产业就业人员占比	个人教育文化娱乐消费/消费性支出 文化产业增加值/GDP 文化旅游财政支出/财政支出总额 文化相关产业就业人数/年平均从业人数
	综合素质提升	人均体育场地面积 人均公共图书馆藏量 慈善捐助占 GDP 比重 国民综合体质合格率	体育场地面积/人口数 公共图书馆藏书量/人口数 慈善捐助总额/GDP 统计调查数据
全域美丽建设	节能减排	单位 GDP 能耗 单位 GDP 碳排放	综合能耗/GDP 碳排放量/GDP
	生态优质	PM2.5 平均浓度 地表水Ⅲ类以上比例 空气质量指数	实际监测数据 实际监测数据 空气质量优良天数比重
社会和谐和睦	法制保障	每十万人公证人员数 律师万人比	公证人员人数/每十万人数 律师数/每万人口数
	社会和谐	离婚率 亿元 GDP 生产安全事故死亡率	民政部门数据 生产安全事故死亡人数/亿元 GDP
	政治民主	女性人大代表占比 少数民族人大代表占比 工会平均会员数	女性人大代表/代表总数 少数民族人大代表/代表总数 工会会员/工会个数

续　表

一级指标	二级指标	三级指标	指标解释
公共服务优享	教育优享	高等教育毛入学率 教育支出强度	高等教育在校人数/18—22 岁总人口数 教育支出/GDP
	医疗优享	每千人口拥有执业医师数 每千老年人口养老床位数	执业医师数/每千人口数 养老床位数/每千老年人口数
	住房优享	房价与居民可支配收入比 人均住房建筑面积	房屋均价/居民人均可支配收入 总建筑面积/总人口数
	交通优享	每万人口公共交通数 每万人口公路铁路里程 每万人邮路及农村投递路线长度	公共交通数量/每万人口数 (公路里程＋铁路里程)/每万人口数 邮路及农村投递路线长度/每万人口数
	食品安全	产品质量抽查合格率 人均粮食产量	合格产品数/抽查产品总数 粮食总量/常住人口数

资料来源:李金昌,余卫.共同富裕统计监测评价探讨[J].统计研究,2022(2):3-17.

附表 6-6　共同富裕结果评价指标体系

一级指标	二级指标	三级指标	指标解释
共享性	地区发展差异 城乡发展差异 收入差异	地区发展差异系数(0) 城乡发展差异系数(0) 收入差异系数(0)	Theil 系数计算 按公式计算 基尼系数公式计算
富裕度	富裕强度 中等收入群体 幸福感获得感 安全感认同感	富裕强度指数(＋) 中等收入群体规模(＋) 幸福感获得感安全感认同感指数(＋)	按公式计算 按绝对收入界限划分法推算的比重 公民调查数据
可持续性	社会稳定状况 人力资本发展 自然资源状况	社会不安定指数(-) 人力资本发展指数(＋) 自然资源资产净额(＋)	失业率＋CPI 15 岁以上人口平均受教育年限 自然资源资产核算结果

资料来源:李金昌,余卫.共同富裕统计监测评价探讨[J].统计研究,2022(2):3-17.

第七章　共同富裕建设的重点难点

实现全体人民共同富裕是一项长期而又紧迫的任务，我们必须创造条件、完善制度，稳步朝着这个目标迈进。习近平总书记提出："共同富裕是一个长远目标，需要一个过程，不可能一蹴而就，对其长期性、艰巨性、复杂性要有充分估计，办好这件事，等不得，也急不得。"①扎实推进共同富裕是一个在动态中向前发展的过程，需要分阶段、分步骤地接近这个目标。尽管我国已成为世界第二大经济体，已开启第二个百年奋斗目标新征程，而且在脱贫攻坚这一世界性难题上取得了胜利，但是我国仍处于社会主义初级阶段，发展不平衡不充分问题仍然突出，尤其在收入分配、公共服务、精神文化等方面短板明显，决定了促进全体人民共同富裕是一项长期任务。本章在正确认识和科学把握共同富裕科学内涵的基础上，准确分析和把握共同富裕建设进程中的重点难点，精准发力、科学施策，以此带动共同富裕其他各项工作。

---

① 习近平.扎实推动共同富裕[J].求是,2021(20):4-8.

第一节　共同富裕建设的重点

共同富裕是世界性难题,中国要实现共同富裕的目标,还存在很多困难和难点,必须突出重点,瞄准主要矛盾,探索一条有效路径。哪些地方先行,哪些领域先开始,哪些是基础性的,哪些是延伸性的,都需要有科学的研判和缜密的研究。

一、着力解决"三大差距"夯基础

共同富裕不仅是现代化建设的重要目标,也是一场以缩小地区差距、城乡差距、收入差距为标志的社会变革。缩小地区差距、城乡差距、收入差距更是实现共同富裕的主攻方向和必须攻克的堡垒。习近平总书记多次强调解决"三大差距"的重要性,提出"实现共同富裕不仅是经济问题,而且是关系党的执政基础的重大政治问题"①。要把解决"三大差距"问题作为扎实推动共同富裕坚定不移的工作重心和主攻方向,要集中资源、集中力量、集中智慧,集中一切可以激发和调动的积极因素,创造性系统性历史性地解决好"三大差距"问题,不断提升共同富裕美好社会建设水平,不断增强人民群众获得感、幸福感、安全感。

(一)以区域协调发展缩小地区差距

我国幅员辽阔,区域发展不平衡不充分问题长期存在,加快补齐区域发展短板、缩小区域差距,是推动共同富裕前进道路上的重要任务。地区差距主要指不同地区之间的经济社会发展水平差距,以及影

---

① 习近平.习近平谈治国理政:第四卷[M].北京:外文出版社,2014:171.

响经济社会发展要素之间的差距,突出表现为人民群众的收入和财富水平差距、生活和消费水平差距。当前和今后一个时期,应以重大区域战略实施为引领,深入实施区域协调发展战略,完善区域协调发展新机制,发挥地区比较优势,加强区域联动,促进区域协调发展向纵深推进,在发展中营造更高水平和质量的相对平衡。

缩小地区差距是一个动态进程,不同地区富裕程度存在一定差异,不可能"一刀切""均贫富",要充分发挥社会主义制度优越性,继续发挥各个地区的优势和积极性,形成东中西相互促进、优势互补、共同发展的新格局,确保共同富裕道路上"一个人都不能少"。为此:一是要积极构建优势互补高质量发展的区域经济布局。全面提高中心城市和城市群等经济发展优势地区的综合承载力和经济发展效率,强化对区域发展的辐射带动作用。二是要推动因地制宜走符合地方实际的高质量发展路子。推动高质量发展、现代化建设、实现富裕是所有地区共同的任务和奋斗目标,但各地在推进任务、实现富裕的方式路径上却不尽相同。三是要在发展中积极营造区域更高水平的相对平衡。健全区域协调发展体制机制,加强先富带后富、先富帮后富的制度政策设计,既要发挥中央区域政策的宏观调控能力,完善财政转移支付支持欠发达地区的机制,逐步实现地区之间基本公共服务均等化,也要深化地方之间的横向帮扶协作,提升区域合作层次和水平。

(二)以城乡融合发展缩小城乡差距

聚焦城乡差距缩小,着重致力于改变过去以来长期形成的城乡二元结构,加快推动城乡统筹,实现城乡协调。共同富裕是包括5亿多农村居民在内的全体人民的期盼和梦想。促进共同富裕,最艰巨最繁重的任务在农村。"十四五"时期要把城乡融合发展作为促进农民农村共同富裕的主阵地,在城乡融合发展中扎实推动共同富裕。我国的城乡差距主要表现在居民收入、教育、医疗、消费、就业、政府公共投入等方面。①消除城乡壁垒，整体推动城乡融合发展，是共同富裕语境中值得深入思考的重大命题。

以城乡融合缩小城乡差距，统筹实施新型城镇化战略和乡村振兴战略，改变长期以来我国农村以源源不断向城市输出农业原材料、农村劳动力、农民储蓄资金等要素为主的状况，加快转向形成城乡要素双向流动、经济畅通循环和功能互补的分工协作关系：一是把坚持党的领导与坚持以人民为中心统一起来，增强城乡融合发展的政治保障。各级党委要加强对推进城乡融合发展工作的领导，各级领导干部要认真落实中央制定的推进城乡融合发展的政策措施，形成全社会齐抓共管的生动局面。二是整体推进城乡规划与建设，形成新型城镇化与乡村振兴双轮驱动新局面。坚持一体设计、多规合一，通盘考虑城乡发展规划编制，按照县域、小城镇和新农村多层次推进。三是整体推进城乡产业结构调整，推动一、二、三产业融合发展。依据城乡产业的分布特点，深入调整和优化城乡一、二、三产业结构和产业布局，探索多种融合方式，深化城乡产业转型升级、分工协作。四是整体推进城乡体制机制改革，促进城乡资源要素双向流动。要逐步打破城乡二元户籍壁垒，全面深化农村集体产权制度改革，加快农村金融体制改革。五是整体推进城乡社会保障和公共服务均等化，提高城乡居民生产生活水平。

（三）以"提低、扩中、调高"缩小收入差距

聚焦缩小收入差距，使群众在持续增加自身收入的同时能够稳步缩小相对之间的收入差距，创造富裕富足的美好新生活。根据国家统计局发布的数据，2008 年我国基尼系数值为 0.491，达到峰值。中国

---

① 熊建.中国农业大学教授张正河谈中国城乡发展失衡问题［EB/OL］.（2006-11-21）. https://www.gov.cn/zwhd/2006－11/21/content_449061.htm.

社科院报告显示,2021 年中国基尼系数约为 0.472,收入差距依然较大。收入差距过大会带来诸如威胁社会稳定、造成消费疲软、影响经济结构优化等问题。解决收入差距过大的问题已经迫在眉睫。

观察共同富裕的"路线图",关键是"提低、扩中、调高"6 个字,为此:一是循序渐进带动低收入群体共同富裕。要建立科学的公共政策体系,加强基础性、普惠性、兜底性民生保障建设;要加快农业产业化,盘活农村资产,激发农民内生动力,推动农民勤劳致富。因地制宜探索有效路径,提升低收入群体收入,切实带动实现共同富裕。二是着力扩大中等收入群体规模。要重视教育质量,提升全社会人力资本和专业技能,完善社会福利与待遇保障,不断推动高校毕业生、技术工人、农民工等群体向中等收入行列迈进。加大政策对发展薄弱地区、中小企业等的倾斜力度,减轻税费负担,提供更多市场化的金融服务。三是加强对高收入的调节和规范。党的二十大报告提出,要完善个人所得税制度,规范收入分配秩序,规范财富积累机制,保护合法收入,调节过高收入,取缔非法收入。引导、支持有意愿有能力的企业、社会组织和个人积极参与公益慈善事业。[①]强调先富带后富、帮后富,逐渐缩小收入差距。

二、努力实现基本公共服务均等化

国家"十一五"规划纲要首次提出了"基本公共服务均等化"目标,党的十九大将"实现基本公共服务均等化"列入 2035 年远景目标,习近平总书记在《扎实推动共同富裕》中,将"促进基本公共服务均等化"作为共同富裕六大着力点之一。推进基本公共服务均等化,关乎

---

① 习近平.高举中国特色社会主义伟大旗帜 为全面建设社会主义现代化国家而团结奋斗:在中国共产党第二十次全国代表大会上的报告[M].北京:人民出版社,2022:47.

公民基本的生存权与基础性的发展权,是推进社会公平正义、增进人民福祉、增强全体人民在共建共享发展中的获得感、实现中华民族伟大复兴的中国梦的必然要求。

（一）什么是基本公共服务均等化

首先,基本公共服务是由政府主导、保障全体公民生存和发展基本需要、与经济社会发展水平相适应的公共服务,"基本"二字指向公共服务中最基础、最核心的部分和最急切的民生需求,也是政府兜底职能的体现。其次,基本公共服务均等化是指全体公民都能公平可及地获得大致均等的基本公共服务,"其核心是促进机会均等,重点是保障人民群众得到基本公共服务的机会,而不是简单的平均化"①。再次,基本公共服务涵盖的范围与社会发展水平、财政保障能力息息相关,当前我国的基本公共服务包括教育、就业创业、社会保险、医疗卫生、社会服务、住房保障、文化体育等领域。

（二）推进基本公共服务均等化面临的障碍

按照"十四五"规划纲要到 2035 年基本公共服务实现均等化的部署,当前我国基本公共服务的构建理念逐步明晰,制度框架渐趋成熟,权责关系逐渐理顺,政策措施日臻完善,服务水平不断提升,保障能力不断增强,群众满意度不断提高。但是总的来说,我国基本公共服务均等化的发展仍然面临很多障碍,与能够满足人民群众美好生活需要的目标还有一定差距。这主要体现在三个方面:一是基本公共服务总量不足,尤其是养老、3 岁以下幼龄儿童托育存在明显短板。二是基本公共服务的供应不均衡,主要体现为东中西部之间供应的差距、城乡二元结构造成的城乡基本公共服务的差距以及不同群体之间的差

---

① 国务院.关于印发"十三五"推进基本公共服务均等化规划的通知(国发〔2017〕9 号)[Z].2017-01-23.

距。三是提供基本公共服务的体制机制还不够完善。

（三）基本公共服务均等化的实践路径

从实践层面,实现基本公共服务均等化的重点与路径是要做好"健标准、补短板、提效能"三方面的工作:一是"健标准",即要健全完善基本公共服务均等化标准体系。就是要统筹经济社会发展水平和财政承受能力等因素,围绕幼有所育、学有所教、劳有所得、病有所医、老有所养、住有所居、弱有所扶等民生保障目标,不断完善国家基本公共服务标准,推动基本公共服务达标,并实现动态调整。二是"补短板",即要补齐基本公共服务均等化的短板。就是要采取针对性更强、覆盖面更广、作用更直接、效果更明显的举措,促进公共服务资源向基层延伸、向农村覆盖、向边远地区和生活困难群众倾斜,加快补齐基本公共服务的软硬件短板和弱项。三是"提效能",即要系统提升基本公共服务均等化效能。就是要科学谋划改革创新,统筹规划公共服务的设施布局,构建公共服务多元供给格局,提高公共服务便利共享水平,健全公共服务要素保障体系,不断增强公共服务体系服务能力和服务效率。

三、加快形成橄榄型社会分配结构

收入是衡量共同富裕实现程度的核心指标,收入分配制度是推进共同富裕的关键抓手,优化收入分配制度有助于夯实实现共同富裕的经济基础,有助于形成推动实现共同富裕的强大动力。在完善收入分配制度过程中,要分好"蛋糕",扩大中等收入群体比重,增加低收入群体收入,合理调节过高收入,取缔非法收入,形成中间大、两头小的橄榄型分配结构,推动全体人民实现共同富裕。结合我国发展实际,加快形成橄榄型社会分配格局,这是扎实推进共同富裕的核心内容,也是缩小"三大差距"的有效路径。

（一）什么是橄榄型社会分配结构

橄榄型分配结构，又称纺锤型分配结构，表现为"中间大、两头小"，在这种分配结构中，中等收入群体占比最大，低收入和高收入群体均占少数。一般来说，中等收入群体不仅收入在社会中占中等水平，而且受教育程度良好、社会责任心较强，是经济发展和社会活力的重要引擎。从全球视域来看，许多现代化发达国家都是这种社会结构或形态，也正是这种结构或形态铸就了许多国家今日的发达和辉煌。如澳大利亚中等收入群体占 66%，比利时、新加坡中等收入群体占 60%以上，意大利、日本、西班牙、英国中等收入群体达 55%以上。除橄榄型社会以外，典型的社会收入分配结构还有金字塔型、沙漏型（也称哑铃型）。金字塔型是穷人占绝大多数而富人占少数，同时贫富差距较大的社会形态。沙漏型是中产阶级占少数，而富人和穷人却占很大比例，尤其是穷人占比最大的社会形态，表现为"两头大、中间小"，一般在转型期社会中存在。这两种形态都暗藏危机，社会贫富两极分化必然加剧阶层对立，会导致相互作用的永无休止的阶级斗争、社会动荡或危机，使社会的正常发展被打断，陷入恶性循环，这是任何国家都不愿意看到的。

（二）扩大中等收入群体是通往共同富裕的必经之途

为何强调中等收入群体的重要性？因为它在政治上被看作是社会稳定的基础，在经济上被看作是促进消费和内需的主力，在文化上被看作是承载现代文化的主体，在社会上被视为是形成橄榄型社会的基石。从经济学意义来说，就是中等收入群体或者中层阶级人数的比例最高。一个社会的中间阶层的出现和壮大，使原来对立的贫富两极变成了一个连续的数列，收入和财产从富裕到贫穷逐级递减，这就让每一个社会成员看到拾级而上的希望,有助于缓和贫富差距造成的社会对立情绪。因此,对于国家来说,橄榄型社会最稳定和最有活力;对社会来说,橄榄型最安全和最有保障;对民众来说,橄榄型社会最自由和最有希望。因此,橄榄型社会就是以中等收入群体为主的社会,它本质上是一种动态的社会发展机制,在物质财富、发展稳定、社会流动等各方面具有自我调节和完善能力,是通向繁荣之路和共同富裕的必然选择。[①]

(三)扩大中等收入群体需同时做到有效收入增加和保持社会流动

扩大中等收入群体和形成橄榄型社会结构具有极其重要的战略意义,是扎实推进共同富裕的重要途径,也有利于形成合理的收入分配格局,提高社会总体消费水平,促进宏观经济稳定增长。劳动收入是中国广大居民最主要的收入来源,扩大中等收入群体的关键就是通过初次分配、再分配和三次分配使低收入者进入中高收入群体,首先要做的便是提高广大居民的劳动收入和整个社会的劳动收入占比,这又取决于两个因素:收入增加和社会流动。需要形成多元化收入结构和保持良好的社会流动性。前者是基础,后者是保障。

首先,从收入增加角度看。橄榄型社会依赖于多元化的收入来源和良好的收入结构。从来源看,居民收入通常由工资性收入、转移性收入、经营性收入、财产性收入组成。从结构看,居民收入由土地、劳动、资本、管理、技术、数据等各类生产要素收入组成。发展中或发展落后国家的个人(家庭),收入结构中工资性收入和劳动要素收入往往是主要部分,而这两类收入往往又较低。尤其是劳动要素与资本要素

---

① 文雁兵.你真的了解"橄榄型社会"吗?[EB/OL].(2021-08-19).https://baijiahao.baidu.com/s?id=1708498073986822492&wfr=spider&for=pc.

相比有着天然的劣势,劳动收入份额在全球都是趋于下降的,在技术快速进步和数字文明加速发展的背景下更是如此,故而扩大中等收入群体比例进而形成橄榄型社会的关键举措为:一是提高居民收入结构中的工资性收入和劳动要素收入,二是创造条件让更多群众拥有经营性收入、财产性收入、转移性收入以及劳动以外的其他要素收入。如何形成有利于广大普通劳动者和低收入群体有效增加收入的可行机会、适宜产业尤为重要。为此,要更加坚定坚持"两个毫不动摇""两个健康""大众创业、万众创新",更加有力推动民营经济发展,更加有效助力小微企业发展。

其次,从社会流动角度看。中国古话"不患寡而患不均",意为相比结果而言,人们更注重公平。橄榄型社会建立在充分的自由选择和良好的机会平等的流动社会基础上。社会流动性下降不仅会造成贫富差距扩大,更容易让经济发展陷入"中等收入陷阱"。我国应加快实现公共服务均等化,实现人的全生命周期公共服务优质共享,进而提高社会流动性,解决阶层固化、社会僵化、机会零化,实现多元发展、包容发展、共享发展,为提高居民收入和扩大中等收入群体提供机会。

四、协调发展物质富裕与精神富有的关系

坚持物质富裕和精神富有相统一是马克思主义的基本观点,也是中国共产党人的一贯追求,更是新时代中国特色社会主义发展的必然要求。扎实推进共同富裕,既需要强大的物质力量,也需要强大的精神力量。在各国现代化建设实践中,物质文明和精神文明的协调发展绝非自然发生的,尤其在一些后发国家的现代化进程中,其出现两极分化、政治动荡的一个重要原因,就是在工业化、技术化以及文化变迁的现代化进程中,物质文明与精神文明发展出现了不平衡、不协调问题。中国式的现代化是物质文明和精神文明相协调的现代化,社会主

义的共同富裕是物质财富和精神财富都丰盈的多维度富裕。

（一）物质富裕是实现精神富有的坚实基础

马克思、恩格斯指出："当人们还不能使自己的吃喝住穿在质和量方面得到充分保证的时候，人们就根本不能获得解放。"[①]只有生存所需物质条件满足，并且经济实现高质量发展，人们才会有更多的时间和精力追求更高层次、更加丰富、更为多样的精神需要的满足。当前，我国发展不平衡不充分问题仍然突出，城乡区域发展和收入分配差距较大，各地区推动共同富裕的基础和条件不尽相同，这在一定程度上制约了人们所追求的精神层面的满足。因此，必须坚持以习近平新时代中国特色社会主义思想为指导，坚持党的全面领导，对经济、政治、文化、社会和生态等各方面工作进行科学谋划、统筹布局，营造和提供良好发展环境，使民生福祉得到切实提升，让人民共享社会的发展成果。

（二）精神富有是进一步推动物质富裕的有力保障

习近平总书记强调："要强化社会主义核心价值观引领，加强爱国主义、集体主义、社会主义教育，发展公共文化事业，完善公共文化服务体系，不断满足人民群众多样化、多层次、多方面的精神文化需求。"[②]内涵丰富、形式多样、积极向上、弘扬正气、催人奋进的精神食粮与产品，不但能使人精神抖擞、乐观向上、富有朝气，而且能使人以饱满的精神状态轻松愉悦地高效工作，为整个社会提供更为丰富的物质产品和社会财富，在物质富裕与精神富有良性互动中不断推进社会发展、实现共同富裕。为此，必须坚持物质文明和精神文明"两手抓"，把

---

① 中共中央马克思恩格斯列宁斯大林著作编译局.马克思恩格斯选集:第一卷[M].北京:人民出版社,2012:154.

② 习近平.习近平谈治国理政:第四卷[M].北京:外文出版社,2022:146.

精神文明建设贯穿新时代中国特色社会主义实践的全过程。

五、充分实现生态福利和生态价值

共同富裕不仅要经济富裕、精神富有,也要生态富美,缺少了生态文明的共同富裕是不完整的。国内外实践证明,如果区域之间、国家之间,在生态资源和环境上"贫富悬殊",要想"逆袭反超",需要耗费大量的人力、物力、财力,最坏的结果则是"生态贫困"不可逆转、共同富裕遥遥无期。因此,推进共同富裕,需要将实现生态价值与生态福利相统一,一方面为共同富裕提供持续动力,另一方面为人民群众提供更加优质的生态福利。

（一）生态福利内容是共同富裕的应有之义

生态福利是政府向公民提供的以生态利益为内容的新型公共福利。习近平总书记指出:"良好生态环境是最公平的公共产品,是最普惠的民生福祉。"[1]这一科学论断深刻揭示了生态环境的公共产品属性及其在改善民生中的重要地位。近年来,我国经济快速发展,人们的生活水平在提高,广大人民群众对环境的关注度也在提高,人民群众热切期盼加快提高生态环境质量。党的十八大提出,建设中国特色社会主义的总体布局是经济建设、政治建设、文化建设、社会建设、生态文明建设"五位一体",社会主义现代化强国的目标是"富强、民主、文明、和谐、美丽",党的十九大进一步提出了美丽中国建设的两个阶段目标:2020—2035 年是第一阶段,建设目标基本实现;2035—2050 年是第二阶段,继续奋斗确保到 21 世纪中叶建成美丽中国。"共同富裕是建立在经济福利、政治福利、文化福利、社会福利、生态福利所构成

---

① 中共中央国务院关于加快推进生态文明建设的意见[M].北京:人民出版社,2015:13.

的福利体系基础上的共同富裕。"①为此,在经济社会发展的同时,坚持生态优先,让生态红线成为人人不敢踩的"高压线",全社会联合保护生态成为自觉,企业开展绿色生产成为自觉,全民参与生态成为自觉。

(二)生态产品供求是共同富裕的基本表现

随着收入水平的上升,人们不再停留于低层次的需要,高层次的需要不断被提上议事日程,人们对优质的生态环境和优质的生态产品的需求呈现出递增的趋势,这是生态需求递增规律。生态产品的供给者往往是农民,生态产品的需求者则主要是城市居民。相对而言,城市居民收入水平高,而城市的生态环境质量不如乡村;乡村的生态环境质量好,而乡村居民的收入水平不如城市居民。由于生态产品的价格远高于非生态产品,因此,通过生态产品流向城市,通过市场交易可以促进社会财富从城市居民向农村居民转移,农村居民通过出售生态产品增加了收入,城市居民通过消费生态产品增加了效用。城市居民流向乡村,享受天然氧吧、负氧离子、有机食品、生态旅游,让农村居民增加收入,让城市居民增加效用;同样,财富的转移促进了共同富裕。但是,需要认识到生态产品的生产和营销面临"两大风险":一是灾害风险;二是假冒风险。为此,生态产品的生产环节需要建立保险机制——通过保险机制分散生态产品生产中可能出现的病虫害等灾害风险,生态产品的销售环节需要加强信息甄别——通过贴防伪标签、产品直供等方式加强信息甄别以防止出现假冒伪劣的"生态产品"。另外,在生态产品的营销过程中需要加强品牌化建设——通过生态产品的品牌化提高其产品的附加值,努力从"一乡一品"升格为"一县一品",做大品牌的规模经济效应,实现生态产品价值的大幅度增值。②

---

① 沈满洪.生态文明视角下的共同富裕观[J].治理研究,2021(5):5-13.
② 沈满洪.生态文明视角下的共同富裕观[J].治理研究,2021(5):5-13.

（三）生态价值实现是共同富裕的持续动力

生态价值实现既能体现资源环境的有偿使用，解决环境损害赔偿和丧失地区发展机遇的补偿问题，也能为我国高质量发展提供新的增长点，还能够促进城乡协调发展，解决乡村优质生态资源定价不足的问题。关于如何实现生态价值转化，早在2005年，时任浙江省委书记习近平同志在浙江安吉就提出"绿水青山就是金山银山"理念，指出如果能够把生态环境优势转化为生态农业、生态工业、生态旅游等生态经济的优势，那么绿水青山也就变成了金山银山。[①] 绿水青山向金山银山转化的关键在于加快推进生态优势转化为经济优势。需要统筹"生态产业化"和"产业生态化"：一方面，积极探索开展生态系统生产总值（GEP）核算，全面拓展生态产品价值实现的通道，推进全民所有自然资源资产清查，建立自然资源资产产权制度，探索绿色信用、绿色金融、绿色债券和绿色信贷资产证券化，开展"两山银行"建设，积极发展碳排放权等生态产权交易，建立健全水体市场化、多元化的生态补偿机制，不断提升生态农业、生态旅游等生态产业格局；另一方面，要将创新发展作为"产业生态化"的关键布局，依托优美环境、人文底蕴，高浓度集聚高端创新资源，高起点布局高端高新产业，加快发展数字经济，为高质量发展提供持续动力。

六、大力完善全民参与的共建共享机制

"民生在勤，勤则不匮。"共建是共享的前提和基础，共享是共建的结果和目的。幸福生活都是奋斗出来的，共同富裕要靠勤劳智慧来创造。实现共同富裕需要全体人民的共同努力，只有人人参与、人人尽力，才能走向共同富裕，才能让实现共同富裕的伟大进程成为人们看

---

① 习近平. 之江新语[M]. 杭州：浙江人民出版社，2007：153.

得见、摸得着、真实可感的事实。

（一）营造"人人参与"的发展环境

需要充分激发群众的积极性、主动性、创造性，坚决反对一部分人在思想和行动上出现"等、靠、要""坐以待毙""天上掉馅饼"等走偏思想，杜绝"躺平"。坚持群众主体，旗帜鲜明地鼓励勤劳致富、率先致富，旗帜鲜明地鼓励先富带后富、先富帮后富，激发实现共同富裕的内生动力。充分发挥共产党员的先锋模范作用。充分发挥广大统一战线成员的积极作用，强化工会、共青团、妇联等人民团体引领服务联系群众功能，发挥社会组织的桥梁纽带作用，充分激发全体人民推动共同富裕的积极性、主动性和创造性，让每一个人都能成为共同富裕的直接参与者、积极贡献者和共同受益者，全体人民共同奋斗、团结互助，走共建共治共享的共同富裕之路。

（二）完善"人人享有"的制度条件

为人民提高受教育程度和增强发展能力创造更加普惠公平的制度条件：一是健全统筹城乡的就业公共服务体系。完善就业援助长效机制，做好重点群体就业工作，加强对城镇就业困难人员的就业培训、托底安置就业和帮扶，确保零就业家庭动态清零。二是创新城乡和区域间先富带后富、先富帮后富的体制机制。积极探索智力支援、产业支援、文化教育支援和交往交流交融等体制机制创新，深化产业合作、劳务协作和消费帮扶，丰富创新协作方式，加快构建全方位、多层次、宽领域的协作体系，在组织领导、资金支持、人才支援、产业帮扶、劳务协作等方面加强协作帮扶，切实改善落后地区群众生产生活条件。三是深化收入分配制度改革。以初次分配制度完善为重点和前提，发挥好再分配和第三次分配调节作用，做大蛋糕的同时分好蛋糕。四是健全扶持中等收入群体后备军发展的政策体系。加大人力资本投入，激发技能人才、科研人员、小微创业者、高素质农民等重点群体增收潜力,让更多普通劳动者通过自身努力进入中等收入群体,健全工资合理增长机制,完善企业工资集体协商制度和最低工资标准调整机制。

(三)解决"人人关心"的突出问题

共同富裕需要不断增加群众的获得感、幸福感、安全感、满意度。首先,充分做到问需于民,突出问题导向,加快解决人民群众最直接、最关心、最突出的民生问题,绵绵用力、久久为功,朝着"幼有善育、学有优教、劳有厚得、病有良医、老有颐养、住有宜居、弱有众扶"目标坚定迈进。把共同富裕美好社会形态变成看得见、摸得着、真实可感的美好图景。其次,扎实推进基本公共服务均等化,推动人的全生命周期公共服务优质共享,进一步做实教育、医疗等社会民生事业,率先解决养老、托幼等普遍性问题,贯彻落实好"三孩"生育政策,多渠道降低生育、养育、教育成本。最后,健全社会主义民主法治,充分彰显社会公平正义,优化社会治理,以党建统领整体智治,纵深推进法治建设、平安建设、清廉建设,形成活力和秩序有机统一的现代化社会,让政治更安全、社会更安定、人民更安宁、网络更安靖。

七、加快汇聚实现共同富裕的强大合力

扎实推动实现共同富裕是新时代坚持和发展中国特色社会主义伟大事业的必然要求,不仅关乎经济发展与社会稳定,更关乎党长期安全执政。因此,在促进全体人民共同富裕问题上从达成共识走向形成合力,已经是当务之急。共同富裕是一项涉及从顶层设计到政策安排再到行动落实各个环节的系统工程,具有很强的实操性。基于这样的把握,在凝聚共识的基础上形成合力,对新时代推进共同富裕至关重要。这是落地、落实、见效的关键环节。

(一)形成共同富裕的主体合力

推进共同富裕,需要发挥各方面力量。各级党委、政府作为推进共同富裕的领导力量,要发挥好把方向、谋大局、定政策、促改革、抓落实、鼓士气的重要作用,牢牢把握推进共同富裕的方向、节奏与力度,发挥好领导力和带动力。各种市场主体作为推动共同富裕的重要力量,要善于运用市场化机制做好共同富裕文章,使实现共同富裕的过程成为各方互利共赢的过程。各种社会组织作为推进共同富裕的促进力量,要发挥好自身的特殊优势,努力弥补其他主体的不足。广大人民群众自身要发挥实现共同富裕的主体力量,体现能动性、激发进取心,在辛勤劳动、拼搏奋斗中早日实现共同富裕。共同富裕是一项共同的事业,是各种主体竞相发挥历史主动精神、携手创造美好生活的进程。

(二)形成共同富裕的政策合力

逐步实现共同富裕,迫切需要健全完善一整套的政策机制。比如,通过完善收入分配政策,逐步构建更为合理的初次分配格局;通过建立覆盖全生命周期的社会保障与社会政策体系,释放社会消费需求,带动经济增长,为人们过上美好生活创造更加稳定的预期;通过完善教育政策、健全职教体系等,促使社会流动更加合理,扩大中等收入群体比例,为实现共同富裕创造有利条件;通过完善公共文化服务体系,使全体人民精神上的共同富裕逐步得到更好实现。

(三)形成共同富裕的实践合力

分阶段推进共同富裕需要在实践中把握时效度。一些有条件的地方要先行一步、步伐大一些,积极为全国创造经验;一些暂时不具备条件的地方,要牢牢把握发展这个第一要义,在推动高质量发展中为实现共同富裕创造更为充分的条件。与此同时,要在实践中统筹好发展与安全,分析研判各种风险和挑战,对于由各种不确定性因素引发的种种经济社会问题,要有科学的把握与妥善的处置,既不能因为这些问题而忽视共同富裕,也不能因为推进共同富裕而触发一些潜在的社会风险。

第二节　共同富裕建设的难点

实现全体人民共同富裕,是一项长期而艰巨的任务。在各地因地制宜探索有效路径的过程中,可能会出现一些偏差,不同的阶层,不同的区域,对共同富裕理解的重点可能不一样。未来如何形成有效的共识,形成有效的社会预期,是共同富裕建设的难点。

一、如何处理好发展与共享的关系

共同富裕从字面意思上讲包括两个方面,即"共同"和"富裕",前者对应了"共享",后者对应了"发展"。习近平总书记指出:"让广大人民群众共享改革发展成果,是社会主义制度优越性的集中体现,是我们党坚持全心全意为人民服务根本宗旨的重要体现。"[1]可见,"发展"与"共享"成为关系人民现实利益和民生福祉的必然要求,创新、协调、绿色、开放都是发展的手段,共享才是发展的目的,探索如何在发展中共享、于共享中发展成为重大现实问题。

（一）处理发展与共享关系要对历史经验教训进行借鉴和超越

马克思、恩格斯曾指出,"所有人共同享受大家创造出来的福

---

① 习近平.在党的十八届五中全会第二次全体会议上的讲话（节选）[J].求是,2016(1):3-10.

利"[①],"生产将以所有的人富裕为目的"[②]。自古以来,我国就有"天下大同"的思想。先秦思想家们希望施政者"为政以德""选贤与能,讲信修睦",希望社会"老有所终,壮有所用,幼有所长",最终实现社会"大同"。孔子说:"不患寡而患不均,不患贫而患不安。"孟子说:"老吾老以及人之老,幼吾幼以及人之幼。"然而,在阶级社会里,真正的"大同"不可能实现,有的只是"朱门酒肉臭,路有冻死骨"的社会不公平现象。纵观世界各国发展教训,即无论是发达国家还是发展中国家,都普遍出现了贫富差距问题。在改革开放初期,我国整体上处于普遍贫困阶段,当时需要充分调动和释放全体成员的一切积极因素以解放和发展生产力,从而解决生存难题。当前,我国已经告别当初物质短缺的阶段,时代的任务已从满足"生存性需要"转入满足"发展性需要"和"享受性需要"。党的十八届五中全会提出创新、协调、绿色、开放、共享的发展理念,总结了我国改革开放和现代化建设的成功经验,吸取了世界上其他国家在发展进程中的经验教训,揭示了经济社会发展的客观规律,把共享作为发展生产力和实现社会主义生产目的的新理念。

(二)处理发展与共享关系的基本逻辑是"做大蛋糕"和"分好蛋糕"

顺应人民新期盼,建设共同富裕美好社会离不开强大的物质基础,需要推动经济社会的持续健康和高质量发展,为"共享"创造前提和基础。改革开放40多年来,我国经济、政治、文化、社会和生态文明建设取得了举世瞩目的成就,为实现全体人民共同富裕的美好愿景奠定了坚实基础。进入新时代,面对波谲云诡的国际形势和我国人民日益增长的美好生活需要,要继续解放和发展生产力,广泛汇聚民智,发

---

① 中共中央马克思恩格斯列宁斯大林著作编译局.马克思恩格斯选集:第一卷[M].北京:人民出版社,2012:308.

② 中共中央马克思恩格斯列宁斯大林著作编译局.马克思恩格斯全集:第四十六卷(下册)[M].北京:人民出版社,1980:222.

挥全体人民的奋斗精神、创造精神，实现经济高质量发展，不断做大"蛋糕"，不断满足人民日益增长的美好生活需要。共同富裕需要分好"蛋糕"。我国经济社会发展取得的巨大成就离不开每一位劳动者的勤奋努力和艰苦创业，实现共同富裕，要贯彻落实共享发展理念，在经济社会发展可承受的前提下，更好地做好财富分配，更好地统筹经济、政治、文化、社会和生态文明建设，全过程、全领域营造人人共享的社会氛围。

二、如何处理好公平与效率的关系

如何处理好公平与效率的关系是一个重大的理论与实践问题，同时也是一个世界性难题，其难点在于对于这个问题不仅在认识上存在争论，而且实践上并无模板，正确处理二者的关系是一个系统工程，不仅需要思想观念的不断革新，大力倡导机会公平，提倡勤劳致富，也需要分配制度的不断革新，以更加合理的收入分配制度作为保障。

（一）处理好公平与效率关系的难处

公平与效率的关系问题一直是学术界争论不休的问题。西方政治经济学家对公平有三类评价标准：第一种是结果论，以收入均等为标准，代表人物如洛伦兹、阿瑟·奥肯；第二种是感受论，以心理感受为标准，瓦里安认为，如果在一种分配中，没有一个人羡慕另外一个人，那么这种分配就可以称为公平分配；第三种是收入公平和心理感受公平的结合，具体提法各式各样，莫衷一是。国内关于公平的理解，包括机会公平、过程公平和结果公平，内容上主要包括经济公平、政治公平和社会公平。如高培勇认为"公平"和"平等"之间存在区别，"平等"是对状态的描述，"公平"则附加了价值判断情况下对平等状态的认知，包括机会公平、过程公平、结果公平。三者实质上是不可分割的统一体,要结合在一起。①具体在处理公平与效率关系时,则更难实现意见的统一。世界各国在处理公平和效率关系上都有一些探索,如发达国家通过调整所得税制度、完善社会保障制度形成了"福利制度",短期内有一定成效,但实践证明其并没有很好厘清公平和效率的关系,反而伤害了效率。我国在1993年中共十四届三中全会通过的《中共中央关于建立社会主义市场经济体制若干问题的决定》中提出,收入分配要"体现效率优先、兼顾公平的原则"。此后历次中央重要会议都提及"效率优先、兼顾公平"。党的十六大提出,初次分配注重效率,再分配注重公平。党的十七大指出,初次分配和再分配都要处理好效率和公平的关系,再分配更加注重公平。党的十八大提出,调整国民收入分配格局,着力解决收入分配差距较大问题,使发展成果更多更公平惠及全体人民,朝着共同富裕方向稳步前进。这些都是从我国实际出发处理效率和公平关系提出的举措,显而易见,我国的现代化建设始终在朝着"更公平"的方向前进。

（二）处理好公平与效率关系的要点

基于处理好公平与效率在理论和实践上的难处,要真正处理好公平与效率的关系,要点在大众观念、个体勤劳和制度保障三个方面。

一是树立正确的公平观。机会公平和结果公平相统一,共同富裕是一个动态演进的概念,就国情而言,现阶段公平主要还是要促进机会公平,而结果公平的内容可以随着"蛋糕"的做大而不断增加。因此我们提倡的公平不是搞平均主义,不能出现"大锅饭现象",要在全社会旗帜鲜明地倡导机会公平、想方设法地促进机会公平。机会公平,就是通过规则和权利的公平实现每个个体在市场中有平等的权利,这

---

① 高培勇.为什么说促进共同富裕要正确处理效率和公平的关系[J].理论导报,2021(10):58-60.

是激发个人能动性的前提,在机会公平中促进个人效率。机会公平需要我们在体制上为每一个人创造公平竞争的机会,推进公共服务均等化,尤其是教育服务的均等化,畅通向上流动通道,给更多人创造致富机会。①

二是提倡勤劳致富。推动高质量发展需要靠每个人的辛勤劳动,支持能者多劳,保护合法致富、知识创富,重点鼓励辛勤劳动、合法经营、敢于创业的致富带头人,支持大众创业、万众创新,弘扬社会主义核心价值观,引导形成崇尚劳动、尊重劳动、热爱劳动、保护劳动的良好社会氛围,不断做大"蛋糕",为实现公平奠定扎实的经济基础。

三是完善分配制度。坚持公平与效率的有机统一,坚持按劳分配为主体、多种分配方式并存的分配制度,不断完善收入分配制度,构建初次分配、再分配、三次分配相互协调的基础性制度安排。初次分配要推动按劳分配和按要素分配相结合,更多体现机会公平;再分配要强化政府调节的科学性和有效性,体现结果公平;三次分配应以自愿捐赠和资助等慈善公益方式对社会资源和社会财富进行分配,形成对初次分配和再分配的有益补充。

三、如何处理好政府与市场的关系

政府与市场的关系是现代经济社会发展中最为基本也最具争议的一个问题。习近平总书记指出:"在社会主义条件下发展市场经济,是我们党的一个伟大创举。我国经济发展获得巨大成功的一个关键因素,就是我们既发挥了市场经济的长处,又发挥了社会主义制度的

---

① 袁志刚,阮梦婷,葛劲峰.公共服务均等化促进共同富裕:教育视角[J].上海经济研究,2022(2):43-53.

优越性。"①共同富裕的实现必须充分发挥市场的决定性作用,更好发挥政府作用,推动有效市场和有为政府更好结合。

(一)明晰政府与市场在推进共同富裕中的功能界限

更大程度调动广大人民群众的劳动创造活力和能动性,依赖于构建高水平社会主义市场经济体制,充分发挥市场在资源配置中的决定性作用,为全体人民走向共同富裕之路奠定根本性体制保障。此外,各级政府应正确发挥积极性,要以更好地构建高效规范、公平竞争的全国统一市场体系,降低制度性交易成本等方面作为核心导向,继续推动市场分工体系不断细化,全面提升各类生产要素的专业化水平,让各类生产要素、产品或服务在全国统一市场体系内自由流动、迸发活力。合理确定政府在推动共同富裕中的支持方式、方法和最适程度。有为政府要求财政资源配置顺应高水平社会主义市场经济体制的内在要求和发展趋势。从宏观来看,要坚持"全国一盘棋",立足于优化整体国土空间开发分工布局,顺应人口等生产要素的工业化、城镇化布局,建立基于要素分布的财政资源配置动态调控体系,更好衔接、协调人口流入地和人口流出地之间的财政资源配置关系。从微观来看,财政资源配置要瞄准构建全国统一市场体系的痛点、堵点,区分不同生命周期阶段、不同规模市场主体,分环节、分领域,精准有效施策。

(二)追求社会公平正义和激发市场活力要有机结合

全面建成小康社会,一个也不能少;共同富裕路上,一个也不能掉队。我国的共同富裕要求每个社会成员都要充分享受经济社会发展带来的成果,都要充分获得参与到经济社会发展中的机会。进入新发展阶段后,各级政府都需要着力强化在促进社会公平中的功能作用。

---

① 中共中央文献研究室.习近平关于社会主义经济建设论述摘编[M].北京:中央文献出版社,2017:64.

只有政府更加充分保障好广大人民群众的基本生存和发展权利,才能够让他们没有任何后顾之忧地去奋斗,参与到市场资源配置过程中,运用劳动来创造更大的价值。与此同时,只有激发每个社会成员的市场活力,才能为促进社会公平提供更加坚实的物质保障,才能让社会弱势群体享受更加充分的生存发展保障。对具有完全劳动能力的群体,要鼓励其自食其力,不断提升自身的劳动创造能力和技术技能水平,激发他们的奋斗活力,创造更加公平、公正的市场机会,让他们参与到市场分工和专业化生产当中。财政支持要以促进市场分工和就业支持作为主要手段,激发劳动意愿、奋斗活力。对无劳动能力或无完全劳动能力的人群,基本公共服务要有"托底"保障,根据经济发展水平及相关因素,更加合理地确定保障标准。

四、如何处理好资本与劳动的关系

马克思、恩格斯说:"资本和劳动的关系,是我们现代全部社会体系所依以旋转的轴心。"①正确处理二者关系不仅是中国特色社会主义市场经济发展的必由之路,也是解决中国社会矛盾的必要之举。财富的生产过程是各类生产要素间合作的过程,各类要素尤其是劳动与资本之间能否构建和谐稳定的合作关系,必然影响到各行为主体之间的合作效率。同时,财富的分配过程也是各经济主体之间的谈判过程,能否建立平等和谐的谈判关系必然影响各主体之间的协商效率和分配结果。只有构建起和谐稳定的劳动关系,才能真正实现劳动、资本等各类要素之间的平等协商、合理分配,为扎实推动共同富裕建立可靠的制度基础。

(一)资本和劳动的要素所有者共享企业发展过程

扎实推动共同富裕,必须促进资本、劳动等生产要素共享企业发

---

① 中共中央马克思恩格斯列宁斯大林著作编译局.马克思恩格斯选集:第二卷[M].北京:人民出版社,1972:269.

展,完善政府、工会、企业共同参与的协商协调机制,更好发挥政府的调节作用,构建和谐劳动关系。① 西方传统企业理论认为,资本雇佣劳动、控制企业经营是最有效率的制度安排。然而,现代公司理论与实践表明,既然企业的生产过程和财富创造是各类要素共同参与的合作过程,而且劳动等各类要素也向企业投入了"专用性人力资本"等"风险投资",那么企业经营管理权就理应由各类要素所有者分享,这更有利于激发各类要素的合作动力,提高合作效率。在现代市场经济条件下,劳动者等各类要素所有者参与企业经营管理不仅是保障和提升其地位和利益的需要,而且是现代公司治理的客观要求。为此,更应积极推动企业制度和公司治理变革,通过合理共享使各类要素积极参与企业发展。尤其是必须健全完善以职工代表大会为基本形式的企业民主管理制度,积极探索企业职工参与企业管理的有效方式,真正使企业做到"发展依靠职工"。

(二)资本和劳动的要素所有者共享企业发展成果

企业生产经营活动所获的经济剩余是各类要素合作的结果,劳动者等各类要素所有者除了应获得与其生产贡献相对应的劳动报酬等收益,理应共享企业剩余、分享企业利润。尤其是应着重保护劳动所得,努力实现劳动报酬增长和劳动生产率提高同步,提高劳动报酬在企业收入分配中的份额,稳定提高劳动者收入水平,真正做到企业发展成果由企业职工共享。当然,各类要素共享企业发展既要落实"以劳动者为中心"的理念,又要兼顾其他要素所有者的权益,合理确定各类要素所有者的分享比例,实现各类要素权益分享的相对平衡。同时,各类要素共享企业发展也不应脱离企业发展水平和经济社会发展阶段,应本着"合作共赢、各得其利"的原则渐进提高,构建促进劳动关

---

① 胡乐明.构建和谐劳动关系 扎实推动共同富裕[N].光明日报,2021-10-12(11).

系和谐稳定的长效机制。

五、如何统筹好城市与乡村的发展

长期以来,我国在统筹城乡方面已经做出很多努力,但是城乡差距仍然是当前影响我国共同富裕进程的"三大差距"之一。要把广大农民对美好生活的向往化为推动乡村振兴的动力,把维护广大农民根本利益、促进广大农民共同富裕作为出发点和落脚点。

(一)科学谋划城乡发展布局和加快整体推进

着眼于城乡全局的整体性规划,打破城乡界限,全域优化布局,真正做到城乡一本规划、一张蓝图,城乡整体谋划、整体推进。为更好破解农村发展短板,推动城镇化触角向农村延伸,应持续优化县域村庄规划布点,并在推动乡村振兴中进一步加以优化,在缩小城乡差距的同时,充分彰显城乡之别。通过全域整合资源,促进资源要素向农村流动。把发展要素从农村向城市单向流动转变为发展要素在城乡之间双向流动,尤其是要促进发展资源,包括市场、资金、人才、管理等要素从城市向乡村流动,逐步推动教育、医疗、养老有序共享,加快推动交通、供水、供气、污水处理、垃圾处理等基础设施一体化,全面深化农村集体产权制度改革,推动农村集体经营性建设用地入市。

(二)破解城乡发展新矛盾和推动深度融合

推动城乡深度融合发展,根本目的是让城市和农村这两个差别性地域空间发展为交错相融、功能互补、利益协调、和谐共生的地域共同体,彻底从经济、生态、社会分工上消除城乡工农关系的分割与对立。在新发展阶段推动城乡融合走深走实,关键在抓住导致城乡分割、阻碍城乡要素双向流动和统一市场形成的"主要病灶",通过对症下药和辨证施治相结合,着力破解城乡要素配置不合理、城乡基本公共服务供给不充足、农村经济发展模式不多元、农民收入增长态势不稳固等问题。当前,我国针对城乡融合发展体制机制所进行的一系列改革,必须在同步下好新型城镇化和乡村振兴两盘大棋中进行谋划,利用我国新型城镇化进入后半段的发展拉力和农业农村现代化的政策推力协同推进城乡融合。

六、如何坚持党的领导和发挥党的作用

党的二十大报告强调,全面建设社会主义现代化国家、全面推进中华民族伟大复兴,关键在党。共同富裕是我国人民千百年来追求的理想。历史和实践均表明,推动共同富裕,关键在于坚持和加强党的全面领导。百年党史实践证明,党的建设是破解经济社会发展难题的最有效抓手,能不能把党组织建设成为凝聚人心、宣传党的主张、贯彻党的决定、团结动员群众、推动共同富裕建设的坚强战斗堡垒,充分彰显党组织政治领导力、思想引领力、群众组织力、统筹协调力和强大执行力,决定着共同富裕各项工作能不能有效落实。

(一)坚持党的领导是推进实现共同富裕的根本保证

我们党在推进共同富裕的过程中,始终强调制度体系建构的重要性,不断通过完善制度体系来解决实现共同富裕所面临的诸多现实问题,不断加强促进区域协调发展的顶层制度设计,在缩小地区差距中促进共同富裕。党的十八大以来,党中央通过顶层制度设计支持京津冀协同发展、粤港澳大湾区建设、长三角一体化和长江经济带建设,深圳建设中国特色社会主义先行示范区,浦东打造社会主义现代化建设引领区,浙江高质量发展建设共同富裕示范区等实践探索与创新,都将为缩小地区差距、促进共同富裕起到重要的示范引领作用。除此之外,通过大量政策安排,建立科学的公共政策体系,把保障和改善民生

建立在经济发展和财力可持续基础之上,并重点加强基础性、普惠性、兜底性民生保障建设,为共同富裕提供政策保障。事实证明,在中国共产党的领导下,保障实现共同富裕的体制机制不断完善。党的领导是中国特色社会主义最本质的特征,是中国特色社会主义制度的最大优势,坚持党的领导,是推进全体人民共同富裕的根本保证。

（二）强化在党的领导下实现对共同富裕的有效探索

历经百年风雨,中国共产党领导的共同富裕道路走过了不同的发展阶段,在不同的阶段取得了相应的成就,实现了对共同富裕的有效探索。

一是共同富裕思想初步萌芽期（1921—1948 年）。党面临的主要任务是,解决农民的最基本生活需要,实现"耕者有其田",发挥农民在中国革命中的主力军作用,为实现共同富裕奠定政治前提。

二是共同富裕思想的初步探索期（1949—1977 年）。党面临的主要任务是,实现新民主主义社会向社会主义社会的过渡,建立起符合我国发展实际的社会制度,推进社会主义工业化,为实现共同富裕奠定制度基础和物质基础。

三是共同富裕思想的质的升华期（1978—2011 年）。党面临的主要任务是,继续探索中国建设社会主义的正确道路,使全体人民摆脱贫困、尽快富裕起来,为实现共同富裕提供充满活力的体制保证和快速发展的物质条件。

四是共同富裕思想的系统集成期（2012 年至今）。我们党面临的主要任务是,兑现全面建成小康社会"一个都不能少"的庄严承诺,将中国特色社会主义的共同富裕道路推向更高的发展阶段,为实现中华民族伟大复兴而不懈奋斗。党的十八大以来,以习近平同志为核心的党中央对共同富裕有了更为全面而深刻的认识,将共同富裕与社会主义现代化建设、人民对美好生活的向往、人的全面发展紧密联系起来,实现了共同富裕内涵的深化发展。

（三）加强党建引领为共同富裕战略主动提供宝贵经验

坚持党的领导是实现中国式现代化的根本保证,共同富裕同样要党建引领才能有效推进：一是坚持加强党的领导,总揽实现共同富裕的发展全局。在共同富裕百年探索实践中,中国共产党始终重视党建引领,确保始终沿着正确方向前进,始终注重提升基层党组织在推进共同富裕中的凝聚力,坚持发挥党员示范带头作用。二是坚持消除绝对贫困,筑牢共同富裕的基本底线。中国共产党百年来推进共同富裕的经验表明,要科学把握"绝对贫困"与"共同富裕"二者之间的关系,实现共同富裕是消除绝对贫困的发展方向,共同富裕的实现必须以消除绝对贫困为前提和底线,彻底消除绝对贫困是实现共同富裕的必经之路。三是坚持不断开拓创新,激活实现共同富裕的动力源泉。坚持开拓创新,是中国共产党实现共同富裕的不竭动力源泉,是党赢得共同富裕战略主动的宝贵经验。在共同富裕的演进历程中,党领导人民积累了开拓创新的宝贵经验。①四是坚持推进民生保障,夯实实现共同富裕的安全保障。社会民生保障体系建设,是共同富裕实现的重要内容,坚持推进社会民生保障体系建设,是中国共产党百年来推进共同富裕的基本经验之一,正如习近平总书记所言："保障和改善民生没有终点,只有连续不断的新起点。"②

七、如何实现对西方福利制度的超越

社会上有一种认识,将中国的共同富裕与西方的福利制度等同,

---

　　①　即不断推进理论创新,继承和发展马克思主义共同富裕理论；不断推进实践创新,坚持和发展中国特色社会主义的共同富裕道路；不断推进制度创新,持续发挥中国特色社会主义制度在推进共同富裕方面的独特优势；不断推进文化创新,继续在传承和弘扬中华民族传统"大同社会"文化中实现守正创新。

　　②　习近平.习近平谈治国理政：第二卷[M].北京：外文出版社,2017：361.

这种认识只看到了共同富裕和福利制度部分表象的相似之处,而忽视了中国和西方在制度上的根本性不同,也不理解二者的实质性差异,如果不能及时纠偏,将成为推动共同富裕的一大阻碍。从系统的角度看,二者的差异是整体的而不是个别的。西方福利社会发展已有近百年历程,我们要汲取西方国家在国家治理方面的先进之处以及制度运行中的经验教训,更要发挥后发优势,结合自身实际,从领导力量、根本目标及发展力量方面实现对西方福利制度的超越。

（一）实现领导力量的超越

新中国成立以来,我国创造了无数世所罕见的奇迹,比如经济快速发展奇迹和社会长期稳定奇迹,给世界带来了"中国震撼",其根本原因就是中国共产党的领导。中国特色社会主义最本质的特征是中国共产党领导,中国特色社会主义制度的最大优势是中国共产党领导。百年奋斗的实践证明,中国的各项事业,无论是革命、建设还是改革,离开了中国共产党的领导,都不可能成功。中国共产党是在马克思主义科学理论指导下的政党,党自成立之日起就把实现共产主义作为自己的最高理想和最终目标。推进共同富裕,是实现共产主义的重要环节,是一项长期性、艰巨性、复杂性的系统工程,必须坚持党的全面领导,牢记初心使命,团结党心民心,体现集中力量办大事的政治优势,形成推进党和国家事业发展的强大合力。

（二）实现根本目标的超越

西方福利制度与中国共同富裕的发动原因和目标完全不同。西方构建福利制度源于经过一战、二战后"经济大萧条"背景下,欧美各国劳资矛盾和社会危机越演越烈,社会内部共产主义社会主义思潮高涨,在政府干预下,资本家为维持资本逐利所需的社会稳定和对抗苏联阵营的需要,"被迫牺牲"部分利润给平民,继而在多党制背景下,不同政党为获得更多选民支持"无限支出",这种福利从一开始的"适当"福利逐步演变为"过度"福利,并带来负面影响。而中国建设的共同富裕是社会主义发展阶段的一个环节,在马克思主义指导之下,消灭绝对贫困、全面建成小康社会,在解决"有没有"的问题之后,着力解决"好不好"的问题,目的是促进人的全面发展和社会全面进步,体现的是对实现共产主义最高理想一以贯之的追求。

(三)实现发展力量的超越

西方通过战争、殖民地和资本主义高速增长积累了大量财富,建立起高福利发展模式,特点是"从摇篮到坟墓"的充分保障。但随着全球经济增长的放缓和人口老龄化问题的日益突出,西方福利制度越来越难以为继,不但开始反噬经济基础,并且衍生出一系列社会问题。中国实现共同富裕,依靠的是全体中国人民。实现共同富裕目标,需要坚持的是尽力而为、量力而行。所谓"尽力而为",就是首先需要通过全国人民共同奋斗把"蛋糕"做大做好,只有人人参与、人人尽力,才能拥有人人享有的充分条件;所谓"量力而行",就是从社会主义初级阶段的实际出发,不要提过高的口号,也不能作过头的保证,一切要建立在经济社会可承受的基础之上,要戒骄戒躁、久久为功,逐步推进共同富裕。

本章小结:促进共同富裕必须准确把握共同富裕建设的重点难点。从理论层面看,正是因为共同富裕是个长期的系统工程,共同富裕的研究不仅需要宏观描述,更要见微知著,着眼重点难点,通过国内和国外、省内和省外、顶层和基层的研究,丰富和发展共同富裕重点难点的研究内容。从实践层面看,抓住主要矛盾和矛盾主要方面带动全局发展,是唯物辩证法的要求,也是我们党一贯提倡的工作方法。共同富裕的重点难点是科学认识共同富裕全貌的一把钥匙,是持续推进共同富裕的行动指南,是准确判断共同富裕工作成效的主要依据,有利于破解现阶段我国经济社会发展不平衡、不充分的矛盾，推动经济社会向更高质量、更加均衡、更可持续的高阶形态发展与迈进。目前，对于共同富裕的重点难点，专家学者研究成果丰富、角度多元，既有一些相同看法，也有许多不同意见。但总的来说，关于共同富裕的重点，多数围绕本章阐述的"三大差距"、公共服务均等化、橄榄型社会、精神文化、生态文明、共建共享、体制机制改革展开；关于共同富裕的难点，也基本聚焦于发展与共享、公平与效率、政府与市场、资本与劳动、城市与乡村、党建引领、发展与超越等方面。可以说，这些研究为我们明确共同富裕示范区建设的工作重心、主攻方向奠定了重要基础。

第八章　共同富裕的浙江方案

　　实现全体人民共同富裕是中国式现代化的本质要求,促进全体人民共同富裕是一项艰巨而长期的任务,也是一项现实任务,难以短时间内全面铺开,迫切需要选取部分条件相对具备的地区先行先试。浙江富裕程度较高、均衡性较好,在探索解决发展不平衡不充分问题方面已经取得了明显成效,具备开展共同富裕示范区建设的基础和优势。更为关键的是,2003年开始实施的"八八战略"为"浙江高质量发展建设共同富裕示范区"(以下简称共同富裕示范区)提供了坚实的理论基础和发展指引。2021年5月,党中央、国务院作出支持浙江建设共同富裕示范区的重大部署,这是以习近平同志为核心的党中央把促进全体人民共同富裕摆在更加重要位置所作出的一项重大决策。中央希望浙江通过建设共同富裕示范区,为全国其他地方促进共同富裕探索路径、积累经验、提供示范。浙江把扎实推动共同富裕示范区建设作为新时代全面展示中国特色社会主义制度优越性重要窗口的生动实践,以浙江先行探索努力为全国推动共同富裕探路。

第一节　坚守指引："八八战略"引领浙江高质量发展

如果说"八八战略"是浙江率先进行共同富裕自主性实践探索的1.0版本,那么高质量发展建设共同富裕示范区则是浙江率先进行共同富裕示范性实践探索的2.0版本。前后两个时期的探索不是简单的延续和继承,而是一种跃升和飞跃,其关键之处在于有习近平新时代中国特色社会主义思想指引,能够有效破解共同富裕推进过程中的普遍性难题,切实满足人民的期盼,全民拾级而上,共富同向同行。

一、忠实践行"八八战略",建设"两富""两美"浙江

中共浙江省委把"八八战略"作为浙江全面建成小康社会、推进社会主义现代化建设的总纲领、总方略,坚定不移沿着"八八战略"指引的路子走,一张蓝图绘到底,一任接着一任干,不断谱写出浙江发展的精彩篇章。[①]

（一）"八八战略"开创了浙江发展的崭新局面

2003年7月,中共浙江省委第十一届四次全体（扩大）会议提出面向未来发展,进一步发挥八个方面的优势、推进八个方面的举措的"八八战略"（见表8-1）。2003年以来,浙江坚定不移把"八八战略"作为指引浙江推动中国特色社会主义生动实践、推进省域治理现代化的科学理论体系、根本行动指南、强大精神动力,在坚持中发展,在继承中创新,与自觉践行习近平总书记赋予浙江的新要求、新期望、新目标、新定位、新使命、新愿景紧密结合起来,与时俱进推动"八八战略"迭代升级、丰富发展,不断建立健全落实"八八战略"的目标体系、工作体

[①]　本部分内容详细论述参见中共浙江省委党史和文献研究室. 忠实践行"八八战略"　建设共同富裕美好社会[N].浙江日报,2021-06-29(7).

系、政策体系和评价体系,构建完善以年度评估报告为标志的"八八战略"抓落实机制,推动"八八战略"形成"理论付诸实践、实践上升到理论、理论再付诸实践"的螺旋上升。可以说,"八八战略"开辟了中国特色社会主义在浙江生动实践的新境界,成为引领浙江发展的总纲领。

表 8-1 "八八战略"主要内容

序号	内容
1	进一步发挥浙江的体制机制优势,大力推动以公有制为主体的多种所有制经济共同发展,不断完善社会主义市场经济体制
2	进一步发挥浙江的区位优势,主动接轨上海、积极参与长江三角洲地区合作与交流,不断提高对内对外开放水平
3	进一步发挥浙江的块状特色产业优势,加快先进制造业基地建设,走新型工业化道路
4	进一步发挥浙江的城乡协调发展优势,加快推进城乡一体化
5	进一步发挥浙江的生态优势,创建生态省,打造"绿色浙江"
6	进一步发挥浙江的山海资源优势,大力发展海洋经济,推动欠发达地区跨越式发展,努力使海洋经济和欠发达地区的发展成为浙江经济新的增长点
7	进一步发挥浙江的环境优势,积极推进以"五大百亿"工程为主要内容的重点建设,切实加强法治建设、信用建设和机关效能建设
8	进一步发挥浙江的人文优势,积极推进科教兴省、人才强省,加快建设文化大省

浙江在"八八战略"指引下,不断打开思想空间、认知空间、发展空间,推动浙江破茧成蝶、凤凰涅槃,发生了全面深刻的变化、影响深远的变化、鼓舞人心的变化,构建形成了现代产业体系、科技创新体系、全面开放体系、协调发展体系、社会治理体系、先进文化体系、生态建设体系、民生保障体系、风险防控体系、政治保障体系等十大体系,实现了从经济大省向经济强省、从对内对外开放向深度融入全球、从总体小康向高水平全面小康的跃变,充分彰显了习近平新时代中国特色社会主义思想的真理力量和实践伟力。

(二)党的十八大以来浙江对"八八战略"的坚守

2012 年 11 月,党的十八大提出到建党一百年全面建成小康社会、到新中国成立一百年建成社会主义现代化国家的"两个一百年"奋斗目标,首次把生态文明建设纳入中国特色社会主义事业"五位一体"总体布局。

2012年6月,浙江省第十三次党代会召开,确立了努力建设物质富裕精神富有的现代化浙江的奋斗目标,并提出加快建设经济强省、文化强省、科教人才强省和法治浙江、平安浙江、生态浙江,促进经济社会全面协调可持续发展。

2012年12月,中共浙江省委召开十三届二次全体(扩大)会议,提出推进"两富"现代化浙江建设具体步骤:第一阶段是到2020年,实现全省生产总值、人均生产总值、城镇居民人均可支配收入、农村居民人均纯收入四个指标分别比2010年翻一番;第二阶段是在实现2020年"四个翻一番"目标基础上,再经过一个时期的努力,力争率先基本实现社会主义现代化,为到新中国成立一百年时建成富强民主文明和谐的社会主义现代化国家做出积极贡献。为实现第一阶段目标,会议提出了干好"一三五"、实现"四翻番"的路线图。

2013年5月,中共浙江省委召开十三届三次全体(扩大)会议,作出全面实施创新驱动发展战略的决定。在创新驱动引领下,浙江省委、省政府结合浙江发展实际,打出了以"拆、治、归"为主要内容的转型升级组合拳。同时,浙江省委、省政府还先后提出了"四换三名"、"四边三化"、"一打三整治"、市场主体升级、小微企业成长、"八大万亿"产业培育和特色小镇建设等一系列重大举措,逐渐形成和丰富了以创新驱动为引领、以治水为突破口、以"拆、治、归""三字经"为基本招法的经济转型升级系列组合拳。

2013年11月,党的十八届三中全会审议通过《中共中央关于全面深化改革若干重大问题的决定》,为全面深化改革指明了方向。2013年11月底,中共浙江省委召开十三届四次全体(扩大)会议,谋划部署浙江全面深化改革的任务。全会审议通过了《中共浙江省委关于认真学习贯彻党的十八届三中全会精神　全面深化改革再创体制机制新优势的决定》，明确了浙江全面深化改革目标。根据全会精神，浙江省委、省政府以"四张清单一张网"建设为总抓手，加快政府职能转变，规范行政权力，促进市场和政府发挥各自优势，推进政府治理体系和治理能力现代化建设。

2014年5月，中共浙江省委召开十三届五次全体（扩大）会议，聚焦于"绿水青山就是金山银山"理念的落实，提出"建设美丽浙江，创造美好生活"的奋斗目标。建设"两美"浙江顺应了人民对美好生活的新期待，体现了中国梦和美丽中国在浙江的生动实践，是建设"两富"现代化浙江的升华，是深入实施"八八战略"的内在要求。2016年7月，浙江省委、省政府谋划开展新一轮"811"美丽浙江建设行动，加快建成美丽中国的"浙江样板"。

2017年6月，浙江省第十四次党代会提出高水平全面建成小康社会、高水平推进社会主义现代化建设，以"两个高水平"的优异成绩，谱写实现"两个一百年"奋斗目标的浙江篇章。同时，还提出建设富强浙江、法治浙江、文化浙江、平安浙江、美丽浙江、清廉浙江等"六个浙江"的具体奋斗目标。

2017年10月，党的十九大围绕"两个一百年"奋斗目标，对决胜全面建成小康社会、开启全面建设社会主义现代化国家新征程作出新战略部署和安排，提出"两步走"战略，即在完成第一个百年奋斗目标的基础上，再奋斗15年，基本实现社会主义现代化；到21世纪中叶，把我国建成富强民主文明和谐美丽的社会主义现代化强国。为紧密衔接党的十九大提出的战略安排，2017年11月召开的中共浙江省委十四届二次全体（扩大）会议对"两个高水平"奋斗目标作了进一步深化，明确在高水平全面建成小康社会目标实现之后，高水平全面建设社会主义现代化,到 2035 年高水平完成基本实现社会主义现代化,到本世纪中叶全面提升物质文明、政治文明、精神文明、社会文明和生态文明水平,全面建设社会主义现代化走在全国前列。浙江"两个高水平"建设的蓝图徐徐展开。

可以看出,历届浙江省委、省政府对"八八战略"进行持续的深化、细化、具体化,如在"进一步发挥浙江的体制机制优势"方面创造性地提出并实施"最多跑一次"改革。2017 年,浙江全面启动"最多跑一次"改革,从深化"四张清单一张网"入手,充分运用互联网和大数据,全面推进政府自身改革,促进各部门简政放权、放管结合、优化服务,从而提升办事效率,改善发展环境,增强人民群众和企业对改革的获得感。从 2018 年开始,浙江加大力度推进政府数字化转型,全面推进经济调节、市场监管、社会管理、公共服务、环境保护、政府运行数字化,推动"掌上办事""掌上办公",把数字化转型先发优势转化为强大治理效能,推动政府治理能力现代化。

(三)"八八战略"是浙江建设共同富裕示范区的基础所在

"八八战略"是习近平新时代中国特色社会主义思想在浙江萌发与实践的集中体现,蕴含着高质量发展的先进理念和科学的思维方法,体现着共同富裕的价值观和方法论。浙江深入实施"八八战略"的实践历程,就是加快推进共同富裕的奋斗历程,也是浙江率先突破发展不平衡不充分问题、实现共同富裕的基础所在、优势所在、信心所在。[①]

一是"八八战略"蕴含着实现共同富裕的鲜明价值主旨。"八八战略"强调激发市场活力、推动所有制经济共同发展,旨在夯实共同富裕的物质基础;强调加快推进城乡一体化,旨在让城乡居民共享美好生

---

① 详细论述参见沈轩.共同富裕大道先行②:"八八战略"是浙江共同富裕先行示范的基础所在[EB/OL].(2021-01-22). https://zj.zjol.com.cn/news.html? id=1606369.

活;强调创建"生态省"、打造"绿色浙江",旨在擦亮共同富裕的生态底色;强调使海洋经济和欠发达地区的发展成为浙江经济新的增长点,旨在确保共同富裕路上一个也不掉队;强调加强法治建设、信用建设和机关效能建设,旨在实现共建共治共享;强调积极推进科教兴省、人才强省,加快建设文化大省,旨在推动物质富裕与精神富有相统一;等等。可以说,"八八战略"一贯到底的价值逻辑就是坚持以人为本、促进人的全面发展,推进共同富裕。

二是"八八战略"为浙江加快率先实现共同富裕提供了战略指引。"八八战略"及一系列重大工作部署的提出,针对的就是浙江富民强省建设中遇到的各种矛盾和问题,是从战略层面对"形势怎么看""路子往哪里走"作出的"世纪之答",是破解浙江发展不平衡不充分问题的先手棋。这些年来,历届省委、省政府坚持一张蓝图绘到底,主抓和大力实施"千万工程"升级版、低收入农户奔小康工程、"山海协作"升级版、大湾区大花园大通道大都市区建设、富民惠民安民行动等,在加快推进共同富裕上实现了"百尺竿头,更进一步"。

三是唯有忠实践行"八八战略",才能够持续有效地破解发展不平衡不充分的问题。"八八战略"在浙江的成功实践体现其系统的观念、辩证的思维,它不谋一时、不为一事,而是着眼长远和全局,蕴含创新发展、协调发展、绿色发展、开放发展、共享发展的真谛。对于浙江而言,打好破解"发展不平衡不充分问题"的攻坚战、持久战,就要立足新方位、新要求,忠实践行"八八战略"。从"八八战略"中找钥匙、找方法、找答案;就要运用好其蕴含的扬优势、强弱项辩证法,在补齐民生领域短板、缩小城乡区域发展和收入分配差距、提高发展质量和效益、增强创新能力等方面取得新突破;运用好其蕴含的敢破善立的改革观,在探索再分配问题上用好改革的关键一招,走好"发展出题目、改革做文章"之路;运用好其蕴含的内外联动开放观,坚持"跳出浙江发展浙江", 为更好发挥"窗口"作用打开广阔空间; 运用好其中蕴含的以人民为中心的发展观, 更加注重富民与强省相结合, 在重民生、办实事、促和谐中暖人心、聚民心、筑同心。

二、奋力打造"重要窗口", 建设社会主义现代化先行省

2020 年 3 月底 4 月初, 习近平总书记到浙江考察时, 充分肯定浙江在省域治理方面的积极探索, 并赋予浙江"努力成为新时代全面展示中国特色社会主义制度优越性的重要窗口"的新目标新定位。[①]

（一）打造"重要窗口"是习近平总书记赋予浙江的新目标新定位

"重要窗口"新定位立意高远、思想深邃、内涵丰富, 把浙江的过去、现在和未来贯穿贯通起来, 将浙江全省域的发展层次、工作要求提升到前所未有的高度; 把浙江与全国、全世界紧密联系起来, 赋予浙江面向全国、面向世界、面向未来更高的角色定位和更大的使命担当, 为浙江实现更好发展指明了战略方向、提供了战略指引。

从政治的维度看, 建设"重要窗口"是政治上的自觉, 是浙江践行"两个维护"最直接、最具体、最生动的体现。从历史的维度看, "重要窗口"植根于"三个地"的深厚基础, 同时又彰显了"三个地"的新时代方位。

从战略的维度看, 建设"重要窗口"是对浙江从省域层面彰显"四个自信"而提出的很高要求。从实践的维度看, 建设"重要窗口"为浙江做好各项工作提供了科学指引, 为"两个高水平"建设注入了新的动力。

2020 年 6 月, 中共浙江省委十四届七次全体（扩大）会议审议通过《中共浙江省委关于深入学习贯彻习近平总书记考察浙江重要讲话精神　努力建设新时代全面展示中国特色社会主义制度优越性重要窗

[①]　统筹推进疫情防控和经济社会发展工作　奋力实现今年经济社会发展目标任务[N].人民日报,2020-04-02(1).

口的决议》①，号召全省干部群众勇扛使命、勇挑重担，坚忍不拔、锲而不舍，奋力谱写壮丽新篇章。提出了建设好 10 个方面"重要窗口"和形成 13 项具有中国气派和浙江辨识度的重大标志性成果的目标。会议提出，坚定不移沿"八八战略"指引的路子走下去，聚焦制度优越性，认清任务艰巨性，突出整体协同性，激发创新创造性，体现群众主体性，注重实践可行性，建设 10 个方面"重要窗口"：一是展示坚持党的科学理论、彰显习近平新时代中国特色社会主义思想真理力量的重要窗口；二是展示中国特色社会主义制度下加强党的全面领导、集中力量办大事的重要窗口；三是展示发展社会主义民主政治、走中国特色社会主义法治道路的重要窗口；四是展示坚持和完善社会主义市场经济体制、不断推动高质量发展的重要窗口；五是展示将改革开放进行到底、使社会始终充满生机活力的重要窗口；六是展示坚持社会主义核心价值体系、弘扬中华优秀传统文化革命文化社会主义先进文化的重要窗口；七是展示推进国家治理体系和治理能力现代化、把制度优势更好转化为治理效能的重要窗口；八是展示坚持以人民为中心、实现社会全面进步和人的全面发展的重要窗口；九是展示人与自然和谐共生、生态文明高度发达的重要窗口；十是展示中国共产党自觉践行初心使命、推动全面从严治党走向纵深的重要窗口。

会议强调，树立世界眼光建设"重要窗口"，加快形成 13 项具有中国气派和浙江辨识度的重大标志性成果：一是打造学习、宣传、实践习近平新时代中国特色社会主义思想的重要阵地；二是推动"最多跑一次"改革成为新时代引领改革风气之先的最鲜明特质；三是再创民营经济高质量发展的新辉煌；四是建设成为全球先进制造业基地；五是做优做强数字经济、生命健康、新材料等战略性新兴产业、未来产业；

---

① 中共浙江省委关于深入学习贯彻习近平总书记考察浙江重要讲话精神　努力建设新时代全面展示中国特色社会主义制度优越性重要窗口的决议[N].浙江日报,2020-06-28(1).

六是打造成为"一带一路"重要枢纽;七是建设高素质强大人才队伍、打造高水平创新型省份;八是在全面推进法治中国建设中继续走在前列;九是巩固夯实社会治理体系和治理能力现代化基础;十是打造成为社会主义先进文化高地;十一是走好具有浙江特色的生态文明建设和可持续发展之路;十二是持续巩固全省域各方面发展都比较均衡的特色优势;十三是清廉浙江建设取得更新成效更大突破。

2020年11月,中共浙江省委十四届八次全体(扩大)会议召开,通过《关于制定浙江省国民经济和社会发展第十四个五年规划和二〇三五年远景目标的建议》,提出浙江须担负起"五大历史使命",建设"四高地两区一家园":打造经济高质量发展高地、三大科创高地、改革开放新高地、新时代文化高地;打造美丽中国先行示范区和省域现代治理先行示范区;打造人民幸福美好家园。

2021年2月,浙江省委召开全省数字化改革大会,在全国率先开启数字化改革探索实践。数字化改革是浙江立足新发展阶段、贯彻新发展理念、构建新发展格局的重大战略举措,浙江坚持以数字化改革引领各领域各方面改革,通过数字赋能、整体智治,推进省域治理全方位、系统性、重塑性改革,当前正在加快构建"1+5+2"工作体系,搭建好数字化改革"四梁八柱"。

2022年3月,浙江召开全省数字化改革工作推进大会,要求迭代升级数字化改革体系架构,整合形成"1612"体系构架:第一个"1"即一体化智能化公共数据平台("平台+大脑");"6"即党建统领整体智治、数字政府、数字经济、数字社会、数字文化、数字法治六大系统;第二个"1"即基层治理系统;"2"即理论体系和制度规范体系——形成一体融合的改革工作大格局,纵深推进数字化改革,为高质量发展建设共同富裕示范区提供强劲动力。

（二）建设共同富裕示范区与奋力打造"重要窗口"一脉相承

浙江高质量发展建设共同富裕示范区,是习近平总书记亲自谋划、亲自定题、亲自部署、亲自推动的重大战略决策,是浙江忠实践行"八八战略"、奋力打造"重要窗口"的核心任务,是浙江扛起"五大历史使命"的总牵引。浙江要进一步增强先行探路的责任感、使命感和紧迫感,在实践中丰富共同富裕的思想内涵,率先探索破解社会主要矛盾的有效路径,让人民群众真切感受到共同富裕看得见、摸得着、真实可感,进一步推进习近平新时代中国特色社会主义思想在浙江的生动实践。在高质量建设共同富裕示范区的过程中,浙江要用好系统重塑思路方法,找准突破性抓手,加快探索实践路径,确保形成一批有全国影响力的标志性成果,以新作为、新气象扛起"重要窗口"的责任担当。

三、奋力推进中国特色社会主义共同富裕先行和省域现代化先行

2022年6月,中国共产党浙江省第十五次代表大会召开,提出忠实践行"八八战略",坚决做到"两个维护",在高质量发展中奋力推进中国特色社会主义共同富裕先行和省域现代化先行,明确今后五年的总体要求、奋斗目标、工作导向和重大任务举措,科学绘就了浙江省共同富裕和现代化的宏伟蓝图。①

（一）新使命:深刻领会把握党代会主题的核心要义

浙江省第十五次党代会报告的主题是:高举习近平新时代中国特色社会主义思想伟大旗帜,忠实践行"八八战略",坚决做到"两个维护",在高质量发展中奋力推进中国特色社会主义共同富裕先行和省域现代化先行("两个先行")。习近平新时代中国特色社会主义思想

---

① 本部分内容详细论述参见沈正言.浙江省第十五次党代会报告解读[EB/OL].(2022-06-30).https://zjnews.zjol.com.cn/zjnews/202206/t20220630_24452066.shtml.

是新时代中国共产党人的思想旗帜。"八八战略"是习近平新时代中国特色社会主义思想在浙江萌发与实践的集中体现。"两个维护"是党的十八大以来全党在革命性锻造中形成的共同意志,是必须始终坚守的最高政治原则和根本政治规矩。高质量发展是"十四五"乃至更长时期我国经济社会发展的主题,关系社会主义现代化建设全局。共同富裕先行和省域现代化先行是新征程上浙江的新目标新任务。这一主题综合考虑了"国之大者"与浙江使命,深刻阐明了浙江的政治站位、政治使命、奋斗目标和战略路径。

(二)新征程:伟大思想指引的"5大战略指引"和"11方面重要遵循"

首先,"5大战略指引"集中体现了习近平总书记赋予浙江的光荣使命、擘画的宏伟蓝图:一是以加强党的全面领导和全面从严治党守好"红色根脉"。"红色根脉"是中国共产党百年奋斗最鲜明的底色,是习近平新时代中国特色社会主义思想在浙江萌发实践赋予其新内涵和新时代标识。"红色根脉"蕴含着党的初心使命,蕴含着以伟大自我革命引领伟大社会革命的基因密码,是浙江精神之源、使命之源、力量之源。二是忠实践行"八八战略"。在浙江工作时,习近平同志亲自擘画实施"八八战略",是其留给浙江取之不尽、用之不竭的宝贵财富,忠实践行"八八战略"是浙江不断进步发展壮大的制胜法宝。三是奋力打造"重要窗口"。"重要窗口"是习近平总书记赋予浙江省的全新定位,核心任务是打造新时代中国特色社会主义制度优越性的省域范例。四是在高质量发展中推进共同富裕和现代化。党中央赋予浙江高质量发展建设共同富裕示范区的光荣使命是习近平总书记对浙江工作一以贯之的要求,明确了具有鲜明浙江辨识度的工作作风、工作标准、工作状态。

其次,"11方面重要遵循"聚焦共同富裕和现代化先行宏伟目标,把学深悟透习近平新时代中国特色社会主义思想与习近平总书记对浙江工作的重要指示精神贯通起来,包括牢牢把握实施创新驱动发展战略,为全国改革探路,立足浙江发展浙江、跳出浙江发展浙江,率先突破发展不平衡不充分问题,推进全过程人民民主建设,让法治这一手真正硬起来,促进人民精神生活共同富裕,办实每件事、赢得万人心,让绿色成为浙江发展最动人的色彩,建设"大平安",以伟大自我革命引领伟大社会革命等。

最后,"5大战略指引""11方面重要遵循"纲举目张、相互贯通,深刻回答"国之大者"与浙江使命、理论与实践、战略与策略、目标与路径等基本问题,是推动习近平新时代中国特色社会主义思想在浙江生动实践、指引浙江推进中国特色社会主义共同富裕先行和省域现代化先行的行动指南。

(三)新目标:"两个先行"的奋斗目标和"八个高地"的具体目标

浙江省第十五次党代会高举习近平新时代中国特色社会主义思想伟大旗帜,兼顾"国之大者"与浙江使命,提出忠实践行"八八战略",坚决拥护"两个确立",坚决做到"两个维护",在高质量发展中实现中国特色社会主义共同富裕先行和省域现代化先行,深刻阐明了浙江的政治站位、政治使命、奋斗目标和战略路径。

一是共同富裕先行。2021年3月,党中央要求浙江在推进以人为核心的现代化、实现全体人民全面发展和社会全面进步的伟大变革中发挥先行和示范作用。《中共中央国务院关于支持浙江高质量发展建设共同富裕示范区的意见》明确要求,到2025年推动高质量发展建设共同富裕示范区取得明显实质性进展,到2035年高质量发展取得更大成就,基本实现共同富裕。这一进度要求,浙江实现共同富裕总体比全国提前15年。

二是省域现代化先行。习近平总书记提出,鼓励有条件的地区率先实现现代化,长三角可以打造率先基本实现现代化引领区。2015

年,习近平总书记在浙江考察时明确要求浙江省努力在提高全面建成小康社会水平上更进一步,在推进改革开放和社会主义现代化建设中更快一步,继续发挥先行和示范作用。[①]改革开放以来,浙江经济社会的发展走在全国前列,发挥着先行示范作用;过去先行,现在和将来更要先行。到 2027 年,浙江有望总体上达到中等发达经济体水平,完全有基础有条件也应当实现先行。

在高质量发展中实现中国特色社会主义共同富裕先行和省域现代化先行,具体目标是打造"八个高地",即新时代党建高地和清廉建设高地、高质量发展高地、数字变革高地、全过程人民民主实践高地、新时代文化高地、社会全面进步高地、生态文明高地、促进全体人民全面发展高地。"八个高地"是支撑"两个先行"的具体目标,是一个有机整体:一是体现党建统领。把打造新时代党建高地和清廉建设高地作为首要目标,强调高水平推进以自我革命引领社会革命的省域实践。二是体现以人的现代化为核心。打造促进全体人民全面发展高地,是出发点,也是落脚点。三是体现引领数字文明时代。提出打造数字变革高地,是通向共同富裕和现代化的"桥"和"船"。四是体现"五位一体"整体跃升。提出打造高质量发展高地、全过程人民民主实践高地、新时代文化高地、社会全面进步高地、生态文明高地。

(四)新任务:深刻领会把握"五大工作导向"和"10 个着力"

浙江省第十五次党代会提出"五大工作导向":一是突出创新制胜。全面实施科技创新和人才强省首位战略,形成制胜未来的新优势。二是突出变革重塑。全面构建共同富裕和现代化新体系,形成引领未来的新模式新能力。三是突出防控风险。推动安全发展贯穿各领域全过程,为国家总体安全战略贡献力量。四是突出共建共享。激

---

① 干在实处永无止境　走在前列要谋新篇[N].人民日报,2015-05-28(1).

发全社会新活力,形成共同奋斗、共创美好生活的新理念新机制新气象。五是突出唯实惟先。牢固树立没有走在前列也是一种风险的意识,形成全社会实干争先的激情活力。"五大工作导向",是在深入分析新阶段新要求和未来形势变化基础上提出来的,是引领未来的浙江新思路。

一是突出创新制胜,彰显锻造"两个先行"制胜优势的浙江视野。世界竞争是科技竞争、人才竞争、创新意识和创新能力的竞争。浙江是民营经济大省、自主创新强省,多项经济社会发展指标领先全国,浙江的创新意识和创新能力,在一定程度上体现了民营经济的创新意识和创新能力、国家的创新意识和创新能力。进入新时代以来,浙江先后作出打造科技强省、教育强省、人才强省,建设创新型省份、科教人才强省的系统部署,出台了全面实施创新驱动发展战略、加快建设创新型省份的系列举措,省域创新意识和创新能力显著提升。

二是突出变革重塑,彰显构筑"两个先行"引领能力的浙江担当。改革开放是决定当代中国命运的关键一招,也是实现中华民族伟大复兴的关键一招。浙江是改革开放前沿省份,具有强大的改革创新基因。这种内置的改革创新基因,使浙江突破万难,成就了辉煌。进入新时代以来,在"八八战略"指引下,浙江锐意改革,勇于创新,创造性实施了权力清单制度改革、"最多跑一次"改革、数字化改革等"刀口向内"的引领性改革举措,尤其是浙江数字化改革已经构建"系统+跑道"的体系架构,建成"平台+大脑"的数据底座,打造"改革+应用"的重大成果,形成"理论+制度"的话语体系,建立"顶层设计+基层创新"的推进机制,为全国改革提供了浙江经验。

三是突出风险防控,彰显维护"两个先行"安全环境的浙江信心。"两个大局"时代,世界进入各种制度性危机频发的"风险社会",具有高度复杂性、高度不确定性的基本特征。浙江历来高度重视风险防控工作,在"平安浙江"的整体性治理下,具备较为强大的风险防控能力,社会风险整体可控,但也面临着改革开放先行区必然面临的一些特有的"成长的烦恼",需要强化风险防控意识,提升风险防控能力,为破解这些"成长的烦恼"提供经验示范。

四是突出共建共享,彰显共创"两个先行"美好生活的浙江愿景。进入新时代以来,国家高质量完成了决战脱贫攻坚、全面决胜小康社会的历史任务,为推进共同富裕新征程奠定了坚实的物质基础、社会基础、政策基础。然而当前城乡差距依然较大,区域发展不平衡问题比较突出,发展不充分问题较为明显。改革开放以来,浙江在市场经济、生态建设、社会治理方面积累了丰硕成果,经济发展总量、财政收入、人均可支配收入等均居于全国前列,城乡差距、贫富差距较小,民营经济发展水平、社会活力、人民群众共创美好生活的热情和积极性较高,为高质量发展建设共同富裕示范区提供了良好基础和先行优势。

五是突出唯实惟先,彰显激发"两个先行"激情活力的浙江精神。在全球局势风云变幻、世界竞争日益激烈的当下,只有坚定信念、脚踏实地,牢牢掌握先机,才能够抓住发展机遇,从容应对各种不确定因素的挑战。浙江历来具有"干在实处、走在前列、勇立潮头"的唯实惟先精神。在"八八战略"指引下,浙江统筹推进城乡一体化发展,全面深化法治浙江、平安浙江建设,全方位多领域推动权力清单改革、"最多跑一次"改革,实施数字经济"一号工程",在经济高质量发展、数字化改革、创新治理机制、切实保障民生等多个方面,真正干在实处、走在前列、勇立潮头。

浙江省第十五次党代会报告全面承接中央决策部署,放大浙江特色优势,首次提出"10 个着力"主要任务:一是着力推动全面转入创新驱动发展模式;二是着力推进数字化改革引领系统性变革;三是着力服务和融入新发展格局;四是着力塑造引领未来的新增长极;五是着力推进更高水平城乡一体化;六是着力发展全过程人民民主;七是着力推进全域文化繁荣全民精神富有;八是着力开创民生优享的社会发展新局面;九是着力推进生态文明建设先行示范;十是着力建设更高水平的平安浙江法治浙江。"10 个着力"构成推进"两个先行"的主要任务安排:一是突出高质量发展。第 1 个到第 5 个"着力"对应经济发展领域,体现以经济建设为中心。二是突出系统性跃升。第 6 个到第 10 个"着力"分别对应政治、文化、社会、生态文明建设和平安法治建设。三是突出牵动性创新性举措。重点阐述牵一发动全身的重大改革、重大政策、重大平台和重大举措,比如提出大力建设具有全球影响力的科创高地和创新策源地,打造世界重要人才中心和创新高地战略支点,推动新时代民营经济新飞跃,探索构建共富型大社保体系等。

第二节　基础优势:共同富裕示范区为什么选择浙江

浙江之所以成为"共同富裕示范区",与浙江发展依靠内生动力、发展的均衡性较好、民营经济发达、"五化"联动、"八八战略"引领和政商环境良好等密切相关。①浙江不仅具有良好的发展基础和优势,而且善于把中央精神与浙江实际紧密结合,从而能够在探索富有中国特色、浙江特点的共同富裕示范过程中为我国扎实推进共同富裕提供参考和借鉴。

一、浙江逐渐走上富裕道路的内生动力强劲

浙江的发展是在"三缺少"条件下起步的:一是缺少陆域自然资

---

① 本部分内容详细论述参见郭占恒.共同富裕的理论与实践(三)[R].浙商智库,2021(57).

源。人均耕地只有 0.68 亩①，缺铁少煤无油，人均资源拥有量综合指数居全国倒数第 3 位。二是缺少国家资金投入。1952 年到 1978 年的 26 年间，国家对浙江的投资只占全国的 1.5%，还不到当时全国各省区平均水平的一半。"一五"时期国家兴建的 156 个重点建设项目，浙江一个没有，后来国家对浙江的投资也很少。三是缺少国家区域指向性的特殊政策。如创办经济特区、浦东开发开放、西部大开发、振兴东北等老工业基地等区域政策，浙江都不在其中，没有享受特殊政策。

尽管如此，浙江人民敏锐地抓住改革开放的大机遇大政策，以"不等不靠不要"的精神，创造弘扬"四千"精神、"三板"精神、"自强不息、坚韧不拔、勇于创新、讲求实效"、"求真务实、诚信和谐、开放图强"、"干在实处、走在前列、勇立潮头"等一系列浙江精神，闯出一条富有生机活力的特色发展道路，实现了追赶型、跨越式发展。

40 多年来，浙江经济总量由全国第 12 位跃升到第 4 位，人均地区生产总值（GDP）由第 16 位跃升到第 6 位，城镇居民和农村居民人均可支配收入分别连续 20 年和 36 年居全国省（区）第 1 位，完成了"三个实现"：一是实现了由陆域资源小省到经济大省再到经济强省的蝶变跃升；二是实现了由地域局限到对内对外开放再到深度融入全球化的沧桑巨变；三是实现了人民生活由温饱到基本小康再到高水平全面小康的发展变化。创造了中国区域发展的浙江经验，形成了中国革命红船起航地、改革开放先行地、习近平新时代中国特色社会主义思想重要萌发地这"三个地"的独特政治优势。

二、浙江共同富裕示范区建设的基础优势明显

表面看来，虽然浙江经济总量不是全国最大，人均 GDP 和收入水

---

① 1 亩约为 666.667 平方米。

平不是全国最高,科技、教育、文化等社会事业发展也不是全国最好,但浙江发展的成长性、均衡性、稳定性和共享性比较好,完全具备开展共同富裕示范区建设的基础和优势。

一是成长性好。浙江 GDP 由 1978 年的 124 亿元增至 2021 年的 73516 亿元,占全国的 6.43%,按年平均汇率折算,经济总量达 1.14 万亿美元,成为中国第四个 GDP 超万亿美元的省份。2021 年,浙江在工业企业营收、民营经济、数字经济等方面的发展十分亮眼:全年全省工业企业营业收入首次突破 10 万亿元,工业增加值首次突破 2 万亿元;民营经济创造增加值 49200 亿元,GDP 占比达到 67%;数字经济增加值规模达到 3.6 万亿元,占 GDP 比重达到 48.6%,数字化改革成为拉动经济社会高质量发展的重要引擎。2021 年,浙江人均 GDP 由 1978 年的 332 元增至 11.3 万元,第一、二、三产业增加值分别为 2209 亿元、31189 亿元和 40118 亿元,在册市场主体达到 868 万户,其中小微企业和个体工商户占近 96%,成为改革开放以来经济增长最快和创业创新最活跃的省份之一。

二是均衡性好。浙江发展全面,城乡、区域、经济社会发展均衡。从城乡差距看,2021 年,浙江城镇常住居民人均可支配收入 68487 元,浙江农村常住居民人均可支配收入为 35274 元,城镇居民和农村居民人均可支配收入分别 21 年、37 年居全国各省(区)第一位,城乡居民人均收入倍差 1.94,远低于全国的 2.56,城乡收入比连续 9 年呈缩小态势。从地区差距看,1997 年,浙江成为全国第一个消除贫困县的省份;2007 年,浙江成为全国第一个消除贫困乡镇的省份;2015 年,浙江 26 个欠发达县一次性全部"摘帽",全面消除家庭人均可支配收入 4600 元以下贫困户,成为全国第一个较高水平完成脱贫攻坚任务的省份。全省 11 个地级市中最高与最低倍差降至 1.64,是全国唯一所有设区市居民收入都超过全国平均水平的省份。浙江城镇、农村居民恩格尔系数分别从 2002 年的 37.9％和 40.8％降至 2020 年的 27.4％和 32.3％,城乡家庭收入稳步增长。

三是稳定性好。浙江经济一度波动较大,如 1989 年 GDP 增长－0.6％,大大低于全国的 4.1％。2003 年以来经济波动减弱,2008 年国际金融危机以来,经济稳步增长且波动幅度明显缩小。"十三五"时期,浙江 GDP 年均增长 6.5％,比全国同期高出 0.7 个百分点。2020年,受新冠疫情影响,增速回落到 3.6％,但明显高于全国 1.3 个百分点。2021 年,浙江省货物贸易进出口实现快速增长,首次超过 4 万亿元,逆势增长 22.4％,占全国的比重为 10.6％,居全国第 3 位。在进出口方面,2021 年,浙江省对欧盟、美国、东盟进出口同比增速分别达22.3％、20.4％和 22.2％,对"一带一路"沿线国家进出口同比增长22.9％,对《区域全面经济伙伴关系协定》(RCEP)其他成员进出口同比增长 18.5％。浙江经济发展的稳定性有力支撑了浙江城乡居民收入、地区发展、外贸进出口、环境质量改善等一系列指标的领先和稳定。

四是共享性好。浙江坚持"让全省人民共享改革发展成果"的执政理念,大力推动基本公共服务均等化,制定和发布了《浙江省基本公共服务体系"十三五"规划》(以下简称《规划》)及年度实施计划,并从基本公共教育、基本就业创业、基本社会保障、基本健康服务、基本生活服务、基本公共文化、基本环境保护、基本安全服务等八大方面进行年度评估。2020 年 11 月,浙江省发展改革委联合浙江省统计局对2019 年度全省及 11 个设区市基本公共服务均等化实现度开展综合评价。评价显示,2019 年全省基本公共服务均等化实现度为 98.7％,比上年提高 1.9 个百分点,超过《规划》提出的"十三五"末全省实现度95.0％的目标要求 3.7 个百分点,标志着浙江"十三五"基本公共服务均等化实现度提前全面达标。2021 年底,浙江出台《浙江基本公共服务标准（2021 版）》，首次以制定标准的形式，全力推进基本公共服务均等化，围绕人的全生命周期，第一次明确提出 95 项基本公共服务标准，涉及幼有所育、学有所教、劳有所得、病有所医、老有所养、住有所居、弱有所扶等方方面面。

三、浙江共同富裕示范区建设的发展潜力巨大

浙江传承王阳明的"知行合一""讷于言而敏于行"，善于把中央精神与浙江实际紧密结合，既讲"普通话"，又讲"浙江话"，创造出富有中国特色、浙江特点的发展道路，浙江高质量发展存在巨大潜力和示范价值。

一是"八八战略"引领。"八八战略"从体制机制创新、对内对外开放、先进制造业基地建设、城乡一体化发展、生态省建设、山海协作工程、软硬环境建设、文化大省建设等诸多方面，解决了浙江高质量发展和共同富裕建设中的"路"和"桥"问题，推动浙江从资源高消耗、环境高污染的粗放发展转向资源节约、环境友好的高质量发展，从偏重经济发展转向经济、政治、文化、社会、生态全面发展，从少数人先富起来转向全省人民共同富裕的发展。

二是民营经济发达。改革开放以来，浙江创造了以民营经济为主的温台模式和以开放经济为主的义乌模式。民营经济以百万人创业带动千万人就业，成为浙江经济的最大特色、最大优势和最大资源。2021 年，浙江省民营经济规模达到了 49000 多亿元，在浙江经济总量中占比 67％，创造了浙江省 73％的税收、82％的外贸出口、60％的投资、88％的就业岗位。各类在册市场主体 868 万户，新设民营企业 53.1万户，增长 11.4％，占新设企业数的 94.2％，私营企业 290 万户，占企业总量的 92.5％，每 8 个人中就有 1 个老板。浙江连续 22 年位居中国民营企业 500 强总量第一。

三是"五化"联动机制。市场化、工业化、城市化、信息化、国际化联动成为浙江持续发展和走向共同富裕的重要途径。从市场化看,浙江人以敢闯市场著称,通过市场发现商机、配置资源、增强动能,浙江市场化程度连续多年保持全国领先,2014 年上升至第一位。从工业化看,浙江如今实现以纺织、服装、皮革、塑料等日用轻工为主,加快向电气、计算机通信、电子、成套设备、汽车等先进制造业转变,成为工业制造大省。从城市化看,浙江以"兴一个市场、带一方产业、活一方经济、富一方百姓、建一个城镇"为特点,全省城市化率由 1978 年的 14.5% 发展到 2021 年的 72.7%,比全国的 64.7% 高出 8.0 个百分点。从信息化看,浙江是最早实施"数字浙江"建设的省份之一,近年来又深入实施数字经济"一号工程",数字经济引领、撬动、赋能作用增强,成为浙江发展的重要动力源。从国际化看,浙江较早形成"引进来"和"走出去"双向互动的格局,实际使用外资居全国第五位,境外直接投资覆盖 149 个国家和地区,进出口规模连续多年保持全国第四,其中出口规模连续 10 年保持第三。

四是"营商环境"良好。从"八八战略"提出"切实加强机关效能建设"到"最多跑一次"改革和数字化改革,浙江打造以人民为中心、为人民办实事的发展环境,围绕让权力在阳光下运作,打造全国"审批事项最少、办事效率最高、投资环境最优"的政商环境,浙江深入开展"服务企业、服务基层、服务群众"活动,不断推动省域治理体系和治理能力现代化走在前列。

第三节 建设方案:共同富裕示范区建设的顶层设计

党的十八大以来,习近平总书记站在坚持和发展中国特色社会主义战略全局的高度,深刻把握社会主义本质,就扎实推动共同富裕发表一系列重要讲话,丰富和发展了我们党对促进共同富裕的规律性认识,回答了新时代促进共同富裕的一系列根本性、方向性问题,为逐步实现全体人民共同富裕提供了科学指引。以习近平同志为核心的党中央把团结带领全体人民实现共同富裕置于重要位置,向国内外作出了郑重宣示。党的十九大对实现第二个百年奋斗目标作出了"两步走"的战略安排:到 2035 年,全体人民共同富裕迈出坚实步伐;到 21 世纪中叶,全体人民共同富裕基本实现。一系列决策部署描绘了实现全体人民共同富裕的宏伟蓝图,这既是我们开拓前进必须完成的重大任务,也是我们党顺应人民愿望、把握历史主动的必然选择。①

2021 年 3 月,《中华人民共和国国民经济和社会发展第十四个五年规划和 2035 年远景目标纲要》提出支持浙江高质量发展建设共同富裕示范区。2021 年 5 月,中共中央、国务院印发《关于支持浙江高质量发展建设共同富裕示范区的意见》(以下简称《中央支持意见》)。随后,2021 年 6 月,中共浙江省委十四届九次全体(扩大)会议审议通过《浙江高质量发展建设共同富裕示范区实施方案(2021—2025 年)》(以下简称《浙江实施方案》)。目前来看,《中央支持意见》和《浙江实施方案》两个文件非常系统地对浙江高质量发展建设共同富裕示范区进行了顶层设计和整体谋划,旨在通过浙江率先探索建设共同富裕美好社会,为全国实现共同富裕提供浙江示范。

一、贯彻落实中央精神,为全国提供共同富裕先行示范

《中央支持意见》是以习近平同志为核心的党中央把促进全体人民共同富裕摆在更加重要位置作出的一项重大决策,充分体现了党中

---

① 曹普.以人民为中心推动共同富裕[N].经济日报,2021-11-15(10).

央对解决我国发展不平衡不充分问题的坚定决心,为浙江高质量发展促进共同富裕提供了强大动力和根本遵循。[①]

(一)《中央支持意见》对浙江共同富裕示范区建设进行了谋划部署

《中央支持意见》以习近平新时代中国特色社会主义思想为指导,紧扣推动共同富裕和促进人的全面发展,围绕构建有利于共同富裕的体制机制和政策体系,对支持浙江高质量发展建设共同富裕示范区作出了谋划部署,主要内容如下。

一是从目标导向出发,全方位聚焦以人为核心的共同富裕,重点从人的物质生活、精神生活、生态环境、社会环境和公共服务等方面进行谋划部署。在普遍提高人民物质生活水平的同时,提出要加强精神文明建设,推动生态文明建设先行示范,促进经济社会发展全面绿色转型,实现人民精神生活丰富、社会文明进步、人与自然和谐共生。

二是从问题导向出发,瞄准阻碍实现共同富裕的最薄弱环节,提出着力缩小城乡区域发展和不同群体间收入分配差距的重点政策举措。要完善先富带后富的激励帮扶机制和制度设计,更加注重向农村、基层、相对欠发达地区倾斜,向困难群众倾斜。持续推进城乡融合、陆海统筹、山海互济,率先探索实现城乡区域协调发展的路径。多渠道增加城乡居民收入,补齐民生短板,兜住民生底线,在人人参与、人人尽力的基础上实现人人享有。

三是以改革创新为根本动力,持续推动共同富裕体制机制创新。要一如既往地向改革要动力、向创新要活力,着力破除制约高质量发展、高品质生活的体制机制障碍,强化有利于调动全社会积极性的重大改革开放举措,率先在推动共同富裕方面实现理论创新、实践创新、

---

① 本部分内容详细论述参见郭占恒.共同富裕的理论与实践(四)[R].浙江智库,2021(59).

制度创新和文化创新。

（二）《中央支持意见》明确了浙江共同富裕示范区建设的战略定位

《中央支持意见》聚焦共同富裕示范区建设亟须突破和创新的重要方向和关键领域，从高质量发展高品质生活、城乡区域协调发展、收入分配制度改革、文明和谐美丽家园等四个方面明确了浙江示范区建设的战略定位。

一是高质量发展高品质生活先行区。浙江要率先探索实现高质量发展的有效路径，促进城乡居民收入增长与经济增长更加协调，构建产业升级和消费升级协调共进、经济结构和社会结构优化互促的良性循环，更好满足人民群众品质化多样化的生活需求，在富民惠民安民方面走在全国前列。

二是城乡区域协调发展引领区。浙江要坚持城乡融合、陆海统筹、山海互济，形成主体功能明显、优势互补、高质量发展的国土空间开发保护新格局，健全城乡一体、区域协调发展体制机制，加快基本公共服务均等化，率先探索实现城乡区域协调发展的路径。

三是收入分配制度改革试验区。浙江要坚持按劳分配为主体、多种分配方式并存，着重保护劳动所得，完善要素参与分配政策制度，在不断提高城乡居民收入水平的同时，缩小收入分配差距，率先在优化收入分配格局上取得积极进展。

四是文明和谐美丽家园展示区。浙江要加强精神文明建设，推动生态文明建设先行示范，打造以社会主义核心价值观为引领、传承中华优秀文化、体现时代精神、具有江南特色的文化强省，实现国民素质和社会文明程度明显提高、团结互助友爱蔚然成风、经济社会发展全面绿色转型，成为人民精神生活丰富、社会文明进步、人与自然和谐共生的幸福美好家园。

（三）《中央支持意见》明确了浙江共同富裕示范区建设的发展目标

《中央支持意见》要求浙江省在 2025 年推动高质量发展建设共同富裕示范区取得明显实质性进展：经济发展质量效益明显提高，人均地区生产总值达到中等发达经济体水平，基本公共服务实现均等化；城乡区域发展差距、城乡居民收入和生活水平差距持续缩小，低收入群体增收能力和社会福利水平明显提升，以中等收入群体为主体的橄榄型社会结构基本形成，全省居民生活品质迈上新台阶；国民素质和社会文明程度达到新高度，美丽浙江建设取得新成效，治理能力明显提升，人民生活更加美好；推动共同富裕的体制机制和政策框架基本建立，形成一批可复制可推广的成功经验。

《中央支持意见》要求浙江省在 2035 年率先基本实现共同富裕：人均地区生产总值和城乡居民收入争取达到发达经济体水平，城乡区域协调发展程度更高，收入和财富分配格局更加优化，法治浙江、平安浙江建设达到更高水平，治理体系和治理能力现代化水平明显提高，物质文明、政治文明、精神文明、社会文明、生态文明全面提升，共同富裕的制度体系更加完善。

（四）《中央支持意见》明确了支持浙江共同富裕示范区建设的重大举措

《中央支持意见》紧扣推动共同富裕和促进人的全面发展，从提高发展质量效益、深化收入分配制度改革、缩小城乡区域发展差距、打造新时代文化高地、践行绿水青山就是金山银山理念、坚持和发展新时代"枫桥经验"等六个方面明确了推进共同富裕示范区建设的重大举措。

一是提高发展质量效益，夯实共同富裕的物质基础。围绕大力提升自主创新能力、塑造产业竞争新优势、提升经济循环效率、激发各类市场主体活力等各方面,提出了加快探索社会主义市场经济条件下新型举国体制开展科技创新的浙江路径,探索消除数字鸿沟的有效路径,培育若干世界级先进制造业集群,打响"浙江制造"品牌,统筹推进浙江自由贸易试验区各片区联动发展等务实举措。

二是深化收入分配制度改革,多渠道增加城乡居民收入。围绕推动实现更加充分更高质量就业、不断提高人民收入水平、扩大中等收入群体、完善再分配制度、建立健全回报社会的激励机制等方面,提出健全统筹城乡的就业公共服务体系,支持浙江加快探索知识、技术、管理、数据等要素价值的实现形式,实施扩大中等收入群体行动计划,建立健全改善城乡低收入群体等困难人员生活的政策体系和长效机制,完善有利于慈善组织持续健康发展的体制机制等政策举措。

三是缩小城乡区域发展差距,实现公共服务优质共享。围绕率先实现基本公共服务均等化、率先实现城乡一体化发展、持续改善城乡居民居住条件、织密扎牢社会保障网、完善先富带后富的帮扶机制等方面,提出了探索建立覆盖全省中小学的新时代城乡教育共同体,加快建设居家社区机构相协调、医养康养相结合的养老服务体系,推动实现城乡交通、供水、电网、通信、燃气等基础设施同规同网,完善住房市场体系和住房保障体系,健全统一的城乡低收入群体精准识别机制,探索共建园区、飞地经济等利益共享模式等政策措施。

四是打造新时代文化高地,丰富人民精神文化生活。紧紧围绕提高社会文明程度,传承弘扬中华优秀传统文化、革命文化、社会主义先进文化等方面,提出了支持培育"最美浙江人"等品牌,深入创新实施文化惠民工程,营造人与人之间互帮互助、和睦友好的社会风尚,实施重大文化设施建设工程,打造具有国际影响力的影视文化创新中心和数字文化产业集群等政策措施。

五是践行绿水青山就是金山银山理念,打造美丽宜居的生活环境。围绕高水平建设美丽浙江、全面推进生产生活方式绿色转型等方面,提出了支持浙江开展国家生态文明试验区建设,推广新安江等跨流域共治共保共享经验,探索完善具有浙江特点的生态系统生产总值(GEP)核算应用体系,高标准制定实施浙江省碳排放达峰行动方案等政策举措。

六是坚持和发展新时代"枫桥经验",构建舒心安心放心的社会环境。围绕以数字化改革提升治理效能,全面建设法治浙江、平安浙江等方面,提出推进"互联网+'放管服'",全面推行"掌上办事""掌上办公",深化"一件事"集成改革,完善县级社会矛盾纠纷调处化解中心工作机制,构建全覆盖的政府监管体系和行政执法体系,高水平建设平安中国示范区,健全防范化解重大风险挑战体制机制等政策措施。

(五)《中央支持意见》明确了支持浙江共同富裕示范区建设的保障措施

《中央支持意见》从党的全面领导、政策保障和改革授权、评价体系和示范推广机制、实施机制等四个方面提出了保障措施。

一是坚持和加强党的全面领导。《中央支持意见》明确,要坚定维护党中央权威和集中统一领导,充分发挥党总揽全局、协调各方的领导核心作用,把党的领导贯穿推动高质量发展建设共同富裕示范区的全过程、各领域、各环节。

二是强化政策保障和改革授权。《中央支持意见》指出,中央和国家机关有关部门要结合自身职能,加强对浙江省的指导督促,根据该意见有针对性制定出台专项政策,优先将本领域改革试点、探索示范任务赋予浙江,并加强对改革试验、政策实施的监督检查。

三是建立评价体系和示范推广机制。《中央支持意见》提出,要加快构建推动共同富裕的综合评价体系,全面反映共同富裕示范区建设工作成效。建立健全示范推广机制,及时总结示范区建设的好经验好做法,归纳提炼体制机制创新成果,发挥好对全国其他地区的示范带动作用。

四是完善实施机制。《中央支持意见》明确,要健全中央统筹、省负总责和县抓落实的实施机制。国家发展改革委牵头设立工作专班负责协调相关任务措施。浙江省要切实承担主体责任,增强敢闯敢试、改革破难的担当精神,始终保持奋进姿态,立足省情和发展实际,制定具体实施方案。

二、理解把握省委精神,系统谋划共同富裕示范区建设

《浙江实施方案》全面细化落实《中央支持意见》精神,明确了"十四五"时期"四率先三美"主要目标和"七个方面先行示范"主要任务,是当前和今后一个时期推进共同富裕示范区建设的路线图、任务书。[①]

(一)《浙江实施方案》全面细化落实了发展目标和主要任务

共同富裕既是一项长期任务,也是一项现实任务。《浙江实施方案》提出浙江高质量发展建设共同富裕示范区按照"每年有新突破、5年有大进展、15年基本建成"的目标任务进行安排,率先在浙江大地推动共同富裕的理论创新、实践创新、制度创新、文化创新。首先,"15年基本建成"意味着浙江比全国领先15年基本实现共同富裕:到2025年,推动浙江高质量发展建设共同富裕示范区取得明显实质性进展;到2035年,高质量发展取得更大成就,浙江基本实现共同富裕。其次,"5年有大进展"就是要用三个"五年规划"时间压茬推进,滚动制定实施方案,迭代深化目标任务,不断取得阶段性标志性成果、普遍性经验。再次,"每年有新突破"就是要把共同富裕示范区规划目标分解

[①] 本部分详细内容参见浙江省委政研室. 以浙江先行先试为全国实现共同富裕探路:浙江省委十四届九次全会精神解读[J]. 政策瞭望,2021(7):37-40.

为年度目标,以关键目标指标牵引工作推动落实,每年形成一批突破性成果,一年一年滚动推进,积小胜为大胜。

"十四五"时期是浙江高质量发展建设共同富裕示范区的第一个五年,因此跑好"第一程"事关全局、影响胜势。《浙江实施方案》明确提出"十四五"时期"四率先三美"主要目标和"七个方面先行示范"主要任务。

"四率先三美"主要目标为:率先基本建立推动共同富裕的体制机制和政策框架,率先基本形成更富活力创新力竞争力的高质量发展模式,率先基本形成以中等收入群体为主体的橄榄型社会结构,率先基本实现人的全生命周期公共服务优质共享;人文之美、生态之美、和谐之美更加彰显。

"七个方面先行示范"主要任务为:一是打好服务构建新发展格局组合拳,推进经济高质量发展先行示范;二是实施居民收入和中等收入群体双倍增计划,推进收入分配制度改革先行示范;三是健全为民办实事长效机制,推进公共服务优质共享先行示范;四是拓宽先富带后富先富帮后富有效路径,推进城乡区域协调发展先行示范;五是打造新时代文化高地,推进社会主义先进文化发展先行示范;六是建设国家生态文明试验区,推进生态文明建设先行示范;七是坚持和发展新时代"枫桥经验",推进社会治理先行示范。

(二)《浙江实施方案》突出了抓好八大创新性突破性重大举措

浙江省委十四届九次全会着眼推动生产力和生产关系、经济基础和上层建筑深刻变革,提出完整、准确、全面贯彻新发展理念,更宽领域更高层次转入创新驱动发展模式,夯实共同富裕的基础,加快形成破竹之势。

《浙江实施方案》从八个主要方面提出了推进共同富裕示范区建设的重大举措:一是着力强化科技创新、打造全球数字变革高地,推动发展质量变革、效率变革、动力变革,重塑政府、社会、企业和个人关系;二是着力加快缩小地区发展差距,持续念好新时代"山海经",推动山区 26 县跨越式高质量发展,创新实施"山海协作"升级版、对口工作升级版;三是着力加快缩小城乡发展差距,联动实施新型城镇化和乡村振兴战略,加快市民化集成改革和新一轮乡村集成改革,大力实施强村惠民行动,构建城乡新格局;四是着力加快缩小收入差距,加快"扩中"、全面"提低",进一步激励财富创造,率先在优化收入分配格局上取得积极进展;五是着力推动人的全生命周期公共服务优质共享,打造"浙有善育""浙里优学""浙派工匠""浙里健康""浙里长寿""浙里安居""浙有众扶"等七张金名片;六是着力打造精神文明高地,守好红色根脉,健全高品质精神文化服务体系,打造江南特色的文化创新高地,构建以文化力量推动社会全面进步新格局;七是着力建设共同富裕现代化基本单元,全省域推进城镇未来社区、乡村新社区建设;八是着力一体推进法治浙江、平安浙江建设,建设低风险社会,持续打造最安全、最公平、最具活力的省份。

这八个方面重大举措,是推动共同富裕社会变革的有机整体。其中,科技创新、数字变革是新阶段社会变革的核心驱动力,是顺应万物互联时代发展趋势的必然选择,体现了生产力的决定性作用;解决"三大差距"问题是主攻方向,是推动社会变革的重大标志性成果;公共服务优质共享是群众最关心、最期盼、最有获得感的领域,也是一项世界性难题;精神文明是推动社会变革的内在动力,是社会全面进步的重要标志;共同富裕现代化基本单元是示范区建设从宏观到微观落地的重要载体,是可感、可及、可体验的共同富裕场景;法治浙江、平安浙江建设是示范区建设的题中应有之义,是推动共同富裕行稳致远的"定盘星""压舱石"。要紧扣这八个方面重大举措,找准跑道协同发力,找准关键切口精准发力,加快取得实质性突破。

（三）《浙江实施方案》要求以新理念新机制推动共同富裕示范区建设

2020年3月29日至4月1日，习近平总书记在浙江考察时赋予浙江"努力成为新时代全面展示中国特色社会主义制度优越性的重要窗口"的新目标新定位。[①] 关键是体现中国道路的科学性正确性，路径是将科学思想转化为制度优势、制度优势转化为治理效能、治理效能转化为实践成果，目的是以"浙江之窗"展示"中国之治"、以"浙江之答"回应"时代之问"。共同富裕是"重要窗口"中的"重要窗口"，必须跳出原来的思维定式和路径依赖，探索建设变革型组织、提高塑造变革能力，构建起推动示范区建设的新型工作体系和工作机制。推进共同富裕示范区建设，要坚持国家所需、浙江所能、群众所盼、未来所向。因此，《浙江实施方案》从以下三个方面作了强调和部署。

一是坚持和加强党的全面领导。党的领导是中国特色社会主义最本质的特征，是中国特色社会主义制度的最大优势。要充分发挥党的政治优势和制度优势，在党中央坚强领导下，省负总责、市县抓落实，把党的领导贯穿推动共同富裕的全过程、各领域、各环节。

二是树立共同富裕新理念。进一步解放思想、创新思维，树立"创新致富、勤劳致富、先富帮后富"理念，树立"政府社会企业个人共创共建"理念，树立"循序渐进、由低到高、由局部到整体"理念。这"三大理念"，面向全体人民，突出强调创新致富，突出强调共创共享，突出强调循序渐进，不吊高胃口、不搞"过头事"，尽力而为、量力而行，既体现了经济社会发展的客观规律性，也体现了全社会共同奋斗推动共同富裕的主观能动性。

三是构建示范区建设新机制。按照建设变革型组织要求创新工

① 本书编写组.干在实处　勇立潮头:习近平浙江足迹[M].杭州:浙江人民出版社,2022:34.

作机制,浙江成立建设共同富裕示范区领导小组、省委社会建设委员会和省委建设共同富裕示范区咨询委,通过清单化管理、改革探索和试点推广、民情通达、专班协同等机制,形成横向多跨协同、纵向贯通有力的组织体系,探索构建共同富裕话语、目标、工作、政策和评价体系,浙江在示范区建设方案中编制了系统架构图,探索构建"共性＋个性"的公共政策工具箱,确保党中央决策部署全面落地见效,让人民群众真切感受到共同富裕看得见、摸得着、真实可感。

第四节　地市探索:打造各具特色的共同富裕市域范例

浙江高质量发展建设共同富裕示范区,是社会主义新时代具有开端意涵的重大事件,具有很丰富的含义,需要进行多方面的探索。《中央支持意见》和《浙江实施方案》发布之后,浙江省各地市也先后出台了推动共同富裕示范城市建设的行动计划或者行动方案,因地制宜、各显其能地打造各具特色的市域范例,共同描绘不同色彩的共同富裕"路线图"。

一、杭州:争当共同富裕示范区的城市范例

杭州是浙江省省会、副省级市,是浙江省的政治、经济、文化、教育、交通和金融中心,长江三角洲城市群中心城市之一,长三角宁杭生态经济带节点城市,中国重要的电子商务中心之一,新一线城市。2021 年 7 月 29 日,杭州公布了《杭州争当浙江高质量发展建设共同富裕示范区城市范例的行动计划(2021—2025 年)》(以下简称《杭州行动计划》)。

《杭州行动计划》明确提出：推进七个方面"先行示范"、打造七个"省域范例"要求，提出加快构建"一核九星、双网融合、三江绿楔"城市新型空间格局；持续放大部分行政区划优化调整的综合效应，率先探索破解新时代社会主要矛盾的有效途径，率先形成推动共同富裕的体制机制；高水平打造"数智杭州·宜居天堂"，争当浙江高质量发展建设共同富裕示范区的城市范例。

《杭州行动计划》明确 2025 年主要目标：城市新型空间格局持续优化；以数字化改革撬动共同富裕体制机制创新实现重大突破；区域差距、城乡差距和收入差距不断缩小；共建共享的公共服务体系、市域一体的规划建设体系、高效联通的交通网络体系、全域统筹的保障支撑体系"四大体系"更加完善；"大杭州、高质量、共富裕"的发展新局加快形成，基本达到生活富裕富足、精神自信自强、环境宜居宜业、社会和谐和睦、公共服务普及普惠，取得"先富引领、共富示范"的阶段性标志性成果。

到 2035 年，杭州城市综合能级、核心竞争力、国际美誉度大幅提升，城市治理现代化水平大幅提升，基本建成社会主义现代化国际大都市，为到 21 世纪中叶建成具有全球影响力的"独特韵味、别样精彩"世界名城打下坚实基础，中国特色社会主义制度优越性充分展现。

二、宁波：努力成为共同富裕的先行市

宁波是浙江省副省级市、计划单列市，首批沿海开放城市，中国大陆综合竞争力前 15 强城市，长三角五大区域中心之一，长三角南翼经济中心和化学工业基地，浙江省经济中心之一，现代化国际港口城市。2021 年 8 月 19 日，宁波公布了《宁波高质量发展建设共同富裕先行市行动计划（2021—2025 年）》（以下简称《宁波行动计划》）。

《宁波行动计划》明确提出：按照到 2025 年、到 2035 年的"两阶段

目标安排",坚持"人民至上、全面全民、共建共享"理念,率先探索实现共同富裕的体制机制;忠实践行"八八战略"、奋力打造"重要窗口",坚决扛起锻造硬核力量、唱好"双城记"、建好示范区、当好模范生、建设现代化滨海大都市的历史使命,努力成为浙江高质量发展建设共同富裕示范区的先行市。

《宁波行动计划》明确 2025 年主要目标:推动共同富裕先行市建设取得明显实质性进展,形成阶段性标志性成果,群众获得感、幸福感、安全感、满意度居全省前列。其具体目标是在共同富裕的体制机制、共同富裕的物质基础、共同富裕的区域协同格局、共同富裕的城乡融合水平、共同富裕的群众获得感、共同富裕的文明风尚、共同富裕的安全底线等七个方面取得明显实质性进展。

《宁波行动计划》明确 2035 年主要目标:高质量发展走在全国前列,人均地区生产总值和城乡居民收入达到发达经济体水平;共同富裕现代化基本单元、基本场景、基本规则全面推行,城乡区域一体化均衡发展水平居全国前列;能源资源集约利用和生态环境质量达到国内领先水平,基本建成全域美丽、绿色低碳的美丽宁波;建成文化强市、教育强市、健康宁波,实现人的全生命周期公共服务优质共享;法治宁波、平安宁波、清廉宁波建设达到更高水平,全面实现市域治理现代化,建成具有宁波辨识度的共同富裕先行市。

"十四五"期间,宁波推动建设海洋中心城市,需要以"到大海里游泳"的气魄建设现代化滨海大都市。宁波着重围绕高水平创新型城市、制造业高质量发展先行城市、国内国际双循环枢纽城市、全国文明城市典范城市、全域美丽宜居品质城市、市域治理现代化示范城市、民生幸福标杆城市等七项发展目标,推动共同富裕先行市建设取得明显实质性进展,形成阶段性标志性成果,群众获得感幸福感安全感满意度居全省前列。

三、温州：争创共同富裕示范区的市域样板

温州是浙江省三大中心城市之一，是中国民营经济发展的先发地区与改革开放的前沿阵地，全国首个新时代"两个健康"先行区。2021年7月29日，温州公布《温州打造高质量发展建设共同富裕示范区市域样板的行动方案（2021—2025年）》（以下简称《温州行动方案》）。

《温州行动方案》明确提出：部署推进八个方面先行示范，大力实施共同富裕十大行动，系统推进"五城五高地"建设，全力打造"创业之都、创新之城、创富之市"，加快走出一条具有温州特色、典型特征、普遍意义的共同富裕之路。按照到2025年、2035年"两阶段目标安排"，创造性系统性落实各项目标任务，争创高质量发展建设共同富裕示范区市域样板。

《温州行动方案》明确2025年主要目标：推动共同富裕取得更为明显的实质性进展，形成阶段性标志性重大成果，让老百姓的幸福感更加饱满，充分展现"在温州感受幸福中国"的美好图景，努力成为浙江高质量发展建设共同富裕示范区的市域样板。其具体目标是从体制机制更加灵活、经济发展更高质量、城乡发展更加协调、公共服务更加优质、先进文化更加繁荣、全域美丽更加彰显、社会治理更加高效等七个方面打造市域样板。

"十四五"期间，温州锚定打造高质量发展建设共同富裕示范区市域样板的总体定位，全力以赴做强做大"全省第三极"，把建设"五城五高地"作为战略支撑，全力做强全省第三极、建好长三角南大门，全力建设东南沿海区域中心城市、全国性综合交通枢纽城市、全国民营经济示范城市、改革开放标杆城市、生态宜居幸福城市，全力打造科创高地、文化高地、教育高地、医疗高地、新消费高地，奋力续写好新时代温州创新史，争创社会主义现代化先行市。

四、嘉兴：打造共同富裕示范区的典范城市

嘉兴是中国革命红船起航地，是世界互联网大会永久会址，是长三角城市群、上海大都市圈的重要城市，是环杭州湾大湾区核心城市、杭州都市圈副中心城市、沪嘉杭 G60 科创走廊中心城市，在推动共同富裕上有着特殊的意义、坚实的基础和独特的优势。2021 年 9 月 9 日，嘉兴公布《嘉兴深化城乡统筹　推动高质量发展建设共同富裕示范区的典范城市行动方案（2021—2025 年）》（以下简称《嘉兴行动方案》）。

《嘉兴行动方案》明确提出：率先探索建设共同富裕美好社会，着力激发人民群众积极性、主动性、创造性，不断增强人民群众的获得感、幸福感、安全感和认同感，擦亮"七张金名片"，建设"五彩嘉兴"，奋力打造"重要窗口"中最精彩板块，推动蝶变跃升、跨越发展，在深化城乡统筹、推动高质量发展中建设共同富裕示范区的典范城市。《嘉兴行动方案》提出全面呈现共同富裕美好社会形态的"五幅图景"，即蝶变跃升、富庶均衡的富裕图景，生活和美、近悦远来的幸福图景，红船领航、自信自强的文明图景，秀水泱泱、韵味江南的美丽图景，现代智慧、充满活力的和谐图景。全力打造高质量发展建设共同富裕示范区的典范城市。

《嘉兴行动方案》明确 2025 年主要目标：深化城乡统筹，加快推动高质量发展，建设共同富裕示范区的典范城市取得明显实质性进展；区域、城乡、收入差距进一步缩小，率先突破发展不平衡不充分问题，率先推动共同富裕理论创新、实践创新、制度创新、文化创新，形成阶段性标志性成果。

《嘉兴行动方案》从"三富四优、七个典范"方面明确了建设共同富裕典范城市的"嘉兴标准"：一是物质基础更加富裕，在构建高质量发展体制机制上成为典范。二是人民生活更加富足，在优化收入分配格

局上成为典范。三是精神文化更加富有,在彰显共同富裕人文之美上成为典范。四是公共服务更加优质,在城乡区域公共服务优质共享上成为典范。五是人居环境更加优美,在彰显共同富裕生态之美上成为典范。六是社会治理更加优化,在彰显共同富裕和谐之美上成为典范。七是体制机制更加优越,在构建共同富裕的制度体系上成为典范。

"十四五"期间,嘉兴需要扛起中国革命红船起航地的政治担当,自觉对标"两个先行"的奋斗目标,全力奋进"两个率先"的历史使命,努力率先形成高质量发展建设共同富裕示范区的标志性成果,率先基本实现社会主义现代化,打造共同富裕典范城市和社会主义现代化先行市。

五、湖州:争创共同富裕示范区的先行市

湖州市是"绿水青山就是金山银山"理念诞生地、中国美丽乡村发源地、国家森林城市、中国最幸福城市,全国首个地市级生态文明先行示范区。2021 年 7 月 29 日,湖州市委召开八届十一次全会,通过《湖州争创高质量发展建设共同富裕示范区的先行市实施方案(2021—2025 年)》(以下简称《湖州实施方案》)。

《湖州实施方案》明确提出:以"绿色发展、共建共富"为主题主线,以经济富裕、收入富足、精神富有,服务优质、全域优美、制度优越"三富三优"为主要特征,以重点任务、重点抓手、重点改革为突破口,率先推动共同富裕理论创新、实践创新、制度创新、文化创新,确保走在全省前列。率先建设共同富裕美好社会,奋力争创高质量发展建设共同富裕示范区的先行市,努力为全国全省推进共同富裕提供湖州经验、湖州范例、湖州样本。

《湖州实施方案》明确 2025 年主要目标:紧紧围绕高水平建设现

代化滨湖花园城市,牢牢抓住推动共同富裕的基础性、牵引性、全局性重大任务,聚焦重点、精准发力,率先形成一批标志性成果、普遍性经验,努力在共同富裕示范先行的"第一程"中跑出最佳成绩。要聚焦做大"蛋糕"、和谐共生、收入倍增、均衡协调、优质共享、精神富有、公平正义、综合集成,坚持以数字化改革撬动各领域改革,以改革重塑关系规则,以改革释放发展活力,以改革优化收入分配,以改革提升治理效能,率先构建推动共同富裕的体制机制,不断增强示范先行的内生动能。

"十四五"期间,湖州建设生态文明典范城市,扎实推进绿色赋能、创新赋能、改革赋能、开放赋能、数字赋能,高水平建设绿色智造城市、生态样板城市、滨湖旅游城市、现代智慧城市、枢纽门户城市、美丽宜居城市等"六个城市",奋力打造践行"绿水青山就是金山银山"理念示范区,奋勇争当社会主义现代化先行省排头兵。

六、绍兴:打造共同富裕示范区的市域范例

绍兴是环杭州湾大湾区核心城市、杭州都市圈副中心城市、中国具有江南水乡特色的文化和生态旅游城市、"融杭联甬接沪"枢纽。2021 年 7 月 6 日,绍兴市委召开八届十次全体(扩大)会议,审议并原则通过《绍兴奋力打造浙江高质量发展建设共同富裕示范区市域范例行动方案(2021—2025 年)》(以下简称《绍兴行动方案》)。

《绍兴行动方案》明确提出:按照"每年有新突破、5 年有大进展、15 年基本建成"的安排压茬推进,加快探索发展动能转换、全域一体协同、服务优质共享、精神富足富有、公平正义和谐的市域之路,不断把共同富裕美好图景变为绍兴实景,奋力打造浙江高质量发展建设共同富裕示范区的市域范例。

《绍兴行动方案》明确 2025 年主要目标:奋力打造浙江高质量发

展建设共同富裕示范区市域范例取得明显实质性进展,形成一批具有引领效应、富有绍兴特色的重大成果,奋力打造产业创新升级、经济繁荣度充分彰显的市域范例,全域一体协同、城乡融合度充分彰显的市域范例,文化守正创新、精神富足度充分彰显的市域范例,生态全域美丽、环境宜居度充分彰显的市域范例,收入均衡增长、生活富裕度充分彰显的市域范例,服务优质共享、保障实现度充分彰显的市域范例,治理高效协同、社会和谐度充分彰显的市域范例,数字赋能未来、数智牵引度充分彰显的市域范例。到 2035 年,高质量发展取得更大成就,基本实现共同富裕,率先探索建设共同富裕美好社会。

"十四五"期间,绍兴奋力当好融杭联甬的"金扁担",加快实现"四个率先":率先走出腾笼换鸟、凤凰涅槃的智造强市之路;率先走出面向全国、走向全球的高效循环之路;率先走出人文为魂、生态塑韵的城市发展之路;率先走出全域覆盖、上下贯通的整体智治之路。

七、金华:打造共同富裕先行示范的浙中板块

金华位于浙江省中部,是国家级历史文化名城、中国十佳宜居城市之一。2011 年,金华—义乌都市区被确定为浙江省的第四个大都市区。2021 年 7 月 22 日,金华公布《金华高质量发展推进共同富裕先行示范实施方案(2021—2025 年)》(以下简称《金华实施方案》)。

《金华实施方案》明确提出:结合"九市建设"(打造国家创新型城市、民营经济强市、双循环发展先行市、"两优一高"市、全国综合交通枢纽城市、文化强市、浙中花园城市、幸福宜居城市和市域社会治理示范市)和"四攻坚四争先"行动,突出数字赋能、拼搏争先,制定实施更加精准有力的工作举措,打造高质量发展推进共同富裕先行示范的浙中板块。

《金华实施方案》明确 2025 年主要目标:到 2025 年高质量发展推

进共同富裕先行示范取得明显实质性进展,形成一批可复制可推广的阶段性标志性成果。具体目标是从创新驱动更加强劲、人民收入更加富足、分配机制更加优化、公共服务更加优质均衡、全域同城效应更加凸显、人文和谐之美更加彰显、生态宜居品牌更加响亮、整体智治格局更加稳固等八个方面打造高质量发展推进共同富裕先行示范的浙中板块。

"十四五"期间,金华将打造内陆开放枢纽中心城市,围绕"全力打造以丝路开放为特色的世界小商品之都、国际影视文化之都、创新智造基地、和美宜居福地"发展定位,构建"一轴聚合、两带联动、组团崛起、全域和美"的区域发展总体格局,聚力"九市建设",努力交出建设"重要窗口"十张高分答卷,打造十块"金"字招牌,以市域现代化先行为全国现代化建设贡献金华力量。

八、衢州:高质量发展建设四省边际共同富裕示范区

衢州位于浙江省西部,是江南文化名城,是浙、闽、赣、皖四省边际交通枢纽和物资集散地,素有"四省通衢、五路总头"之称。2021 年 8 月 21 日,衢州公布了《衢州高质量发展建设四省边际共同富裕示范区行动计划(2021—2025 年)》(以下简称《衢州行动计划》)。

《衢州行动计划》明确提出:以全力打造四省边际共同富裕示范区为战略目标,以加快建设四省边际中心城市为战略抓手,以浙西省级新区为战略平台,按照到 2025 年、2035 年"两阶段发展目标",聚焦浙江所需、衢州所能、群众所盼、未来所向,创造性系统性落实各项目标任务,推动高质量发展建设四省边际共同富裕示范区,为浙江共同富裕示范区建设提供衢州实践、衢州样本。

《衢州行动计划》明确 2025 年主要目标:坚持以满足人民日益增长的美好生活需要为根本目的,以改革创新为根本动力,以缩小地区

差距、城乡差距和收入差距为主攻方向,力争经济发展主要指标年均增幅高于全省平均水平、城乡居民收入年均增幅高于全省平均水平,在高质量发展中扎实推动共同富裕,着力破解发展不平衡不充分问题,到 2025 年推动高质量发展建设四省边际共同富裕示范区取得实质性进展,形成阶段性标志性成果。《衢州行动计划》的具体目标是从七个方面高质量发展建设四省边际共同富裕示范区:一是四省边际中心城市功能显著增强,形成对内对外双向开放新格局;二是营商环境建设持续走在全国前列,形成四省边际经济高质量发展新模式;三是诗画浙江大花园最美核心区图景全面呈现,成为"绿水青山就是金山银山"转化新示范;四是城乡未来社区更加美好,成为四省边际共建共享品质生活新典范;五是精神文明更加富足,成为四省边际文化文明新高地;六是数字化改革赋能更加有力,形成四省边际共同富裕体制机制新优势;七是党建统领整体智治体系更加完善,成为四省边际市域治理体系和治理能力现代化建设新标杆。

"十四五"时期,衢州围绕建设四省边际中心城市,聚焦聚力高质量、竞争力、现代化,突出数字赋能、整体智治,奋力书写"活力新衢州、美丽大花园"新篇章,全力打造四省边际综合交通、商贸物流、教育医疗、绿色金融、人才集聚、美丽经济、数字经济"七个桥头堡",高质量打造诗画浙江大花园最美核心区,高水平建设四省边际中心城市,高标准创建全国市域社会治理示范市。

九、舟山:高质量发展建设共同富裕示范区先行市

舟山市位于浙江省舟山群岛,是我国第一个以群岛建制的地级市,地处中国东部黄金海岸线与长江黄金水道的交汇处。舟山是我国著名的渔场和海洋渔业的重要基地,素有"祖国渔都"之美誉。2021年 7 月 24 日,舟山公布《舟山高质量发展建设共同富裕示范区先行市

实施方案(2021—2025 年)》(以下简称《舟山实施方案》)。

《舟山实施方案》明确提出:聚焦聚力高质量发展、高效能治理、高品质生活,积极构建新发展格局,率先建设现代化海洋经济体系,率先塑造人与自然和谐共生的生态文明标杆,率先推进市域治理现代化,率先推动全市人民实现共同富裕,坚持浙江所需、舟山所能、群众所盼、未来所向,紧扣建设"四个舟山"目标,激情创业、拼搏赶超,创造性系统性落实各项任务。

《舟山实施方案》明确 2025 年主要目标:从四个方面高质量发展建设共同富裕示范区先行市:一是率先推进海洋经济质量效率动力变革,努力成为高质量发展、竞争力提升、现代化先行的创新城市。二是率先建设全球海洋中心城市,努力成为融入国内国际双循环的开放城市。三是率先推动城乡区域协调融合发展,努力成为群岛特色、海上花园、独具韵味的品质城市。四是率先基本实现全生命周期公共服务优质共享,努力成为共建共享、精神富足的幸福城市。

《舟山实施方案》对 2035 年目标进行了展望:创新、开放、品质、幸福舟山建设取得更大成就,基本实现共同富裕,人均地区生产总值突破 30 万元,城乡居民收入争取达到发达经济体水平,常住人口城镇化率达到 80% 左右,现代化海上花园城市魅力全面展现。

"十四五"期间,舟山发挥自贸区优势,加快建设现代海洋城市。其建设定位是海洋经济高质量发展示范区、长三角海洋科技创新中心、长三角对外开放新高地、以油气为核心的大宗商品资源配置基地、美丽中国海岛样板、品质高端独具韵味的海上花园城市、市域治理现代化先行区。舟山以彰显城市之美、发展之美、生态之美、人文之美、和谐之美建设"四个舟山",展示"重要窗口"海岛风景线,争创社会主义现代化海上花园城市。

十、台州：高质量发展建设共同富裕先行市

台州是中国民营经济发祥地、股份合作经济发源地、市场经济先发地、国家级小微金融改革试点城市、国家创新型城市。2021 年 7 月 15 日，台州市委五届十二次全体（扩大）会议审议并通过了《台州高质量发展建设共同富裕先行市行动方案（2021—2025 年）》（以下简称《台州行动方案》）。

《台州行动方案》明确提出：建设高质量发展建设共同富裕先行市，走深走实台州"九富"特色路径：一是推动民营经济创富，奋力打造"中国民营经济示范城市"的标志性成果；二是做强现代产业造富，构建制胜未来的台州数字"新智造"体系；三是畅通内外循环聚富，打造长三角高端要素的重要循环节点；四是协调收入分配增富，加快形成与共同富裕相适应的居民增收格局；五是优化公共服务享富，推动人的全生命周期公共服务优质共享；六是促进城乡统筹奔富，构建龙头引领、山海呼应的市域发展新格局；七是构建文化高地润富，打造发展社会主义先进文化的时代亮点；八是打造美丽台州育富，构建人与自然和谐共生的共同富裕社会形态；九是完善市域治理安富，打造以"和合善治"为内涵的低风险社会。

《台州行动方案》明确 2025 年主要目标：高质量发展建设共同富裕先行市取得明显实质性进展，率先基本建立推动共同富裕的体制机制和政策体系，打造经济高质高效、生活富裕富足、精神自信自强、环境宜居宜业、社会和谐和睦、公共服务普及普惠的市域范例，形成阶段性标志性成果。

"十四五"期间，台州坚持"三立三进三突围"新时代发展路径，即民营经济立市、制造之都立业、垦荒精神立心；城市发展向"二次城市化"迈进，产业升级向战略性新兴产业和现代服务业"两业并举"迈进，

社会治理向群众智慧和人工智能"两智融合"迈进；重点建设中国民营经济示范城市、工业 4.0 标杆城市、国家创新型城市、双循环节点城市、省域开放型高能级中心城市、全国市域社会治理现代化试点城市，以创新制胜再创民营经济新辉煌和城市发展共富新图景。

十一、丽水：加快跨越式高质量发展建设共同富裕示范区

丽水是浙江省辖陆地面积最大的地级市，其中景宁县是中国唯一的畲族自治县、浙江唯一的少数民族自治县。丽水被誉为"浙江绿谷"，生态环境质量位居浙江省第一、全国前列，生态环境质量公众满意度继续位居浙江省首位，是首批国家级生态保护与建设示范区，中国优秀旅游城市、中国优秀生态旅游城市、国家森林城市。2021 年 8 月 23 日，丽水公布了《丽水加快跨越式高质量发展建设共同富裕示范区行动方案（2021—2025 年）》（以下简称《丽水行动方案》）。

《丽水行动方案》明确提出，从六个方面加快跨越式高质量发展建设共同富裕示范区：一是形成加快跨越式高质量发展的丽水路径；二是成为绿色发展生态惠民的丽水示范；三是形成以共同富裕为导向持续增收的丽水经验；四是提升民生福祉普惠共享的丽水温度；五是构筑精神自信自强的丽水高地；六是打造社会和谐和睦的丽水样板。全面落实"八个坚持"基本要求，全面拓宽高质量绿色发展新路，以加快跨越式高质量发展扎实推动共同富裕。奋进姿态坚定厉行"丽水之干"，按照山区 26 县跨越式高质量发展的新要求，全面推进生态产品价值实现机制示范区建设，奋力建设共同富裕美好社会山区样板。

《丽水行动方案》明确 2025 年主要目标：解决发展不平衡不充分问题取得明显实质性进展，成为全省新发展格局中的新增长极，具有鲜明山区特点的共同富裕体制机制基本成型，成为共同富裕美好社会山区样板。

《丽水行动方案》明确 2035 年主要目标:诗画浙江大花园最美核心区全面建成,高质量绿色发展取得决定性成果,成为全面展示浙江高水平生态文明建设和高质量绿色发展两方面成果和经验的重要窗口,成为创新实践"绿水青山就是金山银山"理念的全国标杆,人民物质富裕、精神富足、文化富有、生态富丽,基本实现以人为核心的现代化。

"十四五"期间,丽水将利用得天独厚的生态优势,着力打造新时代山水花园城市、长三角生态智创高地、东海岸时尚浪漫侨乡、生态产品价值实现机制示范区、城乡共同富裕先行区、红色文化传承弘扬展示区、市域治理现代化先行示范区,以"丽水之干"担纲"丽水之赞"的一致认识、一致行动,推进革命老区和山区共同富裕先行示范区建设。

本章小结:高质量发展建设共同富裕示范区是以习近平同志为核心的党中央赋予浙江的光荣使命。"八八战略"是全面系统开放的理论体系,是习近平新时代中国特色社会主义思想在浙江萌发与实践的集中体现,是浙江全面推进习近平新时代中国特色社会主义思想省域生动实践的总抓手,是引领浙江共同富裕和现代化的总纲领。《中央支持意见》和《浙江实施方案》为浙江建设共同富裕示范区进行了顶层设计,各地市行动计划也结合各地的实际进行了具体的谋划。浙江高质量发展建设共同富裕示范区的大幕已经拉开,新征程已经开启。浙江将高举伟大思想旗帜,全面贯彻党的十九大、二十大精神,坚决守好"红色根脉",忠实践行"八八战略",奋力打造"重要窗口"。在奋力推进中国特色社会主义共同富裕先行和省域现代化先行中,坚持"国家所需、浙江所能、群众所盼、未来所向",丰富共同富裕思想内涵的重大实践,探索破解新时代社会主要矛盾的有效途径,为全国推动共同富裕提供省域范例,打造新时代全面展示中国特色社会主义制度优越性的重要窗口。以"浙江之窗"展示"中国之治",以"浙江之答"回应"时代之问",推动习近平新时代中国特色社会主义思想在浙江落地生根、开花结果,并不断取得新的重大标志性成果。

第九章　共同富裕的浙江实践

　　支持浙江高质量发展建设共同富裕示范区是习近平总书记亲自谋划、亲自定题、亲自部署、亲自推动的重大战略决策,既是党中央、国务院赋予浙江的一项重大政治任务,也是一份顺应广大人民群众期盼的历史答卷。浙江在习近平新时代中国特色社会主义思想,特别是共同富裕重要论述指引下,已经构建起高质量发展建设共同富裕示范区新型工作体系和推进机制,不断推动完善中央统筹、省负总责、市县抓落实的实施机制,聚焦解决发展不平衡不充分问题和群众急难愁盼问题,尽力而为、量力而行地在高质量发展中促进共同富裕,确保党中央决策部署全面落地见效,逐步打造具有全国影响力、可示范可推广的共同富裕理论、实践、制度、文化四大领域的重大标志性成果。

第一节　踔厉奋发和奋蹄疾驰:先行先试先为

　　《中央支持意见》和《浙江实施方案》聚焦四大战略定位,明确"四率先三美"发展目标和"七个方面先行示范"实施路径。通过因地制宜的积极实践,浙江进一步深化了对习近平总书记关于共同富裕重要论述精神的领悟,深化了对共同富裕实践路径的探索,把推动共同富裕示范区建设作为新时代全面展示中国特色社会主义制度优越性重要窗口的生动实践,浙江省第十五次党代会进一步擘画了浙江未来发展蓝图。其中,"共同富裕先行"是鲜明主题。浙江省委、省政府切实承担主体责任,立足省情和发展实际,构建新型工作体系和推进机制,以浙江先行探索努力为全国推动共同富裕探路。2023 年以来,共同富裕示范区建设与三个"一号工程"、"十项重大工程"等省委、省政府重大决策部署紧密结合,推动共同富裕示范区建设各项任务落地见效,形成了一批工作成果。

一是"使命担当"。坚持把习近平总书记关于共同富裕的重要论述精神作为共同富裕示范区建设的根本遵循。浙江省委把共同富裕示范区建设作为全省上下最重要的工作,先后召开 3 次全会、4 次理论学习中心组学习会以及多次省委常委会会议,专门学习贯彻习近平总书记关于共同富裕和视察浙江的重要讲话、重要文章、重要指示,深刻理解共同富裕的时代意义、核心要求、本质要求、目标任务和实现途径。2022 年 2 月 7 日,省委召开高质量发展建设共同富裕示范区推进大会,强调全省上下要勇担使命、塑造变革,坚定不移沿着习近平总书记指引的路子奋勇前进,扎实推动共同富裕美好社会建设。

二是"整体谋划"。系统构建浙江高质量发展建设共同富裕示范区的"四梁八柱"。为全面贯彻落实《中共中央国务院关于支持浙江高质量发展建设共同富裕示范区的意见》,浙江第一时间出台《浙江高质量发展建设共同富裕示范区实施方案(2021—2025 年)》,聚焦四大战略定位,明确"四率先三美"发展目标和"七个方面先行示范"实施路径,明确 56 个指标到 2022 年、2025 年的两个阶段性目标。为了抓好各项工作的落实,浙江制定了共同富裕示范区建设绩效考评办法,动态监测评价共同富裕示范区建设工作进展。重点是打造"三个一批",

即打造"扩中提低"、"浙有善育"、"浙江有礼"省域文明实践等一批可示范推广的标志性成果;聚焦农业农村、山区县高质量发展、普惠性人力资本提升等领域先行突破,探索一批机制性制度性共富模式;聚焦破解共同富裕普遍性难题新题,谋划一批重大改革方案。截至 2022 年底,省级部门聚焦重点领域已出台了 64 个专项政策意见,形成了"共性＋个性"的政策工具箱。总体来看,浙江已初步构建形成了共同富裕示范区建设的目标体系、工作体系、政策体系和评价体系。

三是"变革引领"。通过组织变革引领社会变革,浙江成立建设共同富裕示范区领导小组、省委社会建设委员会和省委建设共同富裕示范区咨询委,建立会议推进、清单化管理、改革探索和试点推广、民情通达、专班协同等机制,全力抓好共同富裕示范区建设的统筹协调、整体推进。在会议推进机制方面,浙江已召开 3 次领导小组会议和 8 次重点工作推进例会,边探索、边实践、边回测、边迭代,形成了共同富裕示范区建设"1＋7＋N"重点工作体系和"1＋5＋N"重大改革体系,以数字化改革驱动制度重塑,全面形成"破竹之势"。

四是"改革创新"。以重点领域改革牵引带动共同富裕示范区建设。围绕打造共同富裕"改革高地",先后梳理形成重大改革清单 1.0 版和 2.0 版。清单 1.0 版以 50 项向上争取为主的改革事项,有 45 项已完成或取得实质性进展。如教育部支持浙江将技工教育招生纳入高职院校招生和学籍注册序列。清单 2.0 版提出了 37 项自主创新的改革事项,并且逐一制定工作方案、加快推进。如围绕建设收入分配制度改革试验区,浙江省推进"扩中""提低"行动,提出八大实施路径和九类群体激励计划。同时,浙江坚持在试点中抓试点,为了鼓励基层创新突破,确定了三批七大领域 93 个共同富裕试点,形成了一批以点带面的改革经验,其中国家发展改革委专门发文向全国推广浙江省10 条典型经验。

五是"上下联动"。全力争取国家层面政策保障和改革授权。国家部委全力支持浙江共同富裕示范区建设。财政部、民政部等 20 多个国家部委(单位)通过专项政策、合作协议、试点批复等形式支持共同富裕示范区建设。国家开发银行、中国农业银行、中国银行、国家电网等 10 余家央企(金融机构)出台行动方案或与浙江签署战略合作框架协议,中国建筑等 7 家央企与文成县等 7 个山区 26 县创新建立"一对一"合作关系。截至 2023 年 4 月,国家各个层面的支持政策累计达到 61 项,给浙江共同富裕示范区建设注入了更加强劲的动力。

第二节　整体布局和系统推进:大成集智构筑
"四梁八柱"

为抓好共同富裕示范区建设各项工作的落实,浙江制定了示范区建设绩效考评办法,编制了系统架构图,明确"1＋7＋N"重点工作、"1＋5＋N"重大改革两大跑道探索构建"共性＋个性"的公共政策工具箱,搭建起示范区建设的"四梁八柱"。①

---

① 本节详细内容请参见:浙江举行"建设示范区迈向新征程"系列发布会(第一场)[EB/OL].(2021-09-18). http://www. scio. gov. cn/xwfbh/gssxwfbh/xwfbh/zhejiang/Document/1713383/1713383.htm;国家发展改革委新闻发布会介绍支持浙江省高质量发展建设共同富裕示范区推进情况[EB/OL].(2022-02-19). https://www. ndrc. gov. cn/xwdt/wszb/fbhzj/;裴一佼,王世琪,何苏鸣,等.为共同富裕奋力探路:浙江高质量发展建设共同富裕示范区一年间[N].浙江日报,2022-05-19(1);浙江发改.孟刚:聚焦改革突破　推进系统重塑　全力打造共同富裕示范区标志性成果[EB/OL].(2022-05-18). https://mp. weixin. qq. com/s? biz＝MzU5NTEzODg0NQ＝＆mid＝2247548611＆idx＝2＆sn＝fa2b8e6617e729593917a61b82ade9fd＆chksm＝fe74feb1c90377a70e317ea71bece3d1a0322ee52943777fee83ee3191b23c72273ad5e6ae22＆token＝91624870＆lang＝zh_CN♯rd;翁浩浩,余勤.牢牢把握首要任务　不断优化机制措施　在推动共同富裕上破难题增动能出成果作示范[N].浙江日报,2023-04-28(1).

一、基本形成共同富裕示范区建设目标体系

《中央支持意见》要求浙江省推动高质量发展建设共同富裕示范区到 2025 年取得明显实质性进展，到 2035 年基本实现共同富裕。

（一）共同富裕示范区建设目标指标体系构成

何为"明显实质性进展"？浙江从家庭年可支配收入层面给出了一定的参考指标。2021 年 7 月，开始研究起草《浙江省"扩中""提低"行动方案》，目标是推动率先基本形成以中等收入群体为主体的橄榄型社会结构。聚焦这一目标，浙江提出了量化指标，核心指标就是到 2025 年，家庭年可支配收入 10 万—50 万元群体比例达到 80%、20 万—60 万元群体比例达到 45%。

浙江共同富裕示范区的建设目标主要通过设置 56 个评价指标加以体现。这些评价指标体系主要由推进和评价七个方面重点工作任务的指标所组成。例如，经济高质量发展先行示范方面的数字经济"一号工程"中的主建产业大脑数、省级工业互联网平台数、数字经济制造业增加值的增长率等。又如，收入分配制度改革先行示范的"扩中""提低"行动中的不同群体收入增长率、内部高低收入人群收入差距，大社保体系中的新增参保人数以及参保率，高质量就业创业服务体系中的调查失业率、城镇新增就业人数，普惠性人力资本提升中的城镇新增高中及以上学历人数等。还如，城乡区域协调发展先行示范、公共服务优质共享先行示范、社会主义先进文化发展先行示范、生态文明建设先行示范以及社会治理先行示范等方面的指标所组成的指标体系。

（二）共同富裕示范区建设目标指标完成进展

2022 年，共同富裕示范区建设评价指标总体进展良好，为顺利实

现 2025 年阶段性目标打下了坚实基础。按照"每年有突破"的目标要求,浙江正用系统重塑思路方法,找准突破性抓手,形成一批有全国影响力的标志性成果。

一是全力完成年度目标。在成果打造上,聚焦国家四大战略定位,形成了 18 个标志性成果。在主要指标上,对标对表《中央支持意见》和《浙江实施方案》,确保完成 56 个评价指标目标。在重点任务上,围绕重点工作"1+7+N"和重大改革"1+5+N"两大跑道,全力落实 60 项重点工作和 54 项重大改革。

二是全力推进"四大创新"。全力推进共同富裕的理论创新、实践创新、制度创新、文化创新,形成一批理论研究成果、一批最佳实践,迭代形成重大改革清单 3.0 版,打造共同富裕文化标识。

三是全力聚焦"两个节点"。聚焦亚运会和两周年重要时间节点,构建统一话语体系,形成先行先试经验,打造标志性成果,全面完成年度任务。

四是全力完善推进机制。建立完善体系推进机制、专班落实机制、争先创优机制和迭代提升机制,不断完善工作体系,加大综合集成力度,形成你追我赶的良好氛围。

(三)聚焦"1+7+N"跑道扎实推进重点工作

聚焦"1+7+N"重点工作跑道,明确 2023 年度重点任务。

一是打造高质量发展高品质生活先行区方面,突出科技创新引领,加快推进"315"科技创新体系、"415X"先进制造业集群建设;突出营商环境优化,稳定民营企业发展预期和政策环境,深化国资国企改革;突出公共服务优质共享,扎实推进公共服务"七优享"工程。

二是打造城乡区域协调发展引领区方面,推动山区海岛县高质量发展,加快出台支持山区海岛县高质量发展政策意见;推动新型农村集体经济发展,制定新型农村集体经济三年行动计划;推进农业转移人口市民化改革,推动出台落实常住地提供基本公共服务制度。

三是打造收入分配制度改革试验区方面,推进"扩中""提低"行动,深化创业创新活力集成改革,做好重点群体就业帮扶;推动大社保体系建设,着力缩小区域和群体差距;深化共富型统计监测体系改革,持续完善"全面覆盖＋精准画像"基础数据库。

四是打造文明和谐美丽家园展示区方面,推动构建公共文化服务现代化体系,推进公共文化服务城乡均衡、区域均衡;加快司法救助与社会救助相衔接,推动司法救助信息与民政部门"幸福清单"信息共享;深入打好治水治气治土治废治塑攻坚战,深化全域"无废城市"建设。

(四)形成一批标志性成果

聚焦重点工作"1＋7＋N"跑道,着力推动一批有效支撑标志性成果的工作举措,加快形成十个方面标志性成果:一是在高质量发展高品质生活中形成"浙里健康"、"浙里善育"、"浙里长寿"、共同富裕现代化基本单元四个方面的标志性成果;二是在城乡区域协调发展中形成山区 26 县高质量发展和农村集体经济改革发展方面的标志性成果;三是在收入分配制度改革中形成高质量就业创业和"扩中""提低"方面的标志性成果;四是在文明和谐美丽家园建设中形成"浙江有礼"省域文明实践品牌和为民办事智能速办方面的标志性成果。浙江用务实高效的实际行动推动共同富裕示范区建设,着力为全国提供先行示范经验。此外,重点推进建设未来社区、未来乡村、城乡风貌样板区三类共同富裕现代化基本单元。

二、基本形成共同富裕示范区配套政策体系

《中央支持意见》要求国家部委和中央企业等单位全力支持浙江

高质量发展建设共同富裕示范区。目前,国家部委(单位)支持共同富裕示范区建设情况如表 9-1 所示。

　　浙江按照突出公平性、精准性、协同性,尤其是可持续性的要求,以及"好用""管用"的原则,充分利用数字化改革成果,摸清底数,科学制定公共政策体系,推动形成合力,让人民群众普遍得实惠。浙江省级部门已出台 64 个专项政策。各市县结合自身发展实际出台实施方案,28 个试点单位编制实施三年行动计划。

表 9-1　国家部委(单位)支持浙江共同富裕示范区建设出台的相关政策

序号	国家部委	政策名称
1	教育部	教育部 浙江省人民政府关于共同推进浙江教育高质量发展助力共同富裕示范区建设备忘录
2	科技部	科技部 浙江省人民政府关于印发《推动高质量发展建设共同富裕示范区科技创新行动方案》的通知
3	民政部	贯彻落实《中共中央国务院关于支持浙江高质量发展建设共同富裕示范区的意见》实施方案
4	财政部	关于支持浙江省探索创新打造财政推动共同富裕省域范例的实施方案
5	人力资源和社会保障部	人力资源和社会保障部 浙江省人民政府共同推进浙江高质量发展建设共同富裕示范区合作协议
6	生态环境部	生态环境部 浙江省人民政府共同推进浙江高质量发展建设共同富裕示范区合作协议
7	住房和城乡建设部	住房和城乡建设部 浙江省人民政府推进共同富裕示范区建设合作框架协议
8	交通运输部	关于支持浙江高质量发展建设共同富裕示范区的实施意见
9	农业农村部	农业农村部 浙江省人民政府关于印发《高质量创建乡村振兴示范省推进共同富裕示范区建设行动方案(2021—2025 年)》的通知
10	文化和旅游部	关于高质量打造新时代文化高地推进共同富裕示范区建设行动方案(2021—2025 年)
11	国家卫生健康委员会	国家卫生健康委员会 浙江省人民政府关于支持浙江省卫生健康领域高质量发展建设共同富裕示范区的合作协议

续　表

序号	国家部委	政策名称
12	中国人民银行、中国银保监会、中国证监会、国家外汇管理局	关于金融支持浙江高质量发展建设共同富裕示范区的意见
13	市场监管总局	关于同意开展改革试点支持浙江高质量发展建设共同富裕示范区的批复
14	国家体育总局	关于支持浙江省体育领域高质量发展建设共同富裕示范区的合作协议
15	国家林业和草原局	关于支持浙江共建林业践行绿水青山就是金山银山理念先行省、推动共同富裕示范区建设的若干措施
16	国家药监局	关于印发国家药监局支持浙江高质量发展建设共同富裕示范区的若干措施的通知
17	最高人民法院	关于为浙江高质量发展建设共同富裕示范区提供司法服务和保障的意见
18	全国总工会	关于支持浙江高质量发展建设共同富裕示范区需求清单的报告
19	全国妇联	关于支持浙江省妇联组织动员妇女积极参与建设共同富裕示范区行动的实施方案
20	中国科协	关于支持浙江高质量发展建设共同富裕示范区的实施意见
21	中国残疾人联合会	关于支持浙江残疾人事业高质量发展促进残疾人共同富裕的实施意见
22	中国银保监会	关于贯彻落实《中共中央国务院关于支持浙江高质量发展建设共同富裕示范区的意见》的函
23	司法部	司法部 浙江省人民政府共同推进浙江高质量发展建设共同富裕示范区合作框架协议
24	国家广播电视总局	关于印发支持浙江高质量发展建设共同富裕示范区25条措施的通知
25	国家医疗保障局	关于支持浙江建设共同富裕示范区相关医疗保障事项的函
26	最高人民检察院	关于支持和服务保障浙江高质量发展建设共同富裕示范区的意见
27	工信部	工信部 浙江省人民政府共同推进浙江经信领域高质量发展建设共同富裕示范区合作协议
28	国台办	关于支持浙江高质量发展建设共同富裕示范区的若干措施

三、基本形成共同富裕示范区监测评估体系

支持浙江高质量发展建设共同富裕示范区,目的是逐步建立先富带后富、扎实推动共同富裕的目标体系、工作体系、政策体系和评估体系,探索破解新时代社会主要矛盾的有效途径,为全国推动共同富裕提供省域范例。

《中央支持意见》提出,加快构建推动共同富裕的综合评价体系,建立评估机制,坚持定量与定性、客观评价与主观评价相结合,全面反映共同富裕示范区建设工作成效,更好反映人民群众满意度和认同感。

推动共同富裕建设,是下一阶段保持创新能力、市场活力、社会和谐,从而实现经济持续稳定中高速增长的重要保障。在浙江探索基础上,国家层面也在不断推动共同富裕建设。一方面,要扎实推动浙江示范区建设不断取得新成效,发挥好对全国的示范带动作用。比如,统筹协调相关部门和单位进一步形成合力,会同浙江省和有关部门建立健全示范推广机制,鼓励各地因地制宜探索有效路径,加强示范区建设评估督导并建立完善相关指标体系,等等。另一方面,围绕实现共同富裕的战略目标和实践路径,国家发展改革委将持续加强重大问题研究和政策制定,包括推动制定出台《促进共同富裕行动纲要》、牵头研究制定扩大中等收入群体实施方案和研究构建促进共同富裕监测评估体系等。

四、基本形成共同富裕示范区重大改革事项体系

围绕打造高质量发展建设共同富裕示范区"改革高地",浙江省已经形成一整套重大改革事项体系。

（一）重大改革清单2.0版搭建一套"1+5+N"重大改革体系架构

以"扩中""提低"改革为牵引,围绕缩小地区发展差距、缩小城乡发展差距、公共服务优质共享、精神生活共同富裕、共同富裕现代化基本单元,浙江已搭建起"1+5+N"重大改革总体框架,着力形成一批先行示范经验。

"1"是浙江将印发实施"扩中""提低"行动方案,深入推进收入分配制度改革,把"扩中""提低"打造成为共同富裕示范区建设的标志性成果,计划到2025年实现家庭年可支配收入10万—50万元群体比例达到80%、20万—60万元群体比例达到45%。

"5"是聚焦破解共同富裕普遍性难题新题,围绕缩小地区差距、缩小城乡差距、公共服务优质共享、精神生活共同富裕、共同富裕基本单元五个方面研究谋划共富型大社保体系、财税政策体系、强村富民集成改革、进城农民工共同富裕、"浙里长寿"体系等牵一发动全身的改革方案。

"N"是围绕"1+5",结合《中央支持意见》和《浙江实施方案》,全力落实37项改革事项,细化实化改革举措,编制重大改革清单,实行清单化管理,分阶段有重点滚动推进。

（二）以数字化改革为浙江推动共同富裕示范区改革的总抓手

以数字化改革撬动共同富裕重大改革全面深化,有效破除制约高质量发展高品质生活的体制机制障碍。浙江将统筹推动数字化改革和共同富裕建设,重塑政府、社会、企业和个人关系,以数字赋能推动政策集成化、精准化,探索构建数字化时代有利于共同富裕的新规则新政策新机制。

（三）构建一个多层级多领域的改革试点矩阵

推动共同富裕示范区建设要紧紧围绕重大改革需求,先行先试、以点带面,推进整体突破,首批 28 个共同富裕试点均谋划若干重点改革事项。后续将聚焦牵一发动全身的标志性改革,适时开展第二批试点申报工作,以试点推动改革破题。同时,浙江将建立最佳实践推广机制,及时总结普遍性经验,向全省复制推广,推动"盆景"变"风景"。

（四）形成一批体制机制创新成果

聚焦重大改革"1＋5＋N"跑道,全面推进重大改革清单明确的改革事项,推动形成一批体制机制创新成果。省级部门和群团组织的改革创新、各地根据地方实际谋划特色改革以及社会力量参与突破性改革情况如表 9-2、表 9-3、表 9-4 所示。

表 9-2 省级部门和群团组织的改革创新

序号	省级部门和组织	推进改革创新内容
1	省司法厅、省委社建委	率先在全国开展共富立法,已形成《浙江省促进高质量发展建设共同富裕示范区条例(征求意见稿)》
2	省科技厅	以数字化改革引领重大科技项目组织实施方式变革,获时任科技部部长批示肯定,向全国推广
3	省民政厅	打造和谐婚姻家庭建设浙江样本,获时任民政部部长肯定并推广
4	省财政厅	在全国率先构建绿色发展财政奖补机制并获财政部推广
5	省农业农村厅	以农村"三块地"改革为牵引,推动农村集体经济改革,试点经验在全国推广,德清、义乌集体建设用地同等入市的做法被写入新修订的《中华人民共和国土地管理法》
6	省交通运输厅	全国首创交通共富指数
7	省总工会	职工服务阵地社会化市场化运作模式、新就业形态劳动者建会入会机制得到全国人大常委会副委员长、中华全国总工会主席批示肯定,在全国工会系统推广
8	省残联	全力推进残疾人"提低"改革实践,残疾人家庭人均可支配收入达到全省水平的 69.1%,高出全国平均水平 12 个百分点,努力实现共富路上"一个都不掉队"
9	省科协	开发上线"浙里科普"应用,助力义务教育"双减"集成改革
10	省社科联	"社科赋能"山区 26 县高质量发展行动

表 9-3　各地根据地方实际谋划的特色改革

序号	地市	各具特色的自选改革行动与经验
1	杭州市	"空巢老人安全系统"高效守护空巢老人安全做法,入选国家发展改革委典型案例,被央视《新闻直播间》报道
2	宁波市	创新开展灵活就业人员综合保障体系改革,国家发展改革委发文推广
3	温州市	首创全国小微企业"全要素信用分"和科技型企业"科创指数贷"融资模式
4	湖州市	深入推进全市域"三医联动""六医统筹"集成改革,县域医共体(城市医联体)实现市域全覆盖,得到时任国务院副总理充分肯定,并向全国推广
5	嘉兴市	率先在全国出台《嘉兴市长期护理保险暂行办法》和 4 个配套细则,基本形成"以长期护理保险为基础,养老服务补贴为兜底,慈善公益资金为补充"的失能老年人长期照顾保障制度,得到时任民政部部长批示肯定
6	绍兴市	国家农村宅基地改革制度整市试点初步形成"1+20+X"制度体系,填补全国市级层面的制度空白,"闲置农房激活"改革、诸暨市"三权三票"制度、嵊州市"一庭院三基地"等典型做法获时任中央农办专职副主任批示肯定
7	金华市	义务教育"双减"坚持提质与减负一起抓,被国务院教育督导委员会发文推广
8	台州市	畅通"三链"改革组合拳推动产业技术工人"扩中"提质做法获国家发展改革委发文推广
9	衢州市	率先在乡镇(街道)成立社会建设办公室,创新构建基层落地共同富裕工作体系
10	丽水市	创新实施"浙丽保",获中央深改办常务副主任批示肯定
11	舟山市	推进边缘海岛融合重生的"花鸟模式"美丽海岛建设经验,获中央农办、农业农村部推广

表 9-4　社会力量参与的突破性改革

序号	领域	服务内容	第三方具体主体
1	义务教育	第三方积极提供各类教育产品助力义务教育共同体改革	浙江大学、中国美术学院等高校通过艺术互联网提供系列课程;浙江省博物馆等提供 4 个线上艺术馆;学海教育、奥威亚、小鱼易连等企业提供教学场景

续　表

序号	领域	服务内容	第三方具体主体
2	健康领域	高校、民企积极参与健康领域数字化改革	浙江大学参与研究构建健康指数、健康画像;杭州古珀医疗科技有限公司贡献 XTL 技术(医疗数据清洗和结构化技术)
3	商业补充医疗保险	吸引一批保险公司和村集体经济主体参与商业补充医疗保险改革	"惠衢保"由企业或村集体资金出资投保30.8万人,占比18.2%
4	慈善信托基金	企业积极参与设立慈善信托基金	万向集团设立10.7亿元的慈善信托基金,为全国规模最大的信托基金
5	"享系列""邻系列"应用开发	形成一批"享系列""邻系列"应用开发运营领跑企业	浙报数益科技(浙江)有限公司、杭州绿城信息技术有限公司积极参与数字社会系统开发运营

第三节　聚焦短板和超常举措:推动 28 个山区 (海岛)县高质量发展

浙江素有"七山一水两分田"之称。山区 26 县和 2 个海岛县主要位于浙江西南部内陆和东部沿海①,土地面积约为浙江全省的 45%,人口接近 24%,但经济社会发展水平长期落后于浙江省平均水平。扎实推进共同富裕,既要"共性问题共同解决",又要推动"个性问题个别解决"。28 个山区(海岛)县能否实现高质量发展、能否取得标志性成果,事关现代化先行和共同富裕示范区建设全局,是破解区域、城乡、收入三大差距的试验场和实践地。

---

①　浙江山区 26 县指淳安县、永嘉县、平阳县、苍南县、文成县、泰顺县、武义县、磐安县、柯城区、衢江区、江山市、常山县、开化县、龙游县、三门县、天台县、仙居县、莲都区、龙泉市、青田县、云和县、庆元县、缙云县、遂昌县、松阳县、景宁畲族自治县。2 个海岛县是岱山县、嵊泗县。

一、实施"山海协作"升级版

（一）山海协作结对帮扶

浙江西南山区与沿海地区的发展差距一直都是全省经济"成长的烦恼"。为解决这一问题，浙江从 2002 年开始持续推进山海协作工程，"山"指以浙西南山区和舟山海岛为主的欠发达地区，"海"指沿海发达地区和经济发达的县（市、区），按照"政府推动、市场运作、互惠互利、共同发展"的原则，由沿海发达地区与欠发达山区结对协作，共促共进。努力推进欠发达地区加快发展和发达地区产业结构优化升级，促进全省区域协调发展、同步实现现代化。

浙江高质量发展建设共同富裕示范区的战略定位之一就是要建设城乡区域协调发展引领区。对此，强化陆海统筹、山海互济，持续深化山海协作，再次成为浙江破题省域共同富裕之良策。高质量发展建设共同富裕示范区的开局之年，浙江将第一步棋落在了山区 26 县。浙江山区 26 县，自然条件、资源禀赋、经济基础不同，赋能路径也不尽相同。2021 年，浙江省成立山区 26 县高质量发展工作专班，构建"1＋2＋26＋N"政策体系，深入实施做大产业扩大税源行动和提升居民收入富民行动。自行动实施以来，浙江各地全面贯彻落实省委、省政府决策部署，加快"一县一业"精准谋划、"一县一策"落地生效、山海协作迭代升级，推动山区 26 县高质量发展取得了积极进展。

（二）布局"1＋2＋26＋N"政策体系

"1"是一个总体方案，浙江省编制印发《浙江省山区 26 县跨越式高质量发展实施方案（2021—2025 年）》（以下简称《山区 26 县实施方案》）。浙江将强化陆海统筹、山海互济，通过推动山海协作结对双方聚焦平台共建、产业共兴、项目共引，实现山海资源要素精准对接、合作共赢;同时优化调整山海协作结对关系,全省 50 个经济强县结对帮扶 26 县。通过持续深化山海协作工程,着力做强 26 县主导产业和补齐基础设施短板等方式,争取到 2025 年,26 县人均 GDP 超过全省平均的 70%,达到全国平均水平。

"2"是指由浙江省农业农村厅、浙江省经信厅两个单位分别牵头制定的进一步加强山海协作、结对帮扶的指导意见和行动计划。2021 年 7 月 2 日,浙江省农业农村厅印发《关于支持山区 26 县加快发展高效生态农业的意见》,按照"精准支持、一县一策"要求,支持 26 县分别加快构建现代农业产业体系、生产体系、经营体系。到 2025 年,山区 26 县农业基础更加稳固,联农带农机制日益健全,重要农产品供给保障能力稳步提升,农产品市场竞争力和促进农民增收能力明显增强,农业现代化水平与全省基本同步。2022 年 3 月 13 日,浙江省经信厅发布《浙江省产业链山海协作行动计划》,到 2023 年,协助山区 26 县招引重点产业链项目 100 个以上,培育新上规企业 500 家;到 2025 年,分别达到 200 个以上和 2300 家,实现规模以上工业增加值超 100 亿元的县达 10 个。

"26"是指"一县一策"。按照"小切口、大牵引"思路,为山区 26 县量身定制发展方案和支持举措,2022 年 5 月底已印发实施淳安、泰顺、磐安、龙游、景宁等 5 个县的"一县一策"。

"N"是指一批专项支持政策。重点围绕平台共建、产业发展、要素保障、基础设施、公共服务等方面,推动出台了 17 个专项政策,后续政策正在研究和推进之中。

(三)打造山海协作升级增效

2023 年 8 月 1 日,浙江省省委、省政府召开"高质量发展建设共同富裕示范区暨山区海岛县高质量发展推进会"。省委书记易炼红强调,要以"时不我待、只争朝夕"的紧迫感,坚定扛起山区海岛县高质量发展新使命,充分认识山区海岛县高质量发展是推动"八八战略"走深走实、破解发展不平衡不充分问题、塑造区域发展新增长极的必然要求,不断放大带动效应、辐射效应、帮扶效应、互促效应、鲇鱼效应,选准、培育、厚植、放大山区海岛县比较优势。

易炼红要求,要以"不破楼兰终不还"的使命感,坚决打赢山区海岛县高质量发展攻坚战,答好新时代山海协作的新课题,创新共建共享机制、产业合作模式,拓宽精准协作领域,加快打造一批标志性成果;打造创新发展的强引擎,打好产业创新"主动仗",奏响招大引强"主旋律",夯实增值服务"主基调",加快打造具有山区海岛特色的现代化产业体系;夯实基础设施现代化的硬支撑,提升交通物流的"通达性"、公共服务的"便利性"、新基建的"可及性",让山区海岛县群众就地就近享受更优质的公共服务;打响绿水青山的金名片,做好"护"的文章,拓宽"转"的通道,加快"融"的步伐,用心绘就具有山区特色、海岛韵味的新时代"富春山居图";跑出城乡融合的加速度,做强县域发展核心载体,绘就美丽乡村时代画卷,促进资源要素畅通流动,坚定不移推进城乡融合一体发展;增强民生保障的获得感,抓增收促民富,办实事解民忧,优治理保民安,努力绘就看得见、摸得着、真实可感的共同富裕新图景。

易炼红强调,要以"抓铁有痕、踏石留印"的硬作风,汇聚大抓落实、实干争先强大合力,推动全省各级勇扛"非常之责",构建省市县三级责任体系;再下"非常之功",前瞻性思考、全局性谋划、整体性推动山区海岛县高质量发展;深谋"非常之策",持续做好政策跟踪评估,创新政策、集聚资源、精准发力,形成众人划桨开大船、众人拾柴火焰高的生动局面。①

---

① 易炼红在高质量发展建设共同富裕示范区暨山区海岛县高质量发展推进会上强调 念好"山海经" 走好"共富路" 奋力打造山区海岛县高质量发展样板[N].浙江日报,2023-08-02(1).

二、实施"一县一策"精准发展

(一)因地制宜做强"一县一业"

浙江省经信厅在发布的《浙江省产业链山海协作行动计划》中指出,浙江将以产业链延链补链为小切口,探索实施"一企一县",引导发达地区1—2家龙头企业与山区26县企业建立"1+N"产业链延链合作模式,实施一批产业链协同项目。同时,鼓励发达地区与山区县结对建设飞地小微企业园,引导山区26县在发达地区建设一批科创和数字经济飞地,累计建设各类飞地30个以上,实现省级小微企业园山区26县全覆盖。

浙江省经信厅在《关于支持山区26县生态工业高质量发展的若干举措》中提出,将组织实施山区26县生态工业发展"攀登计划",提出18条具体工作举措。力争到2025年,山区26县年均新增规上工业企业500家左右,山区26县规上工业增加值达2170亿元以上,规上工业增加值各县均超过8亿元,超百亿元的县达10个以上,规上工业亩均税收,跨越发展类和生态发展类县分别达到25万元和20万元。并且提出,浙江要大力发展特色优势产业,会同省级相关部门实施"一县一策",围绕做强"一县一业",引导山区26县因地制宜培育1—2个具有地方特色的主导产业或支柱产业,如支持淳安水饮料、永嘉泵阀、武义五金制品、龙游特种纸、江山门业、仙居医药、三门橡胶、龙泉汽车空调、云和木制玩具、缙云机械装备和遂昌金属制品等发展成为百亿级特色优势产业,力争山区26县规上工业增加值增速在近几年高于全省平均水平。

(二)推动构建特色产业平台

加快推动山区26县依托开发区(园区)空间范围,择优布局区位条件较好、周边配套齐全、发展空间充足、城镇功能完善、生态承载能力强的区块,建设不小于 3 平方千米的特色生态产业平台。[①] 积极推动山区 26 县对接省级大湾区(新区)、能级较高的开发区(园区),布局 1 平方千米左右、以先进制造业为主的山海协作"产业飞地"。2022 年 5 月底,已推动绍兴滨海新区—开化、柯桥—江山、慈溪—常山、余姚—松阳、北仑—云和、台州湾新区—三门、临平—柯城、杭州钱塘新区—龙游、鄞州—衢江、萧山—龙泉、南太湖新区—庆元等 11 个"产业飞地"签订共建协议,并签订了 11 个产业合作项目协议。"产业飞地"与特色生态产业平台将共同形成两翼齐飞、资源共享之势,为山区 26 县扩大税源和促进就业增收提供平台支撑。

(三)着力做强山区 26 县主导产业和补齐基础设施短板

推动山区 26 县认真谋划 1—2 个特色生态主导产业,做强一批"一县一业",擦亮 1—2 个特色农产品"金招牌",打造一批山区特色文旅"金名片"。山区 26 县规上工业增加值年增长 15%,每年完成文旅项目投资超过 600 亿元。同时,加快推进杭温、杭台、衢丽、金甬等铁路项目建设,积极推动甬台温福、杭丽、温武吉等铁路项目前期工作。

(四)提升公共服务共享水平

全面推进和立即实现山区 26 县教育共同体、医疗共同体全覆盖。全面推进城乡教育共同体建设,完善"千校(园)结对"帮扶关系,组建 26 个"希望之光"教育专家团对山区 26 县开展"组团式"帮扶。推动省市级三甲医院下沉,实现山区 26 县结对全覆盖。统筹山区社会救助制度建设,实施低收入农户医疗补充性政策保险,完善低收入农户子女接受教育费用奖补或减免等政策。实施山区 26 县"百镇样板、千镇美丽"工程,建设新时代"五美"城镇。

---

① 详见《浙江省山区 26 县跨越式高质量发展实施方案(2021—2025 年)》。

三、拓宽绿水青山就是金山银山转化通道，系统推进山区县绿色高质量发展

浙江是习近平生态文明思想重要萌发地，是"绿水青山就是金山银山"理念发源地和率先实践地。《中央支持意见》明确提出，"拓宽绿水青山就是金山银山转化通道，建立健全生态产品价值实现机制，探索完善具有浙江特点的生态系统生产总值（GEP）核算应用体系"。全领域、全地域、全过程、全方位加强生态文明建设，促进生态产品价值高效转化。

山区县最宝贵的财富是生态，最大的潜力在生态。浙江正高举生态旗帜、擦亮绿色底色，正大力培育美丽经济，使健康、文化、旅游、时尚、农业等成为产业发展的新增长点、扩大投资消费的融合点。例如，作为中国首个生态产品价值实现机制试点城市的丽水，近年来针对GEP核算进行了探索，通过盘点绿色"家底"，把清新的空气、清澈的溪流"卖"上大价钱，成为该市发力推动"绿水青山就是金山银山"转化、缩小山区发展与其他区域差距的重要抓手和突破口。此外，浙江从资源效率、环境效益、社会责任等三个维度出发，积极构建"绿水青山就是金山银山"转化绿色增长价值评价体系，进一步探索"绿水青山就是金山银山"转化众筹机制，支持"村民众筹"，共同参与"绿水青山就是金山银山"转化项目建设并获得收益分红；拓展"生态＋"旅游、"生态＋"健康、"生态＋"农业等富民新业态、新经济，开辟多元化增收渠道，持续释放生态红利福利。通过拓宽绿水青山就是金山银山转化通道，建立完善生态产品价值实现机制，科学优化山区"飞地经济"模式，形成系统完备、运行有效的生态文明制度体系，推进生态文明建设先行示范，让绿色成为浙江发展最动人的色彩。

四、打造山海互济的高能级平台

先富带后富,需要高能级平台支撑。《浙江实施方案》明确,探索完善山海协作"飞地"建设机制,高水平建设"产业飞地"、山海协作产业园,支持山区和海岛在省内外中心城市探索建设"科创飞地",推行共享型"飞地"经济合作模式,打造助力山区发展高能级平台。浙江将持续支持 26 县到省内发达地区投资建设产业、科创、消薄等三类"飞地"。至 2022 年 5 月底,30 个"消薄飞地"已实现 26 县全覆盖,累计返利超 2 亿元。11 个"产业飞地"已签订共建协议。将积极推动杭州、嘉兴等地为 26 县集中布局"科创飞地"。

第四节　发挥优势和大胆探索:鼓励各地总结经验和创新示范

浙江高质量发展建设共同富裕示范区,贯彻的是"从先富到共富"思想,让浙江乡村变得更美、农民变得更富、农业变得更强,人民群众获得感、幸福感、安全感稳步提升。各地发挥优势和进行大胆探索,涌现出一批发展典型。

一、杭州淳安县下姜村:以"乡村振兴联合体"实现百姓共富

直到 20 世纪末,杭州淳安县下姜村还是基础设施极度落后、村道破烂、危房林立、污水四溢的典型"穷苦村"。自 2001 年被确定为浙江省委书记的基层联系点以来,在历任省委书记的关怀指导下,下姜村一直坚定走"绿水青山就是金山银山"之路,实现了从"穷脏差"到"绿

富美"的嬗变。从 2018 年开始,先富起来的下姜村开始"跳出下姜、发展下姜",和周边行政村组建联合体抱团发展,探索以"不变体制变机制"的跨区域联动发展模式来破解村庄区位相对分散、产业发展相互独立、竞合态势比较缺乏的农村发展致富难题。①

"大下姜"党建联盟乡村联合体以核心引领和抱团发展为导向,通过联建共富平台、联兴共富产业、联享共富生活的"三联模式",着力构建强村带弱村、先富帮后富、区域融合带动的帮扶机制,深入推进平台共建、资源共享、产业共兴、品牌共塑以及文创赋能等工作,实施党建、文化、旅游、交通、美丽乡村、现代农业等六大工程,走出了一条"先富帮后富、区域共同富"的乡村振兴之路。

一是组织效能持续加强。"大下姜"联合体的组织创新和特色做法得到各级领导的肯定,并被农业农村部和国家发展改革委确定为全国 12 个村级乡村振兴典型案例之一。

二是集体经济收入大幅增加。2022 年,"大下姜"25 个行政村集体经济总收入为 2617.84 万元,经营性收入为 1355.58 万元,同比2018 年分别增长 73.76％和 209.01％。2023 年,"大下姜"乡村联合体范围增扩至 63 个行政村和 1 个社区,40 个强村与 23 个弱村联动发展,6500 余名先富个人与 1.1 万户低收入农户结对帮扶。

三是产业支撑持续壮大。"大下姜"推动绿水青山向金山银山转化,大力发展培训、乡村旅游、农林和文创四大深绿产业。

四是品牌效应持续显现。"大下姜"先后注册"大下姜""下姜红""下姜绿""下姜甜""下姜美"五大商标 48 个品类,成立下姜·瑶记农特产品专卖店,提升"大下姜"品牌;探索制定"大下姜"系列农产品基地生产标准,建立标准示范基地,带动小农户增产增收。

---

① 详细内容参见杨永磊,欧阳仁根.大下姜乡村振兴联合体:走出组织农民抱团发展之致富新路[R].嘉兴学院中国共同富裕研究院共同富裕案例研究报告,2022.

五是人居环境持续改善。下姜村已经跻身国家级 4A 级景区村，人居环境实现了从"穷脏差"到"绿富美"的华丽转身，成了"梦开始的地方"。

"大下姜"咬定"先富帮后富、区域共同富"的发展目标，坚持"一张蓝图绘到底"，突出系统集成，促进迭代升级，不断激活内生发展动力，持续增强辐射带动能力，为区域共同富裕提供了很好的经验启示。

一是以绿色发展引领区域共同富裕。因地制宜发展培训、乡村旅游、农林和文创四大符合"大下姜"区域特点的乡村深绿产业，统筹做好保护、发展、留白三篇文章，在更高层次上实现经济社会发展与生态环境保护、民生改善相统一，使绿水青山真正变成金山银山，走出了山区农村共同富裕之路。

二是以跨村党建统筹区域共同富裕。"大下姜"通过组建跨村联合体党委，有效整合强弱村的资源，以党组织资源的整合带动社会资源的整合，打造强弱村一体化发展的大格局，消除强弱村在一定程度上存在的平台割裂、机制单列的现象。

三是以规划先行谋划区域共同富裕。"大下姜"在不改变乡村整体格局、保持乡村味道的基础上，一直坚持多规融合，注重规划设计引领，坚持连片规划、分批推进、成片整治的思路，分批推进核心区、辐射带动区的乡村振兴工作。

四是以平台建设促进区域共同富裕。"大下姜"乡村振兴联合体坚持突出全员参与、抱团发展理念，探索组建覆盖 25 个村的杭州千岛湖大下姜振兴发展有限公司，努力推动产业振兴。

五是以结对帮带实现区域共同富裕。"大下姜"坚持示范带动、区域联动、协同发展，加快构建推动共同富裕的体制机制，形成多龙头带富、先富帮富、联动奔富以及推进乡村片区化、组团化发展的经验。

二、宁波奉化区滕头村:共同富裕的乡村让城市更向往

宁波奉化区滕头村依靠"一犁耕到头"的奉献奋斗精神,坚持集体经济,自觉把生态发展作为奋斗目标,走出了一条"党建统领、绿色发展、共同富裕"的乡村振兴新路子,人均收入从 1991 年的 1712 元上升到了 2020 年的近 7 万元,提前 30 年实现全面小康的目标。经过三代村委领导班子的不懈努力,滕头村在共同富裕的道路上取得了丰硕成果,深刻践行着"这里没有暴发户、贫困户,家家都是富裕户"的宗旨。滕头村相继获"全球生态 500 佳""世界十佳和谐乡村""全国文明村"等 70 多项国家级及以上荣誉,先后吸引了多位外国领导人和政要莅临参观,成为浙江乃至全国的共同富裕示范区样板村。[①]

在滕头,共同富裕并不是简单的经济增长和可支配收入增加,而是具有更加丰富的内涵,而这内涵的实质就是一直坚守的"以人为本"的理念。奋斗致富、联盟带富、赋能促富"三位一体"共同富裕的模式正是当地的"共富密码"。一村富不如村村富,滕头在自身发展的同时,还构建"1+6"区域党建联合体,牵头成立"桃李芬芳·康美常青"党建引领乡村振兴经济联合体,开展"五联五促"行动,推动组团式发展。滕头村共同富裕的多年实践不但致富一方百姓,打造红色统领、绿色发展、共同富裕的"滕头模式",更为中国特色社会主义新农村建设探索出具有普遍意义的集体经济实践经验。

一是一以贯之的发展理念。有限资源就强调提高土地利用率、构建生态农业和绿色经济、打造和传播生态理念。对生态的重视烙印在每个滕头人心中,这也是支持滕头人未来持续健康发展、走向更深层

---

① 详细内容参见江力涵.集体经济的实践与创新:滕头村的全面共同富裕之路[R].嘉兴学院中国共同富裕研究院共同富裕案例研究报告,2022.

次共同富裕的内在动力。

二是因地制宜的发展思路。例如,滕头村选择对周边村进行帮扶而不是"兼并"的因地制宜的考虑,使得滕头坚持己之所长,以灵活的姿态和积极的应对策略面对不断变化的政策和市场环境。

三是市场导向的发展模式。滕头村立足于自身有限的资源和优势,保持着壮士断腕的勇气,在不断深化的市场竞争中确立自己的比较优势。

四是取民用民的主导思想。滕头集团在发展中始终坚守凡是赚钱且具有聚集优势的,集体经济必须占大头。这保证了村集体强大的经济实力,使其能够全面投入村庄各项建设、社会发展以及村民福利保障中,进而提升村民整体福利、增强村民的归属感。

五是吃苦耐劳的集体精神。滕头村的集体精神有"集"中,有整"体",是敢于冲锋的"集",是力往一处使的"体"。集体中有个人,个人中有集体,是滕头多年建设中的精神内核。

三、温州乐清市下山头村:资源贫乏型村庄的乡贤助村共富

下山头行政村由下山头村、西岙村和高宅村三个自然村组成,村域面积为 2.13 平方千米,有耕地 830 亩,林地约 1739 亩。下山头村原被称为"三无"村庄:无资源、无收入、无产业。人均占有耕地不足 1亩,青壮年劳动力大量流失,导致村里土地闲置荒芜。村内村周围的铸造企业导致了严重的空气和噪声污染问题。但自 2013 年开始,下山头村在党支部、全村干部和乡贤代表的带领下,大力开展村庄环境整治和石斛产业建设。下山头村面貌发生了翻天覆地的变化,"三无"村变成了美丽乡村,先后获得"温州市卫生村""乐清市先进基层党组织""乐清市美丽乡村建设工作先进集体""浙江省美丽乡村特色精品

村"等称号。①

下山头村的发展离不开乡贤群体的在外发展与回村建设,逐渐形成"以企带村、以村促企"的村庄与乡贤协作模式。下山头村的发展经历了三个阶段:一是2002—2012年的贤政结合、贤资聚力阶段。在21世纪初东部沿海地区经济快速发展的背景下,"富人治村"成为一种普遍现象,乡贤与村政紧密结合在一起,由乡贤直接介入村级管理。二是2013—2020年的贤智引导、专业经营阶段。这一阶段仅由乡贤的企业参与村级项目的经营,政府资源不再介入具体经营。三是2020年开始的村为主体、产业推动阶段。在乡贤企业的项目推动下,下山头村的一、二、三产实现融合发展。一产以铁皮石斛种植和百果园为代表。二产在石斛的基础上,进一步开发了石斛冲剂、石斛口服液、石斛面膜等衍生产品。三产围绕铁定溜溜景点发展乡村旅游,如开发生态度假酒店、农耕乐园、石斛文创园等。这些项目激发了村庄的活力,为村民们的共同富裕提供了产业基础。

下山头村的共同富裕涉及多元主体的参与,包括乡贤、村民、村集体与镇政府。处理好各方关系、保护主体村庄建设的积极性、营造共建共享的发展合作氛围是村庄向各方借力、持续发展、村民共同富裕的关键。

一是有情有理的乡贤参与。乡贤产生于村民,与村民之间有着密切的社会往来与情感联系。乡情与宗族情构成了乡贤建设村庄的情感基础,而村内乡贤共建机制的建立与完善为乡贤建设村庄搭建了平台,在感性基础上施以理性的规范。

二是政企共促的项目落地。下山头村的发展项目源自乡贤的筹划与启动,但项目真正落地离不开地方政府的关注与政策支持。只有

---

① 详细内容参见刘炳辉,牟泓帆.温州乐清市下山头村:资源贫乏型村庄的乡贤助村共富[R].嘉兴学院中国共同富裕研究院共同富裕案例研究报告,2022.

在政企配合推动下才能完成项目落地,最终依托自身实现盈利。而村庄项目建成后又成为地方的一大亮点,获得更多资源倾斜。

三是村企分置的风险分配。下山头村通过实现乡贤资本与乡村资源的有效对接,形成了"以企带村、以村促企"的利益共同体,共同建立公司运营。村庄与企业分别置于利益与风险分配的对应位置:企业作为经营主体,承担高风险、获得高回报;村庄提供资源支持,避免担风险、获得稳定收益。

四是共同富裕的文化传统。社会主义内含共同富裕的价值追求,天下大同也是中国的文化底蕴,如何在市场经济中实现共同富裕是一个巨大的历史使命。帮助乡贤成长、鼓励乡贤回归、给予乡贤荣誉、促进共同富裕,以乡贤的人才优势去撬动各种潜在积极因素,或许是一个在各个领域可资借鉴的发展模式。资源贫乏型村庄的乡贤助村共富文化给了我们重要启示。

四、嘉兴平湖市新仓镇:创新"三位一体"实现城乡同富

嘉兴平湖市新仓镇是"新仓经验"发源地。1955 年 12 月,毛泽东同志在北京重编《怎样办农业生产合作社》,将《平湖县新仓乡订立结合合同的经验》一文标题修改为《供销合作社和农业生产合作社应当订立结合合同》,还加了"本书编者按"——本书谈这个问题的只有这一篇,值得普遍推荐,文章写得不坏。供销合作社和农业生产合作社订立结合合同一事,应当普遍推行。该批示使新仓供销合作社成为浙江乃至全国供销合作社系统的一面旗帜,并被后人称为"新仓经验",传承至今。[①]

---

① 于璐娜,高瑞霞.一份"永久生效"的结合合同——浙江省平湖市供销合作社创新发展"新仓经验"纪实[EB/OL].(2012-04-12). https://www.chinacoop.gov.cn/HTML/2012/04/12/75204.html.

"新仓经验"从新中国成立初期生产供销之间"订立结合合同"的"产品结合",到改革开放时期发展现代农业中"生产合作、供销合作、信用合作""三位一体"的"产业联合",再到新时代统筹城乡发展中的"经济合作、股份合作、社会合作""三位一体"的"城乡融合",其内涵不断丰富、外延不断拓展。新时代,嘉兴平湖新仓镇传承"新仓经验",着力打造"新仓1955"金名片,形成了"新仓1955"总体发展新思路。[①]

"1"是以"一条合作融合主线"奋力实施"城乡一体"示范,坚持党建引领,主动接轨上海,全面融入长三角一体化发展。

"9"是以"九种互助合作方式"不断深化"经济合作、股份合作、社会合作""三位一体"创新改革。

第一个"5"是以构建"农业＋旅游＋文化"发展模式实施乡村"产业振兴"、成立"新仓1955创新学院"实施乡村"人才振兴"、结合农耕文明传承民俗文化实施乡村"文化振兴"、探索生态资源价值化实施乡村"生态振兴"、提升农民组织化程度实施乡村"组织振兴"等"五大乡村振兴路径"徐徐铺展"美丽乡村"宏伟蓝图。

第二个"5"是以"特"为抓手打造"数字强镇"、以"富"为抓手打造"健康名镇"、以"靓"为抓手打造"青创新镇"、以"美"为抓手打造"绿色美镇"、以"安"为抓手打造"风情古镇"等"五大城乡融合举措"绘就"美丽城镇"精美画卷。

经济合作、股份合作、社会合作"三位一体""城乡融合"是对原有农民专业合作、供销合作、信用合作"三位一体""产业联合"的拓展和创新:一是基于产业链的农民专业合作、供销合作、信用合作的"经济合作三位一体"的"产业联合"改革,利于实现农业现代化和高质量振兴乡村产业;二是基于集体股份合作、土地股份合作、农民股份合作的

---

① 详细内容参见杨永磊,欧阳仁根.大下姜乡村振兴联合体:走出组织农民抱团发展之致富新路[R].嘉兴学院中国共同富裕研究院共同富裕案例研究报告,2022.

"股份合作三位一体"的"增收联合"改革,利于增加农民财产性收入;三是基于劳动与社会保障合作、社会综合服务合作、社会公益合作的"社会合作三位一体"的"互益联合"探索,利于补齐农村社会民生短板,确保农民共享高质量发展的幸福成果。以社员合作为抓手,夯实共同富裕之农民组织基础;以纵横联合为助推,凝聚共同富裕之主体力量源泉;以服务社员为宗旨,紧紧抓住共同富裕之人本核心要义;以改革创新为抓手,推进共同富裕之目标不断达成;以互助共享为导向,铺就共同富裕新路。

五、湖州长兴县滩龙桥村:从一片叶子富一方百姓到富多方百姓

浙江湖州长兴县滩龙桥村位于长兴县和平镇境内最南端,该村以白茶为支柱产业,叠加文旅产业优势,开辟出一条茶园种出"金元宝"、景区长出"摇钱树"、乡村变成"聚宝盆"的山区特色发展致富之路。①滩龙桥村从一片叶子富一方百姓到富多方百姓主要有以下实践做法。

一是抓好"三支关键队伍"。滩龙桥村以基层党组织的建设为主线组建了三支关键队伍:一支能够领导基层治理、推动改革发展、团结动员群众的"政策明白人"队伍,一支由"支部＋联盟会＋企业＋农户"组成的引领滩龙桥茶产业发展的"致富带头人"队伍,一支以民情收集和矛盾化解为己任的和治理事会"稳定协调人"队伍。

二是兴旺"一项核心产业"。乡村振兴、共同富裕,产业兴旺是重点。滩龙桥村自1976年开始发展茶产业,现已形成规模化茶园1.6万亩,成为长兴县村级单位中茶园面积最大的一个行政村。平均每户茶园面积超过100亩,形成"家家有茶园、户户种茶叶"的产业格局。

---

① 详细内容参见陆珠希.湖州长兴县滩龙桥村:一片叶子富一方百姓[R].嘉兴学院中国共同富裕研究院共同富裕案例研究报告,2022.

三是盘活"一片美丽山水"。滩龙桥村依山傍水，背靠霞幕山，为天目山余脉，海拔560米，山峰有霞幕泉，称"天湖"，自古有"莫干山景、霞幕山水"之美誉。滩龙桥村在积极发展茶产业经济的同时，更是倾力保护当地生态环境，将霞幕湖景区的一片美丽山水盘活为带领村民共同富裕的"美丽经济"。滩龙桥村2022年人均可支配收入超过8万元。

一是坚持农村基层党组织的全面领导，落实"一个行动计划"，奔赴共同富裕新目标。滩龙桥村以农村基层党组织建设为主线，强调突出政治功能，提升组织力，把农村基层党组织建成宣传党的主张、贯彻党的决定、领导基层治理、团结动员群众、推动改革发展的坚强战斗堡垒。确立"滩龙桥村茶产业发展行动计划"，组建"政府＋企业＋农户"产业联盟会。以利益联结机制为核心，通过制度、技术和品牌的创新，推进产业交叉融合，发展根植于滩龙桥村的、由村民自主创建的、能彰显地域特色和乡村价值的茶产业和文旅产业体系，推动滩龙桥村乡村产业全面振兴，领导全体村民一同奔赴共同富裕新目标。

二是坚持发展彰显地域特色的新业态，融合"两大支柱产业"，汇集共同富裕新动能。滩龙桥村以政策为导向，培育茶产业和文旅产业为村集体经济支柱产业，发掘生态涵养、休闲观光、文化体验等新业态，打造农村产业融合发展新载体、新模式，推动自然资源和文化资源的跨界配置和产业的有机融合，帮助茶产业和文旅产业在融合发展中同步升级、同步增值、同步受益。

三是坚持共建共治共享的增值新模式，完善"三类共享收益"，交出共同富裕新答卷。滩龙桥村始终坚持以增加农民增值收益为基本出发点，着力增强农民参与融合能力，创新收益共享模式，完善土地收益共享、产业收益共享和生态收益共享。将产业发展与生态绿化、农村人居环境改善、美丽乡村建设等重点工作相结合，实现了生态效益、经济效益和社会效益三者有机统一。

六、绍兴嵊州市三界镇：以三碗米业为龙头构建粮食全产业链带民共富

嵊州市三碗米业有限公司成立于 2004 年，形成集粮油收购、烘干、加工、仓储、销售于一体的粮食专业化生产和经营体系，是浙江省、绍兴市、嵊州市三级粮食应急加工企业。公司拥有强大的粮食加工能力，拥有先进的稻谷（油菜）烘干及大米精加工设备，日烘干能力 600 吨，大米日精加工能力 150 吨，每年收购、烘干、销售粮食达到 5.85 万吨。三碗米业作为绍兴市农业龙头企业、浙江省骨干农业龙头企业、浙江粮仓试点定点单位，在嵊州粮食全产业链建设中，充分发挥链主作用，承担链主责任，在嵊州市政府的大力支持下，通过"公司＋合作社＋农户""基地＋农户"等合作方式，以契约和订单等形式，紧密联结链点企业和农户，形成了嵊州完整的粮食全产业链，保障了粮食安全，同时树立了带动农民共同富裕的典型。①

三碗米业构建粮食全产业链带民共富的主要做法和成效体现在：一是以三碗米业为龙头企业搭建粮食全产业链。通过健全三界镇粮食全产业链的农资端、生产端、加工销售端等环节，三碗米业已经成为嵊州粮食全产业链当之无愧的链主。二是三碗米业通过多种形式建构以订单为基础的连农带农方式，使得种粮队伍越来越壮大，"走出去种粮"成为嵊州市三界镇农民的一条致富路。三是通过"三碗米业"提供良种和"看禾选种"基地提供良种的方式从源头保障终端的粮食品质。四是政府引导多元主体提供粮食生产环节和流通环节的全程社会化服务。五是三碗米业着力推进优质粮食产购加储销，严格把好

---

① 详细内容参见程秋萍.绍兴嵊州市三界镇：以三碗米业为龙头构建粮食全产业链带民共富[R].嘉兴学院中国共同富裕研究院共同富裕案例研究报告，2022.

"过程关""成效关",为提高企业核心业务质量夯实全产业链基础。

三碗米业构建粮食全产业链带民共富的成功经验主要体现在:一是依靠灵活多样的联农带农方式建链紧链。三碗米业在多年经营中以订单形式和市场力量,提高对农户的吸引力,将其牢牢嵌合在农业产业链上。二是通过不断提升自身核心业务竞争力稳链强链。三碗米业注重投入新机器、新设备以提高粮食加工能力,致力保证企业仓储能力,通过控制种子端的统一标准保证与本地消费者的黏合度,通过打造品牌扩大市场影响力,在嵊州占据了主要地位。三是坚持以提供多种支农助农服务稳链益链。三碗米业作为粮食加工龙头企业,除了提供常规型社会化服务,还提供特殊情况下的应急服务,积极承担起社会责任。四是以政府有力的政策保障为后盾撑链带链。政府的支持是维系农业全产业链、稳定农企关系、保证产业链正常发展的基础,是支撑产业链、带动产业链的重要力量。

七、金华义乌市青岩刘村:青年人追梦成就"中国网店第一村"

金华义乌市青岩刘村曾经地薄土浅、农业常年歉收,为了生计,村民农闲时外出"鸡毛换糖"者众多。改革开放以来,青岩刘村依托义乌小商品市场的货源优势和相邻江东货运站物流托运集散地的地利优势,发展房屋外租、餐饮商超等服务产业,村民收入得到一定提升。

21世纪初,青岩刘村整村"宅改"重建,统一规划建造四层半的民宅,村容村貌焕然一新。2007年,抓住电子商务发展机遇,鼓励全民创业,发展成为"中国网店第一村"。至2021年8月,青岩刘村户籍人口近2000人,吸收外来电商从业人员2万多人。2020年,全体村民经济收入达2亿元,人均收入突破10万元,比2007年发展电子商务产业前的人均收入增长了近3倍,成为远近闻名的"富裕村",提前迈入了小康社会。[①]

"义乌青岩刘模式"可概括为：充分统筹城市、乡村优势资源，政校村企广泛合作，借助"互联网＋"，整合多要素、多产业，将传统产业互联网化、传统贸易电商化、传统农村城镇化，营造"大众创业、万众创新"的良好氛围。其特点是：激情活力、创新前沿、业态齐全、孵化基地、草根创业。青岩刘模式有其产生的历史背景，所谓"天时、地利、人和"，在青岩刘的带动辐射下，农村电子商务不断发展。随着电子商务应用范围的扩大和深度的不断加深，电子商务对提升贫困地区的收入水平、消除收入差距的作用越来越凸显，不仅为国家级贫困县创造了大量的创业就业岗位，也为中西部地区提供了销售农产品、手工制品的机遇，形成消贫减贫的新突破。

青岩刘村的创业致富成功密码主要体现在：一是先行先试，勇于创新，充分发挥政府"有形之手"与市场"无形之手"的合力。二是因地制宜，充分发挥毗邻全球最大的日用小商品市场、义乌工商职业技术学院的市场优势、人才优势。三是发挥政策效应，吸引创业者前来创业，推动电商集群发展。四是发挥电子商务发展方面的示范辐射作用，实现先富带后富的区域带动效应。五是发挥青岩刘村与地方高校的协同引领作用。青岩刘村创业大军蕴含的"大众创业、万众创新"的创业激情和行动力是推动共同富裕的内生动力。政府推动、高校助力、政校村企协同配合，为欠发达地区进行电商人才培训，帮助销售特色农副产品，推动当地脱贫致富，"先富带动后富"，具有示范意义。

八、衢州柯城区余东村：通过"种文化"带动农民共富

衢州柯城区余东村历史悠久、人文荟萃，绘画传统深厚，画匠、绣

---

① 详细内容参见赵红英."中国网店第一村"创业致富＋带动共富的密码破解：义乌市青岩刘村电子商务创业之路[R].嘉兴学院中国共同富裕研究院共同富裕案例研究报告，2022.

花匠等能工巧匠众多,尤其是农民画,已经成为当地的一张文化"金名片"。余东农民画诞生于 20 世纪 60 年代末。到 20 世纪 70 年代初期,衢县文化馆开设了第一期业余美术创作学习班,余东农民画开始发展。到 20 世纪 80 年代,土生土长的农民艺术家们一边从事农业生产劳动,一边进行农民画创作,在艺术道路上孜孜以求。2003 年 4 月,16 位农民书画爱好者成立余东农民画创作协会。2008 年,余东村被中宣部授予"全国文明村"称号,被浙江省委宣传部授予"基层文化建设示范村"称号,余东农民画创作协会先后被评为浙江省"群众文化优秀创作团队"和"浙江省十佳群众文艺示范团队"。

通过几十年的"种文化",余东村种出乡村共同富裕样板村,2019年村集体经营性收入 10 万元,2020 年村集体经营性收入 42 万元,2021 年村集体经营性收入达到 100 多万元。①余东村坚持以农民画为核心,通过做活农民画产业链,发挥"三乡人"优势,做强"三大联盟",发展"五类经济",开拓了"指尖上的共同富裕路",推动了村民共同富裕,成为新时代村级共同富裕的示范样板。

一是画好农民画,做活特色产业链。余东村先是从做活一条时尚的农民画产业链,通过"村集体+农民画+旅游+文创+版权"的发展模式,实现从卖画到卖风景、从卖画到卖文创、从卖画到卖旅游、从卖画到卖版权的四个转变,打开一条切实可行的共同富裕之路,从而让余东成为全省的一张"金名片"、全国乡村未来社区示范点。

二是集聚"三乡人",共走富裕路。余东村一幅画留住原乡人、一幅画召唤归乡人、一幅画吸引新乡人,发挥原乡人、归乡人、新乡人的"三乡人"优势,共同走向富裕之路。

三是做强"三大联盟",共享共富机制。通过"三大联盟"(产业联

---

① 详细内容参见魏翠玲."种文化"种出"共富果":衢州柯城区余东村跨越高质量发展经验启示[R].嘉兴学院中国共同富裕研究院共同富裕案例研究报告,2022.

盟、商户联盟、就业联盟），形成要素全参与、资源全整合、品质全流程、管理一体化的共建共治共享共富综合体，成为"区域共富的引领村"。

四是发展"五类经济"，装满农民钱袋子。余东村通过综合发展"菜园体验经济""研学旅游经济""农民画版权经济""文创产品经济""乡村未来经济"等五类经济，将农民画变成聚宝盆，写好增收致富大文章。

余东村通过农民画"种文化"，深度挖掘地域特色文化，形成了塑品牌、造名片、拓产业、智治理、强机制的共同富裕之路，其"共同富裕"村级样板经验启示为其他农村地区走向共同富裕示范提供了有益借鉴。

一是坚持党建统领是共同富裕的亮丽"底色"。做好农村工作，关键在坚持发挥党建统领作用。只有通过党建统领，统筹整合多方力量与资源的基层治理体系，因地制宜谋发展，才能擦亮共同富裕的亮丽"底色"。

二是激励村民参与是共同富裕的鲜活"本色"。余东村深化乡村人才制度体系建设，拓宽乡村人才发展空间，构建起以原乡人、归乡人、新乡人为主体，有人来、有活干、有钱赚的乡村发展新局面，打造出一个共同富裕的未来乡村。

三是锚定产业为王是共同富裕的鲜明"特色"。余东村以一幅画兴一方产业和富一方百姓，走出以农民画为主导的农文旅融合发展、共建共享共富之路。

四是打造生态宜居是共同富裕的厚重"成色"。余东村立足当地优秀生态文明建设成果，生态入画，实施"微改造"，留住乡土乡愁乡亲味、留住乡村肌理。打造"绿色菜园＋多彩果园＋乡土公园＋休闲乐园＋研学乐园＋产业乐园"六园共建的"一米菜园"乡土乡愁综合体。

五是嵌入本地文化是共同富裕的鲜艳"亮色"。余东农民画家，群体特色鲜明,依托地理区位和自然环境优势,充分挖掘乡村文化资源,以文化产业引领乡村振兴发展,共走富裕路。

九、舟山普陀区东极镇:"渔旅双轮驱动"带共富 打造乡村振兴示范样板

面对发展的瓶颈和挑战,东极镇立足海洋优势,坚持渔业和旅游业"双轮驱动",深入探索在物质富裕、生态优美、宜居宜业、民主法治、公平正义、文明进步上的有机统一,为海岛统筹协调推进共同富裕提供了示范样板。2016—2020 年,东极镇先后获得国家级海洋公园、省级美丽城镇样板镇、省级 4A 级景区镇、省级卫生镇等荣誉称号。社会生产总值年均增长 5.7% 以上,渔民人均收入年均增长 9.5%,渔民幸福指数持续攀升,实现了经济效益和社会效益的双提升。①

东极镇依循"四岛一盘棋、全镇一条链"的理念,全面实施"渔旅双轮驱动"工程,加快产业结构调整,发力海洋科技创新,拉长做厚旅游产业链,在兴产业、保生态、强品牌、融数字、创机制等方面形成了鲜明的具有地域特色的发展模式,绘就并带动了东极镇渔民及周边海岛的共同富裕之路。

一是渔旅结合:兴产业,成为"渔旅融合的海洋经济典范镇"。突出"渔旅结合"兴产业,实现海洋渔业、海岛旅游业与休闲产业、文化产业、影视业、摄影业等行业的有机融合。

二是以旅促渔:保生态,成为"海洋生态文明的示范镇"。从"家家户户一只船"到如今"一岛渔船只剩数十条"的景象,东极镇部分渔民的转业以及旅游业的兴起对渔村的振兴是功不可没的。

三是渔旅齐飞:强品牌,成为"海岛形象的窗口镇"。坚持渔业和

---

① 详细内容参见周艳.舟山普陀区东极镇:"渔旅双轮驱动"带共富 打造乡村振兴示范样板[R].嘉兴学院中国共同富裕研究院共同富裕案例研究报告,2022.

旅游业的融合发展,开展产业品牌培育试点,取得了一定成效。

四是渔旅智建:融数字,成为"科技兴海的展示镇"。坚持渔业和旅游业数字化建设导向,数字智能建设涵盖了产业、生态、文化、技术、交通、住宿、健康、低碳、智慧、治理"十大场景"。

五是渔旅统筹:创机制,成为"海岛共富的引领镇"。东极镇坚持渔业、旅游业统筹发展,做实高质量发展硬支撑,在不断创新机制中持续发展壮大村集体经济,做到敢担当、能带富。

东极镇"渔旅双轮驱动"共富发展模式,为浙江省高水平推进乡村振兴、高质量实现共同富裕提供有益的经验借鉴和启示:一是有效盘活现有资源。在开发利用村集体资源中促进增收、在服务群众增收中促进增收、在创新发展机制中促进增收。二是加快推进渔村产权改革。结合国家海上绿色实验基地建设,加快推进渔业权或渔业资源产权化改革,实现渔业资源资产产权化管理,赋予渔民渔业权,让渔村获得渔业资源资产收益,扩大集体经济收入来源,让渔民通过渔业权获取更多的财产性收益。三是深化实施"渔旅双轮驱动"工程。打造"蓝色粮仓",统筹旅游开发带动,建成主导产业清晰、集聚效应突出的产业体系。坚持科技兴海,支持科研院所、高校与龙头企业合作,为现代渔业、渔旅融合等产业搭建技术平台,为海洋经济高质量发展提供科技支撑。四是持续改善旅游创收服务环境。重点关注并加快解决环境卫生、旅游基础设施建设、民宿规范改建、旅游市场管理、小船艇整治、旅游层次提升等问题,进一步提升东极旅游的硬实力和软环境,持续发展壮大村级集体经济,为乡村振兴注入持续动力。

十、台州天台县后岸村:从千锤万凿"石头村"到世外桃源"后花园"

台州天台县后岸村位于天台县街头镇西南部,原是靠"卖石板"为生的贫困小山村。吃"石板饭"和"被石矿扼住咽喉"的命运让后岸人付出了极为惨重的代价。绿水青山没了，眼前石粉飞扬，带来了一系列健康安全问题。1986—2009 年石矿关停的 20 多年间，就有 10 位村民因安全事故死亡，另有 6 人重度残疾。2009 年后，当年参与井下石材开采的 200 多位村民，不同程度地出现了职业病，有 8 人死于石肺病，5 人丧失劳动能力。2011 年以来，后岸村以推进美丽乡村建设为抓手，依托得天独厚的生态文化资源优势，采取"统分结合、公司化合作"经营模式，大力发展"农家乐"休闲旅游业，成为集漂流、登山、垂钓、观光、采摘、餐饮、住宿及商务接待等功能和项目于一体的综合性休闲度假村。①后岸村在共同富裕之路探索中的主要做法包括以下四个方面。

一是党建引领，推进可持续发展。后岸村正是在党员带头下下决心停掉老产业，"走出去"开拓大市场，立足本土产业升级，从一个靠采石板生存的小山村蜕变成一个靠山水风光吃饭的旅游村。

二是创新"统一"经营模式，推动产业振兴。后岸村发展农家乐的秘诀就在于"统一"。推出"村＋公司＋农户""统分结合、公私共赢"的"四统一"经营管理模式，成立寒山旅游开发公司，实行统一宣传营销、统一分配客源、统一服务标准、统一内部管理。

三是传承乡土文化，提升品质内涵。后岸村有着深厚的文化底蕴，唐代诗僧寒山子在村前的寒岩洞隐居近七十载，留下了体现人和自然相和谐、表达淡泊自由心境的和合文化。作为远近闻名的"石板村"，"石"已经融入了后岸人的点点滴滴，形成了特殊的石文化。

四是数字智慧赋能美丽乡村。后岸村作为天台县数字化治理的试点乡村，坚持"整体智治"理念，构建乡村数字化治理"一三五"框架体系，打造"一个乡村治理"数据底座，建立"一图一端一中心"应用支

---

① 详细内容参见汪晓辉."两山理论"转化的典范：天台县后岸村打造乡村振兴样板区的实践[R]. 嘉兴学院中国共同富裕研究院共同富裕案例研究报告，2022.

撑体系。

"后岸现象",其本质是实践"尊重自然、顺应自然、保护自然"的生态文明理念和探索走"人人勤劳、人人创业、人人致富"的共同富裕道路。其经验启示主要体现在以下四个方面。

一是后岸村探索的是一条山区农村转型的新路。后岸村依托美丽乡村建设,打生态牌、吃生态饭、发生态财,唤醒了沉睡的资源,激发了生态效应,将生态优势转化为生态效益,绿水青山换来了金山银山,实现了从"卖石头"向"卖风景"的转型,真正走上了可持续发展的生态文明之路。

二是后岸村创立的是一套新型农村经营的机制。后岸村坚持"一个村就是一个宾馆、一个企业"的理念,实行在村"两委"班子集体领导下的公司化经营机制和农家乐户统分结合、自主经营的合作机制,建立一套严密、有序、系统、管用的运作流程。将企业管理模式运用到村集体管理中,避免无序经营,维护广大经营户的权益,激发了农家乐经营户的积极性,发展了村级集体经济,为各地发展"农家乐"提供了一套可看、可学、可复制的经营管理机制。

三是后岸村搭建的是一个产业融合发展的模式。后岸村大力提升生态观光农业,大规模发展特色种植业,深挖农产品加工业潜力,为乡村旅游业发展奠定了基础。乡村旅游业的蓬勃发展又为农业转型、农副产品加工业注入了活力、提供了市场,实现农家乐与农业、加工业互补互促发展,既拉长产业链,又实现环保和经济效益双赢,为农村推进产业融合发展积累了经验、提供了样本。

四是后岸村实践的是一例实现共同富裕的典范。后岸村倡导人人勤劳、人人创业、人人致富,发展农家乐使农家乐经营户率先致富,村里其他劳动力、农产品等要素为农家乐配套,进而带动全村群众致富。集体经济的壮大使发展成果惠及全体村民,村民的农村居民医疗保险费用由村里集中支付,老人的居家养老服务由村里集中提供,这体现了社会主义共同富裕的本质要求。

十一、丽水遂昌县蕉川村:搭建"数字生态平台"助力共同富裕

蕉川村是遂昌县第一大村,文化底蕴深厚,2017 年被列入浙江省第一批省级传统村落,自古就有"江南粮仓"之美誉。然而,这样的一个村庄曾经各种矛盾错综复杂,历史遗留问题较多,村集体负债累累,累计欠款近 400 万元,因"脏乱差"而闻名,村庄发展一度停滞,是一块"烫手山芋"。

2017 年 5 月,张建宏和周春德两位乡贤组团回村参加村级换届,竞选成功后,他们从自身做起,承诺只领 1 元工资,并捐款 30 万元用于村中建设,在他们的带领下,蕉川村一改之前村"两委"不团结、管理混乱、人心散乱的不良局面。蕉川村从村集体负资产到现在人均可支配收入连续三年超过 1.9 万元,还两次登上央视,成为名副其实的"网红村"。蕉川村结合地区条件优势,充分把握当下时代机遇,走出了一条适合自身的数字生态共同致富之路,为全国其他山区镇提供了重要参考和借鉴。①蕉川村在共同富裕之路探索中的主要做法包括以下五个方面。

一是积极搭建数字农业管理平台,给农业插上科技的翅膀。"智慧农业"就是当下乡村经济发展最好的破题点,其中种子行业又是农业"芯片",其发展水平直接关乎我国粮食安全的命脉。蕉川村是浙江省最大的杂交水稻制种基地的核心区域,也是"未来村庄"试点村之一,2022 年 5 月底开始导入智慧元素建设数字乡村。

---

① 详细内容参见孙书君.丽水遂昌县蕉川村:搭建"数字生态平台"助力共同富裕[R].嘉兴学院中国共同富裕研究院共同富裕案例研究报告,2022.

二是积极搭建数字村邮站,实现基本公共服务均等化。作为试点之一的蕉川村,通过整合村邮站和便民服务中心,除了办理社会保障、社会救助、邮政等服务外,还根据群众需求,与电力、电信等部门合作,叠加式引进相关增值业务。现在又开始进一步延伸服务空间,引进长途汽车票代购业务、招聘业务等,既发挥"小平台,大服务"的特色,也为村邮站开源增收,保证村邮站持续健康发展。

三是借力数字化完善基层治理,打造现代化改革乡村样板。积极推进蕉川村的数字生态建设,能促进蕉川村基层治理体系的完善,反过来,完善的基层治理体系又为推进数字生态建设提供了稳定的政治基础和群众基础。

四是利用数字技术重塑地理风貌,积极构建美丽乡村建设。蕉川村作为未来乡村试点村之一,围绕"千年粮仓常乐蕉川"主题,整合部门项目资金 7000 余万元,以提供"第二生活空间"为目标,秉承"人本化、生态化、数字化"价值导向,以"三乡共建、三创共融、三智共享"为基本特征,创建生态、生产、生活"三生共同体"。

五是搭建慢病管理智慧化平台,全力构建智慧医疗新图景。蕉川村乡村慢病管理中心于 2021 年 11 月正式启用。这是丽水市首个村级慢病智慧化管理中心,主要以"未来村庄"智慧医疗为建设主题,以高血压、糖尿病管理为切入点,采取"智慧云医、共享名医、全科家医"等服务模式,立足为群众送上"智慧化就医、全程化跟踪、标准化诊疗、一体化协同、一站式服务"的全新医疗服务。

蕉川村的经验启示主要体现在:一是数字农业管理平台提质增量。"一杆农业眼"实现了农业数字化管理,使得农作物的质量和产量双提升。二是数字乡村村邮站维护群众通信权利。村邮站的建成,极大缩短了信件送达时间,不再滞后三四天,解决了基层邮政普遍存在的"最后一公里投递难"问题,更好地维护群众通信权利。三是借力数字化完善基层治理。数字化建设与基层治理建设相辅相成,能最大限度发挥干部思想统一性和干劲,调动群众对数字化建设的认同和广泛参与,也能反过来促进蕉川村数字化推进。四是借力数字技术重塑生态环境。注重普适性与先进性、指导性与操作性、保基本与促提升、抓共性与显特色有机结合,对乡村生态空间、产业发展、人居环境、基础设施、乡风文明、乡村治理等领域进行系统性重塑与引领,着力构建寻得到乡愁、看得到未来的现代版"田园乡村梦",逐步实现人民群众对美好生活的向往。

本章小结:共同富裕不仅是未来蓝图,更是踏踏实实行走在中国大地上的生动实践。共同富裕的浙江实践是"推动共同富裕取得更为明显的实质性进展"的破题和开篇,既显示出党中央解决我国发展不平衡不充分问题的坚定决心,也凸显了党中央对中国特色社会主义理论和道路的自信。当然,示范区之所以为示范,一方面,是既有成就的示范。共同富裕是中国特色社会主义制度优越性在新时代的集中体现,浙江的实践成效堪为表率,必定能够打造新时代全面展示中国特色社会主义制度优越性的"重要窗口"。另一方面,是解决现实问题的示范。有针对性地解决人民群众最关心最直接最现实的利益问题,在高质量发展进程中不断满足人民群众对美好生活的新期待,为破解新时代社会主要矛盾探索出一条成功路径。我们相信,浙江通过高质量发展建设共同富裕示范区会提交一份经得起历史检验的、令各方满意的答卷。

第十章　共同富裕的未来展望

　　共同富裕是人类的共同夙愿与追求,也是一个世界性难题。中国建设共同富裕美好社会是人类文明史上的伟大壮举。福利社会的西方道路存在根本缺陷和矛盾基因,共同富裕的中国道路则有马克思主义真理指南、中国共产党百年探索与创新实践、习近平新时代中国特色社会主义思想的科学指引,还有中国共产党领导、社会主义制度、社会生产力发展的坚强保障,决定了我们推进共同富裕的历史的必然性、方向的确定性、成功的肯定性。本章在比较共同富裕的不同路径基础上,论述了共同富裕中国道路的光明未来,以及共同富裕中国道路在中华民族伟大复兴、世界社会主义和人类社会文明进步史上的划时代意义。

第一节　共同富裕人类实践的不同路径

　　欧洲模式的经验与教训、中东模式的发展与困境、拉美模式的探索与挫折、东亚模式的创新与不足,为中国式现代化和共同富裕提供了参照。福利社会的西方道路存在根本缺陷和矛盾基因,以"高福利"

为标识的西方福利社会频遭危机,难以为继,而有中国共产党领导、社会主义制度、社会生产力发展坚强保障的共同富裕中国道路正熠熠生辉,彰显中国担当,担负人类新文明曙光。

一、西方福利社会模式

贫穷是千年顽疾,是文明进步的绊脚石,也是世界各国最棘手的难题之一。在生产力落后的历史阶段,贫穷难以避免;但在生产力十分发达的今天,全球尚有十数亿人口处于绝对贫穷状态。人类如何才能实现人人丰衣足食的"大同社会"? 古今中外的种种方案与尝试,都未能真正圆梦。中国共产党秉持"为中国人民谋幸福、为中华民族谋复兴"的初心使命,擘画并扎实推进"全体人民共同富裕"蓝图,反映了中华民族传统文化精髓和全体人民共同期盼。肇始于乌托邦的西方"福利社会"思想及其实践也由来已久,与此相较,一个是中国的阶段愿景,一个是西方已经走过的道路,中国"共同富裕"与西方"福利社会"异同何在? 中国又能带给世界怎样的全新答案?[①]

(一)中国"共同富裕"和西方"福利社会"的背景与实质不同

从马克思主义视野可以看到,二者发起的背景和实质完全不同。中国的"共同富裕"是社会主义发展阶段的一个环节,是在消灭了绝对贫困、全面建成小康社会,解决了"有没有"的问题之后,现代化建设的"中级"阶段任务,进一步着力解决"好不好"的问题,通过共同富裕,促进经济高质量发展、人的全面自由发展和社会全面进步。西方福利社会是资本主义发展阶段的一个环节,目的是以拉动需求对治过剩性危机。它发端于 20 世纪 20 年代末以美国为"震中"、席卷整个西方的

---

① 樊中华.中国"共同富裕"与西方"福利社会"有何不同:访中国浦东干部学院教授、复旦大学政治经济学研究中心研究员沈斐[N].中国改革报,2021-11-29(2).

"经济大萧条"。为拯救美国,罗斯福出台"新政",以高额累进税、社会保障政策和"计划经济"来缩小贫富差距、缓解劳资矛盾和重启经济。"新政"成功后,凯恩斯经济学传播开来。在战后世界社会主义阵营的外部压力下,欧洲开始推行国家福利政策,建成一批福利社会。

《资本论》第二卷深刻揭示了其实质:为实现剩余价值,资本的流通过程要求抬高工人工资,让工人阶级的需要成为社会有效需求,让大规模消费成为资本周转和循环的推动力——这后来成为凯恩斯经济学暗中依据的一条原理,也是福利社会建设的理论基石。按照《资本论》中资本内在否定性的逻辑,福利社会是自由资本主义发展中的一次自我否定——从自由市场和自由竞争中内生出政府干预的要求,让利润至上的资本家阶级"自觉牺牲"部分利润以换取资本主义经济的顺利运转。

(二)以"高福利"为标识的西方福利社会制度频遭危机

西方福利社会一度缓和了贫富差距,甚至克服了过剩危机,但并未从根本上解决资本主义的结构性矛盾。产生于 19 世纪末 20 世纪初的欧洲福利制度,在第二次世界大战之后的二三十年间获得了长足发展,一度被视作发达工业化国家的一个显著特征。然而,20 世纪 70 年代中后期以来,福利国家开始面临各式各样的挑战,一些国家甚至被认为跌入了"福利国家陷阱",紧缩福利制度的呼声越来越高。尽管欧洲绝大多数福利国家努力限制其福利开支,但迄今为止,以欧债五国为代表的许多欧洲国家仍未显著地削减其福利开支在公共支出中的占比。更为严峻的问题是,削减福利开支的努力在欧洲许多国家引发了大规模抵制运动,触发了广泛的社会冲突和政治动荡。如保罗·皮尔逊指出:"在全世界所有经济富裕的民主国家中,福利制度位于政治争论和社会冲突的中心。"①

21世纪以来,在去工业化、经济衰退、难民危机、新冠疫情肆虐等新背景下,福利制度依然是欧洲国家政治争论和社会冲突的中心,同时也面临着经济社会变革、福利设计老化和政治制度约束等一系列挑战。如经济衰退侵蚀了福利分配的经济和财政基础,重度人口老龄化和劳动力短缺从侧面加重了社会抚养负担,就业结构和形态等新变化则冲击了传统福利制度的基本框架。如建立在标准工人家庭假设基础上的慷慨福利制度极大地限制了社会福利的覆盖范围,也内生着制度惯性和福利依赖,养老金现收现付制度则因为重度老龄化而步履维艰。② 如自上而下的政府供给模式在加重政府负担的同时限制了多样化的社会供给空间。这些内生局限使得欧洲传统福利制度对于经济社会变革缺乏足够的弹性和适应性,因而需要改革和调整。然而,福利制度改革受制于福利国家特定的政治框架,其中权力失衡的议会—内阁制度、法团主义利益代表制度和多党竞争性选举制度使得福利扩张而非紧缩成为不同主体政治博弈中的策略选择。③

西方福利社会"高福利"的根本目的是推动大众消费以解决生产过剩问题,这让西方普遍步入"消费社会",但问题丛生:一是大规模消费和过度生产造成环境污染等生态危机;二是把人变成消费机器,造成物化的、片面发展的人;三是"从摇篮到坟墓"的福利供给几乎都集中在物质层面,即便是教育、假期等也是暗中为消费服务,造成了物质与精神的发展失衡。

---

① 皮尔逊.福利制度的新政治学[M].汪淳波,苗正民,译.北京:商务印书馆,2004:6.
② 如德国社保体系对于社会稳定及经济发展发挥了重要作用,但也因此出现了很多不工作只靠拿福利生活的人,还吸引了大量希望享受德国高福利的移民。随着老年人口的不断增加、自动化生产规模的不断扩大以及失业率的居高不下,维持社保体系的运转对于国家财政、缴费的企业和在职员工都是极大的负担。
③ 详细论述参见吕普生.21世纪欧洲福利国家面临的新挑战[J].武汉大学学报,2020(1):146-160.

西方福利社会"高福利"意味着高工资,与资本家追逐高利润天生矛盾。西方资本家用两种方式对抗"高福利":一是大量企业外迁,寻求海外劳动力成本低廉的市场,导致西方实体经济"空心化";二是企业股份化发展,转向利润率更高的虚拟经济领域,致使资产价格虚高。二者叠加引发滞胀,20世纪70年代西方社会爆发的滞胀危机是福利制度运行遭遇的一次重大危机。为克服滞胀,新自由主义应运而生,让福利制度再遭危机。在理论上,新自由主义否定凯恩斯主义,抽掉了"高福利"的理论根基;在政策上,新自由主义又削减"高福利",导致西方福利制度从20世纪80年代起就停滞不前。但是,新自由主义的全球金融化发展又引爆了2007年的次贷危机和2008年的欧债危机,让西方"高福利"更加捉襟见肘,难以为继。

(三)西方福利社会发展百年历程的惨痛教训与经验参考

"从摇篮到坟墓"式高福利特征的西方社会保障体系一度被视为"均富社会和避免冲突的理想模式"。但是,伴随全球经济增速放缓、人口老龄化、移民危机等社会问题的凸显,面对巨大的财政赤字和公共债务压力,西方各国政府相继开启福利制度的改革重建之路。20世纪五六十年代,在"战后婴儿潮"出生的年轻人将精神寄托在以迷幻药、摇滚乐为特征的嬉皮士文化中。而在滞胀危机后,西方人用"新社会运动"这种虚幻的形式来实现自己物质需求被满足后的政治、社会、文化等需求。此外,民众要求改善社保待遇、提高社会公正的呼声日益高涨。西方国家福利制度改革陷入进退两难的境地,极其容易进入"福利社会陷阱",面临与消费社会伴生的经济与社会、物质与精神的撕裂和片面发展。对中国来说,共同富裕是"五位一体"满足美好生活需要,是全体中国人的共同愿景。在这一点上,西方福利社会给我们敲响了警钟。

此外,西方的一些制度和政策,如在不同发展阶段的税收及税收激励体系、慈善捐赠的信托制度体系，及其在运作中积累的经验教训，在一定程度上值得学习借鉴。如《21世纪资本论》的作者皮凯蒂主张增收财产税和资本税以降低资本收益的份额，提高劳动者收入比例。又如2021年3月，美国参议员桑德斯联合民主党参议员提出的《为了99.5％法案》，揭露了"信托是美国富人规避税收，实现财富代际转移的重要手段之一"，这对于中国完善财富管理和信托法律制度、加强非营利组织和基金会组织工作制度有警示意义。

二、中国共同富裕道路

建设共同富裕美好社会是中国共产党领导全国人民全面建成小康社会后的必然抉择。马克思主义创立的唯物史观，既反对历史唯心主义，也反对历史宿命论，认为人们在认识和掌握历史发展客观规律的基础上，是可以能动地改造世界、创造美好未来的。这就是实践主体的历史主动性和历史创造性。[①]

中国共产党是马克思主义先进政党，中国共产党人是唯物辩证的历史实践者。中国共产党始终坚持马克思主义基本原理，坚持从中国实际出发，善于洞察时代发展大势，勇于把握历史的主动性和创造性，在历史发展的进程中，积极能动地推进党的理论创新和实践创新，从而不断开创党和国家事业发展的新局面。新时代的共同富裕，就是在党的领导下、社会生产力充分发展的基础上、体现社会主义本质要求的全体人民过上富足美好生活的发展过程。中国共产党领导、社会主义制度、社会生产力发展构成了我们推进共同富裕的历史必然性和发展方向的确定性。

---

① 详细论述参见王永昌. 科学认识共同富裕的本质内涵及其重大意义[N]. 光明日报，2022-05-09(15).

（一）坚持和完善党的全面领导，为实现共同富裕提供坚强的政治保障

没有共产党就没有新中国，就没有中华民族的伟大复兴，就不可能实现中国人民的共同富裕。领导人民实现共同富裕、过上更美好生活，是中国共产党的初心使命。习近平总书记指出："我们始终坚定人民立场，强调消除贫困、改善民生、实现共同富裕是社会主义的本质要求。"①我们追求的发展是造福人民的发展，我们追求的富裕是全体人民共同富裕。牢记党的初心使命，牢记党的性质宗旨，就必须始终坚持人民至上，把人民对美好生活的向往作为党的奋斗目标，不断推动共同富裕取得更为明显的实质性进展。事实充分证明，中国共产党具有无比坚强的领导力、组织力、执行力，是团结带领人民攻坚克难、开拓前进最可靠的领导力量。只要我们始终不渝坚持党的领导，就一定能够战胜前进道路上的任何艰难险阻，不断满足人民对美好生活的向往。可以说，坚持党的全面领导和长期执政是实现共同富裕的政治前提和政治保证。

（二）坚持和发展中国特色社会主义，为实现共同富裕提供坚固的制度保障

社会主义制度与共同富裕是内在统一的。社会主义社会之所以必然会产生、之所以有优越性和合理性，是因为它代表广大人民群众的根本利益，更能促进社会生产力发展、更能解决经济社会两极分化问题，更能协调推进社会高效、公平发展和人的全面进步。离开社会主义制度这个前提，事实上根本谈不上有共同富裕。我们坚持和发展社会主义制度，就必然要推进代表人民根本利益的共同富裕实践。新中国成立后，毛泽东同志就指出，"现在我们实行这么一种制度，这么

①　习近平.在全国脱贫攻坚总结表彰大会上的讲话[M].北京：人民出版社，2021：13.

一种计划,是可以一年一年走向更富更强的,一年一年可以看到更富更强些。而这个富,是共同的富,这个强,是共同的强,大家都有份"①。中国特色社会主义制度是当代中国发展进步的根本制度保证,是具有鲜明中国特色、明显制度优势、强大自我完善能力的先进制度。毫无疑问,坚持和发展中国特色社会主义是实现共同富裕的强大社会制度基础,是推进共同富裕的必然要求。

(三)不断发展的社会生产力为实现共同富裕提供坚实的物质保障

共同富裕不但是"富裕",而且还是"普遍富""共同富",是全社会、全体人民的"共同富裕",这就需要有比较发达的社会生产力和社会保障水平。显然,共同富裕不是也不可能建立在贫穷的基础上。正如邓小平同志所指出的:"社会主义的特点不是穷,而是富,但这种富是人民共同富裕。"②"社会主义最大的优越性就是共同富裕,这是体现社会主义本质的一个东西。"③因此,社会主义的首要任务是发展生产力,逐步提高人民的物质和文化生活水平。邓小平同志从理论和实践的结合上得出了一个著名的经典性论断:"社会主义的本质,是解放生产力,发展生产力,消灭剥削,消除两极分化,最终达到共同富裕。"④习近平总书记强调:"发展才是社会主义,发展必须致力于共同富裕。"⑤"我们推动经济社会发展,归根结底是要实现全体人民共同富裕。"⑥这些重要论述,深刻揭示了共同富裕与社会主义本质的内在联系,阐明了社会主义本质的两大基本内涵和特性,即贫穷不是社会主

① 中共中央文献研究室.毛泽东文集:第六卷[M].北京:人民出版社,1999:495.
② 邓小平.邓小平文选:第三卷[M].北京:人民出版社,1993:265.
③ 中央财经领导小组办公室.邓小平经济理论学习纲要[M].北京:人民出版社,1997:24.
④ 邓小平.邓小平文选:第三卷[M].北京:人民出版社,1993:373.
⑤ 统一思想一鼓作气顽强作战越战越勇　着力解决"两不愁三保障"突出问题[N].光明日报,2019-04-18(1).
⑥ 中共中央关于制定国民经济和社会发展第十四个五年规划和二〇三五年远景目标的建议[M].北京:人民出版社,2020:54.

义,搞社会主义就要不断解放和发展生产力,使社会财富不断丰富发达起来;在生产力不断发展、社会财富不断增长的过程中,要消除两极分化和消灭导致两极分化的社会剥削,逐步实现共同富裕。我们要旗帜鲜明地坚持社会主义这些本质要求的内在统一性,为满足人民对美好生活的向往、逐步实现共同富裕,不断推动经济发展和社会进步,不断夯实共同富裕的物质基础。

历史发展的必然性不是以单一线性方式实现的,而总是通过丰富多彩、生动具体的现实矛盾开辟前行道路的。中国共产党领导、社会主义制度、社会生产力发展构成了我们推进共同富裕的历史必然性和发展方向的确定性。但是,实现共同富裕则是一个错综复杂的辩证发展过程。这种辩证性主要表现在:我们推进的共同富裕是全体人民的共同富裕,不是少数人的富裕,但也不是整齐划一的平均主义,更不是"内卷""躺平"的均贫富;我们推进的共同富裕是普遍富裕基础上有差别、有先后的共同富裕,允许一部分人先富起来,同时先富也要带后富、帮后富;我们推进的共同富裕是坚持以人民为中心的发展思想的、在高质量发展中实现的共同富裕,做大"蛋糕"与切好"蛋糕"、共建与共享、效率与公平是辩证统一的,而不只讲"享受""分配""福利",即使将来发展水平更高、财力更雄厚了,也不能搞过头的社会保障,防止落入"福利主义"养懒汉的陷阱;我们推进的共同富裕是人民群众物质生活和精神生活都富裕、人和社会全面进步的共同富裕,而不是畸形的物质、金钱、福利的"富裕";我们推进的共同富裕是一个现实而又处在长期发展过程中的共同富裕,需要不懈接续奋斗,不可能一蹴而就,是一个等不得也急不得的历史发展过程;等等。

正如习近平总书记指出的:"我们说的共同富裕是全体人民共同富裕,是人民群众物质生活和精神生活都富裕,不是少数人的富裕,也不是整齐划一的平均主义。""不是所有人都同时富裕,也不是所有地区同时达到一个富裕水准,不同人群不仅实现富裕的程度有高有低,时间上也会有先有后,不同地区富裕程度还会存在一定差异,不可能齐头并进。这是一个在动态中向前发展的过程,要持续推动,不断取得成效。"[1]

习近平总书记在《正确认识和把握我国发展重大理论和实践问题》中明确提出"正确认识和把握实现共同富裕的战略目标和实践途径"这一重大理论和实践问题。[2] 新时代的共同富裕,就是在党的领导下、社会生产力充分发展的基础上、体现社会主义本质要求的全体人民过上富足美好生活的发展过程。换句话说,我们的共同富裕,是全体人民在社会发展进程中都能共同往富裕走、往更高水平走的过程,即使是没有劳动能力的,也能通过社会保障制度向更高生活水平提升,共同往上、往前走,过上越来越美好的幸福生活。因此,扎实推进共同富裕,底线或者说起点,就是随着经济社会的发展,不能出现收入差距、生活水平差距持续扩大,更不能出现两极分化,大家都能共创共享发展成果,都能向着更富裕更美好的方向发展,全体人民都能逐步普遍富裕,生活形态普遍更加美好。这说明,我们推进的共同富裕,是科学合理、现实可行的历史创造活动。我们对共同富裕的认识,是建立在社会发展客观规律和历史辩证法基础上的以马克思主义共同富裕理论观点为指导,坚持历史发展的必然性和现实性相统一,这是我们从共同富裕的本质内涵和基本特性中必然要得出的逻辑结论。[3]

三、浙江先行示范经验

浙江在高质量发展建设共同富裕示范区过程中,坚持"国家所需、

---

① 习近平.扎实推动共同富裕[J].求是,2021(20):4-8.
② 习近平.正确认识和把握我国发展重大理论和实践问题[J].求是,2022(10):4-9.
③ 王永昌.科学认识共同富裕的本质内涵及其重大意义[N].光明日报,2022-05-09(15).

浙江所能、群众所盼、未来所向",脚踏实地、久久为功,不吊高胃口、不搞"过头事",尽力而为、量力而行,按照"每年有新突破、5年有大进展、15年基本建成"的目标,系统化体系化推进相关工作,不断完善"设计施工图"。浙江省委、省政府制定和使用浙江高质量发展建设共同富裕示范区系统架构图扎实推进各项工作。该架构图的总体框架分为"四横四纵"。其中,"四横"为可感知图景、标志性成果、突破性抓手、数字化支撑,"四纵"为共同富裕理论创新、共同富裕实践创新、共同富裕制度创新、共同富裕文化创新。从中可以看出浙江高质量发展建设共同富裕示范区的工作进展与阶段性成效。

一是初步形成四项体系,为共同富裕示范区建设打好"地基"。浙江紧扣高质量发展高品质生活先行区、城乡区域协调发展引领区、收入分配制度改革试验区、文明和谐美丽家园展示区四大战略定位,按照既定部署稳步推进相关建设工作,明确"1+7+N"重点工作跑道[①]和"1+5+N"重大改革跑道[②],构建由56个指标组成的共同富裕示范区建设指标目标体系,并出台绩效考评办法,以及省级有关部门和各市、县(市、区)对标全省部署谋重点、出政策、建机制等,初步形成共同富裕示范区建设的目标体系、工作体系、政策体系和评价体系。

二是紧紧围绕主攻方向,为共同富裕示范区建设提供"支柱"。浙江以解决地区差距、城乡差距、收入差距问题为主攻方向,注重向农村、基层、相对欠发达地区倾斜,向困难群众倾斜。收入分配制度改革

---

① "1+7+N"中,"1"是一套评价指标;"7"是七个重点领域:经济高质量发展、收入分配制度改革、公共服务优质共享、城乡区域协调发展、社会主义先进文化发展、生态文明建设、社会治理等,这些被称为"7条跑道";"N"是重点推进的具体工作,着力打造形成的共同富裕体制性制度性创新模式,如构建普惠托育服务体系、实施山区海岛县"一县一策"、开展全域文明创建等。

② "1+5+N"中,"1"是指"扩中提低"重大改革。以此为统领,进一步理顺共同富裕体制机制,统筹推进共同富裕"五"大改革领域:经济高质量发展、公共服务优质共享、缩小城乡差距、缩小地区差距、文化生态和社会治理。而"N"则是一系列具有引领示范作用和普遍意义的基层改革探索,如推进长期护理保险制度、产业链山海协作机制、中高职一体化人才培养改革等。

是浙江高质量发展建设共同富裕示范区的重点任务,是扎实推进"七个先行示范"的重点工作领域之一,为推动率先基本形成以中等收入群体为主体的橄榄型社会结构,2022年2月,浙江省印发了《浙江省"扩中""提低"行动方案》,明确了"扩中""提低"八大路径、九类群体的"8+9"工作矩阵。①此外,浙江还通过实现山区(海岛)28县"一县一策"全覆盖,实施农业双强、乡村建设行动,全面推动未来社区、未来乡村建设等,不断缩小三大差距。2022年,浙江省城乡居民人均可支配收入倍差下降至1.90。按照统一顶层设计、深化山海协作、聚力招大引强、突出"一县一业"、聚焦富民增收等工作思路,通过加强"新型帮共体"建设,提高"产业飞地""科创飞地""消薄飞地"建设质效,以及精准迭代升级"一县一策",推动山区县做强"一县一业"主导产业、海岛县完善"一岛一功能"布局体系等工作举措,2022年,浙江省山区(海岛)28县全体居民人均可支配收入增速均高于全省平均水平。

三是纵深推进数字化改革,为共同富裕示范区建设提供"动能"。浙江在建设共同富裕示范区大场景下谋划推进一系列数字化改革,通过"系统+跑道""平台+大脑""改革+应用""理论+制度"逐步完善、集成突破,形成了一批具有浙江辨识度、全国影响力的标志性成果,破解了一批传统手段难以解决的共同富裕普遍性难题。

浙江省委、省政府围绕浙江高质量发展建设共同富裕示范区系统架构图已经建立了共同富裕示范区建设常态化会议推进机制,省级有关部门和各县(市、区)对标全省部署谋重点、找跑道、定目标、建体系、抓改革。浙江高质量发展建设共同富裕示范区以"四横四纵"为主体

---

① "8+9"工作矩阵中,"8"是推动"扩中""提低"的八大实施路径,分别是促就业、激活力、拓渠道、优分配、强能力、重帮扶、减负担、扬新风;"9"是当前阶段重点关注的九类群体,包括技术工人、科研人员、中小企业主和个体工商户、高校毕业生、高素质农民、新就业形态从业人员、进城农民工、低收入农户、困难群体。

框架，以数字化改革为支撑，通过推进"1＋7＋N"重点工作和"1＋5＋N"重大改革，正加快打造"浙里健康""浙有善育""扩中提低""浙江有礼"等一批标志性成果，浙江逐步呈现共同富裕示范区建设的见富、见美、见未来的可感知图景。未来，浙江将从完善共同富裕体系架构、加大工作推进力度、鼓励基层首创精神、强化共同富裕智力支撑、增强共同富裕浓厚氛围、提升社会建设系统自身能力等方面提供保障支撑，着力展现更多标志性成果，细化明确重点工作任务和各项重大改革事项。浙江抓住人民最关心最直接最现实的利益问题，不断缩小三大差距，以数字化改革全面支撑示范区建设，创造性系统性落实示范区建设各项目标任务，积极探索建设共同富裕美好社会，努力为中国共同富裕道路提供省域示范。

第二节　共同富裕中国道路的光明未来

以全体人民共同富裕作为主要特征之一的中国式现代化超越了"个人资本至上""物质增长至上"的西方现代化模式，开创了人类现代化发展的新道路和人类文明进步的新形态，是中国智慧、中国力量对人类文明的新创造新贡献，拓展了发展中国家走向现代化的途径，给世界上那些既希望加快发展又希望保持自身独立性的国家和民族提供了全新选择。

中国式现代化是中国共产党领导的社会主义现代化，既有各国现代化的共同特征，更有基于自己国情的中国特色，共同富裕是中华民族最鲜明的民族禀赋和最大的民族梦想。在全面建成小康社会基础上，在中国式现代化新征程上探索共同富裕中国道路，有马克思主义真理指南、中国共产党百年探索与创新实践、习近平新时代中国特色社会主义思想的科学指引,有中国共产党坚强领导、发展规律科学认识、举国体制独特优势、全体人民共建共享的坚强保障,有代代相继和久久为功、科学谋划和系统推进、局部实验和逐渐推广的有益探索,深刻把握"两个确立",坚决做到"两个维护",同向同行,同心同力,共同富裕中国道路定能有光明的未来,造就人类文明新形态。

一、马克思主义真理是前进指南

习近平总书记在庆祝中国共产党成立100周年大会上深刻指出:"中国共产党为什么能,中国特色社会主义为什么好,归根到底是因为马克思主义行!"[①]为什么是马克思主义,而不是其他主义或理论指引中华民族实现从站起来、富起来到强起来的伟大飞跃?最主要的原因就在于马克思主义具有科学性和真理性,揭示了人类社会发展规律。马克思主义吸收了人类思想精华,在批判旧世界中发现新世界,揭示了人类社会发展规律,为人类指明了从必然王国向自由王国飞跃、实现自由和解放的道路,使马克思主义具有了科学的理论基石。一方面,唯物史观不仅发现了人类社会由低级向高级发展的一般规律,还准确揭示了推动人类社会发展的根本动力蕴藏于生产力与生产关系的矛盾运动之中,将唯心史观从人类社会历史的"最后避难所"驱逐出去,克服了空想社会主义的"虚幻性",使社会主义置于现实的基础之上。另一方面,剩余价值学说不仅弄清了资本主义条件下资本与劳动的关系,剖析了资本主义发展的特殊规律,还深刻揭露了剥削劳动的"秘密",同时又阐明了无产阶级的历史地位和使命,为实现"两个必然"找到了现实的阶级基础和物质力量。具体到共同富裕问题上来,在一定意义上来说,实现所有人的共同富裕是自古以来人类的共同理

---

① 习近平.在庆祝中国共产党成立100周年大会上的讲话[M].北京:人民出版社,2021:13.

想与美好追求。但是,从科学性来看,在马克思主义产生以前,共同富裕只不过是人类的一种幻想而已。马克思主义理论第一次科学地揭示了人类社会特别是资本主义社会的发展规律,论证了社会主义和共产主义最终必然代替资本主义和一切私有制社会的规律性和历史趋势,系统地阐述了共同富裕的历史性,实现共同富裕的物质前提、社会制度前提、社会途径以及共同富裕与人的全面发展的关系,实现共同富裕的阶段性等方面内容,从而揭示了共同富裕的发展规律。[①]

（一）马克思主义揭示了共同富裕的物质性

马克思主义的历史唯物主义理论第一次揭示并突出地强调了人类物质生产力及其发展对于人类社会和人的发展所具有的重要性,把人类的生产活动理解为人类最基本的也是最重要的实践活动,认为人类从贫穷走向共同富裕的最一般基础和前提就是社会物质生产力的不断发展。

（二）马克思主义揭示了共同富裕的规律性

历史唯物主义理论从生产力与生产关系和经济基础与上层建筑之间的对立统一关系出发,揭示了人类社会发展的一般规律,从而揭示了共同富裕的历史发展规律。历史唯物主义根据社会生产力的不同发展阶段以及不同阶段的社会生产关系的不同把人类社会的发展划分为原始共产主义社会、奴隶社会、封建社会、资本主义社会和共产主义社会（包括社会主义社会）五个历史阶段。认为只有社会生产力发展到一定程度,并建立以生产资料公有制为基础的社会主义和共产主义社会,才能真正消灭剥削以及由此而产生的社会财富占有的不平等,从而实现全社会的共同富裕。即马克思主义理论深刻地揭示了共

[①]　详细论述参见邱海平. 马克思主义关于共同富裕的理论及其现实意义[J]. 思想理论教育导刊,2016(7):19-23.

同富裕的两个方面的根本前提,即社会生产力的高度发展以及社会主义和共产主义生产资料公有制的建立。

(三)马克思主义揭示了共同富裕的历史性

马克思主义理论不仅揭示了不同阶级社会的共同本质,而且还揭示了不同阶级社会之间的更替过程中所表现出来的人类社会的发展性以及共同富裕的历史性。从奴隶社会到封建社会再到资本主义社会,都是不同阶级社会之间的一种更替。但是,由于这几个不同的社会形态以不同的社会生产力发展水平和阶段为基础,而且由于这几种不同的阶级社会具有不同的生产关系,社会财富的占有和分配在阶级关系上也表现出明显的差别。必须辩证地看待阶级社会的更替过程,既要认识一切阶级社会共同的阶级分化和阶级剥削的本质,也要认识到从一个阶级社会到另一个阶级社会的发展仍然表现为一个历史进步的过程,而不能将所有阶级社会完全等量齐观。

(四)马克思主义揭示了实现共同富裕的必然性

马克思主义理论深刻地揭示了人类最终将走向共同富裕的社会主义和共产主义社会的历史必然性和发展趋势。尤其是《资本论》,从生产的社会化同生产资料的资本主义私人占有制这一基本矛盾出发,从资本的生产过程、流通过程以及资本主义生产的总过程三个维度深刻地揭示了由资本主义基本矛盾所造成的两个方面的必然结果。一方面,随着资本积累以及由资本积累所推动的资本主义社会生产的发展,必然造成资产阶级和工人阶级之间财富占有和收入分配的两极分化,从而造成社会矛盾的日益深化和尖锐。另一方面,资本积累规律决定了工人阶级和广大人民的有支付能力的需求相对于资本主义生产具有的无限扩大的趋势而言始终不足,资本主义生产的无政府状态经常使社会总资本再生产所需要的各种比例关系遭到破坏,由于平均利润率趋向下降规律的作用产生了与相对过剩人口同时并存的资本过剩加剧了生产与消费之间的矛盾以及社会再生产条件的破坏,产业资本向虚拟资本和金融资本转化、资本主义信用无限扩张,等等条件叠加在一起,使资本主义经济危机和金融危机成为必然的周期性现象。经济危机和金融危机的周期性爆发,充分说明资本主义生产方式并不是一种绝对的、永恒的社会生产方式,而是一种历史的、必然将被更高级的社会生产方式所替代的生产方式。马克思主义对资本主义社会经济运动规律的分析,一方面揭示了资本主义社会条件下实现共同富裕的不可能,另一方面又揭示了资本主义的发展为最终实现共产主义和人类的共同富裕创造了物质基础和前提。

（五）马克思主义揭示了实现共同富裕的阶段性

马克思在《哥达纲领批判》中深刻地阐明了从资本主义社会到共产主义社会发展的阶段性特征,把通过工人革命之后建立起来的共产主义社会分为"共产主义社会第一阶段"和"共产主义社会高级阶段"两个阶段,并全面分析了这两个阶段的收入分配原则和由此形成的劳动者之间在富裕程度上的关系和差异:首先,在共产主义社会第一阶段,分配上实行的是建立在生产资料公有制基础上的按劳分配,但在保证劳动者之间的权利平等的同时,又会由个人的各方面差异而造成事实上的个人消费资料占有量上的不平等。也就是说在这个阶段仍然存在一定的个人消费资料分配和占有上的差别,不是绝对的"均贫富"。马克思指出:"但是这些弊病,在经过长久阵痛刚刚从资本主义社会产生出来的共产主义社会第一阶段,是不可避免的。权利决不能超出社会的经济结构以及由经济结构制约的社会的文化发展。"[①]其次,马克思指出了实现共产主义高级阶段的前提条件:"在迫使个人奴

---

① 马克思. 哥达纲领批判[M].北京:人民出版社,2015:16.

隶般地服从分工的情形已经消失,从而脑力劳动和体力劳动的对立也随之消失之后;在劳动已经不仅仅是谋生的手段,而且本身成了生活的第一需要之后;在随着个人的全面发展,他们的生产力也增长起来,而集体财富的一切源泉都充分涌流之后,——只有在那个时候,才能完全超出资产阶级权利的狭隘眼界,社会才能在自己的旗帜上写上:各尽所能,按需分配!"①毫无疑问,共产主义社会高级阶段才是一个真正意义上的全社会所有成员共同富裕的社会。此时的共同富裕,已不再仅仅体现为物质财富占有上的完全平等,而是由于社会生产力的高度发达以及社会文明程度的巨大提高,从而使物质财富的个人占有失去了过去所具有的意义。这就是说,一旦人类进入社会生产力高度发达的共产主义高级阶段,原本意义上的物质财富分配和占有上的共同富裕,已经不再是人们追求的目标,而是已经实现的结果。由此可见,马克思主义的共产主义理论清晰地阐明了共产主义社会两个阶段的"共同富裕"的不同含义。

马克思主义把实现人类的共同富裕理解为一个历史发展的过程和趋势,具有重大现实意义,是推动共同富裕的真理指南。

首先,在思想认识上,只有坚持以马克思主义共同富裕理论为指导,才能克服一些关于共同富裕问题的片面和错误认识。比如,一些受西方思想影响的人错误地认为,在当代一些发达资本主义国家由于实行了普遍的社会福利和保障制度及政策,并且平均物质生活水平比中国高,资本主义国家能够且已经实现了共同富裕。因此,中国要真正实现共同富裕,也必须走资本主义道路。再如,过去以及现在,一些人在极左思潮的影响下错误地认为,无产阶级革命和社会主义建设目的就是实现共产主义,而不是满足人民群众日益增长的物质文化生活

---

① 中共中央马克思恩格斯列宁斯大林著作编译局.马克思恩格斯选集:第三卷[M].北京:人民出版社,1995:305-306.

需要。在社会主义社会，人们只能讲究无私奉献，而不能追求任何物质利益即使是合理的物质利益，更不能追求物质生活上的不断富裕，追求物质生活的富裕是一种资产阶级思想和价值观。再比如，由于对社会发展规律和共同富裕缺乏科学的认识，一些人简单地认为共同富裕就是"均贫富"，也就是所有人在财富分配和占有上的绝对平等和同步发展，并且以此作为衡量社会主义的标准，只有实行了"均贫富"才是真正的社会主义，否则就是假的社会主义。

其次，在实践应用上，只有认真学习运用马克思主义共同富裕理论，才能解决在共同富裕不同推进阶段中的暂时性问题。在全面深化改革的过程中，必须坚持中国特色社会主义基本经济制度，毫不动摇地进一步把公有制经济特别是国有经济继续做大、做强、做优，必须坚持把中国社会主义初级阶段进一步发展到社会主义中级、高级阶段的发展方向。应该承认，在改革开放初期，由于我国社会生产力水平比较落后，在这个特定历史阶段，"让一部分地区、一部分人先富起来"的发展思路和政策符合发展生产力和提高人民生活水平的需要。经过40多年的改革开放，我国已经成为世界第二大经济体，人均收入虽然达到中等国家水平，但我国国民财富占有和收入分配出现了明显的两极分化现象，我国基尼系数长期在国际公认的警戒线水平徘徊。财富占有和收入分配的两极分化现象和趋势，不仅严重制约我国经济持续发展，而且成为产生一系列社会矛盾和问题的重要根源。在全面深化改革过程中，必须旗帜鲜明地坚持马克思主义和社会主义，高举马克思主义共同富裕的理论大旗，旗帜鲜明地反对新自由主义及其主张，只有这样，才能真正实现我们党制定的全面建成小康社会的奋斗目标。

二、中国共产党百年探索是实践指引

百年前建党时，旧中国劳动人民普遍贫穷、民不聊生；百年后，新时代人民群众共享小康、富裕富足。人民生活发生了翻天覆地的变化,归根结底在于中国共产党顺应时代潮流,选择了马克思主义的科学真理,选择了社会主义的人间正道,担负起为人民谋幸福、为民族谋复兴的初心使命。

追求共同富裕、实现美好生活是中国共产党的初心使命所系。中国共产党在领导人民实现中华民族伟大复兴的百年进程中实现了"历史性转变""历史性突破""历史性跨越""历史性成就""历史性变革",相继创造了新民主主义革命的伟大成就、社会主义革命和建设的伟大成就、改革开放和社会主义现代化建设的伟大成就,创造了新时代中国特色社会主义的伟大成就。中国共产党对推动共同富裕持续进行了理论和实践探索,中国人民生活实现了从温饱不足到总体小康再到全面小康的历史性跨越,对共同富裕的认识也在不断深化。①

中国共产党是马克思主义先进政党,中国共产党人是唯物辩证的历史实践者。我们党始终坚持马克思主义基本原理,坚持从中国实际出发,善于洞察时代发展大势,勇于把握历史的主动性和创造性,在历史发展的进程中,积极能动地推进党的理论创新和实践创新,从而不断开创党和国家事业发展的新局面。坚持马克思主义基本原理与中国实际相结合,是中国共产党百年经济理论创新的最宝贵经验,具有方法论的根本意义。中国共产党成立以来相继形成了毛泽东思想、邓小平理论、"三个代表"重要思想、科学发展观和习近平新时代中国特色社会主义思想。在习近平新时代中国特色社会主义思想中,习近平新时代中国特色社会主义经济思想,既与毛泽东思想、邓小平理论、"三个代表"重要思想、科学发展观中蕴含的经济思想一脉相承,又反映了新时代中国共产党经济理论创新的最新成果,是全面建设社会主

---

① 详细论述参见逄锦聚.中国共产党百年经济理论创新成果及经验启示[N].光明日报,2021-07-06(16).

义现代化国家的理论指南,开辟了当代中国马克思主义政治经济学新境界、21 世纪马克思主义政治经济学新境界。回顾百年历史,中国共产党把马克思主义政治经济学基本原理与中国实际相结合,作出了一系列重大经济发展理论创新。

(一)创新形成了社会主义本质理论和丰富发展了科学社会主义学说

马克思、恩格斯提出科学社会主义的一些基本原则,中国共产党继承发展这些原则并创新提出,社会主义的本质是解放生产力,发展生产力,消灭剥削,消除两极分化,最终达到共同富裕。努力促进人的全面发展,是马克思主义关于建设社会主义新社会的本质要求。党的十八大以来,习近平总书记提出,"中国特色社会主义是社会主义而不是其他什么主义"[①],"中国特色社会主义最本质的特征就是坚持中国共产党的领导"[②]。创新形成了社会主义的本质理论,丰富发展了科学社会主义学说。

(二)创新形成了人民至上经济理论和丰富发展了人民根本立场学说

马克思主义政治经济学公开申明为无产阶级和广大人民群众谋利益。在长期革命、建设和改革实践中,中国共产党不断深化对这一立场的认识。毛泽东同志强调:"人民,只有人民,才是创造世界历史的动力。"[③]改革开放新时期,中国共产党把人民利益摆在首位,把"最终实现共同富裕"作为社会主义的本质要求之一,把"是否有利于提高

---

① 中共中央宣传部. 习近平总书记系列重要讲话读本(2016 年版)[M].北京:学习出版社,人民出版社,2016:27.

② 中共中央文献研究室. 习近平关于全面从严治党论述摘编[M].北京:中央文献出版社,2016:6.

③ 毛泽东选集:第三卷[M].北京:人民出版社,1991:1031.

人民的生活水平"作为判断改革成效的重要标准之一,把"始终代表中国最广大人民的根本利益"作为"三个代表"重要思想之一,并把"以人为本"作为科学发展观的核心内容。党的十八大以来,习近平总书记进一步强调:"为人民谋幸福、为民族谋复兴,这既是我们党领导现代化建设的出发点和落脚点,也是新发展理念的'根'和'魂'。只有坚持以人民为中心的发展思想,坚持发展为了人民、发展依靠人民、发展成果由人民共享,才会有正确的发展观、现代化观。"①

(三)创新形成了社会主义阶段理论和丰富发展了社会发展阶段学说

在马克思主义经典作家关于社会主义可以划分阶段的论述基础上,毛泽东同志比较早地提出,"社会主义这个阶段,又可能分为两个阶段,第一个阶段是不发达的社会主义,第二个阶段是比较发达的社会主义,后一阶段可能比前一阶段需要更长的时间"②。改革开放进程中,中国共产党提出社会主义初级阶段这一新范畴,指出我国正处于并将长期处于社会主义初级阶段。党的十九大进一步指出,我国社会主要矛盾的变化,没有改变我们对我国社会主义所处历史阶段的判断,我国仍处于并将长期处于社会主义初级阶段的基本国情没有变,我国是世界最大发展中国家的国际地位没有变。党的十九届五中全会提出,全面建成小康社会、实现第一个百年奋斗目标之后,我们要乘势而上开启全面建设社会主义现代化国家新征程、向第二个百年奋斗目标进军,这标志着我国进入了一个新发展阶段。

(四)创新形成了基本经济制度理论和丰富发展了计划与市场学说

马克思、恩格斯曾对建立在高度发达资本主义社会生产力基础上

---

① 习近平.习近平谈治国理政:第四卷[M].北京:外文出版社,2022:171.
② 中共中央文献研究室.毛泽东文集:第八卷[M].北京:人民出版社,1999:116.

的社会主义进行过预测,但我国建立的社会主义制度与马克思、恩格斯的预测有很大差别。从中国实际出发,中国共产党领导中国人民对社会主义所有制、分配制度、市场经济体制进行了探索,形成了包括公有制为主体、多种所有制经济共同发展,按劳分配为主体、多种分配方式并存,社会主义市场经济体制等在内的社会主义基本经济制度理论,实现了关于社会主义初级阶段基本经济制度的重大理论创新。

(五)创新形成了社会主义改革理论和丰富发展了社会基本矛盾学说

我国社会主义制度建立后,社会主义社会生产力与生产关系、经济基础与上层建筑之间的矛盾是基本矛盾。改革开放以来,中国共产党运用生产力和生产关系、经济基础和上层建筑的基本原理,从理论上对改革的性质、方向、目的、主要内容、方法论作了深刻阐述,创新形成关于社会主义改革的理论。党的十八大以来,党中央反复强调,"改革开放是决定当代中国命运的关键一招,也是决定实现'两个一百年'奋斗目标、实现中华民族伟大复兴的关键一招"①。党的十八届三中全会通过《中共中央关于全面深化改革若干重大问题的决定》,对全面深化改革的重大意义、指导思想、总体思路、目标进行阐述,对经济、政治、文化、社会、生态文明、国防和军队等各个方面的改革进行部署,提出全面深化改革的总目标是完善和发展中国特色社会主义制度,推进国家治理体系和治理能力现代化,标志着中国改革开放进入新阶段。

(六)创新形成了宏观经济调控理论和丰富发展了社会再生产学说

中国共产党坚持马克思主义基本原理,在改革开放前,提出了农、轻、重协调发展和国民经济综合平衡理论。在改革开放后,建立了与

---

① 习近平. 关于《中共中央关于全面深化改革若干重大问题的决定》的说明[N]. 人民日报,2013-11-16(1).

社会主义市场经济相适应的宏观经济体制,创新提出了包括宏观调控模式、社会总量平衡和结构平衡、建立宏观调控体系、政府转变职能等重大理论。党的十八大以来,进一步提出"使市场在资源配置中起决定性作用和更好发挥政府作用",同时提出科学宏观调控、有效政府治理、深化行政体制改革、建设法治政府和服务型政府以及推进国家治理体系和治理能力现代化等理论,实现对宏观经济理论的升华。

(七)创新形成了中国特色发展理论和丰富发展了社会发展学说

中国共产党带领人民在继承马克思主义关于发展的学说基础上,深刻回答了什么是发展、中国需要怎样的发展、怎样实现发展等问题,创新形成中国特色社会主义的发展理论。尤其是党的十八大以来,以习近平同志为核心的党中央开拓创新,形成了创新、协调、绿色、开放、共享的新发展理念,以人民为中心的发展思想,"三农"理论,"四化"同步理论,区域协调发展理论等。其中,新发展理念是最重要、最主要的。新发展理念是一个系统的理论体系,回答了关于发展的目的、动力、方式、路径等一系列理论和实践问题,阐明了我们党关于发展的政治立场、价值导向、发展道路等重大政治问题,引导我国经济发展取得历史性成就、发生历史性变革。

(八)创新形成了中国式现代化理论和丰富发展了现代化学说

早在新民主主义革命时期,中国共产党就探索实现中华民族政治独立、经济发展,以尽快走上工业化和现代化的道路。新中国成立后,领导中国人民开始了现代化的历史进程,先后提出建设强大的现代化的工业、现代化的农业、现代化的交通运输业和现代化的国防,要在不太长的历史时期内,把我国建设成为一个具有现代农业、现代工业、现代国防和现代科学技术的社会主义强国,赶上和超过世界先进水平。改革开放以来特别是党的十八大以来,进一步提出了富强、民主、文明、和谐、美丽的社会主义现代化建设目标,统筹推进经济建设、政治建设、文化建设、社会建设、生态文明建设"五位一体"总体布局。经过全党全国各族人民持续奋斗,我们实现了全面建成小康社会这第一个百年奋斗目标,正在向着全面建成社会主义现代化强国的第二个百年奋斗目标迈进。

(九)创新形成了开放共享理论和丰富发展了世界市场学说

马克思曾对资产阶级统治下的世界市场做过论述。新中国成立后,面对帝国主义的封锁,毛泽东同志主张,"在准备对苏贸易条约时应从统筹全局的观点出发","同时要准备和波、捷、德、英、日、美等国做生意"。[①] 改革开放新时期,中国共产党把对外开放作为基本国策,不断推进体制改革,加大开放力度,形成了多层次、全方位的对外开放格局。2008年国际金融危机爆发后,特别是2020年新冠疫情暴发以来,世界经济进入深度调整期,出现了形形色色的贸易保护主义逆流,对世界和平发展构成严重威胁。面对复杂多变的国际环境,中国共产党领导中国人民,与世界各国人民携手,坚决反对单边主义、贸易保护主义和霸权主义。坚持对外开放基本国策,善于统筹国内国际两个大局,利用好国际国内两个市场、两种资源,发展更高层次的开放型经济,积极参与全球经济治理,促进国际经济秩序朝着平等公正、合作共赢的方向发展。

(十)创新形成了中国特色社会主义政治经济学

在长期社会主义建设中,中国共产党把马克思主义政治经济学基本原理与中国实际相结合,创新提出了一系列中国特色社会主义经济理论,构建和发展了中国特色社会主义政治经济学。党的十八大以来,以习近平同志为核心的党中央在总结新中国成立以来特别是改革

---

① 中共中央文献研究室.毛泽东文集:第六卷[M].北京:人民出版社,1999:35.

开放以来经济理论创新的基础上，在发展理念、所有制、分配体制、政府职能、市场机制、宏观调控、产业结构、企业治理结构、民生保障、社会治理等重大问题上提出了许多新范畴、新论断，形成了系统化的经济学说，中国特色社会主义政治经济学基本形成并不断发展。

上述中国共产党成立一百年来的经济理论创新，总结的是创新的主要内容而非全部。这些创新极大地丰富和发展了马克思主义政治经济学，不断开辟了马克思主义政治经济学新境界，有力地指导中国特色社会主义取得世所罕见的成就，为发展中国家走向现代化提供了可供借鉴的经验和全新选择，为实现世界各国互利共赢发展贡献了中国智慧和力量。中国共产党成立一百年来，在经济实践与经济理论创新方面积累了丰富经验，对新时代扎实推进共同富裕和全面建设社会主义现代化国家具有重要启示与指引作用。

三、习近平新时代中国特色社会主义思想的科学领航

党的十八大以来，面对当今世界处于百年未有之大变局和中华民族实现伟大复兴战略全局，我们党坚持辩证唯物主义和历史唯物主义，紧密结合新的时代条件和实践要求，进行艰辛理论探索，取得重大理论创新成果，形成了习近平新时代中国特色社会主义思想。

习近平新时代中国特色社会主义思想从理论和实践结合上系统回答了"新时代坚持和发展什么样的中国特色社会主义、怎样坚持和发展中国特色社会主义"这一重大时代课题。习近平新时代中国特色社会主义思想深化了对共产党执政规律、社会主义建设规律、人类社会发展规律的认识，开辟了马克思主义中国化新境界。习近平新时代中国特色社会主义思想植根于坚持和发展中国特色社会主义新的伟大实践，在指导实践、推动实践发展中展现出强大真理力量和独特思想魅力。习近平新时代中国特色社会主义思想，是对马克思列宁主

义、毛泽东思想、邓小平理论、"三个代表"重要思想、科学发展观的继承和发展，是马克思主义中国化最新成果，是党和人民实践经验和集体智慧的结晶，是中国特色社会主义理论体系的重要组成部分，是当代中国马克思主义、21世纪马克思主义，是全党全国人民为实现中华民族伟大复兴而奋斗的行动指南，是党和国家必须长期坚持的指导思想。

党的十八大以来，以习近平同志为核心的党中央把握发展阶段新变化，把逐步实现全体人民共同富裕摆在更加重要的位置上。进入新时代以来，习近平总书记就扎实推动共同富裕发表一系列重要讲话，作出了一系列重要论述，对共同富裕理论作出新阐释，对共同富裕战略作出新部署，为逐步实现全体人民共同富裕提供了科学指引。

（一）共同富裕是社会主义的本质要求

2020年11月，习近平总书记在全国劳动模范和先进工作者表彰大会上的讲话强调："让人民群众过上更加幸福的好日子是我们党始终不渝的奋斗目标，实现共同富裕是中国共产党领导和我国社会主义制度的本质要求。"①2021年1月，习近平总书记在省部级主要领导干部学习贯彻党的十九届五中全会精神专题研讨班开班式上发表重要讲话并强调："实现共同富裕不仅是经济问题，而且是关系党的执政基础的重大政治问题。要统筹考虑需要和可能，按照经济社会发展规律循序渐进，自觉主动解决地区差距、城乡差距、收入差距等问题，不断增强人民群众获得感、幸福感、安全感。"②2021年2月，习近平总书记在全国脱贫攻坚总结表彰大会上的讲话强调："我们始终坚定人民立场，强调消除贫困、改善民生、实现共同富裕是社会主义的本质要求，

---

①　习近平.在全国劳动模范和先进工作者表彰大会上的讲话[M].北京：人民出版社，2020：8.

②　深入学习坚决贯彻党的十九届五中全会精神　确保全面建设社会主义现代化国家开好局[N].人民日报，2021-01-12(1).

是我们党坚持全心全意为人民服务根本宗旨的重要体现,是党和政府的重大责任。"① 2021 年 8 月,习近平总书记在中央财经委员会第十次会议上强调:"共同富裕是全体人民富裕,是人民群众物质生活和精神生活都富裕,不是少数人的富裕,也不是整齐划一的平均主义。"②

(二)坚持以人民为中心的发展思想

2018 年 12 月,习近平总书记在庆祝改革开放 40 周年大会上发表了重要讲话,指出:"我们要着力解决人民群众所需所急所盼,让人民共享经济、政治、文化、社会、生态等各方面发展成果,有更多、更直接、更实在的获得感、幸福感、安全感,不断促进人的全面发展、全体人民共同富裕。"③2021 年 2 月,习近平总书记春节前夕赴贵州看望慰问各族干部群众讲话强调:"共同富裕本身就是社会主义现代化的一个重要目标,要坚持以人民为中心的发展思想,尽力而为、量力而行,主动解决地区差距、城乡差距、收入差距等问题,让群众看到变化、得到实惠。"④ 2022 年 1 月,习近平总书记在 2022 年世界经济论坛视频会议演讲中强调:"中国明确提出要推动人的全面发展、全体人民共同富裕取得更为明显的实质性进展,将为此在各方面进行努力。中国要实现共同富裕,但不是搞平均主义,而是要先把'蛋糕'做大,然后通过合理的制度安排把'蛋糕'分好,水涨船高、各得其所,让发展成果更多更公平惠及全体人民。"⑤ 2022 年 4 月,习近平总书记在中共中央政治局第三十八次集体学习时强调:"要注重经济发展的普惠性和初次分配的公平性,既注重保障资本参与社会分配获得增殖和发展,更注重维护

①　习近平.在全国脱贫攻坚总结表彰大会上的讲话[M].北京:人民出版社,2021:13.
②　习近平.习近平谈治国理政:第四卷[M].北京:外文出版社,2022:142.
③　习近平.在庆祝改革开放 40 周年大会上的讲话[M].北京:人民出版社,2018:25.
④　本书编写组.习近平的小康情怀[M].北京:人民出版社,2022:153.
⑤　习近平.坚定信心　勇毅前行　共创后疫情时代美好世界:在 2022 年世界经济论坛视频会议的演讲[M].北京:人民出版社,2022:9.

按劳分配的主体地位,坚持发展为了人民、发展依靠人民、发展成果由人民共享,坚定不移走全体人民共同富裕的道路。"①

(三)共同富裕是一个长远建设目标

2016年5月,习近平总书记在省部级主要领导干部学习贯彻党的十八届五中全会精神专题研讨班上的讲话中强调:"我国正处于并将长期处于社会主义初级阶段,我们不能做超越阶段的事情,但也不是说在逐步实现共同富裕方面就无所作为,而是要根据现有条件把能做的事情尽量做起来,积小胜为大胜,不断朝着全体人民共同富裕的目标前进。"②2021年8月,习近平总书记在中央财经委员会第十次会议上的讲话强调:"共同富裕是一个长远目标,需要一个过程,不可能一蹴而就,对其长期性、艰巨性、复杂性要有充分估计,办好这件事,等不得,也急不得。一些发达国家工业化搞了几百年,但由于社会制度原因,到现在共同富裕问题仍未解决,贫富悬殊问题反而越来越严重。我们要有耐心,实打实地一件事一件事办好,提高实效。"③2021年12月,习近平总书记在中央经济工作会议上强调:"实现共同富裕的目标,首先要通过全国人民共同奋斗把'蛋糕'做大做好,然后通过合理的制度安排正确处理增长和分配关系,把'蛋糕'切好分好。这是一个长期的历史过程,我们要创造条件、完善制度,稳步朝着这个目标迈进。"④

(四)共同富裕是一个重大关键问题

习近平总书记在《扎实推动共同富裕》《正确认识和把握我国发展

---

① 习近平.习近平谈治国理政:第四卷[M].北京:外文出版社,2022:220.

② 习近平.在省部级主要领导干部学习贯彻党的十八届五中全会精神专题研讨班上的讲话[M].北京:人民出版社,2016:26.

③ 习近平.扎实推动共同富裕[J].求是,2021(20):4-8.

④ 习近平.习近平谈治国理政:第四卷[M].北京:外文出版社,2022:210.

重大理论和实践问题》等一系列重要文献中,从历史和现实、理论和实践、国际和国内的结合上,深刻透彻阐明了促进共同富裕的一系列根本性、方向性思考与问题。①

首先,提出了诸如扎实推进共同富裕的时间表——"现在,已经到了扎实推动共同富裕的历史阶段",总思路——"在高质量发展中促进共同富裕",大目标——"让全体中国人民都过上好日子",都具有极强的思想性、理论性、现实性、指导性。

其次,提出了扎实推进共同富裕的基本原则,尤其是要把握好鼓励勤劳创新致富、坚持基本经济制度、尽力而为量力而行、坚持循序渐进。

再次,提出了促进共同富裕总的思路,即坚持以人民为中心的发展思想,在高质量发展中促进共同富裕,正确处理效率和公平的关系,构建初次分配、再分配、三次分配协调配套的基础性制度安排,加大税收、社保、转移支付等调节力度并提高精准性,扩大中等收入群体比重,增加低收入群体收入,合理调节高收入,取缔非法收入,形成中间大、两头小的橄榄型分配结构,着力促进社会公平正义,促进人的全面发展,使全体人民朝着共同富裕目标扎实迈进。

最后,提出了促进共同富裕的重大举措。第一,提高发展的平衡性、协调性、包容性;第二,着力扩大中等收入群体规模;第三,促进基本公共服务均等化;第四,加强对高收入的规范和调节;第五,促进人民精神生活共同富裕;第六,促进农民农村共同富裕。

习近平总书记关于共同富裕的重要论述,从辩证唯物主义和历史唯物主义的高度深刻回答了共同富裕的科学内涵,深刻阐明了共同富裕的重要地位,深刻把握共同富裕的发展规律,指明了共同富裕的实

---

① 习近平.扎实推动共同富裕[J].求是,2021(20):4-8;习近平.正确认识和把握我国发展重大理论和实践问题[J].求是,2022(10):4-9.

践路径,并从现代化的战略全局出发,强调现代化是包括全体人民共同富裕的全面现代化,创造性地把政治理想与伟大梦想结合起来,把实现共同富裕与实现社会主义现代化、实现中华民族伟大复兴统一起来,既一体谋划又一体推进,系统深化了共同富裕的战略目标。[①]

总之,建设共同富裕美好社会是中华民族迎来从站起来、富起来到强起来的伟大飞跃的重要内容和重要标识,推进和实现这个伟大飞跃的过程,也是扎实推进和实现共同富裕的过程。作为全面建成小康社会后的社会发展新形态,共同富裕是我们党团结带领人民接续奋斗的根本动力和重大历史使命,是全面建设社会主义现代化国家新征程的新任务。这既客观反映了中华民族伟大复兴历史进程的必然趋势,更现实展现了中国共产党人的历史自觉和历史自信。在一个拥有 14 亿多人口的社会主义大国推进共同富裕、建设美好生活社会,是人类社会发展史上一场史无前例的伟大变革和创造,将对中华民族的伟大复兴和人类文明进程产生广泛而深刻的影响。这些理论创新观点极大丰富和发展了马克思主义,成为新时代中国共产党人带领人民群众实现共同富裕的科学指南与行动遵循。

第三节　共同富裕中国道路的世界意义

鲁迅先生曾说过:"什么是路? 就是从没路的地方践踏出来的,从只有荆棘的地方开辟出来的。"[②]实现共同富裕,就是一条道阻且长行则将至、行而不辍未来可期的不凡之路。当前我们提出的共同富裕理

---

① 详细论述参见孙林,郝永平. 新时代推进共同富裕的重大历史意义[N].中国纪检监察报,2022-05-19(5).

② 鲁迅.鲁迅全集:第二卷[M].南京:江苏凤凰文艺出版社,2020:47.

念虽然主要聚焦的是中国国内问题,却毫无疑问具有巨大的世界意义。西方社会化大生产与生产资料私有制之间的根本缺陷和矛盾基因无法根除,福利社会的西方道路存在着深刻的社会危机,广大发展中国家在独立自主、摆脱贫困、发展安全方面任重道远。中国消除贫困、全面建成小康社会和走向共同富裕的民生理念与伟大实践具有非凡价值,尤其对于发展中国家在国家发展道路选择层面的启发意义最大。

一、共同富裕中国道路的原创性实践

习近平总书记强调:"现在,已经到了扎实推动共同富裕的历史阶段。"[1]如果把共同富裕放到更深邃的历史维度和更宽广的世界格局中去考量,我们就能更深刻地领会其历史分量和战略考量,就能更清晰地看清楚共同富裕的过去、现在与未来。共同富裕中国道路萃取了中华民族5000年优秀历史文化,彰显了中国人民对理想社会的无限渴望。共同富裕中国道路承接着社会主义对于人类平等、解放和美好生活永不停歇的追求,着眼开拓中国式现代化新道路。共同富裕中国道路更倾注了对全球治理和人类未来发展的深切观照,致力于开创人类文明新形态,是具有世界意义的原创性实践。[2]主要有以下两个方面。

(一)共同富裕植根萌发于中华民族关于大同世界的美好理想

我国自古以来就有"天下大同"的思想。纵观中华民族五千年文明史,追求共同富裕可以说是广大民众最质朴也最崇高的生活理想。

---

① 习近平.扎实推动共同富裕[J].求是,2021(20):4-8.

② 六和钟.共同富裕:具有世界意义的原创性实践[EB/OL].(2022-02-07).https://baijiahao.baidu.com/s? id=1724065033486615475&wfr=spider&for=pc.

从中国传统文化根源《易经》的"衰多益寡，称物平施""损上益下，民说无疆。自上下下，其道大光"到《礼记》的"黄帝正名百物，以明民共财"，从管子时代"以天下之财利天下之人"、老子的"损有余而补不足"到孔子的"不患寡而患不均"，朴素的共富意识源自古人对"天地之道"的探求。先秦思想家们还普遍认为，要实现理想的社会状态，需要保障人人有追求富裕的机会，强调下层民众的富足安乐，"下贫则上贫，下富则上富"，因此希望施政者"为政以德""选贤与能，讲信修睦"，使"老有所终，壮有所用，幼有所长"，最终实现社会"大同"。统观早期农家的"并耕而食"理想、道家的"小国寡民"理想、儒家的"大同"理想，以及近代康有为的"大同理想"、孙中山的"天下为公"，千百年来，中华民族对幸福生活、共同富裕的憧憬和追求从未止步。

（二）共同富裕扎实推进于中华民族伟大复兴梦想的伟大实践

中国共产党作为马克思主义政党，成立伊始就把为人民谋幸福、为民族谋复兴的初心使命镌刻进灵魂，融入理想信念之中，体现在各个历史阶段的实践探索中，带领中国人民逐步走共同富裕的道路。

其一，共同富裕的提出奠定于社会主义革命和建设时期的初步自主探索。在新民主主义革命时期，以毛泽东同志为主要代表的中国共产党人带领广大人民开展土地革命，积累了攻坚绝对贫困的有益经验。我们党通过消灭封建土地制度等剥削制度，彻底铲除官僚资本主义和帝国主义在华经济特权，以中国独有的形式实现了对农业、手工业、资本主义工商业的社会主义改造，确立了社会主义公有制的主体地位，确立实现人民当家作主的各项经济制度和政治制度，为在社会主义道路上逐步实现共同富裕奠定了根本社会条件。

其二，共同富裕逐步显现于改革开放和社会主义现代化的建设实践中。党的十一届三中全会开启了我国改革开放的序幕。党中央提出了"先富带动后富""消除两极分化""逐步达到共同富裕"的发展思路。党的十二届三中全会《中共中央关于经济体制改革的决定》勾勒了"共同富裕"的基本框架：打破平均主义、打破"大锅饭"，鼓励一部分地区、一部分企业和一部分人依靠勤奋劳动先富起来，最终走向共同富裕。从党的十四大到党的十七大，我们党关于共同富裕的战略思想得到进一步丰富完善，对于实现"什么样的共同富裕"有了更深刻的理论思考和更深入的实践探索。

其三，共同富裕扎实推动于新时代中国特色社会主义建设的伟大征程。党的十八大以来，以习近平同志为核心的党中央把逐步实现全体人民共同富裕摆在了更加重要的位置，对共同富裕道路作了新的探索，对共同富裕理论作了新的阐释，对共同富裕目标作了新的部署。在习近平新时代中国特色社会主义思想，特别是在习近平总书记关于共同富裕重要论述的科学指引下，中国共产党团结带领全国人民朝着实现共同富裕的目标不懈努力，推动区域协调发展，采取有力措施保障和改善民生，充分发挥党的领导和我国社会主义制度的政治优势，组织实施了人类历史上规模空前、力度最大、惠及人口最多的脱贫攻坚战，全面建成了惠及十几亿人的小康社会，提前 10 年实现了《联合国 2030 年可持续发展议程》减贫目标，完成了一项对中华民族、对人类都具有重大意义的伟大事业。具有标志性意义的是，2021 年 6 月，中共中央、国务院《关于支持浙江高质量发展建设共同富裕示范区的意见》发布，从此中国实现共同富裕现代化有了"样板"。2021 年 8 月，习近平总书记在中央财经委员会第十次会议上发表重要讲话，系统性回答了"为什么要推动共同富裕、什么是共同富裕、怎样扎实推动共同富裕"等一系列重大理论和实践问题，为新发展阶段扎实推动共同富裕提供了科学指引。

二、共同富裕中国道路的世界性价值

《中共中央关于党的百年奋斗重大成就和历史经验的决议》指出："党领导人民成功走出中国式现代化道路，创造了人类文明新形态，拓展了发展中国家走向现代化的途径，给世界上那些既希望加快发展又希望保持自身独立性的国家和民族提供了全新选择。"[①]人类的文明是多样的，不同国家通往现代化的道路也必将是丰富多彩的。对于各国来说，找到一条最适合本国国情的发展之路才是人间正道。另外，从客观影响上来说，中国实现共同富裕，将进一步带领新兴市场国家和发展中国家实现不可逆转的群体性崛起，彻底改变世界权力结构，推动国际体系向着更加有利于发展中国家的方向倾斜。而至于在具体的政策实施层面，中国如何在效率与公平间取得动态平衡、如何统筹系统协调推进经济社会发展等治国理政的具体经验，也为广大的发展中国家伙伴提供了现成的借鉴。可以说，促进共同富裕作为社会主义的本质要求，丰富了中华民族伟大复兴的时代意蕴，昭示了人类文明新形态的价值追求，顺应了世界历史发展的潮流趋势，彰显了 21 世纪马克思主义的真理力量和实践伟力。

（一）中国扎实推进共同富裕开启了全球迈向美好社会的新篇章

富裕是各国现代化追求的目标，但贫富差距始终是一道世界性难题，是人类追求美好生活的严重阻碍。西方国家通常不直接提"共同富裕"，一般都将这一问题归结为公平与效率的关系问题。但可以看到，一些发达国家搞了几百年工业化和现代化，把人民生活总体上提到相当高的水平，但由于社会制度原因，到现在不仅没有解决共同富裕问题，贫富差距问题反而越来越严重。实际上，西方国家崇尚资本

---

① 中共中央关于党的百年奋斗重大成就和历史经验的决议[M].北京：人民出版社，2021:64.

主义制度和自由市场经济,出现贫富差距和两极分化是很难避免的。从全球视野来看,20世纪80年代以来贫富差距持续扩大化,特别是新冠疫情暴发后,这一情况更加突出。2021年8月28日,联合国秘书长古特雷斯的政策简报称,2020年3月至12月间,全球极端贫困人口增加了1.19亿人。瑞士信贷发布的《2021年全球财富报告》显示,2020年底,全球最富有的10%人群拥有全球82%的财富。其中,最富有的1%的人群拥有45%的财富,而处于全球财富底层的50%的人群拥有财富占比不足1%。贫富差距加大会带来更多社会撕裂,进而带来社会骚乱和动荡。可以说,缩小贫富差距,已成为一项紧迫的全球性任务。

可以说,改革开放以来,我们党始终以积极主动的态度认识和解决我国的贫富差距问题。在取得脱贫攻坚战的决定性胜利后,着眼解决好发展不平衡不充分的问题,扎实推动共同富裕。按照时间表和施工图,到21世纪中叶,中国全体人民基本实现共同富裕。中国有14亿多人口,如此巨大的人口体量整体迈入现代化进而逐步实现共同富裕,在世界发展史上是前所未有的,将彻底改写人类社会高收入国家的版图,在整体上极大提升人类福祉,为维护世界和平与安全做出积极贡献。

(二)中国扎实推进共同富裕丰富了人类现代化的内涵

以共同富裕为重要特征的中国式现代化道路,是在吸收借鉴人类现代化文明成果基础上"走自己的路",体现了中国特色社会主义制度的优越性,是对西方现代化和福利社会的一种超越。特别需要指出的是,与西方"福利国家"相比,我们实现共同富裕的治理体系不仅仅局限于每个公民的物质条件保障,同时体现出区域、城乡、群体间的物质差异和社会鸿沟的不断缩小与填平,其采取的大规模"区域间结伴扶贫"与"先发地区与后发地区携手扶贫"形式大大超越了传统福利国家

"保障公民个人福祉"这一范围,从而使得"不能让一人掉队"延伸到
"不能让一个村掉队"。同时形成鲜明对比的是:鼓吹"从摇篮到坟墓"
的西方高福利政策,其本质仍然为资本主义制度产物,是不可持续的
"福利陷阱",不仅撕裂社会,也往往出现"养懒汉"现象;而我们的共同
富裕则强调共同奋斗,只有人人参与、人人尽力,才能真正实现人人享
有。正如习近平总书记特别强调的:"幸福生活都是奋斗出来的,共同
富裕要靠勤劳智慧来创造。"①

　　可以说,中国的共同富裕探索具有很强的兼容性与包容性,丰富
了全球治理体系的内容与愿景目标。这一体系不但可以在一个民族
国家范围内兼顾各个阶层与团体的利益而共同创富,也可以在一个跨
边界的世界社会里促进各主权民族国家在平等基础上携手致富,力促
世界不发达国家和地区告别贫困、迈向富裕、共享繁荣。相信共同富
裕实践探索的不断深入,必将为人类实现现代化提供更多更好的中国
方案。

　　(三)中国扎实推进共同富裕在世界上高高举起了科学社会主义
的旗帜

　　共同富裕是马克思主义的一个基本目标,也是社会主义的本质要
求。纵观500多年的社会主义发展史,还没有哪个社会主义国家成功
实现共同富裕。我国在促进全体人民共同富裕的新征程上,所追求的
是普遍富裕基础上的差别富裕,不是同等富裕、同步富裕,更不是均贫
富、杀富济贫;我国的共同富裕是以高质量发展为基石的共同富裕,是
效率与公平、发展与共享的辩证统一,既包括物质富裕,又涵盖人民对
美好生活向往的方方面面。我国的共同富裕将促进共同富裕与实现
人的解放、全面发展高度统一起来,不断筑牢实现人的全面发展的基

---

　　①　习近平.扎实推动共同富裕[J].求是,2021(20):4-8.

础,使马克思主义的科学性和真理性得到充分检验;我国的共同富裕始终贯穿以人民为中心的发展思想,并强调调动起全体人民的积极性,形成人人参与的发展环境,使马克思主义的人民性和实践性得到充分贯彻;我国的共同富裕紧扣新时代新形势,特别是百年变局和世纪疫情交织叠加的动荡变革期,始终坚持用马克思主义之"矢"去射新时代中国之"的",为当今世界面临的全球性挑战、解决人类面临的重大问题提供中国启示,使马克思主义的开放性和时代性得到充分彰显。

可以说,中国作为世界上最大的社会主义国家,全面建成小康社会彰显了社会主义的强大生机活力,宣告了"历史终结论"的破产,而逐步实现全体人民共同富裕,作为中国对社会主义发展做出的重大原创性贡献,必将随着理论的不断深化和实践的不断深入,进一步增强人们对社会主义的信心,矗立起科学社会主义发展史上一座新的丰碑!

本章小结:2023 年 2 月,在新进中央委员会的委员、候补委员和省部级主要领导干部学习贯彻习近平新时代中国特色社会主义思想和党的二十大精神研讨班上,习近平总书记发表的重要讲话强调,概括提出并深入阐述中国式现代化理论,是党的二十大的一个重大理论创新,是科学社会主义的最新重大成果。中国式现代化是我们党领导全国各族人民在长期探索和实践中历经千辛万苦、付出巨大代价取得的重大成果,我们必须倍加珍惜、始终坚持、不断拓展和深化。[①] 中国共产党领导人民成功走向中国式现代化道路,创造了人类文明新形态,拓展了发展中国家走向现代化的途径,给世界上那些既希望加快发展又希望保持自身独立性的国家和民族提供了全新选择。中国共产党

---

① 　正确理解和大力推进中国式现代化[N].人民日报,2023-02-08(1).

领导、社会主义制度、社会生产力发展构成了我们推进共同富裕的历史必然性、发展方向的确定性和未来实现的肯定性。坚持党的领导是实现共同富裕的政治保障,坚持和发展中国特色社会主义是实现共同富裕的制度保障,不断发展的社会生产力是实现共同富裕的物质保障,以及在扎实推进中对发展规律的科学认识、中国举国体制的优越性发挥、中国式现代化全新的发展路径、中华优秀传统文化的大力弘扬、中国人民勤劳勇敢的优秀品质,以及代代相继和久久为功、科学谋划和系统推进、局部实验和经验推广、人民至上和终极关怀的共同富裕中国道路的有益探索,预示着共同富裕中国道路的光明未来,更预告建设共同富裕美好社会这一伟大壮举必将在马克思主义发展史、中华民族复兴史、世界社会主义发展史和人类文明进步史上产生重大而深远的意义!

参考文献

安徽省中国特色社会主义理论体系研究中心.坚持以新发展理念引领高质量发展[N].经济日报,2019-08-13(14).

本刊评论员.系统掌握共同富裕的方法论[N].广州日报,2021-09-07(9).

本书编写组.八八战略[M].杭州:浙江人民出版社,2018.

本书编写组.干在实处　勇立潮头:习近平浙江足迹[M].杭州:浙江人民出版社,2022.

本书编写组.习近平的小康情怀[M].北京:人民出版社,2022.

蔡昉.推动形成稳定的橄榄型社会结构[N].21世纪经济报道,2017-11-11(1).

曹普.以人民为中心推动共同富裕[N].经济日报,2021-11-15(10).

曹睿卓,董贵成.新型举国体制:概念、内涵与实现机制[J].科学社会主义,2021(4):83-90.

陈丽君,郁建兴,徐铱娜.共同富裕指数模型的构建[J].治理研究,2021(4):5-16.

陈杏年.培育科学思维　促进能力提升:深入学习贯彻习近平总书记系列重要讲话精神[J].党建,2016(9):21-23.

陈正伟,张南林.基于购买力平价下共同富裕测算模型及实证分析

［J］.重庆工商大学学报,2013(6):1-5.

程秋萍.绍兴嵊州市三界镇:以三碗米业为龙头构建粮食全产业链带民共富［R］.嘉兴学院中国共同富裕研究院共同富裕案例研究报告,2022.

邓小平.邓小平文选:第二卷［M］.北京:人民出版社,1994.

邓小平.邓小平文选:第三卷［M］.北京:人民出版社,1993.

董全瑞.共同富裕:分歧、标准与着力点［J］.经济学家,2001(4):13-18.

樊中华.中国"共同富裕"与西方"福利社会"有何不同:访中国浦东干部学院教授、复旦大学政治经济学研究中心研究员沈斐［N］.中国改革报,2021-11-29(2).

高培勇.为什么说促进共同富裕要正确处理效率和公平的关系［J］.理论导报,2021(10):58-60.

郭占恒.全面把握共同富裕的五大基本特性［J］.观察与思考,2022(1):5-12.

国家发展改革委新闻发布会介绍支持浙江省高质量发展建设共同富裕示范区推进情况［EB/OL］.(2022-02-19).https://www.ndrc.gov.cn/xwdt/wszb/fbhzj/.

国家发展和改革委员会编写组."十四五"规划战略研究［M］.北京:人民出版社,2021.

国务院.关于印发"十三五"推进基本公共服务均等化规划的通知(国发〔2017〕9 号)［Z］.2017-01-23.

韩晶.以绿色发展理念引领经济高质量发展［N］.经济日报,2020-05-03(4).

侯耀文.中国式现代化道路的文化底蕴与文明史意义［EB/OL］.(2021-12-26).http://www.rmzxb.com.cn/c/2021-12-26/3011954.shtml.

胡锦涛.胡锦涛文选:第二卷[M].北京:人民出版社,2016.

胡乐明.构建和谐劳动关系　扎实推动共同富裕[N].光明日报,2021-10-12(11).

黄群慧,杨虎涛.中国式现代化道路的特质与世界意义[N].人民日报,2022-03-25(9).

贾品荣.从三个维度看高质量发展的战略要点[N].中国经济时报,2021-05-31(3).

江力涵.集体经济的实践与创新:滕头村的全面共同富裕之路[R].嘉兴学院中国共同富裕研究院共同富裕案例研究报告,2022.

江泽民.江泽民文选:第一卷[M].北京:外文出版社,2006.

江泽民.论"三个代表"[M].北京:中央文献出版社,2001.

蒋永穆,豆小磊.扎实推动共同富裕指标体系构建:理论逻辑与初步设计[J].东南学术,2022(1):36-44.

金观平.共建共享才能走向共富:论在高质量发展中促进共同富裕(中)[J].经济,2021(9):31-32.

经济日报采访组."共同富裕看浙里"系列报道(中):山呼海应的致富新路[EB/OL].(2021-08-02).http://www.ce.cn/xwzx/gnsz/gdxw/202108/02/t20210802_36767925.shtml.

康有为.大同书[M].陈得媛,李传印,评注.北京:华夏出版社,2002.

李金昌,余卫.共同富裕统计监测评价探讨[J].统计研究,2022(2):3-17.

李实.充分认识实现共同富裕的长期性[J].治理研究,2022(3):4-12.

列宁.列宁全集:第六卷[M].北京:人民出版社,2013.

列宁.列宁全集:第七卷[M].北京:人民出版社,2013.

列宁.列宁全集:第三十五卷[M].北京:人民出版社,2017.

林于良,杨渝玲.共同富裕:中国式现代化的重要特征[J].湖北行政学院学报,2021(4):5-10.

林兆木.关于我国经济高质量发展的几点认识[N].人民日报,2018-
　　01-17(7).

刘炳辉,牟泓帆.温州乐清市下山头村:资源贫乏型村庄的乡贤助村共
　　富[R].嘉兴学院中国共同富裕研究院共同富裕案例研究报
　　告,2022.

刘培林,钱滔,黄先海,等.共同富裕的内涵、实现路径与测度方法[J].
　　管理世界,2021(8):117-127.

刘伟.践行新发展理念　推动经济高质量发展[N].经济日报,2020-
　　08-05(1).

刘志彪.理解高质量发展:基本特征、支撑要素与当前重点问题[J].学
　　术月刊,2018(7):39-45.

卢新波,文雁兵.共同富裕,如何正确看待?[N].浙江日报,2021-05-
　　12(7).

卢新波,文雁兵.科学认识中国特色社会主义的共同富裕[J].浙江经
　　济,2021(5):18-20.

鲁明川.共同富裕:中国式现代化的重要特征[N].光明日报,2021-09-
　　27(6).

陆珠希.湖州长兴县滩龙桥村:一片叶子富一方百姓[R].嘉兴学院中
　　国共同富裕研究院共同富裕案例研究报告,2022.

吕普生.21世纪欧洲福利国家面临的新挑战[J].武汉大学学报(哲学
　　社会科学版),2020(1):146-160.

马克思.哥达纲领批判[M].北京:人民出版社,1997.

毛泽东选集:第四卷[M].北京:人民出版社,1991.

毛泽东著作选读:下册[M].北京:人民出版社,1986.

欧阳仁根,杨永磊.传承"新仓经验"创新"三位一体":平湖市新仓镇

以合作社为载体组织农民走共同富裕之路的实践[R].嘉兴学院中
国共同富裕研究院共同富裕案例研究报告,2022.

逄锦聚.中国共产党百年经济理论创新成果及经验启示[N].光明日
报,2021-07-06(16).

彭冰冰.红船精神:深刻内涵、精神实质与新时代意义[M].北京:人民
出版社,2020.

皮尔逊.福利制度的新政治学[M].汪淳波,译.北京:商务印书
馆,2004.

皮家胜.马克思主义哲学中国化的解释学之维[M].北京:人民出版
社,2014.

皮凯蒂.21世纪资本论[M].巴曙松,译.北京:中信出版社,2014.

秦龙,吉瑞霞.如何理解"全体人民共同富裕的现代化"[N].光明日报,
2022-03-25(11).

邱海平.马克思主义关于共同富裕的理论及其现实意义[J].思想理论
教育导刊,2016(7):19-23.

秋石.新发展理念是治国理政方面的重大理论创新[J].求是,2016
(23):19-22.

裘一佼,王世琪,何苏鸣,等.为共同富裕奋力探路:浙江高质量发展建
设共同富裕示范区一年间[N].浙江日报,2022-05-19(1).

任天佑.深刻领会中国特色社会主义进入新时代的重大意义[N].光
明日报,2017-12-08(13).

桑百川.持续推进更高水平对外开放[J].红旗文稿,2021(20):29-32.

深入学习坚决贯彻党的十九届五中全会精神　确保全面建设社会主
义现代化国家开好局[N].人民日报,2021-01-12(1).

沈满洪.生态文明视角下的共同富裕观[J].治理研究,2021(5):5-13.

沈轩.共同富裕"是什么""不是什么"[N].浙江日报,2021-11-05(3).

沈轩.共同富裕大道先行②:"八八战略"是浙江共同富裕先行示范的基础所在[EB/OL].(2021-01-22).https://zj.zjol.com.cn/news.html? id=1606369.

宋群.我国共同富裕的内涵、特征及评价指标初探[J].全球化,2014(1):35-47.

孙林,郝永平.新时代推进共同富裕的重大历史意义[N].中国纪检监察报,2022-05-19(5).

孙书君.丽水遂昌县蕉川村:搭建"数字生态平台"助力共同富裕[R].嘉兴学院中国共同富裕研究院共同富裕案例研究报告,2022.

孙中山.孙中山全集:第十卷[M].北京:中华书局,1986.

孙中山.孙中山选集:下卷[M].北京:人民出版社,2011.

唐亚林,郝文强.新型举国体制:历史演变、时代特征与模式构建[J].华东理工大学学报(哲学社会科学版),2021(4):1-15.

田训龙.推进共同富裕不宜急、不必忧、不可偏[N].光明日报,2021-10-22(11).

统一思想一鼓作气顽强作战越战越勇　着力解决"两不愁三保障"突出问题[N].光明日报,2019-04-18(1).

汪晓辉."两山理论"转化的典范:天台县后岸村打造乡村振兴样板区的实践[R].嘉兴学院中国共同富裕研究院共同富裕案例研究报告,2022.

王俊岭.高质量发展这个主题必须长期坚持[N].人民日报海外版,2021-03-08(5).

王文涛.以高水平对外开放推动构建新发展格局[J].求是,2022(2):66-71.

王一鸣.从长期大势把握当前形势 统筹短期应对和中长期发展[N].经济日报,2020-08-12(1).

王永昌.科学认识共同富裕的本质内涵及其重大意义[N].光明日报，2022-05-09(15).

魏翠玲."种文化"种出"共富果"：衢州柯城区余东村跨越高质量发展经验启示[R].嘉兴学院中国共同富裕研究院共同富裕案例研究报告，2022.

文雁兵.让广大人民群众共享改革发展成果[N].光明日报，2022-09-29(13).

文雁兵，程秋萍.用科学思维方法推进浙江共同富裕示范区建设[EB/OL].（2021-04-25）. https://theory. gmw. cn/2021/04/25/content_34793199. htm.

吴海江.以人民为中心的发展思想研究[M].北京：人民出版社，2019.

习近平.高举中国特色社会主义伟大旗帜　为全面建设社会主义现代化国家而团结奋斗：在中国共产党第二十次全国代表大会上的报告[M].北京：人民出版社，2022.

习近平.关于《中共中央关于全面深化改革若干重大问题的决定》的说明[N].人民日报，2013-11-16(1).

习近平.弘扬和平共处五项原则　建设合作共赢美好世界：在和平共处五项原则发表60周年纪念大会上的讲话[N].人民日报，2014-06-29(2).

习近平.坚定信心　勇毅前行　共创后疫情时代美好世界：在2022年世界经济论坛视频会议的演讲[M].北京：人民出版社，2022.

习近平.决胜全面建成小康社会　夺取新时代中国特色社会主义伟大胜利：在中国共产党第十九次全国代表大会上的报告[M]. 北京：人民出版社，2017.

习近平.开放合作　命运与共：在第二届中国国际进口博览会开幕式上的主旨演讲[M].北京：人民出版社，2019.

习近平.论把握新发展阶段、贯彻新发展理念、构建新发展格局[M].

北京：中央文献出版社，2021.

习近平.论坚持全面深化改革[M].北京：中央文献出版社，2018.

习近平.论坚持推动构建人类命运共同体[M].北京：中央文献出版社，2018.

习近平.努力建设人与自然和谐共生的现代化[J].求是，2022(11)：4-9.

习近平.习近平谈治国理政[M].北京：外文出版社，2014.

习近平.习近平谈治国理政：第二卷[M].北京：外文出版社，2017.

习近平.习近平谈治国理政：第三卷[M].北京：外文出版社，2020.

习近平.习近平谈治国理政：第四卷[M].北京：外文出版社，2022.

习近平.在第十二届全国人民代表大会第一次会议上的讲话[M].北京：人民出版社，2013.

习近平.在第十三届全国人民代表大会第一次会议上的讲话[M].北京：人民出版社，2018.

习近平.在经济社会领域专家座谈会上的讲话[M].北京：人民出版社，2020.

习近平.在庆祝改革开放40周年大会上的讲话[M].北京：人民出版社，2018.

习近平.在庆祝中国共产党成立100周年大会上的讲话[M].北京：人民出版社，2021.

习近平.在庆祝中国共产党成立95周年大会上的讲话[M].北京：人民出版社，2016.

习近平.在全国劳动模范和先进工作者表彰大会上的讲话[M].北京：人民出版社，2020.

习近平.在全国脱贫攻坚总结表彰大会上的讲话[M].北京：人民出版社，2021.

习近平.在深圳经济特区建立 40 周年庆祝大会上的讲话[M].北京：
　　人民出版社,2020.

习近平.在省部级主要领导干部学习贯彻党的十八届五中全会精神专
　　题研讨班上的讲话[M].北京：人民出版社,2016.

习近平.在中国科学院第二十次院士大会、中国工程院第十五次院士
　　大会、中国科协第十次全国代表大会上的讲话[M].北京：人民出版
　　社,2021.

习近平.在中国科学院第十九次院士大会、中国工程院第十四次院士
　　大会上的讲话[M]. 北京：人民出版社,2018.

习近平.扎实推动共同富裕[J].求是,2021(20):4-8.

习近平.正确认识和把握我国发展重大理论和实践问题[J].求是,
　　2022(10):4-9.

萧公权.中国政治思想史[M].北京：新星出版社,2010.

鄢一龙.中国道路与中国道理[M].北京：中国方正出版社,2021.

燕连福.共享发展理念的深刻内涵及理论贡献[N].经济日报,2021-
　　10-27(10).

杨奎.和谐的历史、现实与马克思主义[M].北京：人民出版社,2008.

杨宜勇,王明姬.共同富裕：演进历程、阶段目标与评价体系[J].江海
　　学刊,2021(5):84-89.

杨永磊,欧阳仁根.大下姜乡村振兴联合体：走出组织农民抱团发展之
　　致富新路[R].嘉兴学院中国共同富裕研究院共同富裕案例研究报
　　告,2022.

余永跃,王世明.论邓小平共同富裕思想的理论来源及其发展[J].科
　　学社会主义,2012(6):120-123.

郁建兴,黄飚.国家属性与世界意义：理解中国式现代化道路的双重视
　　角[EB/OL].(2022-04-01). https://news.gmw.cn/2022-04/01/

content_35627946. htm.

袁志刚,阮梦婷,葛劲峰.公共服务均等化促进共同富裕:教育视角
[J].上海经济研究,2022(2):43-53.

张车伟.人类历史上前所未有的壮举[N].人民日报,2021-04-02(9).

张占斌,王学凯.中国式现代化:理论基础、思想演进与实践逻辑[J].
行政管理改革,2021(8):4-12.

张占斌.共同富裕是中国式现代化的重要特征[N].人民日报,2021-
10-12(10).

赵红英."中国网店第一村"创业致富＋带动共富的密码破解:义乌市
青岩刘村电子商务创业之路[R].嘉兴学院中国共同富裕研究院共
同富裕案例研究报告,2022.

赵凌云,苏娜.习近平关于全面深化改革的十大重要论点[J].红旗文
稿,2014(23):15-17.

浙江高质量发展建设共同富裕示范区实施方案(2021—2025 年)
[N].浙江日报,2021-07-20(1).

浙江举行"建设示范区迈向新征程"系列发布会(第一场)[EB/OL].
(2021-09-18). http://www. scio. gov. cn/xwfbh/gssxwfbh/xwfbh/
zhejiang/Document/1713383/1713383. htm.

浙江省委政研室.以浙江先行先试为全国实现共同富裕探路:浙江省
委十四届九次全会精神解读[J].政策瞭望,2021(7):37-40.

浙江省习近平新时代中国特色社会主义思想研究中心.共同富裕的原
创性价值与世界性意义[N].浙江日报,2022-02-21(8).

郑永年.共同富裕与中国共产党的新使命[N].浙江日报,2021-08-02(6).

中共浙江省委党史和文献研究室.忠实践行"八八战略" 建设共同富
裕美好社会[N].浙江日报,2021-06-09(7).

中共浙江省委关于深入学习贯彻习近平总书记考察浙江重要讲话精

神　努力建设新时代全面展示中国特色社会主义制度优越性重要窗口的决议[N].浙江日报,2020-06-28(1).

中共中央党史和文献研究院,中央"不忘初心、牢记使命"主题教育领导小组办公室.习近平关于"不忘初心、牢记使命"论述摘编[M].北京:党建读物出版社,2019.

中共中央党史和文献研究院.十九大以来重要文献选编:中[M].北京:中央文献出版社,2021.

中共中央党史和文献研究院.习近平关于中国特色大国外交论述摘编[M].北京:中央文献出版社,2020.

中共中央党史研究室.中国共产党历史:第二卷[M].北京:中共党史出版社,2011.

中共中央关于党的百年奋斗重大成就和历史经验的决议[M].北京:人民出版社,2021.

中共中央关于制定国民经济和社会发展第十四个五年规划和二〇三五年远景目标的建议[M].北京:人民出版社,2020.

中共中央国务院关于支持浙江高质量发展建设共同富裕示范区的意见[M].北京:人民出版社,2021.

中共中央马克思恩格斯列宁斯大林著作编译局.列宁选集:第三卷[M].北京:人民出版社,2012.

中共中央马克思恩格斯列宁斯大林著作编译局.列宁选集:第四卷[M].北京:人民出版社,2012.

中共中央马克思恩格斯列宁斯大林著作编译局.马克思恩格斯全集:第三卷[M].北京:人民出版社,1960.

中共中央马克思恩格斯列宁斯大林著作编译局.马克思恩格斯全集:第十五卷[M].北京:人民出版社,1963.

中共中央马克思恩格斯列宁斯大林著作编译局.马克思恩格斯全集:

第十九卷［M］.北京：人民出版社,1963.

中共中央马克思恩格斯列宁斯大林著作编译局.马克思恩格斯全集：
第二十三卷［M］.北京：人民出版社,1972.

中共中央马克思恩格斯列宁斯大林著作编译局.马克思恩格斯全集：
第四十六卷［M］. 北京：人民出版社,2003.

中共中央马克思恩格斯列宁斯大林著作编译局.马克思恩格斯全集：
第四十六卷（下册）［M］.北京：人民出版社,1980.

中共中央马克思恩格斯列宁斯大林著作编译局.马克思恩格斯全集：
第四十九卷［M］.北京：人民出版社,1982.

中共中央马克思恩格斯列宁斯大林著作编译局.马克思恩格斯文集：
第一卷［M］.北京：人民出版社,2009.

中共中央马克思恩格斯列宁斯大林著作编译局.马克思恩格斯文集：
第二卷 ［M］.北京：人民出版社,2009.

中共中央马克思恩格斯列宁斯大林著作编译局.马克思恩格斯文集：
第十卷［M］.北京：人民出版社,2009.

中共中央马克思恩格斯列宁斯大林著作编译局.马克思恩格斯选集：
第一卷 ［M］.北京：人民出版社,2012.

中共中央马克思恩格斯列宁斯大林著作编译局.马克思恩格斯选集：
第二卷［M］.北京：人民出版社,1972.

中共中央马克思恩格斯列宁斯大林著作编译局.马克思恩格斯选集：
第三卷 ［M］.北京：人民出版社,2012.

中共中央文件选集（一九四九年十月——一九六六年五月）：第十四册
［M］.北京：人民出版社,2013.

中共中央文献研究室.邓小平年谱（1975—1997）：下卷［M］.北京：中
央文献出版社,2004.

中共中央文献研究室.邓小平思想年编（1975—1997）［M］.北京：中央

文献出版社,2011.

中共中央文献研究室.邓小平思想年谱(1975—1997)[M].北京:中央
　　文献出版社,1998.

中共中央文献研究室.建国以来毛泽东文稿:第五册[M].北京:中央
　　文献出版社,1990.

中共中央文献研究室.建国以来重要文献选编:第七册[M].北京:中
　　央文献出版社,1993.

中共中央文献研究室.建国以来重要文献选编:第十五册[M].北京:
　　中央文献出版社,1997.

中共中央文献研究室.江泽民论有中国特色社会主义(专题摘编)
　　[M].北京:中央文献出版社,2002.

中共中央文献研究室.毛泽东文集:第五卷[M].北京:人民出版
　　社,1996.

中共中央文献研究室.毛泽东文集:第六卷[M].北京:人民出版
　　社,1999.

中共中央文献研究室.毛泽东文集:第七卷[M].北京:人民出版
　　社,1999.

中共中央文献研究室.毛泽东文集:第八卷[M].北京:人民出版
　　社,1999.

中共中央文献研究室.十八大以来重要文献选编:中[M].北京:中央
　　文献出版社,2016.

中共中央文献研究室.十四大以来重要文献选编:中[M].北京:人民
　　出版社,1997.

中共中央文献研究室.习近平关于全面从严治党论述摘编[M].北京:
　　人民出版社,2016.

中共中央文献研究室.习近平关于全面建成小康社会论述摘编[M].

北京：中央文献出版社，2016.

中共中央文献研究室.习近平关于全面深化改革论述摘编[M].北京：
　　中央文献出版社，2014.

中共中央文献研究室.习近平关于社会主义经济建设论述摘编[M].
　　北京：中央文献出版社，2017.

中共中央文献研究室.习近平关于社会主义文化建设论述摘编[M].
　　北京：中央文献出版社，2017.

中共中央文献研究室.习近平关于协调推进"四个全面"战略布局论述
　　摘编[M].北京：中央文献出版社，2015.

中共中央宣传部,中央广播电视总台.平"语"近人：习近平喜欢的典故
　　(第2季)[M].北京：人民出版社，2021.

中共中央宣传部.邓小平同志建设有中国特色社会主义理论学习纲要
　　[M].北京：学习出版社，1995.

中共中央宣传部.习近平新时代中国特色社会主义思想学习纲要
　　[M].北京：学习出版社，人民出版社，2019.

中共中央宣传部.习近平总书记系列重要讲话读本[M].北京：人民出
　　版社,学习出版社，2014.

中共中央宣传部.习近平总书记系列重要讲话读本(2016年版)[M].
　　北京：学习出版社，人民出版社，2016.

中国共产党第十八届中央委员会第五次全体会议公报[M].北京：人
　　民出版社，2015.

中国宏观经济研究院经济研究所课题组.科学把握经济高质量发展的
　　内涵、特点和路径[N].经济日报，2019-09-17(14).

中央财经领导小组办公室.邓小平经济理论学习纲要[M].北京：人民
　　出版社，1997.

钟明华.人的全面发展：共同富裕的价值旨归[J].国家治理，2021

（45）：24-28.

周恩来选集：下卷［M］．北京：人民出版社，1984.

周绍东.在高质量发展中促进共同富裕［N］.光明日报，2021-10-12(11).

周艳.舟山普陀区东极镇："渔旅双轮驱动"带共富　打造乡村振兴示范样板［R］.嘉兴学院中国共同富裕研究院共同富裕案例研究报告，2022.

朱航.关于共同富裕的内涵及实现标准的思考［J］.财政研究，1996（7）：38-41.

朱喜坤.革命文化是文化自信的重要源头［N］.光明日报，2019-01-09(11).

Bauer R A. Social Indicators［M］. Cambridge：MIT Press，1966.

Ogburn W F. Social Change with Respect to Culture and Original Nature［M］. New York：Viking Press，1922.

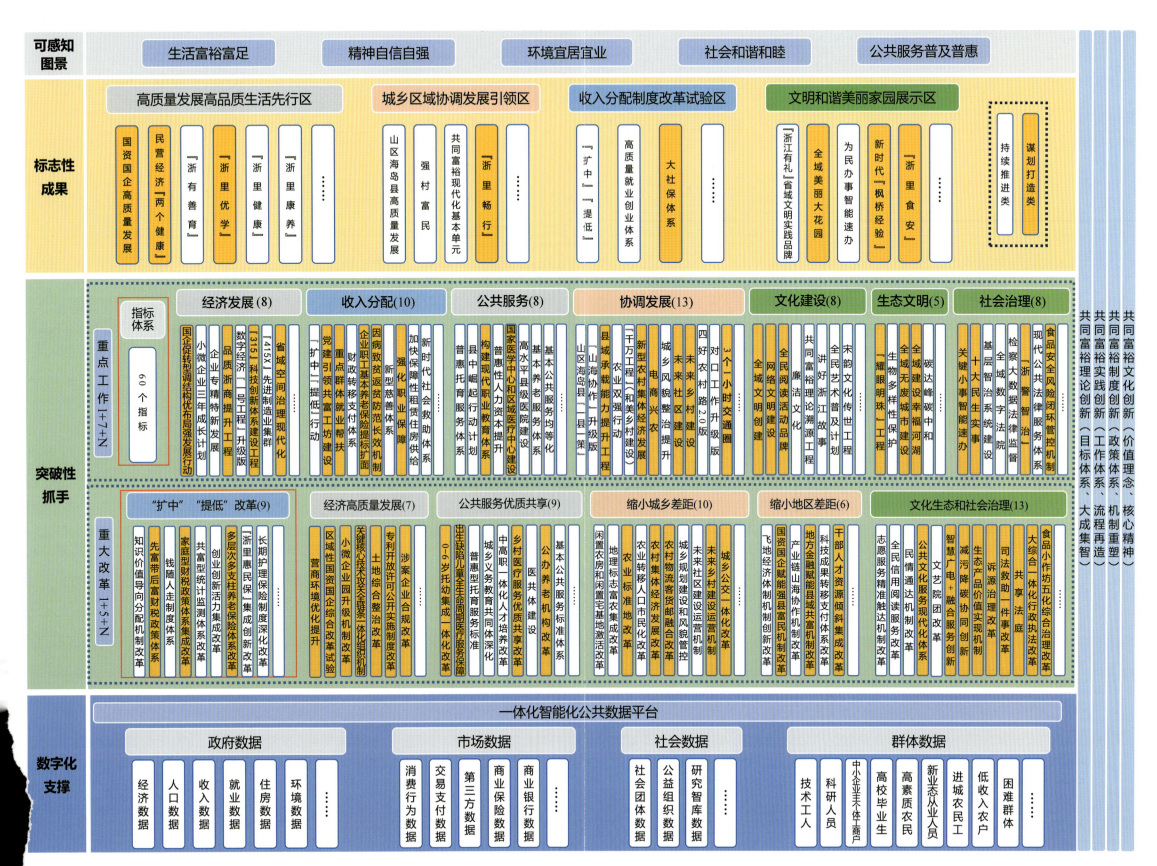

浙江高质量发展建设共同富裕示范区系统架构图（2.0版）